용어
전쟁

용어전쟁

정명(正名)운동

현진권 편저

북앤피플

핵심은 정명(正名)이다

송 복(연세대학교 명예교수)

정명사상(正名思想)

子曰 必也正名乎 자왈 필야정명호
名不正則言不順 명부정 즉언불순
言不順則事不成 언불순 즉사불성
事不成則禮樂不興刑罰不中 사불성 즉예악불흥 형벌부중
民無所措手足 민무소조수족
－(論語 子路3)

공자께서 말씀하시되 "반드시 이름을 바로 해야 한다. 이름이 바르지 못하면 언어가 순리로 통하지 않고, 언어가 순리대로 통하지 못하면 그 어떤 일도 성사되지 않는다. 일이 성사되지 못하면 문화 도덕이 일어나지 못하고 문화 도덕이 일어나지 못하면 어떤 형벌도 맞지 않는다. 형벌이 맞지 않으면 백성은 어떻게 행동해야 할지를 알지 못한다." 이 모두 이름을 바르게 하지 않는데서 오는 것이다.

이른바 정명사상(正名思想)이다. 정명(正名)은 글자 그대로 이름을 바로 쓰는 것이고, 정명사상은 이름을 정확히 바로 쓰자는 그런 견해며 생각 그리고 의식이다. 자기 이름을 바로 쓰지 않는 사람은 없다. 자기 이름을 바로 쓰듯이 남의 이름도 바로 써야 한다. 남의 이름을 바로 쓰듯이 나라 이름 단체 이름 사물들의 이름도 본래 주어진 이름, 주어진 뜻 그대로 써야 한다. 그것은 이름이 만들어질 때의 약속이고, 또한 언어의 약속이다. 이름이든 언어든 이 약속을 지킬 때 서로 간 말이 통하고 의미가 통하고 생각이 통한다.

우리가 갖고 있는 견해며 생각이며 의식, 이것은 모두 언어의 약속이다. 우리가 아무리 창의적인 생각 사상을 내놓더라도 그것은 이미 약속된 것을 내놓는 것이다. 그것이 너무 특별해서 지금 그 약속을 이해 못한다 해도 그 약속이 허위가 아닌 한, 언젠가는 사람들이 알게 된다. 아인슈타인의 상대성 원리도 그 하나다. 아무리 그것이 어렵다 해도 사람들이 끝내 그 원리를 알아내어 이해한 것은 결국 그것이 약속이고, 이른바 정명(正名)이기 때문이다.

2천 5백 년 전 공자가 이 정명사상을 펼치는 데는 재미있는 일화가 있다. 춘추시대 공자가 여러 나라를 두루 돌아다녔지만 그 어느 나라도 공자를 받아들이지 않았다. 공자의 사상, 공자가 주창하는 정책들이 현실과 너무 거리가 멀다는 것이다. 그런데 위(衛)나라 임금 위령공(衛靈公)이 뜻밖에 공자를 맞이했다. 다른 군주들과 달리 공자의 생각을 중시한 것이다.

이때 공자의 제자 자로(子路)가 "위령공이 선생님께 정권을 넘겨 주겠다고 한다면 선생님께선 무엇을 먼저 하시겠습니까"라고 물었다. 모처럼의 기회인데 선생님의 위정(爲政)의 첫걸음은 무엇이냐를 물은 것이다. 어떤 정치 어떤 정사(政事)든 예나 이제나 다름없이 그 첫걸음이 가장 중요하다. 이때 공자는 서슴없이 "만일 그렇다면 맨처음 할 일은 이름을 바로 세우는 것(正名)이다"고 말했다.

그러자 자로는 "이름을 바로 세우는 일이 그렇게 중요합니까. 사람들이 선생님을 세상 물정에 어두운 선비라고 하는데, 선생님은 정말로 현실에 어두우십니다. 이름을 바로 세우든 바로 세우지 않든 정치하는데 무슨 상관이십니까. 그것은 현실정치와는 너무 동떨어진 너무 추상적인 것입니다." 모처럼의 기회를 놓칠까 안달이 난 자로는 위령공의 눈이 번쩍 띄는 정책을 지금 당장 내 놓으라는 투였다.

이것이 스승과 제자의 차이였다. '이름을 바로 세우겠다'고 한 공자는 역시 스승이었고, '그것은 현실과 너무 동떨어지다'고 생각한 자로는 역시 제자였다. 스승 공자가 제자 자로에게 제일 먼저 말한 '필야 정명호(必也正名乎)'(반드시 이름을 바로 해야 한다)는 언어 소통의 기본이다. 아무리 눈이 번쩍 터이고 귀가 활짝 열리는 정책을 말한다 해도 이름이 바르지 않으면 언어가 순조롭게 통하지 못한다. 그야말로 명부정 즉언불순(名不正 則言不順)이다. 이해가 안 되고 알아듣질 못한다.

똑같은 사실(事實), 똑 같은 사안(事案)임에도 이름을 바로 해놓고 말하지 않으면 서로 다른 의미 다른 생각을 한다. 그래서 같은 글자의 이름을 써 놓아도 그 이름의 실재(實在, reality)가 달라져서 각기 다른 주장을 할 수 밖에 없다. 우리는 현실에서 그런 경우를 수도 없이 많이 본다. 그렇다면 이름을 바로 해놓고 말하는 것이 정치의 핵심이고, 동시에 정책의 핵심일 뿐 아니라, 그 이전에 언어 소통의 시작이 된다. 자로는 이 기본을 모르고 당장 써먹을 수 있는 정책부터 내놓으라 한다. 내놓으면 기본이 아직 안된 위령공이 즉각 알아듣고 시행할 수 있겠느냐 이다.

우리가 쓰는 말들은 모두 제 고유의 뜻을 지닌 용어들이다. 이 용어들은 제 이름에 맞는 내용과 이론을 가지고 있다. 우리가 서로 대화할 때 대화가 잘되지 않으면, '너와 나는 서로 개념(槪念)이 다르다'고 말한다. 똑 같은 용어를 썼는데도 이름을 바로 하지 않고 말하면 '서로 개념이 달라 소통이 안 된다'고 말하는 것이다. 이름을 바로 하지 않으면, 그 이름 그 용어 속에 들어있는 공통된 요소가 없어지는 것이다. 이 공통요소의 상실상태를 우리는 서로 개념이 다르다고 말하는 것이다.

흔히들 우리는 대학 4년을 '용어(terminology) 익히는 4년'이라고 말한다. 용어의 바른 의미를 알아서 그 용어 그 이름을 정확히 쓰는 훈련을 하는 것이 대학에서 하는 공부의 기본이다. 자기 전문 분야를 얼마나 열심히 공부 했느냐는 다름 아닌 자기 분야에서 이름을 얼마나 바로 알고 바로 쓰느냐는 것이다. 이른바 정명사상의 공부다. 이 공부를 제대로 하지 않고 졸업해 사회에 나오면 그 어떤 일도 성사시킬 수가 없다. 제대로 이루어 낼 수 있는 일이 없다는 것이다. 왜냐하면 누구와도 소통이 제대로 안되기 때문이다. 공자가 말하는 그대로 사불성(事不成)이다.

　우리가 바로 지난 세기, 아니 지금도 경험하고 있지 않은가. 386세대 혹은 486이라고 하는 세대, 그 중의 상당수가 대학에서 '이름을 바로 하는' 공부를 하지 못하고 사회에 나옴으로서 얼마나 사회가 시끄러웠는가. 그리고 그들이 하는 일마다 제대로 된 일이 없지 않은가. 그러면 문화도 혼탁해질 수밖에 없다. 2천 5백년 전 공자의 필야정명호(必也正名乎)-이는 바로 지금 이 시대 우리의 기본이고, 우리의 중심 언어이고, 우리가 반드시 세워야 하는 언어소통의 핵심과제다.

차례

이렇게 정명(正名)하자

1) 시장경제 관련 용어

기존 용어	변경 제안
자본주의	시장경제
약육강식 자본주의	조화 자본주의
정글자본주의	상생 경제
과당경쟁	시장경쟁
승자독식 자본주의	소비자선택 자본주의
기업의 사회적 책임	기업의 사회공헌
보호무역주의	무역규제주의
낙수효과	소득창출효과
재벌	대기업집단
시장점유율	소비자선택율
시장지배자	소비자선택 사업자
급진적 자유주의(Libertarianism)	순수자유주의
자유방임주의(laissez faire)	불간섭주의
사적 소유	개인적 소유
사적 이익	개인적 이익
사기업	민간기업
보수와 진보	우파와 좌파

2) 역사 분야

혼란 용어	바른 용어
한국전쟁	6·25 남침전쟁
양심수	사회주의사상 신봉사범, 출소공산주의자
비전향장기수	전향하지 않은 공산주의 사범

북한 사용 용어	바른 용어
태양절	김일성 생일
인민군(조선인민군)	북한군
금수산태양궁전	김일성–김정일 시체보관소
민족공조	북한과 남한좌익의 공조
우리민족끼리	북한과 남한좌익의 연대

3) 정치 분야

혼란 용어	바른 용어
사회민주화	복지확충
경제민주화	경제적 평등의 추구
민주주의	다수정/민주제
포퓰리즘	민중주의, 대중영합주의
보수와 진보	우파와 좌파

4) 복지 분야

혼란 용어	바른 용어
복지수요	복지 욕구
복지투자	복지 지출 또는 복지재원 투입
사회보험 사각지대	사회보험 미적용지대
무상시리즈(무상급식, 무상보육, 무상의료 등)	국가○○, 정부○○, 세금○○
사회적 입원	부당입원

5) 기업 분야

혼란 용어	변경 제안
기업의 사회적 책임	기업의 사회 기부, 계속기업(Going concern)
순환(피라미드)출자에 따른 가공자본	간접소유자본, 간접자본
일감 몰아주기	내부거래
일감몰아주기 규제	부당내부거래 규제
골목상권 vs 대형마트	근린상권 vs 대형 할인양판점(할인 마트)
공익시설, 공익산업	사회간접자본시설, 망(네트워크) 산업
공기업(Public enterprise)	정부기업(Government enterprise)
재벌	기업집단, 계열조직
시장지배적 기업	경쟁우위 기업, 시장선도 기업
시장점유율	기업의 시장성과율, 시장활용률, 소비자선택률
대기업 독식	기업 생태계, 대기업·중소기업 가치사슬

6) 교육 분야

좌파 개념의 미화	혼란 용어	변경 제안
	참교육	민중혁명교육
	혁신학교	세금투입특권학교, 수구학교
	학생인권조례	학교갈등조례
	평준화, 평준화 정책	획일화, 획일화 정책

우파 개념의 폄하	기존 용어	폄하 용어	변경 제안
	자사고	특권학교, 귀족학교, 부자학교	세금절약학교
		비평준화,비평준화 정책	다양화, 다양화 정책

7) 세금 분야

혼란 용어	변경 제안
세금폭탄	우리 사회에서는 세수를 확보하기 위한 조세 정책안에 대해서는 무조건 '세금폭탄'으로 정의함. 정부가 안을 냈을 때, 야당에서 반대하기 위해서 **정치적 목적**을 가지고 '세금폭탄'으로 지칭. 그래서 세금폭탄이라는 용어는 사용해서는 안 된다. 정치권은 합리적인 세금정책을 대화와 타협으로 유도해야 하는데, 세금폭탄이라는 용어를 사용하면, 대화를 하지 않겠다는 의미다. 이 용어는 결국 대의민주제도를 스스로 부정하게 하는 **'민주제도 파괴폭탄'**이다. **세금폭탄**이라는 용어는 쓰지 말자.
부자감세	부자감세는 법인과 법인세에 대한 잘못된 인식에서 비롯된 용어. 법인은 생산한 재화 혹은 서비스의 가격을 조금 올림으로써 소비자들에게 세금 전가 가능함. 그래서 법인세는 궁극적으로 국민이 모두가 부담하는 세금이라고 할 수 있겠음. 법인세를 인하하면 국민들도 혜택을 볼 수 있음. 그래서 **'부자감세'**가 아니라 **'감세부자'**라는 표현으로 바꿀 것을 제안
증세 없는 복지	증세 없이도 복지 가능하다고 내세운 논리가 비과세 및 감면을 줄이고, 지하 경제 양성화 그러나 비과세 및 감면을 축소하는 것도 결국 증세. 세금은 세율과 과세기반의 곱으로 결정됨. 비과세 및 감면축소 정책은 과세기반을 줄이는 방향임으로, 실질적으로 증세 지하 경제를 양성화한다는 방향은 논리적으로 맞는 얘기지만 쉬운 일은 아님. 지하경제 규모에 집착한 세수확보를 맹신함으로써, '증세 없는 복지'라는 용어를 만들었지만 이 용어로 인해 **'국민들의 조세저항 분위기와 무조건적 복지요구'**를 부추기는 원인이 됨. **증세 없는 복지**라는 용어도 쓰지 말 것을 제안.

8) 이념·사상 분야

혼란 용어	변경 제안
신자유주의(Neo liberalism)	자유주의
중도	이념적 혼합주의, 이념적 기회주의, 정치적 기회주의
신자유주의(New Liberalism)	아류 자유주의, 케인즈주의, 복지자유주의 평등주의적 자유주의
천민자본주의	비윤리적 이윤추구, 무분별한 사치추구

9) 문화 분야

혼란 용어	변경 제안
대안 문화(alternative culture)	반(反) 자본주의 문화투쟁
문화연구(Cultural Studies)	문화적 정치투쟁
소외	'소외'라는 가짜 신화
물신(物信)주의 또는 물질만능	정당한 재산 증식 노력
문화융성	문화정상화

10) 노동 분야

혼란 용어	변경 제안
비정규직	임시직
사용자, 고용주	고용자

1부

왜 정명(正名)인가

─용어가 사고를 지배한다

분열과 왜곡의 출발 :
오염용어에 휘둘리는 **사회**

현진권(자유경제원 원장)

시장은 악마, 정부는 천사

한국은 자본주의 체제를 가지고 있지만 시장에 절대적으로 모든 걸 맡기지 않고, 정부역할도 매우 크다. 경제학에서도 시장체제를 가격이론 구조 속에서 설명하고 있지만, 절대 정부역할을 부정하지 않는다. 오히려 시장실패, 공공재, 외부성 등과 같은 논리를 통해 정부의 시장개입에 대한 논리적 타당성을 제공한다. 그래서 우리 경제는 시장과 정부개입을 모두 가진 '혼합경제(mixed economy)'이다. 자본주의 체제를 가진 모든 국가들도 혼합경제이지만, 정부의 개입정도가 각각 다르다. 중요한 것은 언제 정부가 개입하는가에 있다. 시장에 맡겨두어야 할 때 정부가 개입하면 그만큼 비효율적 자원배분으로 인해 국익이 저해된다. 결국 올바른 정책방향이란 정부와 시장 간에 조화로운 선택을 하는 것이다.

우리는 언제부턴가 시장에 대해선 부정적인 시각을, 정부에 대해선 따뜻한 시선을 가지게 되었다. 따라서 정부가 개입하면 좋은 정책이고, 시장에 맡기면 나쁜 정책으로 생각하는 버릇이 생겼다. 이러한 사고가 보편적 인식이 되면, 시장중심의 어떠한 좋은 정책도 집행하기 어렵다. 이는 곧 장기적으로 국익에 저해한다. 따라서 좋은 정책을 개발하는 것도 중요하지만, 우리 국민들이 시장과 정부에 대한 바른 인식을 가지는 것이 더 중요하다. 왜냐하면 민주주의 체계 하에서는 결국 국민들의 선택에 의해 모든 정치구조가 결정되기 때문이다. 국민들의 인식구조를 바꾸려면, 우선 시장과 정부를 보는 삐뚤어진 시각을 규명하고, 문제점을 파헤쳐야 한다. 이를 토대로 시장과 정부에 대한 새로운 시각을 가지도록 해야 한다.

잘못된 프레임 용어

1) 양극화

한국 사회를 한마디로 진단하는 가장 대표적인 용어가 '양극화'다. 정치권에서 일어나고 있는 많은 반시장적 법안들의 취지문을 보면, 모두가 양극화 논리를 제시한다. 경제민주화 관련 법, 최근에 논쟁이 되는 사회적 경제기본법 등에서 잘 나타나고 있다. 그런데 양극화란 용어는 노무현 정부의 청와대에서 처음으로 용어를 사용하였다. 이후 이 용어는 모든 진영에서 한국 사회의 특질을 표현하는 한마디 용어로 정착하였다. 이른바 우리 사회가 '양극화' 프레임에 빠져 버렸다.

사회를 분열시키는 사상의 핵심에는 시장경제에 대한 불신이 있다. 시장경제는 개인들 간의 경쟁을 강제하고, 경쟁 속에서 개인들은 허덕이면서 매일을 살아간다고 본다. 경쟁의 결과로 사회는 부자와 빈자로 나뉜다고 설명한다. 부자와 빈자로 나누어진 사회구조를 심각한 병폐로 설명하는 함축적인 표현이 '양극화'이다. 시장경제 체제의 결과로 양극화라는 사회폐단을 낳게 되었다는 것이다. 양극화는 집단 간의 분열적 용어이다. 극과 극은 절대 서로 화합 및 통합할 수 없으며, 서로 배척하고 싸워야 하는 존재이다. 사회는 극과 극만이 존재하므로, 한 개인은 한 극의 집단에 속해야 하며, 집단 속의 개인은 다른 극 집단과 싸워야 하는 구조가 된다. 부자라는 극과 빈자라는 극으로 사회를 나누게 되면, 구성원 수를 볼 때 빈자라는 극에 더 많은 사람들이 있다. 스스로 부자라고 생각하는 사람보다 부자가 아니라고 생각하는 사람이 더 많고, 이들은 반부자 집단, 즉 빈자라는 집단과 동일시하게 되기 때문이다. 부자 집단은 소수인 반면, 빈자 집단은 다수이면서 더 강한 정치적 힘을 가짐에 따라 시장경제를 부정하고 체제의 기본 틀을 흔들려고 한다.

　　양극화는 객관적인 근거가 없는 목표 지향적인 감성적 용어이다. 양극화를 객관적인 용어로 표현하면 '소득격차'이다. 소득격차는 시장경제 과정을 거치면서 나타난 의도되지 않은 결과일 뿐이다. 따라서 소득격차 수준에 대해 어느 정도가 바람직한 것인가를 평가할 잣대는 없다. 시장경제 체제를 가지고 있는 한, 의도된 목표치로서의 소득격차란 존재할 수 없다. 만약 특정수준의 소득격차를 정책목표로 삼을 경우에는, 시장경제 메커니즘이 정상적으로 작동하지 않아, 결과적으로 국익에 해가 되는 결과를 가져온다. 소득격차가 없는 완전히 평등한 세상을 정책목표로 디자인하면, 결국 사회주의 체제가 된다. 사회주의 체제가 궁극적으로 모든 국민들에게 배고픔을 가져다준다는 사실은 역사가 증명하고 있다. 따라서 소득격차는 정책목표가 되어서는 안 되고 시장경제를 기본구조로 하는 한, 결과론적으로 받아들여야 할 현상일 뿐이다. 그러나 결코 소득격차를 그대로 두자는 것은 아니다. 정부개입이 필요한 이유 중의 하나로, 소득격차를 들 수 있기 때문이다. 시장경제에서 소외된 경제적 약자에 대해서는 정부는 빈곤을 완화하는 복지정책을 펴야 한다.

소득격차에는 양극만 존재하는 것이 아니고, 연속적인 소득분포의 모양을 의미한다. 때론 중간층이 두터울 수 있고, 얕을 수도 있다. 그래서 국가마다 소득격차의 모양은 모두 다르다. 소득격차는 의도하지 않는 시장경제의 결과이나 소득격차가 너무 심하면 그 사회는 분열된다. 한국의 소득격차 수준은 심각한가? 이에 대한 이론적 해답은 없다. 단지 실무적인 차원에서 판단할 수 있는 가장 간단한 방법이 국제간 비교이다. 소득격차 수준을 국제비교한 연구는 풍부하며, 보편적인 결론은 간단하다. 한국의 소득격차 수준은 유럽보다 심각하지만, 미국에 비해서는 양호하며, 전체적으로 중간수준을 유지하고 있다. 한국의 소득격차에 대한 과학적이고 객관적인 실증결과가 있음에도 불구하고, 한국에선 소득격차 수준이 세계에서 가장 심각한 것인 양 인식되고 있는 실정이다. 실제로 양극화란 용어도 소득격차가 우리보다 더 심각한 미국에선 사용되지 않고 있지만, 한국사회에선 우리 사회의 문제점을 대변하는 대표적인 용어로 사용되고 있다. 결론적으로 양극화란 용어는 시장경제 기능을 부정적으로 인식시키는 대표적 개념으로서 객관적인 논리가 결여된 감성적 용어일 뿐이다.

2) 공공성

공공성 논리는 주관적 해석으로 그 의미가 명확하게 전달되지 않는 감성적 용어다. 문제는 정확한 의미가 없으나, 좋은 어감을 주는 용어이니, 이 용어를 사용하여 특정 목적을 달성하기 위한 논리로 사용한다는 것이다. 실제로 우리 사회에서 공공성을 앞세우면서, 특정 논리를 펴는 많은 이해집단들이 존재한다. 이들이 주장하는 공공성 논리는 해당분야에 정부예산을 집중해야 한다든지, 혹은 정부에서 맡아서 해야 한다던지, 주로 정부개입을 원할 때 사용한다. 조직은 크게 민간조직과 공공조직으로 나눌 수 있다. 민간조직은 이윤을 기반으로 생존할 수 있기 때문에 이윤창출을 위한 자발적인 효율적 구조를 구축해 나간다. 따라서 민간조직은 구성원들의 업무량이 많고, 항상 위험이 따르기 때문에 안정성이 없다. 반면 공공집단은 세금으로 운용되기 때문에 이윤을 창출할 필요가 없으며, 이윤을 창출하더라도 해당 조직에 귀속되지 않는다. 따라서 이윤을 내던지 손실을 발생하던지, 조직운영과는 별다른 영향을 끼치지 않는다. 따라서 공공조직의 구성원들은 상대적으로 안정된 직장에서 스트레스 없이 생활할 수 있다. 모든 사람은 편안함을 추구한다. 민간조직에 있는 사람도 편안함을 추구하지만, 조직논리상 이윤추구를 위해 전력을 다하지 않으면 안 된다. 반면 공공조직은 공공성이란 논리를 앞세워서 얼마든지 편안함을 추구할 수 있다. 이들이 내세우는 공공성 논리는 해당업종의 특수성과 결부해서 설명하기 때문에, 외부사람들이 이 공공성 논리를 깰 수 없다. 따라서 공공성 논리는 더 탄력을 받아서, 조직의 편안함을 추구할 수 있게 된다.

많은 이해집단들은 자신들의 조직을 늘이기 위한 수단으로 혹은 정부예산을 받는 수단으로 공공성이란 용어를 사용한다. 공공성의 주장은 곧 정부개입 혹은 정부예산투입을 의미한다. 결과적으로 공공성은 정부팽창을 위한 수단으로 남용되는 현실이다.

3) '사회적'이란 용어

한국에서 '사회적'이란 용어가 너무도 많이 사용되고 있다. 대표적으로 사회적 책임, 사회적 정의, 사회적 투자, 사회적 약자, 사회적 일자리, 사회적 대화 등을 예로 들 수 있다. 이러한 구호차원의 용어가 정부와 정치권의 정책방향을 정하는데 결정적으로 작동한다. 비교적 가치중립적인 경제관련 용어에 '사회적'이란 용어를 붙임으로써 개인의 책임이 아닌, 정부책임으로 돌려, 정부개입 정책방향을 묵시적으로 동조하게 만드는 것이다.

개인의 책임 즉 시장의 자원배분 기능에 맡기는 것이 좋은지, 정부가 개입해서 인위적으로 자원배분 하는 것이 좋은지는 엄격한 분석을 통해서 정책방향을 결정해야 한다. 그러나 '사회적'이란 수식어를 붙임으로써, 정책방향에 대한 논의를 차단하고 정부개입 정책으로 감성적으로 동조하게 만드는 폐단이 있다. '사회적'이란 수식어가 가지는 이러한 개념적 심각성에도 불구하고, 이를 체계적으로 분석하여, 감성적 치우침을 바로잡으려는 노력이 없었다. 한국에서 여야당 할 것 없이 정권을 잡을 때 마다, 시장경제를 강조하기 보다는 정부개입적 정책방향으로 가는 근본적인 배경에 대해 진지하게 생각할 필요가 있다. 정부개입적 정책방향에 대한 비판에 앞서서, 왜 정치인들은 여야당할 것 없이 정권을 잡고나면, 정부개입적 정책을 선호하는지를 알아야 한다. 정치인들의 모든 정치행위는 국민들의 정치적 지지를 얻기 위함이다. 따라서 정책방향도 국민들의 선호를 반영하는 것이 합리적인 정치행위이다. 이런 관점에서 볼 때, 올바른 정책을 펴기 위해서는 국민들의 올바른 정책에 대한 선호가 있어야한다. 올바른 정책은 용어를 통해 국민들을 설득함으로써 채택할 수 있다. 그러나 시장경제적 정책방향을 설명하기 위한 많은 용어들 앞에는 '사회적'이란 수식어가 붙음으로서 그 본래의 의미를 잃어버리고, 전혀 다른 의미를 전달케 한다. '사회적'이란 수식어에는 마력이 있다.

'사상' 정명[1]

신중섭(강원대학교 윤리교육과 교수)

실존주의 철학자 하이데거(1889~1976)는 "언어는 존재의 집이다"이라고 하였다. 인간의 본질은 언어를 통해 표현된다는 의미이다. 철학에서 "인간은 이성적 존재이다"라고 하는데, 이때 '이성적 존재'란 그리스어로 '말할 줄 아는 생명체'라는 뜻이다. 인간의 본질은 언어에 있으며, 사람들은 언어를 사용하여 자연과 사회를 탐구하고, 의사소통을 하며, 기술과 문명을 창조하여 역사와 문화를 발전시킨다. 언어는 인간의 사물인식, 사고방식, 생활방식에 결정적인 영향을 미친다.

사회 현상을 이해하고 설명하면서, 여러 가지 사회 문제에 대해 해결책을 제시하는 이념이나 세계관은 그 사회의 미래에 심대한 영향력을 발휘한다. 사회변화와 관련된 언어와 사상이 중요한 이유는 바로 여기에 있다. 사회를 이해하고 설명하면서 사회 문제의 해결책을 제시함에 있어 핵심적인 역할을 하는 것은 사람들이 가지고 있는 사고방식이며, 이를 통칭하는 개념으로 '이념', '이데올로기', '패러다임', '프레임' 등이 사용된다.

'이념', '이데올로기', '패러다임', '프레임' 등에 포함된 잘못된 언어는 사람들을 올바르지 못한 인식으로 유도하여, 잘못된 사물인식, 사고방식, 생활방식으로 인도한다. 잘못된 언어 사용이 발생하는 이유는 그 언어를 사용하는 사람이 자신의 정체를 숨기거나, 자신의 사상을 그 내용과 무관하게 사람들이 긍정적으로 인식하게 만들기 위해서거나, 아니면 숨은 의도는 없지만 부주의하여 불명확하게 사용하기 때문이다.

그뿐만 아니라 의도적으로 언어를 왜곡되게 사용하는 경우도 많다. 언어가 본래 가지고 있는 의미와 전혀 상반되는 의미로 사용함으로써, 사람들의 현실 인식을 마비시키면서 자신의 정략적 이익을 추구하려는 사람과 집단도 있다.

"전쟁은 평화. 자유는 예속. 무지는 힘"이라는 슬로건을 내건 당 (黨)이 있었다. 절대 권력을 가진 이 당은 전쟁을 관장하는 '평화부 (Ministry of Peace)', 사상범죄를 포함한 모든 범죄를 관리하는 '애정부(Ministry of Love)', 매일같이 배급량 감소만을 발표하는 '풍요부 (Ministry of Plenty)', 모든 정보를 통제·조작하는 '진리부(Ministry of Truth)'로 구성되어 있다. 조지 오웰은 디스토피아 소설 『1984년』에서 '평화의 이름으로 전쟁'을, '사랑의 이름으로 고문'을, '풍요의 이름으로 배급'을, '진리의 이름으로 통제와 조작'을 하는 전체주의 국가의 허구성을 언어의 이중적 사용과 혼란에서 찾았다. 언어의 본래 의미가 극도로 왜곡되는 세상을 전체주의 국가의 특성 가운데 하나로 꼽은 것이다. 공자도 '정명론'을 통해 이름과 실재가 일치하지 않을 때 초래될 수 있는 세상의 혼란을 경고하였다.

세상의 혼란은 언어의 혼란에서 시작된다. 어지러운 세상에선 좋은 말이 난무하지만, 도대체 그 말이 무엇을 말하는지 종잡을 수 없다. 그 말을 사용하는 사람도 그 말이 무엇을 뜻하는지조차 모르고 사용하는 경우도 있다. 권력을 잡은 사람들이 혼란스러운 언어를 사용하면, 언어의 혼란이 언어의 혼란으로 끝나지 않고, 현실에 실행되어 재앙을 초래한다.

사상, 이념과 관련된 언어들이 부정확하고 부적절하게 사용되면 사람들의 사회인식에 혼란이 일어나 잘못된 사물인식, 사고방식, 생활방식으로 이끌고 사회를 혼란으로 이끈다. 언어가 현실을 제대로 반영하지 못하거나 잘못된 언어가 세상을 지배하면 세상은 올바른 방향으로 나아갈 수 없다. 특히 정치·사회·경제에서의 잘못된 언어의 사용은 잘못된 정책을 채택하게 하여 사람들에게 고통을 주고 역사의 발전을 가로막는다. 우리는 언어를 올바로 사용하고, 올바른 의미를 부여하여 사회와 역사가 잘못된 방향으로 나아가지 않도록 막아야 한다. 이 연구는 이러한 취지에서 진행되었다.

힐러리 클린턴 미 국무장관이 대담한 발언을 했다. 한일 과거사 문제의 핵심 쟁점 가운데 하나인 위안부 문제와 관련하여 위안부를 '일본군 위안부(comfort women)'라는 표현 대신에 '강제적인 일본군 성노예(enforced sex slaves)'라는 명칭을 사용해야 한다고 말했다고 한다. 여기에서 '위안부'와 '성노예'는 동일한 대상을 지칭하는 것이긴 하지만 그 말이 우리에게 주는 의미는 전혀 다르다. '강제적인 일본군 성노예'라는 표현은 일제의 잔악하고 비인간적인 만행이 잘 드러나지만, '위안부'는 이런 만행을 숨기는 역할을 한다. 그뿐만 아니라 '성노예'라는 표현은 자발적으로 위안부가 되었다는 일본의 노회한 변명이 숨을 자리도 제공하지 않는다.

이와 같이 말은 우리가 현상을 이해하는 방식을 결정한다. 언어는 사람들에게 '각인 효과'를 가진다. 언어를 통해 한번 각인된 인상은 좀처럼 수정되지 않는다. 예를 들어 'Laissez Faire'를 '자유방임'으로 번역한다면, 'Laissez Faire'의 긍정적인 의미는 각인되지 않고, 부정적인 의미만 각인된다. '자유방임'은 '아무렇게 해도 좋다', '무엇을 해도 허용된다'와 같은 의미를 지닌 것으로 각인된다. 따라서 이러한 부정적인 현상을 타파하기 위해서는 외부의 개입이 필요하다는 결론이 자연스럽게 도출된다. 그러나 'Laissez Faire'를 '불간섭'으로 번역하면 그것의 의미는 달라진다. 간섭·규제는 부정적인 의미를 가지고 있고, 규제와 간섭을 하는 주체가 국가라면, 국가의 그런 행위는 부정적인 행위로 각인되기 때문이다.

'Laissez Faire'의 사례가 보여주듯이, 우리 사회에 서양의 자유주의가 도입되면서 자유주의의 핵심 개념들이 부정적으로 번역됨으로써 그것의 본래 의미와 상관없이 자유주의는 좋지 않은 것으로 사람들의 마음에 각인되었다. 자유주의의 논리적 귀결인 '경제적 자유주의' 또는 '시장'과 관련된 용어도 부정적인 함축을 많이 지니고 있어 자유주의와 시장경제를 확산하는 데 걸림돌이 되고 있다. 시장경제가 '빈익빈 부익부', '정글의 논리', '살벌한 경쟁'을 연상시키는 언어가 된 이유도 바로 시장의 철학에 대한 오해에서 비롯된 것이다.

이 연구의 목적은 이러한 상황의 심각성을 인식하고, (1)자유주의 관련 용어가 긍정적인 의미로 사람들의 마음속에 각인될 수 있도록, 자유주의의 핵심 용어들을 최소한 중립적이거나 친자유주의적으로 새롭게 번역하면서, 그것의 긍정적인 의미를 부각시키는 것이다.

나아가 (2)자유주의 기본 용어를 정확하게 이해할 필요도 있으며 (3)동일한 개념을 두고서 자유주의자와 반자유주의자가 다른 의미를 부여하는 경우도 검토해 볼 필요가 있다.

자유주의 사상이 세상의 운영 원리가 될 수 있도록 하기 위해서는 사람의 생각과 행동을 지배하는 개념들이 올바로 머리 속에 각인될 수 있도록 해야 한다. 그러므로 여기서 제안한 내용들은 전문가들 사이에 공론과 토론의 과정을 거쳐 올바른 용어로 합의한 후, 널리 퍼질 수 있도록 자유주의자들은 글이나 말을 통해 의도적으로 자주 사용해야 한다.

자유주의와 바른 용어

1) 이데올로기(ideology)와 이념(理念)[2]

일반적으로 이데올로기를 이념으로 번역하지만, 그렇게 번역하는 것이 적합하지 않다고 주장하는 학자도 있다.[3] "이념은 보편적 타당성을 가진 올바른 목표가치 또는 사물의 추상적인 완전형태를 뜻하는" 것인 반면, "이데올로기는 인간과 사회 현상을 해석·평가하고 인간과 사회의 문제들의 해결에 대한 원론적 지침이 되는 여러 가지 관념들의 복합체"라고 보기 때문이다.

이념은 보편적 타당성을 가진 것이지만, 이데올로기는 진실과 허위, 객관적 타당성을 가진 관념과 주관적인 관념 등이 섞여 있다는 것이다. 따라서 이념은 이데올로기의 적합한 번역어가 될 수 없다고 주장한다. 이념으로 번역될 수 있는 서양언어는 idea나 ideal이다. 이데올로기에 가장 가까운 번역어는 '사상'이나 '세계관'이라는 것이다.[4]

양동안의 설명에 따르면 이데올로기 비판 교육을 주도하던 사람들이 이데올로기를 이념으로 잘못 번역하기 전에 지식인들은 자유주의 사상이나 공산주의 사상이라고 표현을 사용하고, 서로 다른 이데올로기를 믿는 사람들 사이의 '갈등'과 '논쟁'을 '사상 갈등' 또는 '사상 논쟁'이라고 하였다. 따라서 오늘날 이념 갈등·지역 갈등·세계 갈등이라 할 때의 '이념 갈등'은 '사상 갈등'으로 수정되어야 한다고 주장한다.

양동안은 좌익성향의 인사들은 자신들이 지지하는 '사회주의'에 대해서만 '이념'이라는 말을 사용하고, 자신들이 지지하지 않는 사상에 대해서는 '이데올로기'라는 말을 사용한다고 말한다. 이에 반해 우익성향의 인사들이나 일반인들은 '이데올로기'와 '이념'을 동일한 용어로 사용한다. 이런 맥락에서 보면 '이데올로기 비판 교육'을 '이념 비판 교육'이라고 부르는 것, '사회주의·공산주의 이념 비판', '자유민주주의 이데올로기를 신봉한다', '지금은 탈이념의 시대이다'라는 말은 잘못된 언어사용이다. '사회주의 이념 비판'이 아니라 '사회주의 이데올로기 비판'이라고 하고, '자유민주주의 이데올로기'가 아니라 '자유민주주의 이념'이라고 해야 한다는 것이다. 그의 주장에 따르면 우리는 '이데올로기'에서는 벗어나야 하지만, '이념'에서 벗어나서는 안 된다.

이데올로기의 의미 변화의 역사

19세기 초반 『이데올로기 원론』을 쓴 데스튀트 드 트라시는 '관념학' 또는 '관념과학(ide-ology: science of ideas)'을 의미하는 용어로 '이데올로기'라는 개념을 사용하였다. 즉 데스튀트 드 트라시는 "감각작용에 대한 과학적 탐구를 통해 인간의 사고 행위 및 인간이 가지고 있는 관념들을 밝히는" 학문 분과로 이데올로기라는 말을 사용하였다.

1799년 집권한 나폴레옹은 자신의 전제정치에 비판적인 태도를 보인 당대의 지식인(이데올로그)을 '공상적인 주장이나 하는 자들'이라고 비판하면서, 이데올로그는 '공리공론가'와 동의어가 되었다. 이데올로기에 부정적인 의미를 부여한 나폴레옹의 뒤를 이어 마르크스는 '현실과 맞지 않는 관념'의 의미로 '이데올로기'라는 말을 사용하다가, 『독일 이데올로기』에서 '추상적이며 역사적 관점을 결여하고 있으면서 기성의 사회관계를 정당화해주는 관념'이라는 의미로 사용하였다. 마르크스는 사적 유물론과 같은 공산주의자들의 이론만이 현실을 정확하게 설명해주고 현실의 모순을 해결할 수 있다고 주장하면서, 그와 반대되는 이론을 모두 이데올로기라고 불렀다. 이데올로기는 '과학'과 대립하는 '허위의식'이라는 새로운 의미를 획득하게 된 것이다.

뒤에 만하임은 『이데올로기와 유토피아』에서 사회에 대한 인간의 의식과 이론은 그가 처한 사회적 상황의 영향을 받는다는 마르크스의 명제를 받아들이면서, 이 명제를 마르크스 이론에도 적용하였다. 만하임의 이론에 따르면 이데올로기는 '객관적 진리'가 아니며, 사회 현상을 설명·평가하면서 해결책을 제시하는 모든 이론을 지칭하는 개념이다. 자연현상에 대한 객관적인 인간의 사유와 사회현상에 대한 편견이나 왜곡이 포함된 인간의 사유를 구별한 것이다.

이러한 과정을 거쳐 이제 비사회주의 계열의 사회과학자들은 이데올로기를 '사회 현상을 설명하고 해석하고 평가하는 기준이 되면서, 사회문제에 대한 해결책의 지침이 되는 관(신)념들의 목적 지향적 묶음'을 의미하는 용어로 사용하게 되었다.[5]

이데올로기 종언론

1950년 서베를린에서 개최된 비공산국가 지식인들의 회의에 참석한 지식인들은 '공산주의나 파시즘과 같은 교조주의적이고 광신적인 이데올로기는 이제 끝났다'고 선언했다. 이런 선언을 주도한 벨, 실즈, 립세트는 서구에서 과학의 보급과 합리적이고 실용적인 사고의 확산, 경제적 풍요와 사회복지의 확산으로 모든 이데올로기가 호소력을 상실했다고 주장하였다.

그러나 이런 주장은 60년대 중반부터 70년대 초반까지의 뉴레프트 운동을 비롯한 미국과 서유럽의 좌익청년운동의 등장으로 설득력을 상실하였다. 그러나 이 운동이 사라지고 80년대 말과 90년대 초에 '공산주의의 죽음'으로 '역사의 종언'이 선언되었다. 그러나 경제위기를 거치면서 신자유주의가 비판을 받고, 다시 공산주의가 주목을 받고 있다. 특히 한반도에서 '이데올로기의 대립'은 종식되지 않고 있다. 남북의 대치상황에서 대립은 강화될 가능성이 높다.

2) 자유주의[6]

자유주의는 대단히 애매한 이념적 용어 가운데 하나이다. 이 말은 정치 철학의 중요한 한 입장을 기술하기도 하지만 서방에서는 정당의 이데올로기적인 입장을 지시하기도 한다. 자유주의는 단일하게 정의될 수 없다. 하나의 이념으로 자유주의가 정립된 이후에 이론적이고 현실적인 문제들과 교합하면서 다양한 형태로 진화의 진화를 거듭하다, 자유주의는 유럽과 미국에서 그 의미를 달리하기도 하며, 자신 앞에 여러 수식어를 거느리게 되었다. 자유주의는 고전적 자유주의, 보수적 자유주의, 민주적 자유주의, 시장자유주의, 녹색자유주의, 신자유주의 (new liberalism, neoliberalism), 질서자유주의, 종교적 자유주의, 사회적 자유주의 등으로 분화되고 진화되었다. 민경국은 자유주의를 '우파 자유주의', '좌파 자유주의'로 구분하기도 한다.[7]

그뿐만 아니라 자유주의는 개인적 자유, 정치적 자유, 사회적 자유, 경제적 자유, 자유무역, 개인주의, 소극적 자유와 적극적 자유,

자유주의적 중립성, 개인의 권리, 시장경제, 해악의 원리, 교회와 국가의 분리 등과 같은 이념들과 복잡한 관계를 맺게 되었다.

비록 현대의 모든 자유주의적인 정치 이론들의 공통 근원으로 개인의 자유의 가치에 대한 믿음을 지적한다. 그러나 자유주의는 현재 다양한 의미를 가지고 사용되기 때문에 개인의 자유에 대한 믿음은 자유주의의 제한된 한 측면만을 보여줄 뿐이다. 개인의 자유에 대한 강조는 개인주의에 대한 믿음에서 나왔다.

개인주의는 '개인의 자유'를 가치의 가장 높은 자리에 놓는다. 가치는 제도를 평가하는 기준이다. 가치는 어떤 경제 체제가 좋은지 나쁜지, 즉 한 경제 체제의 과정이나 결과가 좋은지 나쁜지를 판단하는 기준이 된다. 개인의 자유를 최상의 가치로 생각한다면, 개인의 자유를 확장해주는 것을 높이 평가하고 축소하는 것들을 낮게 평가할 것이다. 현대 사회에서 개인의 자유에 영향을 미치는 가장 중요한 두 제도가 시장과 국가라면, 자유주의자들은 시장은 개인의 자유를 확대하고 국가는 개인의 자유를 축소한다고 생각하기 때문에 국가의 역할이 확대되는 것을 경계한다.

개인주의는 자유주의의 원리 가운데 하나이다. 개인주의에 따르면 사회 분석의 기본 단위는 개인이다. 개인만이 생각하고, 사랑하고, 행동한다. 개인은 창조성, 활동성, 사회의 원천이면서 토대이다. 집단은 계획이나 의도를 가지지 않는다. 오직 개인만이 서로 다른 결과를 예상하고 선택한다. 개인만이 책임을 진다. 사회와 같은 집단은 선택하지도 책임을 지지도 못한다. 개인들이 집단을 만들고,

그것에 소속되지만 궁극적으로 선택하고 책임지는 것은 개인이다.

물론 사회도 존재한다. 사회는 개인에게 결정적으로 중요하다. 개인이 사회에 소속되고 권리 체계를 구축하는 것은 다른 사람들과 상호작용함으로써 이익을 얻기 때문이다. 이런 사회는 개인들로 구성되어 있다. 사회는 그것을 구성하고 있는 개인과 무관하게 존재하는 독립적인 존재가 아니다.

독립된 개인은 '원자적 개인'은 아니다. 개인이 자신의 필요를 스스로 충족시킬 수 없기 때문에 다른 사람과의 상호 작용과 협력은 필수적이다. 애덤 스미스나 하이에크가 말하는 '거대 사회(Great Society)'를 살 수밖에 없는 현대의 개인은 다른 개인과 상호작용을 통해 엄청난 혜택을 본다. 이 상호작용을 '협력'이라 부른다. 만일 우리가 개인 단독으로 살아야 한다면 삶은 매우 어렵고 짧을 것이다.[8]

이러한 개인주의는 '개인의 권리'와 '개인의 자유'를 중시한다. '개인의 권리'는 개인은 도덕적 행위자이기 때문에, 생활, 자유, 재산에서 안전을 확보할 권리를 의미한다. 권리들은 정부 또는 사회에 의해 주어지는 것은 아니다. 이것들은 인간의 본성에 내재해 있다. 개인이 이러한 권리를 안전하게 누리는 것은 직관적으로 옳다. 누가 이런 권리를 침해한다면 그것에 대한 설명은 침해하는 사람이 제시해야 한다.[9]

liberalism을 '미국식 자유주의'로 번역

자유주의를 간명하게 분석하기 위해서는 정치 이론에서 미국의 자유주의와 유럽의 자유주의를 구분하는 것이 편리하다. 유럽의 자유주의는 고전적 자유주의의 전통과 많은 공통점을 가지고 있다. '미국식 자유주의'를 '미국식 자유주의'가 아니라 그냥 '자유주의'로 표기할 경우 고전적 자유주의나 유럽의 자유주의와 개념적으로 혼란을 일으킬 수 있다.

'미국식 자유주의'는 고전적 자유주의와 달리 경제적 자유에 대한 믿음이 약하다. 미국식 자유주의자는 경제적 자유가 그것보다 더 높은 가치를 위해 국가 개입을 통해 침해될 수도 있다고 주장한다. 따라서 고전적 자유주의와 '미국식 자유주의'를 구별하기 위해 영어로 동일하게 liberalism으로 표기된 경우에도 그것이 '미국식 자유주의'를 의미하는 경우 그냥 자유주의가 아니라 '미국식 자유주의'로 번역하여 우리말에서 혼란을 피하는 것이 좋다.

물론 미국에서 사용되는 liberalism을 고전적 자유주의와 구별하기 위하여, '복지국가 자유주의', '평등주의적 자유주의'로 번역하는 경우도 있다. 그러나 미국식 자유주의에는 '복지국가'에 대한 지지뿐만 아니라 개인의 자유와 관련하여 동성애·낙태에 대한 찬성도 포함되어 있어, 이렇게 번역하면 복지와 이를 위한 경제에 대한 국가의 개입을 지지하는 것만이 부각되기 때문에 '미국식 자유주의'의 전모를 포함하지 못하는 문제가 있다.

그러나 libertarianism을 어떻게 우리말로 표기할 것인가에 대해서는 신중한 논의가 필요하다. 현재 우리나라에서 libertarianism은 '자유지상주의'라는 번역어가 통용되고 있다. '지상주의'에는 약간의 부정적인 의미가 들어 있다. 이 말이 등장하게 된 배경에는 liberalism이 미국에서 애덤 스미스 이래로 자유주의가 담고 있는 의미와 다른 의미로 사용되면서, 전통적 자유주의를 미국식 자유주의와 구별할 필요가 있었기 때문이다. 그렇다고 classical liberalism과 libertarianism이 동일한 의미를 지닌 것은 아니다.

고전적 자유주의는 애덤 스미스가 제시한 정부의 역할을 정당한 역할로 인정하지만, libertarianism은 시장이 그것을 대신할 수 있다고 믿는다. 예를 들면 노직은 국방까지도 개인회사가 대행할 수 있다고 주장한다.

그러나 하이에크는 liberalism이 미국에서 다른 의미로 사용된다는 사실을 무시하고, 전통적인 방식으로 이 말을 사용해야 한다고 생각하여, 자유주의의 명명권을 미국식 자유주의에 넘겨주지 않고 있다. 그는 고전적 자유주의와 libertarianism이라는 용어를 사용하지도 않는다. 우리나라에서는 liberalism, classical liberalism, libertarianism이 명확하게 구별되지 않고 사용되기 때문에 문맥에 따라 적절하게 해석하고 이해해야 한다.[10]

이러한 현실을 고려하면 맥락에 따라 전통적인 의미의 liberalism은 '자유주의'로, classical liberalism은 '고전적 자유주의'로, libertarianism은 '자유지선주의'로, 미국에서 사용되는 liberalism은 '미국식 자유주의'로 번역하여, 일단 여러 가지 형태의 자유주의를 구별하는 것이 하나의 대안일 수도 있다.

우선 '미국식 자유주의'부터 살펴보자. 미국 자유주의의 완전한 정치 경제학을 제시한 학자는 존재하지 않는다. 미국식 자유주의는 다양한 경제적, 철학적, 정치적 원천을 갖는다. 드워킨(Dworkin)의 법학은 미국 자유주의의 가장 일관적 형태를 보여주고 있다. 경제학자인 애로우(Arrow), 새뮤얼슨(Samuelson), 갤브레이스(Galbraith)는 서로 다른 방식으로 미국식 자유주의의 중요한 경제적 특성을 보여주고 있다.

미국식 자유주의자들이 시장과 개인주의에 완전히 적대적인 입장을 취하고 있는 것은 아니다. 오히려 그들은 만일 자유주의의 전통적 가치가 실현될 수 있다면 호의적인 국가에 의해 시장의 임의적인 과정이 끊임없이 교정되어야 한다는 주장을 하고 있다. 대공황의 체험은 미국식 자유주의가 성장하는 중요한 계기가 되었다. 대공황은 시장이 자기 수정 능력이 없다는 사실을 확증한 것처럼 보였기 때문이다. 이러한 이유 때문에 미국식 자유주의 경제학자들은 완전 고용을 위해 정부가 수요를 조정해야 한다는 것을 만장일치로 받아들인다. 나아가 그들은 시장이 개인의 자유를 파괴하는 가난과 불평등을 창조한다고 주장한다. 따라서 그들은 연금, 실업 보험, 의료를 포함하여 모든 복지 부분에서 국가의 행위가 필수적이라고 생각한다.

미국은 박탈당한 소수자 특히 흑인과 관련하여 특별한 문제를 가지고 있다. 소수자에 가해진 과거의 잘못을 바로잡고 그들에게 동등한 기회를 주기 위한 국가의 행동은 자유주의와 완전히 일치한다고 주장한다. 드워킨은 'affirmative action' 프로그램이 개인의 자유를 보호하는 자유주의 철학 일반과 완벽하게 일치한다는 사실을 가장 세련되게 주장하였다. 그럼에도 불구하고, 유럽의 자유주의자들은 미국 자유주의는 너무나 많은 영역에서 국가 행위를 허용하고 있기 때문에 비-마르크스주의적인 사회주의와 거의 구별이 불가능하다고 주장한다.

유럽의 자유주의

유럽의 자유주의는 고전적 자유주의로 더 잘 알려져 있다. 고전적 자유주의는 사회주의와 달리 활동적인 정치적 운동은 아니었다. 고전적 자유주의는 애덤 스미스까지 거슬러 올라갈 수 있는 정치 경제적 세계를 보는 하나의 방식이었다. 자유주의자들은 만일 어떤 정책들이 개인의 자유를 따른다면 서로 다른 정당의 정책을 지지한다. 20세기에 보수주의 정당들이 비록 열정적이지는 않았지만 자유주의를 받아들였다. 그러나 독일의 사회적 시장 경제가 꽃을 피우는 동안, 1958년 이후의 사회 민주당(post-1958 Social Democrats)은 기독교 민주당보다 더 자유주의적이었다.

자유주의는 18세기 유럽에서 중앙 통제 없이 안정을 유지하는 질서의 메커니즘이 사회에 존재한다는 발견에서 시작되었다. 자유주의자들은 사회는 독재를 필요로 하지 않으며, 개인이 일반 법칙과 시장의 원리 안에서 자유롭게 행동해도 혼란은 일어나지 않는다고 주장하였다. 비록 계몽주의의 지적 전통이 자유주의와 합치하는 것은 아니었지만, 자유주의는 실제 사회를 합리적으로 설명할 수 있다는 계몽주의의 전통을 계승하였다. 자유주의는 더 이상 사회가 신비주의와 미신의 지배를 받도록 하지 않았다.

자유주의의 기본적인 내용은 18세기에 형성되었다. 그것은 다음과 같이 요약될 수 있다. 개인이 그 자신의 도덕적 가치의 원천이다. 개인 사이의 무역과 교환의 과정은 효율적이고 개인의 자유를 확장시킨다. 시장은 자원을 가장 잘 배분할 수 있는 자생적 질서이다. 국가 사이의 교역은 노동의 국제적 분업을 통해 부를 극대화할 뿐만 아니라 전쟁과 정치적 긴장을 완화시킨다. 공공 정책은 사람들의 최소한 공통 관심사에만 국한되어야 한다. 이런 자유주의 사상은 애덤 스미스의 『국부론』에서 집대성되었다.

애덤 스미스

애덤 스미스는 시장을 이해하는 데 선구적인 역할을 했을 뿐만 아니라 전체 경제가 어떻게 하나의 통합된 체계로 작동하는지를 연구한 개척자이다. 다음에 열거한 애덤 스미스의 세 가지 견해는 정치경제학 발전에 중요한 역할을 했다.

(1) 스미스는 세계 각 지역에 흩어져 있는, 그리고 서로 알지도 못하는 생산자·운송업자·판매자·구매자 등 무수히 많은 경제적 행위자들의 독립적 활동들을 사회가 어떻게 조정(coordinate)할 수 있는냐는 경제학의 근본 문제를 확인했다. 이 조정의 문제는 어떤 개인도 자신의 삶을 영위하기 위해 필요한 것들을 모두 스스로 만들어 낼 수는 없기 때문에 발생한다. 우리는 다른 사람이 생산한 재화나 서비스를 소비해야 한다. 스미스는 경제 체제에서 사람들이 서로 다른

물건을 생산하면서 타인과 경제적으로 상호의존적인 관계를 맺는다는 사실, 곧 노동 분업 현상에 주목했다.

(2) 스미스는 경제 주체들 각자의 개인적 이기심에 맡겨 놓더라도 사회의 노동 분업을 조정하는 문제가 잘 해결될 수 있다고 주장했다. 그는 특정 개인이나 제도가 의식적으로 질서를 만들거나 유지하려고 하지 않더라도 합리적인 질서가 스스로 생겨난다고 생각하였다. 스미스의 이러한 생각은 홉스와 극적인 대비를 이룬다. 홉스는 수많은 사람이 각자 이기심에 따라 행동할 때 필연적으로 혼란이 발생하며, 이것을 피하거나 질서를 유지할 수 있는 유일한 방법은 강력한 정부밖에 없다고 주장하였다.

홉스와 달리 스미스는 두 가지 조건만 충족되면 시장이 작동할 수 있다고 생각했다. (가) 소유권을 잘 정의하여 누가 무엇을 소유했는지를 명확하게 규정해야 한다. 소유권에 대한 명확한 규정이 존재할 때 교환이 이루어질 수 있다. (나) 수많은 사람들 사이에 충분한 경쟁이 있어야 하며 어떤 시장도 독점되지 말아야 한다.

(3) 스미스는 경쟁적 시장의 체계가, 이기심을 좇는 개인의 행동이 어떻게 사회에 유익한 결과를 산출하도록 하는지를 설명하였다. 이런 생각은 이기적 행동을 비도덕적이라고 생각한 그 당시 통념에 도전한 것이다. 스미스는 농부나 이발사의 이기적 행동이 탐욕에 기초해 있지만 적절한 조건 아래에서 탐욕을 좇는 것은 모두에게 유익하다고 주장하였다. 사람들이 이웃의 행복에 전혀 관심을 두지 않고 행동하는 경우에도 사회적으로 유익한 결과를 가져올 수 있다는 것

이다.

스미스는 이러한 현상을 '보이지 않는 손'의 개념을 통해 설명하였다. '보이지 않는 손'은 애덤 스미스가 개인의 행동이 초래한 의도하지 않은 결과를 기술하기 위해 사용한 메타포이다. 애덤 스미스는 '보이지 않는 손'이라는 특별한 개념을 『도덕감정론』과 『국부론』에서 단 두 번, 천문학 관련 저서에서 한 번, 총 세 번 사용하였지만, 이 용어가 의미하는 메타포는 그의 사회 이론과 윤리학 이론 전체로 퍼지게 되었다.

애덤 스미스는 '보이지 않는 손'이라는 개념을 사용함으로써 상호 연관된 사회 시스템 전체를 포함하는 포괄적인 경제이론을 구축하였다. '보이지 않는 손'이 이론적인 사회과학 자체를 가능하게 하였다고 해도 과장은 아니다.

보이지 않는 손은 시장이 어떻게 인적 자원과 자연 자원을 잘 이용하여 사회에 유익한 결과를 가져오는가를 설명하고 있다. 스미스는 시장이 경제를 조정할 것이고, 시장이 이기심을 전체 사회의 물질적 진보에 기여하도록 한다고 믿고 있었다. 그는 정부가 적절하지 못한 방식으로 경제에 개입하면 시장의 긍정적인 역할을 기대할 수 없다고 주장하였다. 곧 경제에 대한 정부 규제에 반대한 것이다.

그러나 애덤 스미스가 정부의 역할을 전면적으로 부정했던 것은 아니다. 다만 정부의 역할을 국방·경찰과 법체계를 통한 정의 확립, 사회간접 자본과 같은 공공사업, 음주를 줄이기 위한 알코올 세금 부과로 제한하였다. 경제에 대한 정부 개입을 최소화해야 한다고 생각한 스미스도 예외 조항을 두었던 것이다. 애덤 스미스는『국부론』에서 정부가 시장에 직접 개입하지 말고, 시장을 그대로 두어야 한다고 주장했다.

국가의 역할과 관련하여 애덤 스미스가 '자유방임(laissez faire)'을 주장했다는 주장이 널리 퍼져 있다. 그러나 '자유방임'이라는 말은 부정적인 의미를 연상하게 한다. '방임'은 '방종', '방만'과 같은 말과 한 가족을 이루고 있기 때문이다. 따라서 '자유방임'이 아니라 '불간섭'이라는 말을 사용하는 것이 좋겠다.

'불간섭(laissez faire)'은 프랑스어에서 유래한 말로 'let (them) do'를 의미하며, 'let it be', 'let them do as they will', 'leave it alone'을 함축한다. 그러나 실제 역사에서 불간섭 정부나 완전 자유 시장은 존재한 적이 없다.

Wikipedia의 설명에 따르면 '불간섭'이라는 말은 1680년에 있었던 프랑스 재무상 콜베르(Jean-Baptiste Colbert)와 M. Le Gendre가 이끄는 일단의 기업인들이 만난 자리에서 나왔다. 이 자리에서 프랑스의 열렬한 중상주의자 재무상인 콜베르가 상인들을 돕고 그들의 상업을 증진하기 위해 국가가 해줄 수 있는 것이 무엇이냐고 물었을 때, Le Gendre는 "Laissez-nous faire"("Leave us be", lit. "Let us do")라는 대답을 하였다고 한다.

그러나 애덤 스미스가 '불간섭'을 전면적으로 주장하였는가에 대해서는 학자들 사이에도 논란이 있다. 스미스는 경제적 이익 추구가 부정적인 영향을 초래할 수 있다는 사실에 대해서도 우려를 표명하였다. 공장의 강압적이고 지극히 단조로운 노동 조건을 개선하지 않으면 영국은 생각 없는 로봇들의 나라가 될지도 모른다고 걱정하면서 교육의 필요성을 이야기했기 때문이다.

스미스는 부자들에 맞서 가난한 사람의 편에 서기도 하였다. 『국부론』의 임금에 대한 부분에서 다음과 같이 말한다. 그는 "사회 구성원의 대다수가 가난하고 비참한 상태라면 그 어떤 사회도 번성하거나 행복할 수 없다. 더구나 가난하고 비참한 다수의 의식주를 해결해 줄 수 있는 사람들이, 이 다수가 최소한 스스로의 의식주를 해결할 수 있도록 자신이 생산한 노동의 결과 가운데 일부를 공유하는 것이 바로 형평성이다"라고 하였다.

자유주의와 민주주의

전통적으로 자유주의자들은 무엇이 정부에 속해야 하는가 하는 물음과 누가 통치를 맡아야 하는가 하는 물음을 구별하여 왔다. 논리적으로는 만일 정부가 헌법의 규정에 의해 제한된다면, 정부가 어떤 형태를 취하는가 하는 것은 그렇게 중요하지 않다. 그럼에도 불구하고, 19세기의 자유주의자들은 보통 선거권과 민주주의를 강력하게 요구하였다. 그들에게 정치에서 평등한 투표권은 시장에서의 선택에 버금가는 중요성을 지니고 있을 뿐만 아니라 귀족의 특권을 막을 수 있는 보호 장치라고 생각하였다. 그 뒤에 다수결주의적인 민주주의가 개인의 자유를 위협한다는 두려움이 나타나게 되었다.

아마도 19세기에 있었던 자유주의의 가장 두드러진 사례는 영국에서 곡물법을 폐지하려 오래 지속된 투쟁일 것이다. 역설적으로 이 곡물법의 폐지는 1846년 보수주의 정부에 의해 성취되었다. 정부는 곡물법을 통해 값싼 외국 곡물의 수입을 엄격하게 제한함으로써, 명백하게 자유주의 정치 경제의 근본 원리를 위반하였다. 그뿐만 아니라 이러한 법이 존속되기 위해서는 토지를 소유한 귀족들이 정치에 정당하지 못한 영향력을 행사하는 것을 허용해야만 했다. 이 문제에 대한 고전적 자유주의적인 입장은 부패한 지주의 이익에는 대립하지만, 고용자의 이익과 피고용자의 이익을 함께 보호하는 것이었다. 이 당시 농업 문제에 대해서는 자유주의와 보수주의로 나누어졌다. 19세기에는 자유 무역이 자유주의의 중요한 이슈였다. 정치적 신념으로 발전한 자유주의는 공리주의와 자연권이라는 서로 다른 철학적 기초에 의존하고 있다.

공리주의적 기초 자체는 좀 복잡하다. 이 기초는 간접적 공리주의의 기초와 직접적 공리주의의 기초로 구분된다. 간접적 공리주의의 기초는 흄과 스미스에게서 유래하며, 사회적 유용성은 '정의로운 행동의 일반적인 규칙'의 지배를 받으면서, 자기 이익을 추구하기 위해 교환하는 개인에 의해 우연하게 나타난다. 우연히 나타난다고 하는 사실은 법에 대한 중요성에 의미를 부여한다. 왜냐하면 간접적 공리주의자들은 자생적으로 발달하는 보통법이 제정법보다 더 우월하다고 생각하기 때문이다. 벤덤과 같이 직접적 공리주의에 입각한 고전적 자유주의자는 보통법은 기본적으로 보수주의적인 것으로 간주하며, 개인주의적인 질서는 입법에 의해 창조되어야 한다고 생각한다. 따라서 어떤 경제적인 문제에 대해는 벤덤이 스미스보다 더 자유방임적이었다고 할지라도, 이성이 자발적으로 생성된 질서를 개선할 수 있다는 그의 합리주의적 신념 때문에 현대 자유주의자들은 그가 참으로 개인주의자라는 사실을 의심하였다. 전체 사회가 갖는 사회적 유용성의 함수는 합리적으로 설계되어 공동체에 부과될 수 있다는 직접적 공리주의자들의 믿음은 자유주의자들의 이러한 의심을 강화하였다.

자연권적 자유주의자는 국가 개입은 개인의 권리를 침범하기 때문에 어떤 결과를 가져오더라도 도덕적일 수 없다는 근거에서 개인의 자유를 정당화한다. 이러한 입장의 기원은 본질적으로 자연법의 전통이며, 로크 정치 철학의 일차적인 원천이다. 로크 정치 철학이 정부의 정당성을 인정하는 경우는, 그것이 오직 동의에 기초하는 경우이다. 그러나 비공리주의적 자유주의의 주요한 원천은 칸트의 윤리학이다. 칸트의 윤리학에 따르면 승인될 수 있는 유일한 이성적 도덕은 자율적인 도덕적 행위자가 보편적 법칙으로 받아들일 수 있는 가치 체계이다. 이것은 개인을 수단이 아니라 목적으로 취급해야 한다는 칸트의 도덕률과 함께 자유주의적, 개인주의적 도덕의 중요한 철학적 기초이다.

최근에는 고전적 자유주의의 철학적 기초가 좀 더 세련된 형태로 발전하였다. 자유주의에 대한 공리주의적 정당화의 주요 원천은 오스트리아 학파와 시카고 학파의 경제학이다. 노직이 주도한 현대의 자연권적 자유주의의 정당화는 자유지선주의로 빠지게 되었다.

오스트리아 학파의 경제학자 미제스와 하이에크는 정치에 대해서도 많은 저술을 남겼다. 미제스에 따르면 자유주의는 응용 경제학에 지나지 않는다. 그에 따르면 선험적 추론에 의해 시장의 협동적 작동이 효율성과 사회적 행복의 수단이라는 것을 입증할 수 있다. 윤리와 관련하여 미제스는 투박한 실증주의자이다. 그는 가치 판단은 어떤 합리적 정당화도 부여할 수 없는 감정의 표현에 지나지 않는다고 하였다. 그러나 그는 상당히 많은 사회적인 목적에 대한 합의가 존재하며 사회주의는 그것을 달성하는 수단을 잘못 설정하고 있다고 가정하였다. 비록 목적에 대해 많은 고전적 자유주의자들이 이러한 실증주의를 채택하고 있지만 그것은 윤리적 개인주의에 대해서는 적절하지 못하다.

하이에크의 고전적 자유주의는 좀 더 복잡하다. 비록 그가 인간 행위의 결과는 계산될 수 있다고 주장하는 합리주의자는 오류에 빠져 있다는 사실을 근거로 형식적인 공리주의를 거부하고 있지만 그의 자유주의는 일종의 간접적 결과주의 선상에 있는 것처럼 보일 수도 있다. 왜냐하면 그는 지식의 진보와 축적은 열린 사회와 자유 시장 안에서 가능하다고 믿기 때문이다. 하이에크는, 사회적 유용성 이론이나 권리론에 입각하지 않고 법의 지배가 설정한 규칙에 따른 정부의 행위만 정당하다는 이론을 내세움으로써 중요한 자유주의적 정부론을 발전시켰다.

미국에서 시카고 학파는 경험적 자유주의를 대중화시켰다. 케인즈주의적인 거시 경제학이 번성하는 동안 시카고 학파의 경제학자들은 시장의 자기 규제적 성격의 중요성과 정부가 통화를 자유롭게 조절할 때 생길 수 있는 부정적인 결과를 강조하였다. 시카고 학파의 자유주의는 대단히 정량적이고 실증적이다. 시카고 학파의 자유주의는 모든 형태의 윤리적 개인주의를 피하면서, 국가가 사회-경제 정책을 통해 개입함에 따라 초래하는 관찰 가능한 결과를 비판함으로써 자유 질서의 우월성을 지지하였다. 이에 대한 가장 좋은 예는 미국의 통화의 역사에 대한 밀턴 프리드먼의 경험적 연구이다. 그의 연구는 이 부분에서 정부 통제가 야기하는 해악을 잘 보여주고 있다.

시카고 학파의 최근 연구에서 중요성을 갖는 것은 직접적인 정부 개입을 통해 소수자의 여건을 개선하려는 미국 자유주의 정책에 대한 비판이다. 소웰은 모든 차별을 철폐하는 데 있어 시장이 가장 좋은 대안이라고 주장하였다. 시장에서의 경쟁은 인종과 성에 따라 차별하는 고용주가 큰 대가를 치르게 함으로써 차별을 못 하게 한다.

개인주의, 안정적 통화, '야경국가론'을 높이 평가하는 전통적인 자유주의는 2차 세계 대전 이후 몇 세기 동안 쇠퇴의 길을 걸어왔다. 그러나 독일의 사회적 시장경제는 예외였다. 경제학자이자 철학자인 오이켄, Rustow, Muller-Armack Boepke는 일련의 이론적인 작업을 통해 자유주의의 전통적 가치를 재건하면서, 1950년대와 1960년대의 연방 정부의 정책을 그들이 주도하였으나, 이들의 원리에 '사회주의적' 요소 곧 복지와 웰빙의 조건을 세우기 위한 국가의 적극적 개입이 다른 형태의 자유주의보다 더 많았다.

3) Libertarianism[11]

하나의 정치 원리로서 자유지선주의(libertarianism)는 결정론에 반대하는 의지의 자유에 관한 철학적 입장과는 구별된다. 최근에 자유지선주의는 개인주의적인 정치 원리를 기술하는 용어가 되었다. 왜냐하면 19세기의 '자유주의'가 미국에서 '미국식 자유주의'로 변형되면서 집단주의적 성격을 많이 지니게 되었기 때문이다.

자유지선주의의 기본 개념

보아스[12]는 자유지선주의 사상을 정립한 사상가로 존 로크, 데이비드 흄, 애덤 스미스, 토머스 제퍼슨, 토머스 페인 등과 같은 17~18세기 사상가들을 들고 있다. 그는 자유지선주의의 기본 개념으로 다음 9가지를 제시하였다.

(1) 개인주의

(2) 개인의 권리

(3) 자생적 질서

(4) 법치주의

(5) 제한된 정부

(6) 자유 시장

(7) 생산의 덕

(8) 이익의 자연적 조화

(9) 평화

이에 앞서 미제스는 『자유주의』[13]에서 다음을 '자유주의 정책의 기초'로 제시하였다.

(1) 재산

(2) 자유

(3) 평화

(4) 평등

(5) 부와 소득의 불평등

(6) 개인적 소유와 윤리

(7) 국가와 정부

(8) 민주주의

(9) 힘의 원리에 대한 비판

(10) 파시즘의 논증

(11) 정부 활동의 한계

(12) 관용

(13) 국가와 반사회적 행위

자유지선주의는 개인주의, 개인의 재산, 자본주의, 법 앞의 평등과 근대에 형성된 사상을 기본 원리로 삼고 있다. 이런 기본 사상들은 서구에서는 몇 세기 동안의 지적·정치적, 때때로 폭력적 투쟁을 통해 근대 정치사상과 정부의 기본 구조로 자리 잡게 되었다. 자유지선주의는 단지 자유주의적인 기본 원리만을 주장하는 것으로 끝나지 않는다.

자유지선주의는 이런 원리들을 충분하게, 일관적으로 현실에 적용하려고 한다. 우리 사회는 일반적으로 평등한 권리와 자본주의에 기초하고 있지만, 매일 이러한 원리에 반하는 일들은 정치가 행해지는 곳이라면 어디에서나 이루어지고 있다. 공익을 위한다는 명분으로 만들어지는 정부의 새로운 지침들은 우리의 자유를 조금씩 잠식하고 있다. 자유를 포기하기 전에 정신을 바싹 차리고 생각해야 한다. 자유사회는 유연하고 개방적이다. 자유사회는 많은 부담을 견디어 내면서 번성하여 왔다. 그러나 자유사회가 아무런 제한 없이 유연하고 개방적일 수는 없다. 자유주의의 원리를 신뢰하고 있다고 주장하면서, 생산적인 사람들이 창조한 부를 더 많이 몰수하고, 자발적인 상호작용을 더욱더 제한하려 하고, 개인의 소유권과 법의 지배에 더 많은 예외를 인정하려고 하고, 더 많은 권력을 사회로부터 국가로 이전하려는 사람들은 자신도 모르는 사이에 문명의 파괴에 개입하고 있다.

자유지선주의의 철학자들

자유지선주의적 관점의 지적 토대를 제시한 철학자를 자유지선주의의 철학자들[14]이라고 한다면 여기에는 우선 영국의 의사이며 철학자였던 존 로크(John Locke, 1632~1704)를 들 수 있다. 그는 『시민정부론』(1689)에서 사람들은 재산권과 같은 자연권을 가지고 있으며, 정부의 유일한 목적은 이러한 자연권을 보호하는 것이라고 주장하였다.

다음으로 스코틀랜드의 도덕철학자, 정치경제학자인 애덤 스미스(Adam Smith, 1723~1790)를 들 수 있다. 그는 『국부론』(1776)에서 무정부 간섭 자본주의를 옹호하였다. 이 책에서 그는 사람들의 자기−동기화된 행동들이 '보이지 않는 손'에 이끌려 어떻게 많은 사람의 번영을 초래하는지를 설명하였다. 애덤 스미스에 따르면, 개인의 탈중심화된 결정이 '자생적 질서'를 산출하며, 이 질서 안에서 소비자와 사업자들은 정부의 간섭 없이 시장을 통해 서로 협동한다. 로크의 개인의 권리 이론과 제한된 정부, 그리고 시장에 대한 애덤 스미스의 기술은 근대 사회의 토대가 되었다.

현대 자유지선주의를 고전적 자유주의의 전통과 구별하는 것은 간단한 일이 아니다. 곧 애덤 스미스, 제임스 밀, 존 스튜어트 밀과 하이에크, 밀턴 프리드먼을 현대의 자유지선주의자인 Nozick, David Friedman, Rothbard과 구별하기는 어렵다. 이들은 모두 '효율성, 자유를 확장해주는 시장경제, 사유 재산, 법의 지배, 개인의 통치권'에 대한 신념을 가지고 있다.

그러나 이러한 아이디어는 자유지선주의자들에게서 극단화되었다. 국가가 폐지되어야 한다고 주장하는 자유지선주의자도 있다. 이런 자유주의를 '무정부주의적 자유지선주의'로 부르기도 한다. 고전적 자유주의자와 자유지선주의자의 차이를 알려면 그들이 자신들의 '개인주의적 정치 원리'를 정당화하기 위해 세운 '철학적 기초'를 살펴보는 것이다. 고전적 자유주의자는 공리주의적이거나 결과주의적인 입장을 견지하는 경향이 있다. 그들은 개인주의적인 경제와 사회

제도는 서로 익명의 관계를 맺고 있는 사람들에게 명백한 이익을 준다는 점을 제시하면서, 그것들을 높이 평가한다.

자유지선주의들은 개인주의적 자연권 이론을 견지하면서 국가 개입은 그것이 초래하는 결과가 긍정적이든 부정적이든 관계없이 개인의 권리를 침범하기 때문에 나쁘다고 주장하는 경향이 있다. 그러나 이것이 결정적인 차이라고 할 수는 없다. 자연권을 인정하지 않으면서도 자유지선주의자라 할 수 있는 개인주의자들이 있기 때문이다.

모든 자유지선주의자는 정당성을 가진 사회 질서는 개인의 자발성을 존중해야 한다는 것을 강조한다. 그들은 고전적 자유주의자나 모든 보수주의와 달리 일련의 규칙이나 절차에 개인의 자유를 귀속시키지 않는다. 그들은 자유의 요구를 얼마나 잘 충족하고 있느냐는 관점에서 정치 질서를 평가한다. 자유지선주의자는 인간의 마음은 전통과 그것의 '내재적 지혜'가 필연적 우선성을 갖지 않는 사회 질서를 구성할 수 있는 능력을 가지고 있다고 믿는다는 점에서 정치적 의미로 합리주의자이다.

자유지선주의자들은 자유를 '소극적 자유'로 해석한다. 곧 사람은 그의 선택과 행동이 인간에 기원을 둔 법과 제도에 의해 강제되지 않는 한 자유롭다. 따라서 개인의 자유가 추구하는 목적의 도덕성 또는 특별한 '합리적 의지'에 의해 제한되어야 한다고 생각하지는 않는다. 실제로, 자유지선주의자 사상에서 사람의 개념은 신고전주의 경제학이 말하는 유용성을 극대화하는 행위자의 개념과 유사하다.

자유지선주의에 따르면 규범적 의미에서 한 개인의 자유는 다른 사람의 유사한 자유와 양립할 수 있는 한 최대화되어야 한다. 이 원리는 자주 스펜서의 '동등한 자유' 원리를 암시한다. 정부의 활동에 반대하는 중요한 이유 가운데 하나는, 그것은 불가피하게 행정부의 관료들이 개인을 강제할 수 있는 조세권이나 징집권을 갖기 때문이다. 자유의 제한에 대한 이러한 접근은 밀의 원리보다 선호되어 왔다. 그 이유는 밀의 원리는 순수히 자기를 고려하기 위해서가 아니라 다른 사람을 고려하기 위해 정부의 개입을 허용하기 때문이다. 밀은 『자유론』에서 다음과 같이 말한다.

"나는 이 책에서 자유에 관한 아주 간단명료한 단 하나의 원리를 천명하고자 한다. 이를 통해 사회가 개인에 대해 강제나 통제─법에 따른 물리적 제재 또는 여론의 힘을 통한 도덕적 강권─를 가할 수 있는 경우를 최대한 엄격하게 규정하는 것이 이 책의 목적이다. 그 원리는 다음과 같다. 인간 사회에서 누구든─개인이든 집단이든─다른 사람의 행동의 자유를 침해할 수 있는 경우는 오직 한 가지, 자기 보호를 위해 필요할 때뿐이다. 다른 사람에게 해를 끼치는 것을 막기 위한 목적이라면, 당사자의 의지에 반해 권력이 사용되는 것이 정당하다고 할 수 있다. 이 유일한 경우를 제외하고는, 문명사회에서 구성원의 자유를 침해하는 그 어떤 권력의 행사도 정당화될 수 없다. 상대방의 물리적 또는 도덕적 이익(good)을 위한다는 명목 아래 간섭하는 것도 일절 허용되지 않는다. 당사자에게 더 좋은 결과를 가져다주거나 더 행복하게 만든다고, 또 다른 사람이 볼 때 그렇게 하는 것이 현명하거나 옳은 일이라는 이유에서, 본인의 의사와 관계없이 무슨 일을 시키거나 금지시켜서는 안 된다. 선한 목적에서라면 그 사람에게 충고

하고, 논리적으로 따지며, 설득하면 된다. 그것도 아니면 간청할 수도 있다. 그러나 말을 듣지 않는다고 강제하거나 위협을 가해서는 안 된다. 그런 행동을 억지로라도 막지 않으면 누군가 다른 사람에게 나쁜 일을 하고 말 것이라는 분명한 근거가 없는 한, 결코 개인의 자유를 침해해서는 안된다. 다른 사람에게 영향을 주는 행위에 대해서만 사회가 간섭할 수 있다. 이에 반해 당사자에게만 영향을 미치는 행위에 대해서는 개인이 당연히 절대적인 자유를 누려야 한다. 자기 자신, 즉 자신의 몸이나 정신에 대해서는 각자가 주권자인 것이다.

이 원리가 정신적으로 성숙한 사람(the maturity of their faculties)에게만 적용될 수 있다는 사실을 굳이 부연할 필요는 없을 것이다.……

같은 이유에서 미개 사회에 사는 사람들도 이 대상에서 제외하는 것이 좋다. 왜냐하면 그런 사회에 사는 사람들은 아직 미성년자인 것으로 보아도 무방하기 때문이다. …… 미개인들을 개명시킬 목적으로…… (32쪽으로 넘어감) 그 목적을 실제 달성하는 데 적합한 수단을 쓴다면, 이런 사회에서는 독재가 정당한 통치 기술이 될 수도 있다. 우리가 여기에서 검토하고 있는 자유의 원리는 인류가 자유롭고 평등한 토론을 통해 진보를 이룩할 수 있는 시대에나 성립되지, 그런 때에 이르지 못한 상태에서는 생각할 수 없는 것이다."[15]

밀은 자신의 '자유의 원리'를 무조건적으로 주장한 것은 아니다. 이 원리는 '정신적으로 성숙한 사람에게만' 적용된다고 주장하면서, 이를 위한 교육의 역할을 중시하였다. 그뿐만 아니라 미개인의 개명을 위한 경우를 고려하여 독재의 정당성도 인정하였다. 곧 '자유의 원리' 적용에는 예외가 존재할 수 있다는 것이다.

그러나 밀의 '다른 사람을 고려한다는 것', '다른 사람에게 피해를 주지 않은 한'과 같은 조건은 다의적으로 해석될 수 있기 때문에 철학적·이론적으로 많은 논란을 불러일으켰다. 이에 대한 해석을 얼마나 확대하느냐에 따라 자유지선주의자들이 용인할 수 있는 것보다 더 폭넓은 강제적 법을 허용할 수도 있다.

자유지선주의는 '자유지원제(voluntarism)'를 제안한다. 자유지원제는 개인들 사이의 자발적이고 강제성이 없는 교환은 허용한다. 비록 자유지선주의가 반간섭주의적(laissez-faire) 경제학과 자본주의와 결합되어 있지만, 논리적으로 사회주의를 배제하는 것은 아니다. 집단 소유 체계도 그것이 강제 없는 합의의 산물인 경우라면 정당한 것일 수 있다. 이러한 자유의 원리는 마약의 사용이나 거래와 같이 '피해자 없는' 범죄를 금지하는 비합법적인 법을 포기한다. 중독자에게 미칠 해가 어떠하든 상관없이 그것의 제조와 사용을 금지해야 할 이유는 없다. 왜냐하면 그러한 금지는 동등한 자유를 위반하는 것이기 때문이다. 자유지선주의는 어떤 형태의 국가에 의한 온정주의도 단호하게 반대한다. 따라서 모든 형태의 강제적 국가 복지를 정당하지 못한 것이라고 생각한다.

자유지선주의를 뒷받침하는 가장 중요한 개념은 '자기-소유권(self-ownership)'이다. 이것의 의미는 개인이 자신의 몸과 마음의 소유자라는 것이다. 개인의 소유를 방해하는 모든 형태의 국가 간섭은 일종의 노예 제도이다. 로크 이래로 자유지선주의자들은, 소유는 소유한 사람이 없는 것에 노동을 가함으로써, 선물이나 이전, 또는 자발적 교환에 의해 정당하게 획득될 수 있다고 주장하였다. 정당한 재산의 소유는 다른 사람의 동등한 권리를 침해하지만 않으면 그것의 소유주가 그것을 어떠한 방식으로든 사용할 수 있는 권리를 부여한다. 어떤 자유지선주의자들은 개념적으로는 '공공'의 소유권은 존재할 수 없다고 주장한다. 자유지선주의자들의 엄격한 개인주의는 '공공'은 한 사람이 아니기 때문에, 그것은 행위할 수 없고 따라서 '소유할 수' 없다는 것이다. 일반적으로 이야기하는 공공의 소유는 실제적으로는 정치권과 행정부 관리들의 사적 소유라는 것이다.

일반적으로 개인적 소유는 생산수단이 개인의 것인 소유 형태를 의미한다. 공산주의자들은 개인적 소유는 역사의 일정한 시기에 발생하여 일정한 시기에 사라질 역사적 범주라고 주장한다. 그들의 설명에 따르면 개인적 소유는 원시공동체 사회에서 노예 사회로 이행하는 시기에 발생하였다. 사회적 소유의 발생으로 사회를 적대 계급들로 분열시키는 국가가 발현하였다. 사적 소유는 노예소유제 사회, 봉건사회, 자본주의 사회에서 각기 다른 형태로 존재하였다. 자본가들의 사적 소유는 모두가 근로자들에 대한 착취에 기초한 개인적 소유이다. 이러한 개인적 소유와는 달리 다른 사람을 착취하지 않는 개인 농민 및 수공업자들의 개인적 소유도 존재한다. 자본주의 사회에서는 모든 생산수단과 생산물이 자본가, 지주의 개인적 소유가 되며 그것들은 근로대중을 착취하는 수단으로서 자본가, 지주들에 의해 이용된다. 사회주의 혁명을 통하여 개인적 소유는 사라진다.

'개인적 재산 제도'는 자본주의 경제체제의 기본적인 특징 가운데 하나이다. 개인적 재산 제도란 재산의 소유, 사용 및 처분이 소유주의 재량에 의하여 자유롭게 이루어지는 제도이다.[16] 우리 헌법 제24조는 ①항에서 "모든 국민의 재산권은 보장된다. 그 내용과 한계는 법률로 정한다"고 하여 재산권을 보장하고 있지만, ②항에서 "재산권의 행사는 공공복리에 적합하도록 사용하여야 한다"고 하여 재산권 행사에 제한을 두고 있다. 그뿐만 아니라 ③항에서는 "공공 필요에 의한 재산권의 수용, 사용 또는 제한 및 그에 대한 보상은 법률로써 하되, 정당한 보상을 지급하여야 한다"고 하여 개인의 재산권을 공공의 필요가 있다면 국가가 정당한 대가를 지불하고 수용 또는 사용하거나 제한할 수 있는 길을 열어 놓았다.

재산권의 원칙은 자유지선주의자들의 정치적 논의에서 결정적인 역할을 한다. 특히 로쓰바드는 정치 이론에서 모든 전통적 논쟁들은 소유권의 확정으로 해결될 수 있다고 주장한다. 예를 들면 저항과 시위의 자유는 때때로 공공 질서와 충돌하기 때문에 어떤 정치적 해결이 필요하다. 그러나 로쓰바드는 거리나 공공 장소가 참된 의미에서 사적으로 소유된다면 소유권자들은 그들이 적합하다고 생각하는 시위를 허용하고 그렇지 않은 것은 허용하지 않을 것이다. 그들이 그것을 금지한다면 그것은 자유의 박탈로 여겨지지 않을 것이다. 이러한 자유지선주의에 있어서는 자유에 대한 주장은 모두 재산에 대한 주장으로 환원될 수 있다. 그러나 이러한 자유주의에 대해 비판가들은 자유에 대한 주장을 소멸점까지 몰고 가게 될 것이라고 말한다. 왜냐하면 재산이 없는 사람은 결과적으로 자유가 없기 때문이다.

자유지선주의자가 모두 자연권적 이론가들은 아니다. 밀턴 프리드먼은 극단적으로 반국가주의적인 제안을 하였다. 그러나 그러한 제안은 전적으로 공리주의적인 계산에 의해 정당화된다. 희생자 없는 범죄—마약·매춘 등—에 대해 그는 도덕적으로 옳고 그른 것이 무엇이든지 상관없이, 금지 후에 관찰 가능한 결과—예를 들면 범죄의 증가—가 행위 자체보다 더 나쁘다고 주장한다.

자유지선주의자들은 개인 사이의 정의의 규칙을 강행하는 것은 정당하다고 믿는다. 이러한 규칙들은 전적으로 범죄, 불법행위, 재산을 포괄하는 절차적 규칙과 관련이 있다. 그들이 볼 때 평등주의는 개념적으로 일관성이 없을 뿐만 아니라 그것의 정치적 의무는 개인의 권리를 침해한다. 비록 많은 자유지선주의자들이 법적 규칙의 필요성에 대한 믿음을 갖고 있지만, 일부 anarcho-capitalists는 독점 국가 없이도 사적인 대리인에 의해 이러한 법이 시행될 수 있다고 믿는다. 그러나 노직을 포함하여 대부분의 자유지선주의자들은 최소한의 '방범대원' 국가의 필요성은 인정한다. 곧 그들은 '제한된 정부'를 지지한다.

제한된 정부를 지지하는 사람들은, 자신들의 권리를 보호하기 위해 정부를 형성한다고 주장한다. 그렇지만 그들은 정부란 위험한 제도라는 확신을 가지고 있다. 자유지선주의자들은 집중된 권력에 대해 커다란 반감을 가지고 있다. 액튼이 말한 바와 같이 "권력은 부패하는 경향이 있고, 절대 권력은 절대적으로 부패한다"고 믿기 때문이다. 이러한 이유 때문에 자유지선주의는 권력을 분할하고 제한하려고 한다. 권력의 분할과 제한은 성문헌법을 통해서 사람들이 정부에 위임한 권력을 명시하고 제한하는 것을 의미한다. 제한된 정부는 자유지선주의의 기본적인 정치적 함축이다. 자유지선주의자들은 유럽에서 권력의 분산이 개인의 자유와 경제 성장을 지속적으로 이끌어 왔다는 사실을 지적한다.[17]

보수주의자들은 자유지선주의를 받아들일 수 없는 원리라고 생각한다. 그 이유는 그것의 합리주의적인 개인주의가 기성의 질서를 라스페어 유토피아를 추구하는 과정에서 폐기할 수 있기 때문이다. 자유지선주의의 즉각적인 도입은 전통이 승인해온 '정당한' 기대 예를 들면 많은 복지국가의 주장 전체를 붕괴시킬 수 있다. 실제로 자유지선주의자들이 가장 많은 지적을 받는 문제점이 반(semi)집단주의 사회에서 자유 사회로의 이동을 설명하는 것이다.

4) 公과 私

동아시아 문화권에서 公과 私의 구별은 엄격하였다. '公'은 언제나 옳은 것이고, '私'는 언제나 옳지 않은 것이었다. 公에는 여러 가지 의미가 있지만 私와 대비되는 公은 '공평 무사함', '여러 사람에게 관계되는 일', '바른 일' 등의 의미가 있다. 공정하게 결정한다는 '公決', '사가 없는 덕'을 의미하는 '公德', '공평한 도리나 당연한 이치'를 의미하는 '公道', '만인이 정당하다고 하는 의견'을 의미하는 '公論', '공공의 이익'을 의미하는 '公利', '공평하고 올바르기 때문에 사사로움이 없음'을 의미하는 '公明正大' 등은 모두 긍정적인 의미를 가지고 있다.

반면에 私는 '사사로움', '자기에게 관계됨', '불공평함', '사욕' 등의 의미로 사용된다. '君子不以私害公(韓詩外傳)', '以公滅私(詩經)' 등에서와 같이 부정적인 의미로 사용된다. 私見, 私黨, 私論, 私夫(姦夫), 私腹, 私兵, 私生, 私言, 私慾 등은 모두 부정적인 의미를 지니고 있다.

公은 義와 상통하고 私는 利益이나 慾心과 연결되어 있다고 보았다. 私利 또는 私慾은 항상 公義와 대척점에 자리 잡고 있다. 滅私奉公, 公平無私와 같은 말 속에 '私'를 멸해야 한다는 주장이 자리 잡고 있다. 기존의 '사적 소유'보다는 '개인적 소유'로 번역하는 것이 더 좋다. '私'는 '公'과 대조되어, 도덕적으로 '公'보다 더 '열등한' 개념으로 보일 수도 있기 때문이다.

공동체는 公이고 개체는 私이다. "이로움을 보면 그것이 옳은지 옳지 않은지를 생각하라(見利思義)"는 『논어』의 말도 利와 義를 대척점에 놓고 있다. 공자의 "군자는 옳고 그름을 따지는 일에 밝지만 소인은 이로우냐 해로우냐를 따지는 데 밝다(君子喻於義, 小人喻於利)"라는 말도 '君子'와 '小人'을 대비시키면서 '의'와 '이'를 대비시키고 있다.

맹자도 공자의 이런 생각을 그대로 이어 받고 있다. 양혜왕이 맹자를 만났을 때 "선생님께서 천 리를 멀다 않고 우리나라를 찾아 주시니 장차 우리나라에 어떤 이로운 일이 있을까요"라고 묻자 맹자는 다음과 같이 질책했다.

"왕께서는 하필이면 利를 말씀하십니까. 오직 仁과 義가 있을 뿐입니다. 만일 왕께서 어떻게 하면 나라에 이로울까를 따지면, 그 밑에 있는 신하는 어떻게 하면 내 집안에 이로울까를 따지게 되고, 일반 선비나 백성들은 어떻게 하면 내 몸에 이로울까를 따지게 될 것이니, 아랫 사람과 윗사람이 서로 이로움을 다투게 되면 나라가 위태해집니다."

맹자는 공익과 사익을 구별하고 사익 추구의 폐해를 없애야 한다는 주장을 하고 있는 것이 아니라 '利' 추구 자체를 부정하고 있다. 개인의 차원이든 공동체의 차원이든 이를 추구하는 것은 나쁘다는 것이다. 맹자의 사고에는 공적 이익과 사적 이익을 대비하여 공익을 우선시하는 것이 아니라 이익 추구 자체에 대한 부정적인 인식이 자리 잡고 있는 것이다. 국가의 목적은 의를 추구하는 것이지 이를 추구하는 것이 아니라는 관점이다.[18]

이런 전통은 "존천리 알인욕(存天理 謁(遏)人慾)" 곧 "천리를 보존하고 사사로운 개인의 욕심을 없앤다"는 주장에서도 발견된다. 천리, 곧 보편적인 도덕 법칙을 드러내기 위해서는 개인의 사적인 욕구가 폐기되어야 한다는 것이다. 이런 사적 욕구는 즉각적으로 사적 소유에 대한 부정적인 인식과 맥을 같이 한다.

5) 자유주의와 법의 지배[19]

법의 지배(the rule of law)는 해석자의 정치적 입장, 철학적 견해, 사회문화적 틀에 따라 다르게 해석되며, 법의 지배의 개념 및 목적, 기능과 구성 원리도 다르다. 그럼에도 불구하고 일반적으로 법의 지배는 "국가 권력은 법에 따라서 통치해야 하며, 법의 의해서 지배되어야 한다"라는 주장으로 이해될 수 있다. 자유지상주의는 법의 한계 안에서 자유가 있는 사회, 곧 개인들이 다른 사람이 자신과 같이 똑같은 권리를 가지고 있다고 존중하는 경우에 한에서 자신의 자유를 누릴 수 있다는 입장을 가지고 있다. 자유지상주의에 따르면 법은 자생적으로 발생한 것이지 자의적으로 만들어진 것은 아니다. 법은 특정의 결과나 성과를 목표로 삼는 것이 아니라 자신의 방식으로 행복을 추구하는 개인의 자유를 보호하기 위해 존재한다.[20]

법의 지배는 지배하는 자와 지배를 받는 자의 구분을 전제로 한다. 역사적으로 '법의 지배'의 구현은 공간과 시간에 따라 달리 표현되었지만, 공통의 목적은 국가의 권력 행사를 제한하여 개인의 자유와 권리를 보장하는 것이었다. 곧 법의 지배는 개인의 권리와 자유를 보호하기 위하여 국가 권력을 제한하는 것이며, 이를 위하여 인치가 아닌 법치 또는 정치에 대한 법의 우위성이 필수적인 수단이 된다.

법의 지배는 (1) 국가 권력의 견제 (2) 개인의 권리 보호 (3) 민주주의와 밀접한 관계를 맺고 있다.

국가 권력의 견제

법의 지배는 정치 권력자의 자의에 의한 통치인 '인치'와 대립되는 개념이다. 이와 관련하여 다이시(A. Dicey)는 "법의 지배는, 국가 권력을 가지고 있는 자들이 자의적 또는 광범위한 재량권을 행사하는 통치 방식에 기초를 둔 모든 종류의 통치구조와 대립한다"고 하였다.

법의 지배는 '법에 의한 지배(the rule by law)'와도 구별된다. '법에 의한 지배'에서 법은 그 어떤 다른 권위에 의해서도, 자신이 만든 법에 의해서도 구속되지 않는 주권자의 통치 수단이다. 여기에서 권력은 일인 또는 소수 집단에게 독점된다. 법의 지배에서 통치자는 자신의 자의가 아니라 법에 따라서 통치하고, 법 아래 있다. 법에 의한 지배는 권위주의적 통치기구와 결합되고, 법의 지배는 입헌주의적 통치구조와 연결된다. 법에 의한 지배에서는 권력이 집중되고 법의 지배에서는 권력이 분산된다.

'법의 지배'는 법원이 개인의 권리와 자유를 실현한다는 사법부의 독립을 전제로 한 개념이다. 사법부는 권리 보호를 목적으로 한다.

나아가 법의 지배는 시민의 무조건적인 복종이 아니라 시민의 근본적인 도덕적 확신과 정의의 원리와 어긋나지 않는 법에 한하여 복종을 요구할 수 있다는 것을 함축한다.

'법의 지배'는 기업의 자유로운 투자를 위한 안전한 환경을 조성하고, 소유권과 계약의 자유를 보호해야 한다는 경제적 필요성에 의해 정당화되기도 한다. 법의 지배가 확립되지 않으면 지속적인 경제 발전도 가능하지 않다는 믿음이 법의 지배를 떠받치고 있다.

'법의 지배'의 기본 원리

법의 지배의 근본 이념의 두 측면은 '법적 안정성 또는 예측가능성'과 '법 앞의 평등'이다. 법의 안정성을 위해 시민은 국가권력의 자의가 아닌 법에 의해서 규제되어야 하며, 평화로운 공동 생활을 위하여 각자는 법을 준수해야 한다.

"국가와 시민은 법에 의하여 지배되고 법을 준수해야 한다. 그리

고 시민들이 법에 따라서 자신들의 행동을 규제할 수 있도록 법은
명확해야 한다"는 법의 지배의 근본 요청으로부터 다음과 같은 '법
의 지배'의 기초 원리가 탄생한다.

(1) 모든 법률은 장래의 행위를 규율하여야 하며, 공개적이고 명
확하여야 한다.

(2) 모든 법률은 가능한 한 안정적이어야 한다.

(3) 법 제정은 공개적이고, 안정적이며, 명확하며 일반적인 규칙
에 따라서 이루어져야 한다.

(4) 사법부의 독립이 보장되어야 한다.

(5) '법은 공평무사하게 적용되어야 한다'는 자연적 정의의 원리들
이 지켜져야 한다.

(6) 사법부는 입법부의 입법 작용과 행정부의 행정 작용에 대하여
심사할 수 있는 권한을 보유하여야 한다.

(7) 시민들이 법원에 쉽게 접근할 수 있어야 한다.

(8) 범죄 예방 및 처벌기관의 재량은 법을 왜곡할 정도로까지 인
정되어서는 안 된다.

다이시는 법의 지배의 기본 원리를 (1) 자의적 권력의 지배에 대하
여 법률의 절대적 우위성을 가져야 한다는 요청 (2) 시민, 정부, 공
무원들이 법 앞에서는 모두 평등해야 한다는 요청 (3) 헌법이 단순히
정치적 타협의 문서에 그치지 않고, 통상적 의미의 법률의 일부로서

구속력을 가질 수 있어야 한다는 요청으로 집약될 수 있다고 하였다.

구체적으로 '법의 지배'가 얼마나 잘 시행되고 있는가는 "범죄와 폭력이 일어날 가능성, 경찰과 법원의 효과성, 공무원이 사회 규칙의 준수 정도"에 의해 평가된다. 선진국일수록 법의 지배 정도가 높으며, 시민들의 행복 지수도 높다. 관료가 권력을 이용하여 사적 이익을 취하는 정도 및 정부가 특수 이익집단에 영향을 받는 정도를 나타내는 '부패 통제의 정도'가 낮으면 시민들은 더 행복하다.[21]

자유지선주의는 법이 자생적으로 발생한 것이지 자의적으로 만들어진 것은 아니라고 주장한다. 서양에서 '법의 지배'는 개인의 권리를 보호하고, 개인의 자유에 대한 권력의 부당한 침해를 막기 위한 장치로 이해되고 있음에도 불구하고 동양의 전통에서는 그렇게 이해되지 않고 있다. 동양에서는 '덕치'와 상극 관계에 있는 통치 방식으로 '법치'가 자리 잡고 있으며, '덕치'가 올바른 통치 방식으로 선호되고 있음에 반하여 '법치'는 올바르지 못한 통치 방식으로 받아들여지고 있다.

동양에서 '법치'는 법가(法家)의 전통에서 나온 것으로 법가의 법은 신상필벌에 바탕을 둔 강력한 군주 중심의 중앙집권을 실현하려는 목적으로 고안된 것이다. 법가의 법치는 '인치(人治)'와 대척점에 있는 개념이기도 하다. 권력을 장악한 집단이 자의적으로 자신의 편의와 이익에 맞게 다른 집단을 지배하고 통제하는 인치와 비교하여 긍정적인 측면이 없는 것은 아니다. 한 집단의 사람들이 그에 속하지 않은 집단의 사람들을 자의적으로 지배하지 않고 미리 정해 놓은 규칙에 따라 국가 권력을 사용한다는 측면에서 '법치'는 '인치'와 비교하여 긍정적인 통치방식이라고 할 수 있다.

그러나 법가의 법치는 자유주의 전통에서 말하는 '법의 지배'와 구별된다. 법가의 법치 또는 법치주의는 임금을 제외한 모든 사람은 법 앞에 평등하다는 전제 위에서 법의 엄정한 실현을 통해 임금의 권력을 강화하려는 목적에서 나온 것이다. 법가의 법치도 감정이 개입되지 않는 공평무사한 법 집행을 내세우지만, 그 목적이 개인의 권리나 자유를 보호하기 위한 것이 아니라 왕권을 강화하기 위한 것이다.

동양의 '법치'나 법치주의는 서양의 '법의 지배(rule of law)'가 아니라 '법에 의한 지배(rule by law)'를 의미한다. '법에 의한 지배'는 국가 권력이 시민들을 통치할 때 직접적인 폭력을 사용하는 것이 아니라 제도화된 절차에 따라 통치해야 한다는 명분을 따른 것이다. '법에 의한 지배'는 법을 이용한 통치에 초점이 맞추어져 있기 때문에 법을 제정하고 통치에 이용하는 권력자는 권력의 제한이나 통제에는 아무런 관심이 없다. "황제는 법에 속하지 않는다"라는 고대 로마법 이래의 법에 대한 이해가 바로 '법에 의한 지배'의 핵심을 보여주는 것이다. 이때 법의 목적은 통치의 도구이지 시민의 권리를 보호하는 것이 아니다.

우리나라에서 전통적으로 '덕치'와의 대비 속에서 부정적인 인상을 가지고 있는 법치와, 개인의 자유와 권리를 보호하기 위한 '법의 지배'는 구별되어야 한다. 따라서 '법치'나 '법치주의'보다는 '법의 지배'라는 용어를 사용하는 것이 바람직한 것으로 생각된다.

6) 자유주의와 좌·우파

보아스는 현대 미국의 정치적 담론에서 사람들은 다른 사람들이 좌에서 우, '자유'에서 '보수'로 표시되는 스펙트럼에서 어디에 속하는가를 알고 싶어 한다고 말한다. 어떤 사람이나 단체의 이념적 성향이 좌파인가 우파인가를 알고 싶어 한다는 것이다. 그렇다면 자유지선주의는 좌파인가 우파인가?

American Heritage Dictionary에서 리버럴은 '진보와 개혁'을 지지하고, 보수주의자들은 "기존질서의 변화에 대한 제안을 신뢰하지 않는다"라고 정의하고 있다. Random House Dictionary에서 좌파에 속한 사람들은 "개인의 자유의 확대나 개선된 사회적 조건을 위하여… 자유주의적 개혁"을 지지하고, 우파에 속한 사람들은 "때때로 권위주의적 수단까지 동원하여 기존의 사회·정치 또는 경제적 질서의 유지를" 옹호하는 사람으로 정의하고 있다.

리버럴과 좌파에 이런 내용이 담겨 있다면 자유지선주의자는 리버럴과 좌파에 속한다고 보아즈는 말한다. 세계적으로 통용되는 진보와 보수라는 단어의 의미를 찾으려고 했던 칼럼니스트 크라우트해머(Charles Krauthammer)는 우파는 '더 작은 정부'를 지지하고, 좌파는 '더 큰 정부'를 지지한다는 사실을 발견하였다.

그러나 이런 구분도 현실에서는 문제가 있다. 미국 정치의 경우 감세를 원하면서 음란물 통제를 강화하려는 보수주의자는 어디에 속하는가? 증세를 원하면서 동성애 결혼을 찬성하는 리버럴은 어디에 속해야 하는가?

미국 정치에서 리버럴은 전형적으로 경제 부분에서 정부 개입, 증세와 규제를 늘리고, 언론의 자유와 개인의 결정에서는 정부의 간섭을 줄이려고 한다. 보수주의자들은 경제 부분에서 정부 개입을 줄이고, 언론의 자유와 개인의 자유에 대해서는 정부 개입이 늘어나는 것을 지지한다.

이런 문제를 해결하기 위해서 매덕스(William S. Maddox)와 릴리(Stuart A. Lille)는 공저『보수와 진보를 넘어서(Beyond Liberal and Conservative)』에서 미국 정치에서의 이념은 '경제적 이슈'와 '개인의 자유'에 따라 입장이 달라지기 때문에, 4가지 선택지가 있다고 주장하였다.

경제 부분에서 정부 개입에 찬성(EP)과 반대(EA), 개인의 자유 확대에 찬성(PP)과 반대(PE)가 있다는 것이다. 그들은 4가지 조합을 다음과 같이 구분하였다.

미국식 자유주의자 : EP + PP

자유지선주의자 : EA + PP

인기영합주의자 : EP + PE

보수주의자 : EA + PE

경제 부분과 개인의 자유 부분 모두에서 국가의 개입을 지지하는 인기영합주의자는 국가주의자 또는 권위주의자로 불려지기도 한다. 여기에서 자유지선주의자와 인기영합주의자는 미국식 자유주의자나 보수주의자보다 더 일관된 모습이다. 자유의 확장에 대해 일관된 입장을 취하는 사람은 자유지선주의자뿐이다. 자유지선주의자들은 문명의 역사를 자유가 확대되는 진보의 역사라고 믿는다.

현재 미국의 좌우 스펙트럼에서 자유지선주의는 좌파도 아니고 우파도 아니다. 자유지선주의자들은 리버럴이나 보수주의자들과 다르게 개인의 자유와 제한된 정부를 일관적으로 신봉한다. 자유지선주의자는 경제 문제에서는 보수주의적이고 사회 문제에 대해서는 리버럴이다.

많은 사람들은 이념적으로 딱지를 붙이는 것을 싫어한다. 그러나 이념적 분류는 목적을 분명히 하고, 개념화하는 데 도움을 준다. 이념적으로 딱지를 붙이는 것은 단어 사용을 줄여준다. 우리의 신념이 정합적이고 일관적이라면, 그것에 적합한 이념적 라벨이 있다. 설사 당신이 당신의 철학 또는 운동에 라벨을 붙이지 않는다 할지라도 다른 사람이 붙일 것이다. 자유시장에 인간의 창조성과 진보 체제는 '자본주의'라는 명칭을 얻었다. 이 명칭은 모든 경제에서 존재하는 자본의 축적을 지칭하는 용어가 되었다. 자본 축적의 경제 체제에 이름을 붙인 사람은 자본주의를 원수로 생각한 마르크스였다.

왜 정치철학을 지칭하기 위해 자유시장주의라는 이름을 붙여야 하는가? 자유지선주의의 일부 요소는 중국의 고대철학자 노자, 그리스인과 이스라엘인들의 고등법(higher-law)까지 거슬러 올라간다. 자유지선주의자라는 말은 17세기 영국에서 '수평주의자(the Levellers)'와 존 로크의 글에서 현대적 형태를 갖추기 시작하였다.

1820년대에 와서 스페인 의회에 참여한 중산층 대표들은 '리베랄

레스(Liberales)'라고 불려졌다. 이들은 귀족제과 절대군주제를 옹호하는 '세르빌레스(Serviles)'와 대치하였다. 개인보다 국가 권력을 강조하는 사람들에게 붙여진 '세르빌레스'라는 명칭은 오래 살아남지 못했다. 그러나 자유와 법의 지배를 옹호하는 사람들에게 붙여진 리버럴이라는 명칭은 빠른 속도로 퍼져나갔다. 잉글랜드 지방에서 휘그당은 자유당으로 불리게 되었다. 오늘날 우리는 존 로크, 애덤 스미스, 토마스 제퍼슨, 존 스튜어트 밀의 철학을 자유주의(liberalism)로 알고 있다.

상황이 바뀌어 1900년경에 자유주의는 변화를 겪게 되었다. 큰 정부를 지지하고 자유시장을 제한하고 통제하려는 사람들이 자신들을 자유주의라고 불렀다. 이러한 개념의 변화 때문에 로크, 스미스, 제퍼슨의 사상인 개인의 권리, 자유 시장, 제한적 정부의 철학을 고전적 자유주의라 한다.

그러나 고전적 자유주의는 현대 정치사상을 지칭하는 개념으로는 적합하지 않다. '고전적'이라는 말은 낡고, 오래되고, 시대에 뒤떨어지고, 돌에 새겨진 이름처럼 들린다. 제한된 정부를 지지하는 사람들은 자신을 보수주의자로 부르기 시작하였다. 그러나 '보수'에는 변화를 싫어하고 기존의 것을 지키려는 의지가 담겨져 있는 것처럼 보인다. 이 세상에 알려진 이념 가운데 가장 역동적이고 진보적이고 항상 변화에 발맞추는 자유시장 자본주의(free-market capitalism)를 '보수주의적'이라고 부르는 것은 적합하지 않다.

이런 난점에 직면하여 크레인(Edward H. Crane)은 로크와 스미스의 계승자들을 '시장자유주의자'라고 부름으로써 자유와 어원적으로 연결되어 있는 '리버럴'이라는 의미를 담고 시장에 대한 신뢰를 표명하려고 하였다. 이 용어를 자유지선주의자 지식인들은 수용하였지만, 언론인과 일반국민에게까지 수용되기는 어려워 보인다.

시민사회와 자유시장을 지지하는 사람은 논쟁의 여지가 많지만, '사회주의자(socialist)'로 부를 수도 있다. 토마스 페인은 사회와 정부를 구분하였다. 자유지선주의의 저술가 노크(Albert Jay Nock)는 사랑, 자선, 이윤을 위해 자발적으로 이루어지는 일들을 모두 '사회적 힘'이라고 불렀다. '사회적 힘'은 항상 국가 권력의 침입을 받을 위험성이 있다. 따라서 사회적 힘을 옹호하는 사람들을 사회주의자, 국가 권력을 지지하는 사람들을 국가주의자라고 할 수도 있다. 그러나 시민사회나 자유 가운데 어느 것도 지지하지 않는 사람들은 자신들을 사회주의자로 자칭하였다. 미국에서 고전적 자유주의를 옹호하는 사람들은 자신들이 진정한 자유주의자라고 항변하고 있지만, 실제 미국 사회에서는 거대 정부를 지지하는 사람들이 자유주의라는 명칭을 점거하였다. 이런 상황에서 1950년대 경제교육재단(Foundation of Economic Education)의 설립자인 레너드 리드(Leonard Read)가 자기 자신을 자유지선주의자(libertarian)라고 부르기 시작하였다. 이 단어는 철학에서 자유의지론자를 지칭하기 위해 오랫동안 사용되었지만, 이제 정치 철학을 지칭하는 명칭이 되었다.

미국에서는 1972년에 자유지선주의당(Libertarian Party)이라는 정당이 결성되었다. 그러나 고전적 자유주의의 계승자들이 이 자유지선주의라는 용어를 받아들인 것은 아니다. 위대한 자유주의자인 아인 랜드는 자신을 '급진적 자본주의자(radical for capitalism)', 하이에크는 자신을 '자유주의자(a liberal)' 또는 '올드 휘그(Old Whig)'라고 불렀다.

자유지선주의는 고전적 자유주의의 이념을 일관되게 적용하고, 고전적 자유주의보다 더 엄격하게 정부의 역할을 제한하고, 자유를 더욱더 안전하게 보호하려는 정치 철학이다. 보아즈는 자유주의라는 말을 전통적인 의미로 사용하면서, 미국판 자유주의를 지칭하기 위해서는 복지국가 자유주의자 또는 사회민주주의자로 부른 것이다.

자유지선주의자가 꿈꾸는 세상이 도래해도 그곳에는 여전히 불평등, 가난, 범죄, 부패, 인간에 대한 잔학행위가 존재할 것이다. 자유지선주의자는 신정주의적 이상주의자, 사회주의적 이상주의자, 뉴딜을 지지하거나 위대한 사회를 약속하는 몽상적인 개혁가들과 달리, 장미빛 미래를 약속하지 않는다. 칼 포퍼는 지상에 천국을 창조하려는 시도가 항상 지옥을 만들었다고 하였다. 자유지선주의는 완전한 사회가 아니라 좀 더 좋고 자유로운 사회를 목표로 한다. 자유지선주의는 올바른 결정이 당신 자신에 의해 더 많이 내려지는 그런 사회를, 세계를 약속한다. 이런 사회에서도 범죄와 불평등이 사라지지는 않겠지만, 많이 줄어들 것이다.[22]

7) 자유주의와 보수, 진보

우리 사회에서는 이념을 구분할 때 '좌'와 '우'가 아니라 '진보'와 '보수'로 나누는 경향이 일반화되었다. 이런 구분은 정치권뿐만 아니라 언론, 학계에 공통적으로 나타나는 현상이다. 한 정치인은 "청와대를 비판하거나 정책 현안에 당 입장을 정할 때 진보는 진보대로, 보수는 보수대로 자기 입장에서 목소리를 워낙 크게 내는 바람에 되는 일도 없고, 안 되는 일도 없다"고 했다. 그는 정치 현안에 대한 상반된 입장을 '진보'와 '보수'로 설정하고 있다.

이런 경향은 우리나라 정치인과 일반 국민의 이념 지수를 언론사와 함께 공동 조사한 학계에서도 발견할 수 있다. 중앙일보는 매년 정치·경제·사회 부분에 걸쳐 이념 지수를 측정하면서, 강한 진보, 진보, 보수, 강한 보수로 이념을 구분하였다. 예를 들어 '양극화 해결을 위한 부유세 도입'에 찬성하면 '진보', 보류하거나 거부하면 '보수'로 규정한다. 대북지원과 관련해서는 북한 개방과 무관하게 적극 지원 확대에 찬성하면 진보, 북한 정권을 연장시킨다는 이유로 전면 중단해야 한다는 입장에 찬성하면 보수로 판단한다.

그러나 이념적으로 '진보'의 짝 말을 '보수'로 규정하는 것은 잘못이다. '진보'란 '보다 더 나은 상태로 나아가는 것'을 의미하기 때문에 그것의 내용이 단일하게 규정될 수는 없다. 입장에 따라 부유세를 도입하는 것을 '더 나은 상태로 나아가는 것'으로 판단할 수도 있고, 도입하지 않는 것을 '더 나은 상태로 나아가는 것'으로 판단할 수도 있다. 대북 지원에 대해서도 남북 관계가 어떻게 되는 것이 '더 나은 상태'라고 판단하는가에 따라 적극 지원에 찬성할 수도 있고, 전면 중단에 찬성할 수도 있다. 어떤 사람은 전면 중단해야 진보한다고 생각할 것이고, 어떤 사람은 적극 지원해야 진보한다고 생각할 것이다. 우리는 제

3자적 입장에서 어떻게 하는 것이 진보인가를 판단할 수 없다.

'보다 더 나은 상태로 나아가는 것'이 어떤 상태로 나아가는 것인가에 대한 판단은 '목적'을 무엇으로 설정하는가에 따라 달라진다. 목표가 '자유', '평등', '정신', '물질' 등으로 각각 달리 설정될 수 있기 때문에, 어떤 변화를 '진보'로 판단할 것인가도 달라진다. 고전적 자유주의자는 자유의 확대를, 사회주의자는 공산주의의 도래를, 평등주의적 자유주의자는 평등의 확대를 진보로 규정할 것이다. 따라서 좌파는 진보, 우파는 보수로 등치하는 것은 '진보'라는 용어의 올바른 사용이 아니다. 그럼에도 불구하고 우리 사회에서는 좌파는 진보, 우파는 보수와 같은 의미로 사용하고 있다. 이것은 명백히 '진보'의 잘못된 사용이다.

자칭 '진보'라고 하는 사람들이 자신의 정체성을 내용적으로 분명하게 드러내줄 수 있는 명칭을 피하면서 '진보'라는 말을 사용한 것은 해방 이후 반공을 표방해온 우리 역사와 밀접한 연관이 있다. 스스로 '진보'라고 자신을 지칭한 사람들이나 집단을 편의상 운동권으로 지칭한다면, 이들 가운데에는 마르스크스주의자, 종북주의자, NL, DL 등 다양한 세력이 존재한다. 이들은 스스로의 이념적 정체성을 드러내지 않고 '진보'라는 말을 사용하였다.

그들은 그들이 '좌파', 마르크스주의자, 종북주의자로 규정될 때 당할 수도 있는 피해나 '좌파 빨갱이'라는 색깔 공세를 피하기 위해서 의도적으로 자신들의 이념적 정체성을 드러내지 않았다. 마르크스주의자, 종북주의자 등 과격 운동권은 의도적으로 '좌파' 대신에

'진보'라는 말을 사용함으로써 자신들의 정체성을 숨기려고 하였던 것이다. 이런 사실은 한국에서 진보 진영을 자처하는 김세균의 글 속에 잘 나타나 있다.

"『진보평론』 발간 모임에 참여한 사람들은 진보를 자본주의 극복의 전망을 포기하지 않은 입장, 계급적 착취와 억압만이 아니라 모든 형태의 억압과 착취 및 배제를 반대하는 입장, 모든 사회적 문제들에 대한 근본적인 분석과 해결을 지향하는 입장 등으로 정리했다."[23]

"유럽에서는 사회민주주의자로부터 극좌파에 이르기까지의 '범좌파'를 '진보 세력'으로, 자유주의자로부터 극우파에 이르기까지 '범우파'를 '보수 세력'으로 부르기도 한다. …… 본인의 견해로는 자본주의 사회에서의 진보 운동이란 대체로 다음의 세 가지 측면과 관련하여 논의될 수 있다고 생각된다.

첫째, 이념적 측면에서 '진보'와 '보수'를 가르는 기본적 경계선은 노동자—민중의 사회적 이익의 구현을 저해하는 현존하는 사회적 관계의 근본적인 변혁을 추구하는 운동 또는 그러한 변혁운동과 유기적으로 결합되어 있는 운동인가, 아니면 현존하는 사회적 관계의 유지와 재생산을 목표로 하거나 전제하는 속에서 이루어지는 운동인가에 주어져야 할 것이다. 둘째, 운동적 측면에서 진보운동은 무엇보다 노동자—민중운동과의 융합을 추구하는 운동이다. …… 셋째, 노동자—민중의 입장에 서서 사회의 '기본모순' 내지 자본주의 발전단계에 상응하는 '주요모순'의 해결을 목표로 하여 전개되는 운동을 우리는 '(민주)변혁운동'이라고 부를 수 있는데, 이 민주변혁운동은 진보운동의 최고 형태이다."[24]

김세균의 글에 따르면 진보운동은 자본주의 사회에서의 사회주의 지향적 변혁운동이다. 이와 관련하여 양동안[25]은 다음과 같이 말한다.

"스스로를 진보세력으로 자처하는 사람들은 이처럼 그 용어의 의미를 정확하게 이해하고 사용하는 데 반해, 그런 사람들과 사상적 입장을 달리하는 사람들, 특히 사회주의에 반대하는 사람들이나 보수세력을 자처하는 사람들의 일부는 진보나 진보세력이라는 용어의 정확한 의미와 그 이론적 배경을 알지 못한 채 그 용어를 사용하고 있다. 그들은 '진보주의자의 견해는 잘못된 것'이라던가 '보수세력과 진보세력이 화합해야 한다'는 등의 말을 한다. '진보주의자' 즉 진보세력이란 문자 그대로의 의미로 보면 사회상황을 보다 바람직한 상황으로 변화시키려고 노력하는 사람들인데, 그런 진보세력의 견해를 비판한다는 것은 곧 사회상황의 개선에 반대한다는 뜻이 된다."

김세균과 같이 '진보'의 의미를 명확히 규정하고, 그 말을 사용하는 그들의 입장에서 보면 정당성이 있지만, 그렇다고 그들만이 '진보'라는 용어를 독점적으로 사용할 수 있는 것은 아니다. 사회주의를 반대하는 사람도 다른 기준에 의해 이 사회를 바람직한 방향으로 변화시키려고 노력한다면 그들 역시 진보적이라 할 수 있다. 특히 '진보'를 '보수'와 대비하여 '좌파=진보', '우파=보수'로 사용하는 것은 적절하지 못하다.[26] 우리 역사의 과정 속에서 형성된 뿌리 깊은 '레드 콤플렉스'를 의식하여 '좌파'가 아니라 '진보'라는 말을 사용하여 자신의 정체성을 감추는 일은 이제 더 이상 없어야 한다.

8) 자유주의와 이기심

이기심은 "자신의 행동이 자신에게 미칠 영향에만 신경을 쓰며, 다른 사람들에게 어떤 영향을 미칠 것인가에 대해서는 전혀 고려하지 않는 인간의 심성"으로 정의된다. 오랫동안 대부분의 종교와 철학은 이기심에 대해 부정적인 입장을 견지하였다. 인간의 이기심은 타인을 해치는 행동을 유발하기 때문에 이성이나 제도를 통해 억제되어야 할 것으로 여겨져 온 것이다. 강한 이기심에서 나온 탐욕을 큰 죄악 가운데 하나로 비난해 온 것도 바로 이기심에 대한 부정적인 평가 때문이었다.

그러나 18세기 스코틀랜드의 위대한 철학자이면서 경제학자인 애덤 스미스와 데이비드 흄은 이기심의 사회적 역할에 대해 새로운 입장을 제시하였다. 사회가 제대로 작동하기 위해서는 이기심을 억누를 것이 아니라 잘 발현하여 사회적으로 가치 있는 목적을 달성할 수 있도록 해야 한다고 주장하였다.

애덤 스미스는 『국부론』에서 "우리가 저녁 식사를 준비할 수 있는 것은 푸줏간·양조장·빵집 주인의 자비심 때문이 아니라 그들의 이기심 때문이다"라고 하여 이기심이 경제 생활에서 맡고 있는 중요성을 강조하였다.

데이비드 흄도 『도덕·정치·문학에 관한 에세이』에서 "정치 평론가들은 정부의 체계를 고안함에 있어서… 모든 사람은 악당이며, 사람들의 행동에는 이기심 이외에 어떤 목적도 없다는 것을 격언으로 취급하고 있다. 이런 동기를 이용해서 사람들을 통치해야 하며, 무한한

탐욕과 야심을 갖고 있음을 인정한 후, 그럼에도 불구하고 이를 이용하여 그들로 하여금 공공의 이익을 위해 협력하도록 해야 한다"고 하여 이기심이 공공이익에 도움을 될 수 있다는 입장을 취하였다.

스미스와 흄은 올바른 법과 제도가 주어지면 개인의 이기심은 공공의 이익을 위해 이용될 수 있다고 주장한 것이다. 이런 인간관은 자본주의와 시장경제의 발전에 도덕적 토대를 제공하였다.

우리의 언어 사용에서 '이기심'이 가치적으로 중립적인 의미를 지니고 있는 것은 아니다. 이기심보다는 '이해 관심'이라는 용어를 사용하는 것이 바람직할 것이라는 생각도 든다.

9) 자유주의와 분배

소득과 부의 분배와 밀접한 연관이 있는 '복지'나 '복지국가'는 가치중립적인 언어가 아니다. 자유주의자는 '복지'라는 말을 사용하지 않는 것이 좋을 것이다. '복지'라는 말을 사용하자말자 '복지' 프레임에 빠져들어, 아무리 '보편적 복지'를 비판하고 '선별적 복지'를 주장한다고 해도, 복지는 좋은 것이라는 프레임에 밀려 이 논쟁에서 우위를 점하기 어렵다. 따라서 '복지'나 '선별적 복지'라는 말을 사용하지 말고 '사회 안전망'이라는 말을 사용하는 것이 좋겠다.

자유지선주의와 분배

정부가 사회의 총소득을 재분배하기 위해 사용할 수 있다고 본 공리주의와 평등주의적 자유주의와 달리 자유지선주의는 그렇게 할 수 없다고 주장한다. 소득은 사회 구성원 개개인에게 속한 것이지 사회에 속한 것이 아니라고 보기 때문이다. 소득이나 부는 개인에게 속한 것이기 때문에 정부는 사회적 약자나 사회의 공리를 높이기 위해 소득재분배를 시행할 수 있는 권한이 없다고 주장한다. 철학자 노직은 1974년에 발행한 『무정부, 국가 그리고 유토피아』에서 다음과 같이 말했다.

> "우리는 이제 파이 한 조각을 받아들고 그 파이 조각을 잘못 잘랐다고 다시 자르고 있는 사람의 곁에 있는 어린아이가 아니다. 중앙집권적 분배란 없다. 어느 누구도, 어떤 집단도 자원을 통제하거나 얼마만큼 나누어 줄지를 결정할 권한을 가질 수 없다. 어떤 사람이 무엇을 가졌다면 그것은 다른 사람과 교환했거나 선물로 받은 것이다. 자유로운 사회에서 서로 다른 사람들이 서로 다른 자원을 통제한다. 새로운 재산은 자발적인 교환과 인간들의 행동을 통해 형성된다."

공리주의자들과 평등주의적 자유주의자들은 어느 정도의 불평등이 바람직한 수준인지를 판단하려고 하지만, 노직에 따르면 이런 논의 자체가 쓸모없는 논의이다. 소득재분배는 정당화될 수 없다.

노직은 결과가 아니라 과정을 살펴야 한다고 주장한다. 부나 소득이 부당하게 이전하는 경우에만 정부가 개입해야 한다. 한 사람이 다른 사람의 부나 재산을 강탈했다면 정부는 이것을 바로 잡아야 한다. 그러나 소득의 분배 과정에 강압이나 강제가 개입되지 않았다면 정부가 개입할 여지가 없다. 그 분배는 정당하기 때문이다. 결과적으로 부나 소득의 분배가 평등하지 않다고 할지라도 그것은 정의로운 분배이다.

자유지선주의자들은 기회의 균등이 결과의 균등보다 중요하다고 생각한다. 정부는 모든 사람들이 재능을 발휘하고 성공할 수 있는 기회를 제공할 수 있는 규칙을 만들어야 한다. 정부의 역할은 여기에서 끝난다.

평등주의적 자유주의의 분배

평등주의적 자유주의(liberalism)는 철학자 롤즈(John Rawls)가 그의 저서 『정의론(A Theory of Justice, 1971)』에서 처음 발표하였다. 이 책은 정치사상서의 고전이 되었다. 롤즈는 사회의 각 단체, 법, 정책이 정의로워야 한다는 전제에서 출발한다. 이 전제를 충족시키기 위해서는 사회구성원 모두가 동의할 수 있는 정의의 원칙을 찾아야 한다. 타고난 재주, 부지런한 정보 수집, 교육 정도, 재산 등이 다른 각양각색의 사람들이 모두 동의할 수 있는 정의의 원칙을 어떻게 마련할 수 있는가? 사람들은 자신이 처한 환경에 따라 정의의 원칙을 달리 만들려고 하지 않을까? 철학에서 수많은 정의론이 논의되는 이유는 인류가 지금까지 보편적인 정의의 원칙에 도달하지 못했기 때문은 아닌가?

롤즈는 모든 사람이 동의할 수 있는 정의의 원칙을 찾아내기 위해 가상의 상황을 설정한다. 실제로 존재하지는 않지만, 사람들이 공정한 정의의 원칙을 만들기 위해 모였다고 가정해 보자. 여기에 모인 사람들은 어느 누구도 자신이 처한 상황을 알지 못한다. 롤즈는 무지의 베일(veil of ignorance)에 가려져 있는 상황을 '원초적 상황(original position)'이라고 부른다. 원초적 상황에서 사람들은 정의의 규칙에 합의할 수 있다고 롤즈는 말한다. 사람들은 자신들이 합의한 정의의 원칙이 자신에게 어떤 영향을 미칠지 알지 못한다. "모두 동일한 입장에 있고, 어느 누구도 자신에게 유리한 정의의 원칙을 세울 수 없다면, 공정한 합의와 협상의 결과로 정의의 원칙이 도출된다." 공공정책과 법률을 제정할 때도 이런 방법을 사용하면 우리는 어떤 것이 옳은지를 객관적으로 판단할 수 있다.

롤즈는 원초적 상황에 있는 사람들이 자신이 소득 분배에서 어디에 위치할지를 모른다면, 즉 상위층에 속할지, 중간층에 속할지, 하위층에 속할지를 모른다면, 어떤 소득 분배가 정의롭다고 생각할지를 추론하였다. 롤즈의 추론에 따르면 원초적 상황에서 사람들은 자신의 소득이 최하위층에 속할지도 모른다고 생각하고, 최하위층에 떨어지더라도 문제가 없는 상황을 상정한다고 주장하였다. 이런 추론에서 나온 정의의 원칙은 당연히 최하위층을 배려하는 원칙이 될 것이다.

롤즈의 차등의 원칙에 따르면, 공공정책의 목표는 그 사회에서 최빈층에 속한 사람들의 복지를 증대하는 것이다. 공리주의와 달리 모든 사람들의 효용을 극대화하는 것이 아니라 최저효용을 극대화해야 한다.

최소극대화의 기준은 사회의 가장 불우한 계층의 사람들의 복지를 강조하기 때문에 부자에게서 가난한 사람에게 소득을 재분배하는 것을 정당화한다. 최소극대화의 기준은 완전히 평등한 사회를 추구하는 것은 아니다.

정부가 모든 사회구성원의 소득을 균등하게 만들겠다고 나서면 사람들의 근로의욕이 저하되고, 사회전체의 총소득도 줄어들어 최빈층의 복지가 오히려 나빠질 수 있기 때문이다. 최소극대화의 기준은 소득이 균등하지 않은 배분을 용인한다. 불균등을 허용하면 열심히 일할 동기를 살리고, 열심히 일한 사람이 많으면 가난한 사람들에게 돌아갈 몫도 증가하기 때문이다.

그럼에도 불구하고 롤즈의 철학은 사회의 최빈층에게 가중치를 두기 때문에 공리주의자들보다 소득의 재분배를 강력하게 주장하게 된다.

무지의 베일에서 사람들이 롤즈의 주장처럼 자신이 최악의 상태에 빠질 경우를 상정하고 정의의 원칙을 도출할지는 분명하지 않다. 원초적 상태에서 사람들은 자신이 속할 계층이 확률적으로 동일하기 때문에 모든 사회 구성원의 평균 효용을 극대화하는 방향으로 선택을 할 수도 있다. 만일 그렇다고 한다면 롤즈의 이론은 공리주의와 유사한 분배 정책을 선호할 수도 있다.

공리주의와 소득분배
공리주의는 정치 철학 중에서 많은 찬사와 비판을 동시에 받은 위대한 철학이다. 공리주의의 창시자는 영국의 철학자 벤담(Jeremy

Bentham, 1748~1832)과 밀(John Stuart Mill, 1806~1873)이다.

공리주의는 개인의 의사결정과 공공정책이 근본적으로 차이가 없다는 전제에서 출발한다. 공리주의는 효용(utility) 개념에서 출발한다. 효용은 인간이 얻는 행복이나 만족의 척도이다. 효용은 복지의 측정 지표이며, 모든 공공정책과 개인행동의 궁극적 목표이다. 정부의 목표는 사회구성원 전체의 효용의 합을 극대화하는 것이다.

소득재분배의 정치철학으로 공리주의, 평등주의적 자유주의, 자유지상주의는 소득재분배에 대해 각기 다른 입장과 소득 분배의 정도에 대해서도 각기 다른 입장을 취한다. 이 세 가지 철학은 각기 다른 철학적 배경과 전제를 가지고 있다. 공리주의와 평등주의적 자유주의가 소득재분배가 좋다고 주장하고 있지만, 그렇게 주장하는 근거는 다르다.

소득분배에 대한 공리주의자들의 논리는 한계효용 체감 현상의 가정에 기초해 있다. 예를 들면 1만 원이라는 돈은 부자보다 가난한 사람에게 더 큰 효용을 창출한다. 이러한 가정을 받아들이면, 국가가 소득을 분배하는 것이 국민 전체의 총효용을 극대화해야 한다는 정부의 역할과 일치한다.

예를 들어 갑의 연간 소득은 1억 원이고, 을의 소득은 1천만 원이라면, 정부가 나서서 갑의 돈을 을에게 어느 정도 넘겨주는 것이 두 사람 전체의 효용이 높아진다. 1천만 원의 효용이 갑과 을에게 동등하지 않기 때문이다. 국가 전체를 놓고 생각할 때에도 부나 소득이 고르게 분배되는 것이 국가 전체의 효용을 높인다.

이런 논리에 따르면 전 국민이 동일한 소득을 가질 때까지 소득을 재분배하는 것이 국가 전체의 효용을 최대로 한다고 할 수도 있다. 그러나 공리주의자들은 그렇게 생각하지 않는다. 사람들은 경제적 유인에 반응하기 때문에 완전히 평등하게 소득을 재분배하면 분배의 대상이 되는 사회의 총소득이 감소할 것이다.

정부가 소득재분배 정책을 시행하려면 소득이 높은 사람으로부터 세금을 거두어 낮은 사람에게 혜택을 주어야 한다. 그런데 세금은 사람들의 열심히 일할 의욕을 저해하고 경제적 순손실을 발생시킨다. 자신의 노동의 결과가 자신에게 돌아오지 않으면 사람들은 열심히 일하려고 하지 않는다.

공리주의를 실현하려는 정부는 평등한 분배에서 오는 이익과 근로 의욕의 감소에서 오는 손해를 생각해 보아야 한다. 따라서 사회적 총효용을 극대화하려면 정부는 사회를 완전히 평등하게 만들려는 생각을 버려야 한다. 그러나 그렇게 하려면 많은 비용이 소요된다.

10) 신자유주의
신자유주의(neoliberalism)에 대한 부정적 평가
'신자유주의'는 구체적인 역사성을 갖는 개념이다. '신자유주의'에는 부정적인 이미지가 많이 실려 있다. 그 이유는 자신들이 좋았다고 생각하던 시대가 끝나고 나쁘다고 생각하는 시대가 시작되었는데, 나쁘다고 생각되는 시대를 통칭하여 '신자유주의' 시대라고 부르기 때문이다. '좋다', '나쁘다'는 가치 판단이고, 이 가치 판단은 주관적인 신념이 개입되기 마련이다. 이러한 맥락에서 본다면 '신자유주의자들'은 반 신자유주의자들이 좋았다고 생각했던 지난 시대를 나쁜 시대로, 나쁜 시대가 시작되었다는 것을 좋은 시대가 시작되었다고 평가할 수도 있다.

신자유주의라는 말을 도입한 사람들은 미국과 영국에서 "지난 20세기 말의 20년과 제2차 세계대전 이후 수 십 년은 극적인 대조를 보인다. 지난 20년의 자본주의는 통상 '신자유주의'로 묘사된다. 실제로 1970년대에서 1980년대로의 변화 과정에서 자본주의의 작동은 중심 및 주변부 국가 모두에서 철저하게 변했다. 그전까지의 자본주의 형세는 종종 '케인즈주의적 타협'으로 일컬어진다. 지나치게 단순화하는 것일지 모르지만 그 시기의 특징은 중심부 국가들(미국·캐나다·유럽·일본)의 높은 성장률, 지속적 기술변화, 구매력의 증가 그리고 (특히 보건 및 퇴직에 관련된) 복지체제와 낮은 실업률이었다. 그러한 상황은 1970년대 세계 경제가 이윤율 하락의 결과로 '구조적 위기'에 접어듦에 따라 악화되었다. 성장률의 감소와 누적되는 인플레이션, 실업의 상승이 그 주요 측면이었다. 이때 새로운 사회질서가 중심부 국가들에서 ―미국과 영국에서 시작― 먼저 출현하였고, 점차 주변부로 수출되었다."[27]

위의 인용문에서 말하는 '새로운 사회질서'가 바로 신자유주의(neoliberalism)이다. 이들이 말하는 신자유주의란 '국가 개입에 반대되는 시장과 사적 이익의 이데올로기이다.' 신자유주의는 지배계급의 상위 분파 곧 최상위 부유층의 소득과 권력을 재건했다고 평가한다. 신자유주의를 출현하게 한 구조적 위기의 원인이었던 조건들은 점차 사라졌지만 세계경제의 대부분이 여전히 저성장과 실업, 그리고 무시무시하게 증가한 불평등에 시달리고 있으며, 이것은 가장 부유한 계층의 부와 소득이 성공적으로 회복된 것의 결과라고 그들은 진단한다.

신자유주의 반대자들은 자본주의 기능 양식에 대한 새로운 규칙을 신자유주의로 지칭한다. 새로운 규칙에는 대부업자와 주주의 이익에 부합하는 노동과 관리의 새로운 규율, 발전 및 복지에 관한 국가 개입의 축소, 금융기관의 극적 성장, 금융부분에 유리하게 된 금융부분과 비금융부분 간의 새로운 관계 설정, 기업 인수 및 합병에 친화적인 새로운 법적 근거, 중앙은행 강화와 그 활동 목표를 물가 안정에 두는 것, 주변부 자원을 중심부로 유출하겠다는 새로운 결정이 포함된다. 이러한 새로운 규칙의 설정으로 국내적으로는 저성장과 빈부격차가 심화되고 국제적으로는 주변부의 외채 부담과 황폐화 같은 세계화의 새로운 측면이 신자유주의와 함께 출현하였다는 것이다. 요약하면 국내적으로는 가장 부유한 계층이 부와 소득을 독차지하고 국제적으로는 강대국의 금융 자본이 주변부 국가들을 착취하고 황폐화시켰다는 것이다. 신자유주의는 전 세계 엘리트 집단에게 부와 권력을 집중시키려는 특히 각국의 금융적 이해관계에 이익이 되며 국제적으로는 미국 자본에 이익이 되는 헤게모니 프로젝트의 일부라는 것이다. 신자유주의는 '강자의 이익'을 옹호하는 이데올로기이며, 이 세상에 존재하는 모든 불의한 것의 원인이라는 것이다.

제라르 뒤메닐·도미니크 레비는 주로 경제적인 측면에 초점을 맞추어 신자유주의를 설명하였지만, 사드와 존스턴은 신자유주의는 경제학, 정치학, 국제관계학, 이데올로기, 문화 등 다양한 영역에서 모든 대륙에 수많은 사람들에게 영향을 미치고 있다고 주장한다. 신자유주의가 삶의 구석구석에 파고들어 갔다는 것이다. 그들에 의하면 신자유주의는 글로벌 엘리트의 권력과 생활수준을 높였지만 민중들에게는 파괴적이었다. 비판가들은 신자유주의가 '시장관계'를 확대함으로써 식량, 수자원, 교육, 노동, 토지, 의료, 주택, 교통 및 공공시설에 대한 접근과 젠더 관계에도 악영향을 끼쳤다고 주장한다. 신자유주의는 소수를 위한, 그리고 국가의 약탈과 환경파괴의 글로벌 체계이다. 이들에 의하면 신자유주의는 착취의 화신이다. 신자유주의는 자신의 존재 조건을 스스로 파괴하며 뿐만 아니라 신자유주의를 파괴하려는 대중 운동이 아르헨티나, 볼리비아, 에콰도르에서 일어나고 있다는 것이다.[28] 그러나 이러한 생각은 마르크스의 역사적 유물론의 변주라고 할 수 있다.

신자유주의에 대한 중립적 해석

앞에서 살펴본 '신자유주의'는 자유주의 반대론자들이 만들어낸 '이념적 허구'로 'straw man'이다. 현실에는 존재하지 않는 존재를 만들어 그것에 의미를 부여하고, 존재하는 부정적인 현상들의 궁극적 원인으로 설정하고 비판한 것이다. 이것에 대한 비판은 다음 기회로 미루고 신자유주의를 역사적 관점에서 서술한 중립적 설명을 살펴보자.

신자유주의(neoliberalism)는 이전의 고전적 자유주의(classical liberalism)나 신자유주의(new liberalism)와 구별되는 20세기 후반에 나타난 새로운 자유주의이다. 신자유주의는 '자유주의'의 일파이지만, 어떤 학자들은 보수주의의 한 분파로 보기도 한다. 20세기에 등장한 넓은 의미에서 자유주의 특성의 일부를 공유한 이념으로는 신우파(new right), 신보수주의(neoconservatism), 리버테리어니즘(libertarianism)이 있다.

자유주의는 서구에서 300여 년 전부터 발전하기 시작한 이념이다. 일반적으로 자유주의는 개인주의, 자유, 이성, 평등(법적 평등과 정치적 평등), 관용, 동의, 입헌주의(제한적 정부)를 공통적인 요소로 갖는다. 자유주의의 파란만장한 역사로 말미암아 자유주의의 원조에 해당하는 이념에는 고전적 자유주의라는 이름이 붙여졌다.

고전적 자유주의는 극단적인 형태의 개인주의를 허용하고, 소극적 자유를 옹호하고, 국가를 필요악으로 보고, 작은 정부를 지지한다. 이를 대표하는 사상가는 애덤 스미스, 로크, 페인 등이다. 고전적 자유주의에서 분화한 자유주의를 신자유주의(new liberalism)라 부르며 신자유주의는 국가의 간섭에 더 공감하는 태도로 큰 정부를 지지한다. 이 신자유주의는 존 스튜어트 밀의 영향을 받은 그린, 홉하우스, 홉슨 등이 발전시켰다. 이들은 복지자유주의의 토대를 마련하였다. 이러한 신자유주의는 현대 복지국가론으로 발전하였다. 이들은 평등주의적 자유주의자로 불려지기도 하며, 현대의 대표적인 철학자는 존 롤즈이다.

신자유주의(neoliberalism)는 하이에크, 프리드먼과 같은 자유시장 경제학자와 로버트 노직과 같은 철학자가 발전시킨 고전정치경제학에 대한 최근 해석이다. 신자유주의의 중심은 개인과 시장이다. 신자유주의는 시장자본주의가 효율적이며, 성장과 번영을 가져다준다고 믿는다. 신자유주의는 작은 정부를 지지하며, 국가는 개인과 기업의 창의성을 말살한다고 생각한다. 신자유주의는 자유 시장, 자유기업, 자립, 개인의 책임을 강조한다.

헤이우드는 자유주의를 고전적 자유주의와 현대적 자유주의로 구분하여 다음과 같은 특성을 부여하였다.[29]

Classical liberalism	v.	Modern liberalism
economic liberalism		social liberalism
egoistic individualism		developmental individualism
maximize utility		personal growth
negative liberty		positive freedom
minimal state		nabling state
free-market economy		managed economy
rights-based justice		justice as fairness
strict meritocracy		concern for the poor
individual responsibility		social responsibility
safety-net welfare		cradle-to-grave welfare

신자유주의(neoliberalism)를 실현하려고 노력한 정치가는 레이건과 대처이다. 이들의 정치적 입장은 다음과 같이 정리될 수 있다.[30]

레이건

핵심적 신자유주의 신념:

정부는 비효율적이다.

정부 강탈은 초라한 경제적 성과를 초래한다.

이차적 신념:

통화와 재정의 안정은 경제 성장에 필수적이다.

핵심적 신자유주의 정책 이슈:

최소 조세를 통해 정부의 강탈을 제한해야 한다.

이차적 정책 이슈:

적자 감소와 지출 억제를 통한 경제적 안정을 창출해야 한다.

대처

핵심적 신자유주의 신념:

정부는 비효율적이다.

통화와 재정의 안정은 경제 성장에 필수적이다.

이차적 신념:
정부 강탈은 초라한 경제적 성과를 초래한다.

핵심적 신자유주의 정책 이슈:
적자 감소와 지출 억제를 통한 경제적 안정을 창출해야 한다.

이차적 정책 이슈:
최소 조세를 통해 정부의 강탈을 제한해야 한다.

신자유주의는 자유주의가 역사적 발전 과정에서 새로운 상황을 만나 자신의 기본 원리를 그 상황에 적용하면서 생성된 이념이다. 자유주의가 새로운 상황에 직면하여 분화하면서 생성된 이념들은 원 자유주의와 공통점과 차이점을 갖는다. 자유주의라는 큰 지붕 아래에는 다양한 철학과 이념적 주장, 정책적 제안들이 공존하고 있다. 그럼에도 불구하고 이들은 다른 이념과 구별되는 어떤 공통된 철학을 가지고 있다.

자유주의는 역사적 과정 속에서 이런 저런 모습으로 변모된 것처럼 보이지만, 원조 (고전)자유주의의 정통성을 이어받은 자유주의가 있고, 그밖에 아류 자유주의가 생긴 것으로 해석할 수 있다. 이런 상황을 고려하면 자유주의에 다양한 이름을 붙일 것이 아니라 원조 자유주의와 그 정통성을 유지한 신자유주의(neoliberalism)를 아무 수식어 없이 자유주의라고 부르고, 아류들에 대해 다른 이름을 붙여 주는 것이 좋다. 따라서 오늘날 신자유주의의 이념과 정책에 대해서도 수식어 없이 자유주의 이념과 정책이라고 부르는 것이 좋다. 애덤 스미스, 존 로크, 프리드리히 하이에크, 밀턴 프리드먼, 노직, 오스트리아 학파 학자들의 이념과 철학, 정책을 자유주의 철학자나 경제학자, 자유주의 이념, 자유주의 정책으로 부르자. 굳이 20세기의 자유주의를 18세기, 19세기 자유주의와 구분하려면 현대의 자유주의 또는 글로벌 시대의 자유주의로 부를 수 있을 것이다. 아류 자유주의인 뉴리버럴리즘, 케인즈주의, 복지자유주의, 평등자유주의는 결국 사회주의로 귀착된다.

11) 중도[31]

19대 의원의 이념 성향

한 일간지가 19대 국회의원 이념 성향을 분석하여 발표하였다. 각 의원의 표결 형태 유사성에 근거하여 이념 성향을 추정하는 방식을 택하여 분석한 것이다. 분석 대상은 현재 19대 국회에서 의원직을 유지하고 있는 새누리당 158명, 새정치민주연합 130명, 정의당 5명, 무소속 2명 등 총 295명의 의원들의 이념 성향이다. 현직 국회의원들이 19대 국회가 시작된 2012년 7월부터 2015년 1월까지 1458개 법안에 대해 표결한 40만 9366건을 분석하였다.

국회의원들의 이념 성향을 잘 보여주는 법안은 '상속세 및 증여세법 일부개정법률안', '법인세법 일부개정법률안' 등이다. 분석 결과 전반적으로 19대 의원의 여야 표결 성향은 확연하게 양극화된 표결

형태를 보였다고 한다. 국회의원 개인의 소신보다는 당론에 크게 영향을 받기 때문이다. 그렇다고 의원들 사이에 이념 성향에 차이가 없는 것은 아니다.

이 분석에서 각 의원에게 부여한 이념 점수가 1에 가까울수록 보수적이며, 0에 가까울수록 진보적이다. 이 분석에서 국회의원 전체 295명은 가장 진보에서 가장 보수 사이에 어디엔가 위치한다. 가장 진보 의원은 장하나 의원이었고, 가장 보수적인 의원은 주호영 의원이었다. 새누리당 내에서는 친박계가 비박계보다 더 보수적으로 표결한 것으로 나타났다. 친박계 의원 48명의 평균은 0.715로 비박계 의원 111명 평균인 0.697보다 다소 높았다.

국회의원들의 이념 성향 분석에서도 '중도'라는 말이 나온다. 점수가 정확에서 몇점에서 몇점까지가 중도라는 명시적인 지적은 없지만, 중앙에 위치한 의원인 147등과 148 등을 중심으로 좌나 우에 가까이 있는 의원들이 중도에 해당한다. 새누리당 의원 가운데 "149위인 유승민 원내대표, 167위인 이군현 사무총장, 182위인 원유철 정책위의장 등 원내 지도부는 상대적으로 '중도 쪽 성향'이 많았다"는 표현이 나온다. 그런데 여기에서 중도의 의미는 무엇인가?

국회의원들의 점수는 평균 점수이다. 예들 들어 진보적인 법안이라고 생각되는 법안에 찬성했으면 -1점을 부여하고, 보수적이라고 생각되는 법안에 찬성했으면 +1점을 부여하여 이 값을 평균한 것이다. 이렇게 보면 실제로 중도적인 법안은 존재하지 않는다. 중도라는 것은 평균값일 뿐이다. '중도'는 그에 대응하는 중도적인 정책이나 법안이 존재하지 않는다.

사례 ① : 이명박 정부의 중도 표방

이념 성향 여론 조사와 중도

2009년 6월 22일 이명박 대통령이 청와대 수석비서관회의에서 "우리 사회가 지나치게 좌우 진보 보수라는 이념적 구분을 하는 것 아니냐. 사회적 통합이라는 것은 구호로만 되는 것이 아니다. 사회 전체가 건강해지려면 중도가 강화되어야 한다"고 한 이후 정치권과 언론에서 '중도'에 대한 논의가 활기를 띠고 있었다.

청와대 관계자의 설명에 따르면 '중도 강화'의 이론적 근거를 미국의 양당정치에서 차용했다고 한다. 이념적으로 서로 구별되는 보수인 공화당과 진보인 민주당이 중도의 유권자를 공략하기 위해 대선에서 상대방의 가치를 흡수하여 '제3의 길'을 마련했다. 1992년과 1996년 민주당의 빌 클린턴은 전통적으로 공화당의 어젠다에 해당하는 세금 감면, 범죄 퇴치 등을 차용하고 보수의 가치인 '성장과 분배'를 강조하여 자신의 지지 기반을 확대하고 대통령이 되었다.

2000년 대선에서 공화당의 부시는 진보 진영이 선점하고 있던 교육·빈곤·의료 문제를 이슈로 삼았다. 전통적으로 민주당이 부각시켰던 문제들을 공세적으로 차용함으로써 중도층의 지지를 이끌어 내었다. '온정적 보수주의'라는 이름을 걸고 보수도 진보 못지않게 교육·빈곤·의료 문제에 관심이 있다는 것을 보여줌으로써 자신의 지지 기반을 확충한 것이다. 온정적 보수주의는 전통적으로 내려온 보수

의 가치를 버리지 않으면서 약자와 같은 소외 계층을 보호하는 정책
이라고 할 수 있다.

뿐만 아니라 영국의 토니 블레어 전 총리도 신자유주의와 구 사회
민주주의를 넘어 제3의 길 곧 새로운 노동당을 표방하여 상대방의
시장경제와 경쟁을 비판적으로 흡수하여, 1997년 집권에 성공하였
다. 블레어가 '바지 입은 대처'라는 별명을 얻은 이유는 그가 대처의
이념과 정책을 받아들였기 때문이다.

이명박 정부의 '중도 강화'가 온정적 보수주의와 맥을 같이 한다
는 사실은 "자유민주주의, 시장경제, 법치, 국가 정체성 등 대한민국
의 중심적 가치를 지키면서 중도층을 포용하는 한편 사회안전망을
구축하고 서민을 배려하겠다는 의미이다"라는 이동관 청와대 대변
인의 말에 잘 나타나 있다. 박형준 청와대 홍보기획관도 "법치나 대
북문제에선 확고하게 원칙을 지켜나가는 동시에 대국민 소통을 활
발히 하면서 서민정책을 통해 중산층을 복원하고 양극화를 해소하
겠다는 것"이라고 설명했다.

이런 설명에도 불구하고 '중도 강화'의 의미가 정확하게 무엇이
고, 그것이 정책으로 어떻게 구현될 것이며, 왜 하필이면 선거철도
아닌 집권 1년 반을 넘어가는 지금 이 시점에 나온 것인가에 대한 의
문이 남는다. 이명박 정부의 '중도 강화' 표방에 대한 설득력 있는 설
명 가운데 하나는 그에 대한 낮은 지지율을 높이려는 정치적 고려가
깔려 있다는 것이다.

최근의 여론 조사도 이런 해석을 뒷받침한다. 촛불 정국과 조문

정국을 거치면서 현정부에 대한 지지도는 초라하게 낮아져 20%대를 맴돌았다. 대통령에 대한 낮은 지지도는 정부 정책의 추진력을 떨어지게 하고 중간 평가의 성격을 지닌 보궐 선거, 다음 치러질 지방자치 단체장 선거에도 부정적인 영향을 미칠 수밖에 없다. 이런 상황에서 지지율을 높이는 것이 청와대의 일차적 관심사로 부각될 수밖에 없었을 것이다. 이를 위해서는 정치적으로 국면 전환이 필요하여 '근원적 해결'과 '중도 강화'를 들고 나왔을 것이다.

그런데 하필이면 '중도 강화'인가라는 물음을 제기할 수도 있다. 그 대답은 국민들의 주관적인 이념 성향에서 찾아진다. 최근에 한 조사기관의 여론 조사 결과에 따르면 자신의 이념 성향에 대해 30.0%가 진보, 35.1%가 중도, 28.2%가 보수라고 대답했다. 또 다른 조사에 따르면 2006년 5월에는 자신의 이념 성향에 대해 16.4%가 진보, 47.4%가 중도, 36.2%가 보수라고 대답했다. 2002년의 조사에 따르면 자신의 이념 성향을 중도라고 답한 사람이 50%에 육박하였다. 연도별로 약간의 차이는 있지만 우리 국민들 중 가장 많은 사람들이 자신의 이념적 성향을 중도로 규정하고 있는 것이다. 따라서 이념적 중도는 정치인들에게 결정적인 중요성을 지닌다. 이런 사실을 고려하면 낮은 지지율로 고민하고 있는 이명박 정부가 '중도 강화'를 들고 나온 것은 수긍할 만하다.

개별 정책에서 중도는 없다

중도는 좌파와 우파를 배경으로 해서만 존재할 수 있다. 중도는 좌파도 우파도 아닌 사람들을 지칭하는 개념이다. 개념적으로 좌파와 우파가 없다면 중도파도 없다. 물론 중도를 좌파와 우파를 넘어서 '제3의 길'로 해석하려는 관점도 있다. 중도는 좌와 우를 모두 포괄하면서 그것을 넘어서는 이념이라는 것이다. 어떤 사람은 비유적으로 서울과 부산의 중간은 대전이지만 서울과 부산의 중도는 대한민국 전체라고 설명하기도 한다. 중도는 단순히 좌와 우 사이의 이념이 아니라 전체를 포괄하는 이념이라는 것이다. 이런 해석은 통합과 조화를 높이 평가하는 우리 정서에는 호소력을 지니고 있지만, 이념이 수반하는 구체적인 정책과의 관계를 설명하는 부분에서는 설득력이 떨어진다. 특정 문제를 해결하기 위한 정책은 구체성을 띨 수밖에 없어 전체를 포괄할 수 없기 때문이다.

이런 사실은 국민들의 이념적 성향을 파악하기 위한 여론 조사에 잘 나타나 있다. 한 중앙 일간지는 국민들의 이념적 성향을 파악하기 위해 보수(우) − 진보(좌) 이념의 자기 평가를 0 (진보) − 10 (보수)의 범위 내에서 선택하도록 하였다. 이 조사는 '정치 차원', '경제 차원', '사회 차원'으로 구별하여 질문을 작성하였다. 2번째 질문은 다음과 같다.[32]

문2) 국가보안법 개정 문제와 관련해 귀하는 다음 중 어느 의견에 가장 가깝다고 생각하십니까?

1. 남북한 대치 상태를 감안해 현행대로 유지하고 엄격히 적용해

야 한다.

2. 현행대로 유지해야 하지만 인권침해 소지가 없도록 신중히 적용해야 한다.

3. 인권침해와 법규남용 소지를 줄이는 방향으로 개정해야 한다.

4. 인권침해와 법규남용 소지가 많으므로 전면 폐지해야 한다.

가장 보수(10) – 보수(6.7) – 진보(3.3) – 가장 진보(0)를 선택지 1·2·3·4에 부여하여 정책 항목별 각각에 대해 선택한 선택지에 점수를 부여하고 평균을 산출하여 이념 성향을 결정한다. 모든 문항에 대해 1을 선택한 사람은 총점이 100점이고 평균은 10점이 된다. 2004년에 국민이념 평균은 5.32가 나왔다. 평균 5.32이지만 설문자들의 이념 성향은 0에서 10사이에 분포되어 있다. 이념적으로 중도 성향이 많다는 해석은 평균값 5 주변에 많은 사람들이 분포되어 있다는 것이다. 그러나 선택지를 단순화하면 보안법 유지와 개정 또는 폐지이다. 입장은 3가지로 나누어지지만 개정을 선택한 사람들은 중도가 아니라 진보, 폐지를 선택한 사람들은 가장 진보의 값을 얻게 된다. 따라서 구체적인 정책 선택에서 중도적이라는 말은 무의미한 말이 된다. 다만 중도는 평균값을 통해서만 존재하기 때문이다.

또 다른 여론조사 기관의 설문지 문항 10을 보자.[33]

10) 국가가 전력, 통신, 철도 등 국가기간산업을 소유하면 경쟁력

이 떨어지므로 민간에 넘겨야 한다.

1. 전적으로 찬성한다.
2. 대체로 찬성한다.
3. 대체로 반대한다.
4. 전적으로 반대한다.

이 문항에 대한 답변 결과는 흥미롭다.

구분		사례수 (명)	전적으로 찬성한다	대체로 찬성한다	대체로 반대한다	전적으로 반대한다	종합	
							찬성한다	반대한다
전체		(883)	15.5	42.2	26.7	15.6	57.7	42.3
이념성향별	보수	(288)	19.2	39.3	26.9	14.7	58.4	41.6
	중도	(375)	13.0	44.6	25.8	16.6	57.6	42.4
	진보	(134)	17.9	37.8	28.4	15.9	55.7	44.3

전체 응답자 883명 가운데 1이 15.5%, 2가 42.2%, 3이 26.7%, 4가 15.6%가 나왔으며, 1, 2를 합하면 57.7%, 반대한다고 답한 3, 4를 합하면 42.3%이다. 편의상 찬성한 사람을 우파, 반대한 사람을 좌파라 한다면 중도파의 자리는 없다. 그러나 여기에서도 1·2·3·4에 일정값을 부여하여 가장 낮은 점수에서 가장 높은 점수까지 분포도를 조사하면 중도파가 나올 수 있다. 곧 구체적인 정책에서는 중도파가 있을 수 없고, 여러 정책에 대한 대답을 종합하여 평균을 내면 중도파가 나온다. 이 여론 조사에서 "본인의 이념적 성향이 다음 중 어디에 해당된다고 생각하십니까?"라는 물음에 대해 매우 보수는

8.3%, 다소 보수는 27.9%, 중도는 47.4%, 다소 진보는 13.0%, 매우 진보는 3.4%가 나왔다. 종합적으로 보수는 36.2%, 중도는 47.4%, 진보는 16.4%가 나왔다. 이것은 스스로 판단한 자신의 이념적 성향이다.

이 결과가 말하는 것은 스스로 보수(우)라고 생각하는 사람 가운데 41.6%가 국영기업의 민영화에 반대하며, 진보(좌)라고 생각하는 사람 가운데 55.7%는 민영화에 찬성하고 있다. 국영기업의 민영화가 전형적인 우파 경제 정책이라는 것을 고려하면 예상하지 못한 결과이다. 이는 개인의 이념적 성향과 정책 선호가 항상 일치하는 것은 아니라는 사실을 보여주는 것이다.

'중도 강화'에 대한 정치적 해석

좌파와 우파, 중도파를 좀더 다른 각도에서 분석해보자. 예를 들어 어떤 사안에 대한 좌파 정책은 L, 우파 정책을 R로 표시할 때, 그 사안에 대해 L, R이 아닌 M이 존재할 수 있는가 하는 것이다. 만약 그럴 수 있다면 좌파와 우파와 구별되는 중도파가 존재한다고 할 수 있다. 이런 경우는 좌파와 우파의 존재를 전제로 한 중도파는 아니다. 그러나 위에서 말한 것처럼 이런 경우가 정책과 관련해서는 실제로 존재할 수 없다.

이념에 따른 개별 정책은 우파적 아니면 좌파적이다. 예를 들어 10개의 문제에 대해 일관적인 좌파는 모두 좌파적 정책을 제시하고, 일관적인 우파는 모두 우파적 정책을 제시한다고 하자. 그러나 일부 그렇지 못한 사람들은 어떤 문제에 대해서는 좌파적 정책을 어떤 문제에 대해서는 우파적 정책을 선호할 수도 있다.

10개의 정책에 대해서 다양한 경우의 수가 있겠지만 몇 가지 예만 들어 보자.

(1) (L·L·L·L·L·L·L·L·L·L)

(2) (R·R·R·R·R·R·R·R·R·R)

(3) (L·R·L·R·L·R·L·R·L·R)

(4) (L·L·L·L·L·L·R·R·R·R)

(5) (L·L·L·L·R·R·R·R·R·R)

(1)은 좌파 (2)는 우파 (3)은 중도파 (4)는 중도좌파 (5)는 중도우파라 부를 수 있을 것이다. 물론 중도파·중도좌파·중도우파를 L과 R의 수에 따라 기계적으로 판단할 수는 없다. 기계적인 판단이 가능하지 않기 때문에 L과 R의 수가 하나 늘 수도 있고 줄 수도 있다. 어떤 상황이든 좌파와 우파, 중도파의 존재를 개념적으로 현실적으로 인정할 수 있게 된다.

물론 어떤 문제에 대해서 어떤 입장을 가져야만 좌파가 될 수 있고 우파가 될 수 있다. 예를 들면 좌파는 분배 문제에 대해서는 분배를 강화하는 정책을 선호하고, 우파는 성장 정책을 선호해야 한다. 남북문제에 대해서는 좌파라면 북에 대해 유화적인 입장을 선호하고, 우파라면 강경한 입장을 선호해야 할 것이다. 그러나 보통사람들이 항상 이렇게 일관적인 태도를 유지하는 것은 아니다.

중도 강화는 R의 숫자를 L로 대체하려는 정책이라고 볼 수 있다. 이러한 대체가 어느 시점에서 멈추지 않고 계속 대체된다면 '중도 강화'가 아니라 중도를 지나 좌파의 영역으로 들어가게 된다. 청와대의 설명에 따르면 남북문제와 대미관계에 대해서는 계속 R을 유지하면서 분배 문제와 세금 문제, 교육 문제에 있어서는 L의 요소를 더해간다는 입장으로 해석할 수 있다. '중도 강화'는 "국가적 정체성, 시장경제, 자유민주주의, 법치 그리고 세계로 열린 대한민국 등의 중심적 가치는 지키면서 중도에 서 있는 세력들을 좀더 포용해 다가가자는 의미"이지 "가운데 서서 양쪽(보수·진보)의 눈치를 보는 것은 아니다"라는 대변인의 말에 잘 나타나 있다. 대한민국의 중심적 가치를 확고하게 지킴으로써 보수층의 지지를 유지하면서 여러 사정으로 잠시 등을 돌린 중산층을 공략하겠다는 것이다.

사례 ② : 토니 블레어의 제3의 길

중도의 다른 표현인 '제3의 길'과 같이 대립적인 두 패러다임의 장점만을 뽑아 하나의 새로운 패러다임을 구성하려는 시도는 명백한 한계를 갖는다. 개념이나 정책은 하나의 패러다임 안에서 유기적으로 얽혀 의미를 획득하고 문제를 해결한다. 그럼에도 불구하고 어떤 요소들을 선별적으로 결합하면 모순을 일으키기도 하고 충돌하기도 한다. 이것이 모든 절충주의나 '넘어서려는(beyond)' 이론들이 갖는 극복할 수 없는 한계이다.

'제3의 길'은 이것 저것을 한꺼번에 꾸려넣을 수 있는 여행용 가방처럼 보인다. 심지어 서로 모순되는 주장까지도 "제3의 길"에 들어갈 수 있다. '제3의 길'이 내세우는 '사이', '위', '넘어서'라는 수사(修辭)는 중용(中庸)이라는 전통적 미덕과 결합하여 우리의 심성에 호소한다. '제3의 길'이 많은 혼란을 일으키는 이유 가운데 하나는 그것이 모든 것을 다 포괄하려고 하기 때문이다. 모든 사람을 끌어모아 적이 없는 정치를 원하는 정치가들의 본능과 잘 맞아 떨어진다. 그러나 모든 정책은 '얻는 것과 잃는 것'을 동시에 가지고 있다. '반대자가 없는 정책'은 미덕(美德)이 아니라 악덕(惡德)이다.

하이에크의 지적과 같이 "진실과 오류 사이에는 중도가 있을 수 없다." 서로 상충하는 원리들 사이에서 조화는 창조될 수 없다. '제3의 길'은 '경제의 효율'과 '분배의 정의'를 추구하지만, 이들을 동시에 추구하기는 힘들다. 생산과 분배는 유기적으로 연결되어 있고, 부의 분배 방식이 부의 생산량에 영향을 미친다. 좌파가 말하는 '사회 정의'와 시장 경제는 서로 상충한다. 사회 정의의 원칙을 받아들이면 시장 경제를 온전하게 보전할 수 없다. 양자 사이에 중간 지점은 있을 수 없다.

시장과 개인을 중시하는 자유주의와 국가를 사회 정의의 주체자로 설정하는 사회민주주의는 공존할 수 없다. 경제 활동의 자유를 최대한 보장하면서 상대적 빈곤과 차별이 없을 수는 없다. 의료와 교육에 대한 투자를 확대하면서 정부 지출을 줄일 수는 없다. 중앙 정부의 역량이 확대되면서 지방 정부의 권한이 강화될 수는 없다.

'제3의 길'은 요술 단지가 아니다.

'제3의 길'은 일관된 원칙이 없어 나침판을 잃고 헤매는 정치적 방황에 비유될 수 있다. 상황만을 고려하는 실용주의적 정책 운영은 선택의 폭이 너무 넓어 정책 혼선만을 일으킬 가능성이 높다. 상황과 편의에 따라 정책을 세우면 혼란만 야기하고 불필요한 정책 실험 비용을 국민이 부담해야 한다.

최근의 유럽 의회 선거도 "토니 블레어가 물 위를 걸을 수 없다는 것을 확실하게 보여 주었다." 마틴 볼프는 "'제3의 길'은 걸치자마자 깨어지는 아름다운 보석과 같다"고 하였다. 사회 정의, 역동적인 경제, 창조와 혁신을 동시에 추구하는 '제3의 길'은 화려한 레토릭에 지나지 않는다는 것이다.

'제3의 길'은 유럽 대륙의 경제적 재난에 대해 신뢰할 만한 대답은 제시하지 못하는 편안한 레토릭에 불과하다는 비판도 있다. 레토릭과 구체적인 행동 사이의 간격이 너무 크다. 블레어는 고용 창출과 일자리 확장이 사회 응집력을 높이는 가장 확실한 길이다라고 하였지만, 어떻게 고용을 창출하고 일자리를 확장할 수 있는가를 보여주지 못하고 있다는 것이다.

'제3의 길'은 공정성과 사회 정의, 자유와 기회의 평등, 연대와 타인에 대한 책임이라는 불변적인 사회민주주의의 가치를 오늘의 세계에 접목시키는 것이라고 선언하였지만, 이것은 단지 하나의 감상적인 레토릭에 지나지 않는다. '제3의 길'은 "중대한 개혁을 포함하여 거의 모든 정책을 다 포괄할 수 있을 정도로 넓지만, 그 어느 것

을 보장할 수 없을 정도로 구체적인 것은 아무 것도 없다"는 비판을
피할 수 없다.

중도는 실제가 불분명한 개념이다. 정치적으로 중도는 '온건한'
입장, 양 극단에 치우치지 않는 입장으로 해석되고 있지만, 구체적
으로 그것에 대응하는 정치적 입장을 설정하기는 어렵다. 좌우, 보
수와 진보의 중간에서 양자의 이념과 정책을 선별적으로 선택한 것
이 중도이다. 따라서 이러한 정치적 입장에 대해서는 '중도'라는 말
보다는 '이념적 혼합주의' 또는 '이념적 기회주의'라는 표현이 더 정
확한 표현이다.

12) 천민자본주의

'천민자본주의'는 막스 베버(1864~1920)의 『프로테스탄티즘의 윤리
와 자본주의 정신』(1905)에 다음과 같이 표현되었다.

"자본주의적 에토스의 발전 과정에서 유대교와 청교도주의 양
자가 차지하는 위치에 결정적인 영향을 주는 특징의 측면에서 볼
때, 청교도주의와 중세와 근대 유대교의 경제 윤리는 판이했다.
유대교는 정치나 투기에 의존하는 '모험가' 자본주의(Abenteurer-
Kapitalismus)에 속했다. 즉 유대교의 에토스는 한마디로 말해 천민자
본주의 (Paria-Kapitalismus, pariah capitalism)의 에토스였다. 이에 반해
청교도주의는 합리적인 시민 계층적 기업과 합리적인 노동조직의
에토스를 담지했다. 청교도주의는 유대교 윤리에서 이러한 틀에 적
합한 것만 취택했다."[34]

막스 베버는 천민자본주의라는 말을 유대교 에토스에 기초한 자본주의를 지칭하는 개념으로 사용하였다. 그는 이것을 모험가 자본주의로 해석하고 있는데 모험가 자본주의란 정치나 투기에 의존하는 자본주의를 말한다. 베버가 천민자본주의와 대비되는 개념으로 사용한 자본주의는 청교도주의에 기초한 자본주의이며, 이 자본주의는 합리적인 시민 계층이 이룬 기업과 합리적인 노동조직의 에토스에서 나온 자본주의다.

베버의 이러한 설명을 이해하기 위해서는 근대 서구 문명을 그가 어떻게 해석했는가를 먼저 살펴보아야 한다. 그에 따르면 근대 서구 문명, 그리고 오직 서구 문명에서만 나타난 대표적 현상이 '합리화'이다. 합리화는 베버의 사상을 이해하는데 매우 중요한 개념이다. 합리화는 주술이 지배하는 세계에서 벗어나는 것, '탈주술화'다.

합리화는 전통 사회와 근대 사회를 구별하는 매우 중요한 기준이다. 합리적이지 않은 사회에서는 주술이 큰 힘을 발휘한다. 주술이 지배하는 사회에서는 주술사가 과학자나 전문가보다 더 큰 권위를 지닌다. 현대사회에서는 점성술사와 천문학자를 엄격히 구별한다. 합리화는 실험과 관찰을 통한 합리적 증명의 절차를 우선시하는 합리적 방법과 밀접한 연관이 있다. 합리화는 근대 서양의 자연과학에서 발견되는 특징이다.

베버는 근대적 자본주의, 즉 합리화된 자본주의에 관심을 두고, 이것이 어떻게 발생하였는가에 대한 문제의식을 가졌다. 합리적 자본주의는 지구상에서 오직 서양에서만 나타난 자본주의 유형이다.

이 근대적 자본주의는 해적 행위나 요행에 따라 이윤을 추구하지 않고, 오히려 규칙적인 시장의 움직임을 예측하고 그 예측에 맞추어 경제활동을 한다는 측면에서 합리화된 자본주의이다. 근대에 서양에서는 다른 어떤 곳에서도 나타난 적이 없는 매우 다른 형태의 자본주의가 발전했는데, 그 자본주의는 자유로운 노동의 합리적인 조직화에 기초한 자본주의이다.

베버가 말하는 근대 자본주의는 "획득에의 충동, 이윤과 화폐, 가능한 한 많은 양의 화폐에 대한 추구 그 자체"와 관계가 없다. 이런 충동은 웨이터, 의사, 마부, 예술가, 창녀, 부패관리, 군인, 귀족, 십자군, 도박꾼, 거지 등에게도 존재하고 있으며, 존재해왔다.", "획득을 위한 무제한의 탐욕은 결코 자본주의와 동일한 것이 아니며, 자본주의 정신과는 더더구나 동일한 것이 아니다."

베버는 서구가 아닌 다른 지역에서 근대적 자본주의가 등장하지 않은 이유를 서구의 부르주아 계급의 특성과 연결시킨다. 베버는 부르주아의 특성을 그들이 지닌 '문화'를 중심으로 파악하려고 하였다. 즉 그는 근대 부르주아 계급의 특성을 부르주아 계급이 공유했던 문화인 금욕적 프로테스탄티즘의 특성을 분석하여 해명하려고 하였다. 그는 "자본 소유자와 경영자, 그리고 근대적 거대 산업과 상업기업의 상급 노동자들이 두드러지게 프로테스탄트적 성격"을 지닌다는 점에 주목하였다.

근대 자본주의의 새로운 정신

합리적 자본주의라는 경제 체제가 새롭게 출현하기 위해서는 전통적인 가치 체제와 구별되는 새로운 합리적 정신을 지닌 집단이 출현해야 한다. 새로운 가치관을 지닌 집단의 등장은 자본주의가 출현하기 위한 문화적 조건이다. 자본주의가 출현하기 위해서는 상공업의 발달과 화폐제도의 도입과 같은 제도적 변화도 필요하였다. 이두 가지 요소는 각각 개별적으로 발생할 수 있으나, 이 두 가지가 결합될 때만 혁명적인 변화가 일어날 수 있다. 문화적 조건과 경제적 조건이 결합해서 근대 자본주의가 발전하였다.

베버는 근대적 노동윤리가 자발적 동기에 의해 내면화되는 과정을 주목했다. 근대적 노동 윤리를 바깥에서 강제된 것으로만 이해하지 않고, 자발적 복종에 의해 탄생했다고 해석한다. 내적 강제력을 생기게 한 문화적 조건은 프로테스탄티즘이다.

베버는 마르크스와 다른 의미를 자본주의에 부여했다. 마르크스의 자본주의는 그의 역사 발전 단계설이 보여주고 있듯이 중세 봉건 사회와 사회주의 사회 사이에 존재하는 생산 양식이다. 자본주의는 혁명을 통해 사회주의가 도래하면서 사라져야 할 경제 제도이다. 중세 봉건 사회 이전에는 고대 노예제 사회가 존재하였다. 마르크스 유물 사관에서 자본주의는 근대적 생산양식으로 근대 이전과 이후에는 존재하지 않는다.

그러나 베버에 의하면 경제 제도로서 자본주의는 중국, 인도, 바빌로니아, 고대와 중세에도 존재했다. 자본주의는 하나가 아니라 여

럿이다. 근대의 자본주의와 그 이전의 자본주의는 서로 다른 특성을 갖는 자본주의이다.

투기적 자본주의와 합리적 부르주아 자본주의

베버는 합리적이고 평화적인 부르주아 자본주의와 이윤 창출을 위해 정복과 폭력을 사용하는 투기적 자본주의를 구분한다. 천민 자본주의는 식민지 착취를 위해 형성된 자본주의에서 가장 특징적으로 나타난다. 유럽의 여러 나라들이 아프리카와 아시아, 라틴 아메리카에 진출하여 식민지를 건설하고 이를 통해 이윤을 추구한 것이 투기적 자본주의의 대표적인 사례이다. 아프리카 흑인을 정복하고 이들에게 폭력을 행사하여 이윤을 추구한 미국의 노예제 역시 투기적 자본주의의 유형에 속한다.

투기적 자본주의와 달리 합리적 자본주의는 폭력이 아니라 합리적 행위에 기반을 두고 이윤을 추구한다. 베버는 고대와 중세에 있었던 자본주의, 그리고 투기적 자본주의와 합리적 자본주의의 결정적 차이를 "체계적이고 합리적으로 정당한 이윤을 추구하려는 정신적 태도"에서 찾았다. 합리적 자본주의의 고유한 특징인 '정신적 태도'를 '자본주의 정신'이라고 하였다.

베버는 가톨릭 금욕주의와 프로테스탄트 금욕주의를 구별하기 위해 '세속적 금욕주의'라는 개념을 고안하였다. 이 세상에 벗어난 가톨릭 금욕주의의 영향력은 수도원 밖으로 나가지 못했다. 세속적 금욕주의는 매우 보편적으로 확산되었기 때문에 전통주의를 파괴하는 힘을 발휘할 수 있었다. 세속적 금욕주의는 프로테스탄트 집단 내에서는 매우 보편적으로 받아들여진 생활 원리였다. 자본가뿐만 아니라 평범한 노동자들도 세속적 금욕주의의 생활 원리에 동의했고, 자신의 삶을 세속적 금욕주의적 원리에 따라 재구성했다.

세속적 금욕주의에서 유래한 자본주의 정신은 기업가 정신처럼 소수의 기업가에게서 발견되는 세계관이 아니라 노동자들 또한 공유하는 가치관이다.

자본주의 정신의 소유자는 "경제사의 모든 시대에 볼 수 있는 무모하고 파렴치한 투기업자나 경제적 모험가나 단순한 부호"가 아니다. 자본주의 정신은 "엄격한 시민적 관점과 원칙을 갖고, 냉정한 인생의 학교에서 자라나 신중하고도 과감하게, 특히 공정하고 성실하게 일에 몰두하는 사람들"의 보편적 생활 원리이다. 자본주의 정신은 세속적 금욕주의가 프로테스탄트 집단에서 만들어 낸 특이한 심리적 동인의 결과물이다. 그리고 프로테스탄트의 독특한 심리적 동인은 칼뱅의 새로운 신학 해석에서 유래한다.

금욕주의와 천민자본주의

천민자본주의는 막스 베버가 말하는 근대 자본주의 곧 프로테스탄트 윤리에 기초한 자본주의 정신을 가진 자본주의가 아닌 자본주의이다. 베버가 말하는 근대 자본주의는 프로테스탄티즘의 직업관과 금욕주의와 밀접한 연관이 있다. 프로테스탄티즘의 금욕주의는 노동을 중시하고, 노동에서 나온 이윤과 이로 인한 부의 축적을 중시하고, 검약한 생활을 신의 뜻이라고 생각하기 때문에 사치스러운 생활을 신의 뜻에 어긋나는 것으로 생각한다.

청교도주의적 직업관과 청교도주의가 요구한 금욕적 생활양식은 자본주의적 생활방식의 발전에 직접적인 영향을 끼쳤다. 금욕주의는 현세적 삶과 이 삶이 제공하는 모든 쾌락을 무절제하게 향유하는 것을 죄악시하였다. 프로테스탄트의 금욕주의는 재산이 초래할 수 있는 무절제한 향락을 비판하였으며, 소비, 특히 사치성 소비를 부정적으로 보아 억압하였다. 그러나 금욕주의는 전통주의적 경제 윤리와 달리 재산의 획득이나 이윤 추구를 신의 뜻에 어긋나지 않는 것으로 생각하였다.

금욕주의가 육욕과 외적인 재화에 집착하는 태도를 비판하는 것이 곧 합리적인 부의 취득을 부정하는 것은 아니었다. 금욕주의는 부의 비합리적인 사용에 대항하여 투쟁하였다. 부의 비합리적 사용은, 피조물을 신격화하기 때문에 배척해야 한다. 금욕주의는 봉건 시대에 볼 수 있는 것과 부정적으로 평가하였다.

금욕주의는 신이 원하는 바에 따라 개인적 삶과 공동체적 삶의 목적을 위해 부를 합리적이고 공리주의적으로 사용하는 것은 긍정하였다. 프로테스탄티즘의 세속적 금욕주의는 재산을 소유한 사람들에게 고행을 강요하려고 하는 것이 아니라, 그들이 그들의 재산을 필요한 곳에 실제적으로 유용하게 사용하기를 원했다.

금욕주의는 충동적인 소유욕과 투쟁하였다. 충동적인 소유욕은 '탐욕', '배금주의'와 같은 것으로 부유해지는 것 자체를 최종 목적으로 삼는 부의 추구이다. 이것은 소유 그 자체의 유혹에 굴복하는 것이다. 금욕주의는 '목적으로서의 부의 추구'를 무엇보다 배척해야 할 태도로 보면서도, 직업 노동의 열매로서의 부의 획득을 신의 축복으로 보았다.

금욕주의는 소비를 억압하였다. 금욕주의의 금욕적 절약 강박의 의해 자본이 형성되었다. 획득한 부의 소비적 사용이 제어되면서 그 부의 생산적 사용, 다시 말해 투자 자본으로서의 사용이 촉진되었다. 부의 소비를 억제하는 금욕주의는 자본 형성에 긍정적인 영향을 미쳤을 것이다.

청교도주의 윤리의 대표자 가운데 한 사람인 박스터(Richard Baxter)는 『성도들의 영원한 안식』과 『기독교 훈령집』에서 부와 부의 획득에 대한 입장을 분명하게 표현하였다. 그는 칼뱅주의에서 이탈하였다. 그에 의하면 부라는 것은 그 자체로서 대단히 위험한 것이며, 부의 유혹은 끝이 없고 부의 추구는 신의 나라가 갖는 엄청난 중요성에 비하면 무의미할 뿐만 아니라 도덕적으로 의심스러운 것이다. 부가 위험한 이유는 재신이 있어 일하지 않거나, 부를 향락하여 태만과 정욕을 낳고 특히 '거룩한' 삶을 추구하는 것을 방해하기 때문이다.

박스터의 입장은 칼뱅과 대조를 이룬다. 칼뱅은 성직자들의 부는 그들이 효과적으로 활동하는 데 전혀 방해가 되지 않으며, 오히려 그들의 위신을 높여주는 매우 바람직한 현상이며, 사람들의 분노를 사지 않는 한에서 성직자의 재산을 이윤 획득을 위해 투자하는 것도 허용된다고 보았다. 칼뱅의 이러한 태도는 화폐와 재물 추구를 죄악시하는 청교도의 저술에서 자주 나오는 입장과 대비된다.

성도의 '영원한 안식'은 내세에 있기 때문에 현세에서는 자신의 구원의 확신을 위해 '낮에는 자신을 보내신 이의 일을 행해야 한다.' 태만과 향락이 아니라 오직 행위만이 신의 영광을 더하는데 봉사한다. 시간 낭비는 모든 죄 가운데 최고의 죄이다. 인생의 시간들은 각자의 부르심을 '확인하기'에는 너무 짧고 소중하다. 사교, 무익한 잡담, 필요 이상의 수면에 따른 시간 낭비는 도덕적으로 항상 비난받는다. 낭비된 모든 시간은 신의 영광에 봉사하는 노동에서 감해지기 때문이다.

박스터는 엄격하고 부단한 육체적 또는 정신적 노동의 중요성을 강조하였다. 그 이유는 무엇인가? 노동은 오래 전부터 인정된 금욕의 수단이었다. 서양 교회에서는 노동을 금욕 수단으로 평가해 왔다. 청교도주의가 '부정한 생활'이라고 규정한 것에 대한 유혹에 빠지지 않게 해주는 것이 노동이었다. 청교도주의에서 성적 금욕은 수도승의 금욕과 근본적으로 다른 것이 아니라 정도의 차이에 불과하다.

"종교적 회의와 소심한 자기 질책을 방지하고 또한 모든 성적 유혹을 이겨내기 위해 - 감식, 채식, 냉수욕 이외에도 - '네 직업에서 열심히 일하라'는 처방이 주어졌다. 노동은 그 이상의 무엇이며 신이 정해준 삶의 목적이다."

"노동 의욕의 결핍은 구원받지 못함의 징후이다."

"재산이 있는 자라도 일하지 않으면 먹지 말아야 한다. 왜냐하면 부자가 자신의 욕구 충족을 위해 노동을 필요로 하지 않는다고 해도 그가 가난한 자와 함께 복종해야 하는 신의 율법이 그것을 명령하고 있기 때문이다."

"인간이 객관적인 역사적 질서에 의해 주어진 신분과 직업에 편입되는 것은 신의 의지가 직접 표출된 것이며, 따라서 각 개인이 신에 의해 지정된 그 자신의 지위와 한계에 머무는 것을 종교적 의무로 보았다."

"'직업 없는 자'의 삶에는, 세속적 금욕주의가 요구하는 체계적·조직적 성격이 결여되어 있다."

"퀘이커교 윤리에서 보더라도 인간의 직업 생활은 일관되게 금욕의 덕목을 실행하는 것이며, 또한 인간에게 자신의 직업에 신중하고 조직적으로 종사하도록 영향을 끼치는 양심을 통해 그의 은총 상태를 확증하는 것이다."

청교도 윤리는 이윤 추구를 긍정적으로 생각했다. 신이 신자들 가운데 누구에게 이윤의 기회를 준다면 그것에는 신의 의도가 있다. 신앙심이 깊은 기독교인이라면 이러한 기회를 이용함으로써 신의 부름에 따라야 한다. "만약 신이 너희에게 너희의 영혼이나 다른 자들의 영혼에 해를 끼치지 않고도 다른 방법보다 더 많은 이윤을 획득할 수 있는 방법을 제시함에도 불구하고 너희가 이 방법을 거부하고 오히려 더 적은 이윤을 창출하는 방법을 따른다면, 너희는 너희가 받은 소명의 목적 가운데 하나를 방해하는 것이 되고, 신의 청지기가 되는 것을 거부하는 것이 되며, 또한 신의 선물을 받아 신이 요구할 때 그것을 사용할 수 있는 기회를 거부하는 것이 된다. 물론 육욕과 죄를 위한 것이라면 모르지만 진정 신을 위한 것이라면 너희는 부자가 되기 위해 노동해도 좋다."

"직업 의무를 수행하는 것으로서의 부의 추구는 도덕적으로 허용될 뿐만 아니라 또한 절실히 요구되기도 한다."

"이윤 창출의 기회를 섭리적함으로써 사업가들을 윤리적으로 신성시하였다."

봉건귀족들의 고상한 태만과 졸부들의 천박한 허식은 금욕주의가 똑같이 증오하는 것이었다. 이에 반해 자수성가하고 절제적인 시민 계층은 최상의 윤리적 평가를 받았다. 즉 신의 섭리를 따라 이윤 창출에 성공한 성도가 있으면 언제나 그를 가리켜 "신이 그의 사업을 축복하신다"고 말했다.

청교도의 금욕주의는 노동과 그 노동의 결과로서 부의 축적을 정당하다고 생각하였다. 그리고 사치스러운 생활을 부정적으로 평가하였다. 이런 프로테스탄티즘의 윤리와 비교하여 천민자본주의는 부의 축적 과정과 사용에서 상반되는 입장을 가진다.

많은 사람들은 천민자본주의라는 말을 자본주의를 비판하기 위해서 사용한다. 그러나 이 말의 연원은 베버이며, 베버는 자본주의의 윤리나 자본주의 정신이 없는 자본주의를 지칭하기 위해 사용하였다. 특히 근면한 노동이 아니라 전쟁이나 투기로 재산을 축적하고, 절약하지 않고 무분별하게 사치하는 풍조를 비판하기 위해 '천민자본주의'라는 말을 사용하였다. '천민자본주의'는 자본주의 정신이 결여된 채로 부를 축적하고 소비하는 행태를 말한다.

'천민자본주의'는 '윤리 없는 자본주의'로 표현하는 것이 베버가 말한 의미와 유사하다고 할 수 있다. 그러나 자본주의에 대한 부정적인 이미지를 심어주는 천민자본주의 대신에 맥락에 따라 '비윤리적 이윤 추구', '무분별한 사치 추구'와 같은 말을 사용하는 것이 현상을 기술하는 정확한 표현이라고 할 수 있다.

정명에 기초한 새로운 용어 제안

지금까지 논의한 것을 정리하면서 다음과 같이 새로운 용어를 수정 제안한다.

(1)

원 개념	현재	수정
ideology	이념	사상
	자유민주주의 이데올로기	자유민주주의 이념
	사회주의 이념	사회주의 이데올로기
이념 : 보편타당성을 지님 이데올로기 : 허위의식 : 참과 거짓, 객관적인 것과 주관적인 것이 혼재		

(2)

원 개념	현재	수정
liberalism	자유주의 평등자유주의 복지자유주의	미국식 자유주의
문맥에 따라 미국에서 사용되는 자유주의를 의미할 경우 '미국식 자유주의'로 복지자유주의나 평등자유주의로 번역하는 경우 개인의 자유와 관련된 '미국식 자유주의'의 입장을 포함시키지 못함		

(3)

원 개념	현재	수정
libertarianism	자유지상주의 급진적 자유주의	자유지선주의
'至上'이라는 우리말의 어감에는 부정적인 의미가 담겨 있음		

(4)

원 개념	현재	수정
laissez faire	자유방임주의	경제적 불간섭주의
방임은 '방종', '방만'을 연상하게 하는 말로 부정적인 함축이 강함		

(5)

원 개념	현재	수정
private	사적	개인적
	사적 소유	개인적 소유
private interest	사적 이익	개인적 이익
private property	사유 재산	개인적 재산
	私立	民立
	사립대학	민립대학 민간운영대학
	사기업	개인기업, 민간기업

전통적으로 公私 구분이 도덕적 코드로 자리 잡고 있는 우리 사회에서, 私는 公과 대립되면서 부정적인 의미를 안고 있음. 滅私奉公이라는 말이 함축하고 있는 것은 私를 공적인 이익을 위해서 억눌러야 하는 것으로 규정함으로써, 사에 대한 공의 도덕적 우월성을 전제하고 있다. 따라서 'private는 私的'이 아니라 '개인적'으로 번역하는 것이 private의 근대적 의미와 부합한다. '개인적'으로 번역하면 '집단적'과 대칭개념으로 사용되기 때문에 '집단적'이 안고 있는 부정적인 의미와 대비를 이루어 '사'의 긍정적 의미를 드러낼 수 있음.

private property를 '개인 재산'으로 옮기는 것이 좋다. 사유 재산으로 옮기면 공유 재산과 대칭을 이루어 공이 지닌 긍정적 의미가 첨가되어 중립적인 번역어가 되기 어려움. 엄밀한 의미에서 공유 재산은 존재하지 않고, 실제적으로는 사유 재산을 부정하면 집단 재산이 존재할 뿐이다. 국가 재산인 경우에도 관료 집단들이 관리하기 때문에 공익을 초래하기 어려움. 자본주의와 자유주의의 기본 요소 가운데 하나인 private property를 개인 재산으로 번역하면, 자본주의와 자유주의를 긍정적으로 이해하는 데 도움이 될 것임.

그러나 공과 사의 구분이 필요한 영역도 존재함. 법학에서 공법과 사법과 같은 용어는 그대로 사용할 수밖에 없음.

(6)

원 개념	현재	수정
public	공적	
	국유	국가소유
	공유	공동소유, 국가소유, 집단소유
	국립대학	국가설립대학, 국가운영대학
	국영기업	국가운영기업
	공기업	국가투자기업
	공무원	정부고용원, 정부근로자

국가나 정부가 너무 긍정적인 의미를 지니고 있어 개인과 강한 대조를 이룸. 그러나 '공'보다는 '국가'가 좀 더 부정적인 의미를 지니고 있기 때문에 '국가'라는 말로 대치할 수 있는 경우에는 그렇게 하는 것이 좋음. '정부'의 경우 '정부실패', '정부미' 등의 부정적인 의미가 강한 경우도 있음. '국가' 대신에 '정부'라는 말을 사용하자는 입장도 있음.

(7)

원 개념	현재	수정
rule of law	법치, 법치주의	법의 지배
	법치국가	법의 지배 국가

동양에서 법치는 덕치의 반대말로 사용되어 부정적인 의미가 강하다. 법치가 인치와 비교될 때 긍정적인 의미를 갖는 경우도 있음. 그러나 대개 덕치와 비교되는 경우가 많기 때문에 '법의 지배'라는 말을 사용하는 것이 좋겠다. '법의 지배'와 '법에 의한 지배'를 구별할 필요도 있음. 그러나 법치주의나 법치국가는 이미 학문적으로 정립된 개념이기 때문에 그대로 사용하는 것이 좋을 수도 있음.

(8)

원 개념	현재	수정
welfare	복지	사회안전망

우리나라에서 '복지'는 '민주주의', '통일'처럼 긍정적인 의미를 가지고 있다. '보편적 복지'와 '선별적 복지'를 구별하여 '선별적 복지'를 사용하는 경우 이미 고지를 내어준 것이나 다름없다. '사회 안전망'이라는 개념을 사용하는 것이 좋음.

(9)

원 개념	현재	수정
conservative–progressive	보수와 진보	우파와 좌파

'보수'와 '진보'라는 대칭보다 '우파와 좌파'라는 대칭을 사용하는 것이 좋다. '진보'는
일반적으로 긍정적인 의미를 가지고 있고, '보수'는 그렇지 않기 때문임.

(10)

원 개념	현재	수정
capitalism	자본주의	자유주의 시장경제

반대자가 붙인 이름으로 부정적인 의미가 강함.
그러나 자본주의는 널리 사용되는 개념이기 때문에 그대로 사용할 수도 있음.

(11)

원 개념	현재	수정
interest	이익	이해 관심

'이익'이라는 말은 부정적인 의미가 강하기 때문에 '이해 관심'으로 번역할 필요가 있음

(12)

원 개념	현재	수정
neoliberalism	신자유주의	자유주의

신자유주의는 주로 부정적인 의미로 사용됨. 고전적 자유주의의 현대적 적용이기 때문에 그냥
'자유주의'로 통일하여 사용하는 것이 좋음

(13)

원 개념	현재	수정
liberalism(아류)	자유주의	복지 자유주의 평등주의적 자유주의

미국에서 평등을 추구하는 사람들이 자신들의 정치 철학을 표현하기 위해 좋은 의미를 가지고
있는 liberalism을 차용하여 사용한 것임. 이러한 사용은 자유주의를 오도한 것이니 그 내용에
초점을 맞추어 '복지 자유주의'나 '평등주의적 자유주의'로 사용하는 것이 온당함

(14)

원 개념	현재	수정
center	중도	이념적 혼합주의 정치적 기회주의
단순히 위치를 뜻하는 말이 중도로 굳어짐. 이념으로서 중도의 내용을 드러나게 '이념적 혼합주의'나 '정치적 기회주의'로 사용하는 것이 적절한 표현임		

(15)

원 개념	현재	수정
pariah capitalism, Pariakapitalismus	천민자본주의	비윤리적 이윤추구 부분별한 사치추구
베버가 사용한 자본주의는 현대 자본주의와 무관하다. 그럼에도 불구하고 천민자본주의라는 말은 자본주의에 천민이 붙어 자본주의 자체에 부정적인 의미를 부여하고 있다. 베버가 사용한 원래 의미에 충실한 용어로 풀어 사용하는 것이 좋음		

이것은 개인적인 제안에 불과하다. 그리고 언어는 '자생적 질서' 가운데 하나로 그것의 사용을 임의적으로 통제할 수는 없다. 언어의 의미도 고정불변이 아니라 그것을 사용하는 사람들 사이에서 의미를 획득하게 된다. 언어의 의미는 그것을 사용하는 사람들과의 통용 가능성에 의존한다. 이런 점을 고려하여 자유주의 관련 용어의 올바른 사용에 대해 문제의식을 가진 사람들은 합의를 이룬 개념에 대해서는 의도적으로 널리 사용해야 한다.

주

1 이 글 가운데 1)-9)는 『사회통합을 위한 바른 용어』(정책연구 2013-03), 현진권(편), 한 국경제연구원에서 발표된 글의 13-56쪽을 그대로 가져와 수정한 것이다.
2 양동안, 『사상과 언어』, 북앤피플, 2011년, 18-33쪽을 요약 정리한 것이다.
3 양동안, 앞의 책, 19쪽.
4 그러나 양동안의 이러한 해석은 교과서적인 해석은 아니다. 일반적으로 자유주의, 보수 주의, 사회주의와 공산주의, 파시즘, '녹색' 정치 등은 이데올로기로 통칭된다. 이데올 로기의 특성에 대한 교과서적 지식은 다음 참고. 테렌스 볼·리처드 대거, 『현대 정치사 상의 파노라마 : 민주주의의 이상과 정치 이념』, 정승현, 강정인 외 역, 아카넷, 2006.
5 양동안, 앞의 책, 22-27쪽.
6 Nigel Ashford and Stephen Davies, A Dictionary of Conservative and Libertarian Thought, Routledge, 1991, pp.159-163에 전적으로 의존하였다.
7 민경국, 『자유주의의 지혜』, 아카넷, 2007, 47쪽.
8 보아즈, 『자유주의로의 초대』, 김이석 외 옮김, 북코리아, 163-167쪽.
9 David Boaz, Libertarianism: A Primer, The Free Press, 1997Boaz, p.16.
10 보아즈, 『자유주의로의 초대』, 김이석 외 옮김, 북코리아, 17쪽 참고.
11 Nigel Ashford and Stephen Davies, A Dictionary of Conservative and Libertarian Thought, Routledge, 1991, pp.163-166에 전적으로 의존하였다.
12 David Boaz, Libertarianism: A Primer, The Free Press, 1997, pp.16-19.
13 Ludwig von Mises, Liberalism: The Classical Tradition, The Foundation for Economic Education, Inc, pp.18-59.
14 David Boaz, Libertarianism: a Primer와 Jeffrey A. Miron, Libertarianism: From A to Z, Basic Books, 2010, pp.191-195.
15 존 스튜어트 밀, 『자유론』, 서병훈 옮김, 책세상, 30-32쪽.
16 조순, 정운찬, 경제학원로, 법문사, 1993, 10쪽.
17 David Boaz, Libertarianism: A Primer, The Free Press, 1997, p.17.
18 이렇게 해석하면 사적 공간의 이로움이 작아질수록 공적 공간의 이익이 증대한다는 해 석에는 좀 문제가 있다고 할 수 있다. 김교빈은 필자와 다른 해석을 제시하고 있다. 김 교빈, "大義名分에 눌린 私的 공간", 『emerge 새천년』, 2000년 6월, 55-56쪽 참고.
19 김도균, "근대 법치주의의 사상적 기초: 권력제한, 권리보호, 민주주의 실현", 김도균, 최병조, 최종고, 『법치주의의 기초: 역사와 이념』, 서울대학교 출판부, 2006, 3-17쪽에 의거함.
20 David Boaz, Libertarianism: A Primer, The Free Press, 1997, p.17.
21 데릭 보크, 『행복국가를 정치하라』, 추홍희 옮김, 지아, 2011, 315-317쪽.
22 David Boaz, Libertarianism : A Primer, Free Press, 1997, pp.19-26.

23 김세균, "편집자의 글: 진보의 새 장을 열기 위하여", 『진보평론』, 창간호, 1999년 가을, 4쪽. 양동안, 『사상과 언어』, 75쪽에서 재인용.

24 김세균, "한국 진보 운동의 과제와 전망", 『정치경제연구』, 덕산종합연구원, vol.1, no.4, 1994년 12월, 2쪽. 양동안, 『사상과 언어』, 75~76쪽에서 재인용.

25 양동안, 『사상과 언어』, 77쪽, 양동안은 '진보세력'을 '과격세력'으로 바꾸어 부를 것을 제안한다. 같은 책, 82쪽.

26 구갑우 외, 『좌우파 사전: 대한민국을 이해하는 두 개의 시선』, 위즈덤하우스, 2010, 70쪽 참고.

27 제라르 뒤메닐·도미니크 레비, "신자유주의 반혁명', 『네오리버럴리즘』, 사드·존스턴 편저, 김덕민 옮김, 그린비, 2009, 25~26쪽.

28 사드·존스턴 편저, 『네오리버럴리즘』, 9~19쪽.

29 Andrew Heywood, Political Ideologies: An Introduction, 5th edition, Palgrave, 2012, p.59.

30 Steger & Roy, Neoliberalism, Oxford, 2010.

31 이 글은 신중섭(1999), (2009)의 일부를 그대로 옮기면서 보완한 것이다.

32 한국정치학회와 중앙일보가 2002년 1월과 2004년 1월에 실시한 국회의원들과 일반 국민들을 대상으로 실시한 이념성향조사.

33 "2006년 국민 이념성향 조사", 한국사회과학데이터센터, 2006년 5월.

34 "12) 천민자본주의"에 나온 인용문은 막스 베버, 『프로테스탄티즘의 윤리와 자본주의 정신』, 김덕영 옮김, 도서출판 길, 2010에서 가져온 것이다.

참고문헌

구갑우 외, 『좌우파 사전: 대한민국을 이해하는 두 개의 시선』, 위즈덤하우스, 2010.

김교빈, "大義名分에 눌린 私的 공간", 『emerge 새천년』, 2000년 6월.

노명우, 『프로테스탄티즘 윤리와 자본주의 정신, 노동의 이유를 묻다』, 사계절, 2008.

민경국, 『자유주의의 지혜』, 아카넷, 2007.

밀, 존 스튜어트, 『자유론』, 서병훈 옮김, 책세상.

베버, 막스, 『프로테스탄티즘의 윤리와 자본주의 정신』, 김덕영 옮김, 도서출판 길, 2010.

보크, 데릭, 『행복국가를 정치하라』, 추홍희 옮김, 지아, 2011.

볼, 테렌스·대거, 리처드, 『현대 정치사상의 파노라마 : 민주주의의 이상과 정치 이념』, 정승현·강정인 외 역, 아카넷, 2006.

사드·존스턴 편저, 『네오리버럴리즘』, 김덕민 옮김, 그린비, 2009.

신중섭 (1999), "'제3의 길'은 우리의 길이 아니다", 『에머지 새천년』, 창간호, 1999년 9월.

신중섭 (2009), "이명박 정부의 '중도 강화'를 어떻게 볼 것인가", 『철학과 현실』 2009년 가을, 철학문화연구소.

양동안, 『사상과 언어』, 북앤피플, 2011.

조선일보, "19대 국회의원 295명 이념지도", 2015년 2월 18일.

조순, 정운찬, 『경제학 원론』, 법문사, 1993.

하비, 『신자유주의: 간략한 역사』, 한울아카데미, 2007.

헤이우드, 『정치학』 5판, 조현수 옮김, 성균관대학교 출판부, 2011.

Ashford, Nigel and Davies, Stephen, *A Dictionary of Conservative and Libertarian Thought, Routledge, 1991.*

Boaz, David, *Libertarianism*: A Primer, The Free Press, 1997.

Haywood, Andrew, *Political Ideologies: An Introduction, 5th edition, Palgrave,* 2012.

Mises, Ludwig von, Liberalism : *The Classical Tradition*, The Foundation for Economic Education, Inc.

Rawls, John, A Theory of Justice, 1971.

Steger & Roy, *Neoliberalism*, Oxford, 2010.

Weber, Max, Die *protestantische Ethik und der Geist des Kapitalismus,* Verlag C. H. Beck, 2004.

Weber, Max, *The Protestant Ethics and the Spirit of Capitalism,* translated by Talcott Parsons, Routledge, 1992.

'경제' 정명

김이석(시장경제제도연구소 소장)

'자유' 개념의 오용

우리의 기본 경제체제는 자유시장 경제이다. 그럼에도 불구하고 현재 시장경제 관련 용어들은 심하게 왜곡되어 있을 뿐만 아니라, 감성적으로도 부정적인 의미를 띠는 방식으로 설정되어 있는 경우가 많다. 그 결과 이 용어들을 사용하여 자유주의의 가치를 설명한다 하더라도 제대로 그 의미를 전달하는 데 한계가 있을 뿐만 아니라 불필요한 갈등을 일으키는 잠재적 요소가 된다.

자유주의 및 시장경제의 고유 가치는 용어로 표현된다. 그래서 학술적 연구라는 목적만을 놓고 보면 용어의 설정은 가능한 한 최대한 가치중립적으로 표현되는 것이 바람직하다고 할 수 있다. 만약 그런 중립적 용어의 선택이 어렵다면 굳이 부정적 의미보다는 긍정적 의미를 지닌 용어의 사용이 바람직하다. 우리의 기본질서를 해치는 용어를 장려할 필요는 없기 때문이다.

용어 사용의 중요성과 왜곡에 따른 효과는 하이에크가 그의 저서 『노예의 길』에서 제시한 사회주의의 의미와 새로운 자유의 사례를 통해 잘 이해할 수 있다. 그래서 이를 좀 자세히 설명하고자 한다. 사실 우리사회에서는 사회주의라는 용어 자체의 사용을 피하는 경향이 있기 때문에 사회주의적인 정책들이 다른 이름으로 불린다. 사회주의적인 정책을 실현하기 위해서는 개인의 자발적 의사에 반하는 정부의 강제조치가 필수적으로 수반될 수밖에 없다. 그러나 이런 점을 깊이 인식하고 있는 사람은 드물다.

하이에크는 사회주의 계획경제를 주장하는 사람들이 그들의 이념을 선전하고 전파시키기 위해 '새로운 자유'라는 용어를 만들어 내어 기존의 자유라는 용어가 지닌 좋은 어감을 의도적으로 이용하였음을 지적하였다. 안타까운 것은 이런 용어의 혼란으로 인해 자신이 믿는 세계를 위해 헌신하는 젊은이들이 실은 정반대의 세상을 실현하기 위해 노력한 셈이 되었다는 점이다.

하이에크에 따르면, 사회주의가 자유에 대한 가장 심각한 위협이 될 것임은 토크빌과 같은 자유(민주)주의자들뿐만 아니라 생시몽 같은 프랑스 초기 사회주의자들도 인정한 것이기도 하다.

토크빌은 1848년 노동법 문제에 관해 1848년 9월 헌법위원회에서 행한 연설에서 다음과 같이 말했다고 한다. "(자유)민주주의는 개인 자유의 영역을 확장시킨다. 그러나 사회주의는 이를 제한한다. 민주주의는 모든 가능한 가치를 개별 인간에게 둔다. 그러나 사회주의는 각자를 단순한 대리인, 일개 숫자(a mere number)에 불과하게 만든다. 민주주의와 사회주의는 '평등'이라는 한 단어 이외에는 공통점이라고는 전혀 없다. 그러나 그 차이를 인식하라. 민주주의는 자유에서의 평등을 추구한다. 이에 반해 사회주의는 제약과 예속에서의 평등을 추구한다."[1]

현대 사회주의의 기초를 만든 프랑스 저술가들에게 사회주의란 의도적으로 사회를 위계적 방식으로 재조직하고 강압적 정신력을 강제함으로써 프랑스혁명을 말살하려는 시도를 의미했으며, 강력한 독재정부만이 그들의 사상을 실천할 수 있다는 점에 대해 의심하지 않았다. 그들은 사상의 자유를 19세기 사회의 근원적 악으로 간주하였다. 근대 사회주의 계획의 첫 주창자인 생시몽(Saint-Simon)은 그가 제안한 계획기구에 복종하지 않는 사람들은 '가축처럼 취급당할 것'이라고 예언하기도 하였다.

우리가 유의할 점은 사회주의자들이 변질된 의미의 '자유'라는 기치를 내걸고 자신들의 주장을 널리 전파시켰다는 사실이다. 프랑스의 초기 사회주의 저술가들은 개인들의 자유를 억압할 능력을 지닌 강력한 독재정부만이 사회주의 계획경제를 실천할 수 있음을 숨기지 않았지만, 그 후 사회주의자들은 사회주의를 사람들이 받아들이도록 만들기 위해 사회주의가 자유의 말살을 의미한다는 의구심을 없앨 필요가 있었다. 그들은 사회주의가 종전에 없던 새로운 자유를 제공한다고 선전하였다. 자유에의 갈망은 모든 정치적 모티브들 중에서 가장 강력엔진에 해당한다. 사회주의자들의 '새로운 자유'를 준다는 기치는 진위 여부를 떠나 큰 성공을 거두었다.

이들이 선전한 '새로운 자유'란, 궁핍으로부터의 자유, 우리가 애써 노력하고 노심초사할 필요로부터의 해방을 의미했다. 그것은 원래 의미의 자유가 아니었다. 원래 자유는 강제(coercion)로부터의 자유, 다른 사람의 자의적 권력(arbitrary power of other men)으로부터의 자유를 의미했다. 사회주의자들이 약속한 새로운 자유는 불가피하게 우리 모두의 선택 범위를 제약하는 상황들로부터의 해방을 의미한다. 그들이 약속한 것은 특정한 것을 할 능력(power) 혹은 부(wealth)를 의미한다. 피할 수 없는 경제적 희소성은 자원을 절약해서 사용할 필요를 발생시킨다. 그들의 새로운 자유란 바로 이런 희소성으로부터의 해방을 의미한다. 인간세상이 아닌 유토피아를 약속한 셈이다.

이 유토피아에서는 현존하는 사람들 사이의 선택범위, 즉 부와 소득의 격차가 사라진다. 이것이 새로운 자유에 사람들이 매료된 한 이유이다. 시기나 질투가 사라진 세상을 만들어주겠다고 한 셈이다.

그런데 정부가 중앙집권적 계획을 통해 이런 유토피아를 시도할 경우, 시장에서 자생적으로 발생한 결과를 강제로 변경시켜야 하므로 이런 체제 아래에서는 사람들은 정부의 강제로부터의 자유로울 수 없다. 이처럼 자유주의자와 사회주의자가 사용한 용어는 정반대를 의미하였다. 그럼에도 불구하고 지식인이라는 사람들조차도 사회주의를 자유주의 전통의 계승자로 오인하였다. 그들은 사회주의가 전통적인 자유주의가 꿈꾸는 사회와 정반대의 상황을 만들어낸다고는 상상조차 하지 못했다. 하이에크는 이렇게 탄식한다. "자유로 가는 길로 약속된 것이 실제로는 예속으로 가는 첩경이라면, 이 얼마나 더 비극적인가?"

사회주의자들이 약속한 '새로운 자유'의 기치가 진정으로 좋은 사회를 위해 헌신하려는 젊은이들을 오도하였던 사례에서 알 수 있듯이, 자유주의 및 시장경제의 고유 가치를 설명하는 용어들 가운데 일부가 혹시 불필요한 오해를 불러일으킨다면, 그런 불필요한 오해나 잘못된 인상을 주지 않도록 새롭게 이름을 붙이는 작업이 필요하다고 할 수 있다. 용어의 혼란은 정확한 의사소통 자체를 막고, 잘못된 이론과 개념의 확산을 가져와 올바른 정책이 채택되지 못하게 할 뿐 아니라 그것이 축적되면 자유시장경제 체제 자체를 위협하는 요소가 될 수 있다. 그래서 시장경제에 대한 오해를 확대 재생산시키는 역할을 하는 용어들을 찾아내어 이를 적당한 용어로 대체하는 데 많은 노력을 기울일 필요가 있다.

이 글의 내용은 다음과 같다. 다음 2장에서는 그런 용어들의 사례들을, 시장경제를 규정하는 용어들과 개념의 혼란을 조장하는 용어들로 대별하여 다루었다. 시장경제를 규정하는 용어들의 사례를 다루는 경우에는 첫째, 자본주의와 자본주의를 규정하는 용어들, 그리고 둘째, 역사적 이념형으로서의 개념이 마치 자본주의를 규정하는 성격으로 오해될 소지가 많은 용어들로 분류하여 다루었다. 그리고 개념의 혼란을 조장하는 용어들의 경우에는, 혼란의 대상이 된 개념들을 첫째, 이윤 관련, 둘째, 무역 관련, 셋째, 복지지출 정당화 관련, 넷째, 작은 정부 역행 관련, 다섯째, 통화정책 관련 등으로 나누어 다루었다. 3장은 이 글의 결론 부분이다.

시장경제를 규정하는 용어들

1) 자본주의와 자본주의를 규정하는 용어
자본주의 혹은 시장경제

용어 사용에 있어 가장 문제가 많이 발생하는 분야가 시장경제를 규정하는 용어들에서이다. 이런 유형에 속하는 용어는, 시장경제를 어떻게 규정하느냐는 관점이 내재되어 있고 그래서 서로 다른 관점들 사이에서 가장 치열한 각축이 벌어지고 있다. 시장경제를 규정하는 가장 일반적인 용어들로는 '자본주의'가 있다. 자본주의라는 용어 자체는 시장경제를 비판하기 위한 의도에서 나온 것이다. 이런 비판적 관점에서 자본은 흔히 노동과 대립되는 개념으로 사용되어 왔다. 이 관점에 따르면, 노동자계급과 자본가계급은 서로 투쟁하고 자본가계급이 노동자계급을 착취한다는 것이다.

따라서 자본주의라는 용어는 마치 이 사회체제 아래에서는 자본을 중시하고 노동을 경시하는 듯한 잘못된 인상을 줄 수 있다. 이 점을 우려하여 최근에는 시장경제(market economy)라는 말을 많이 쓰고 있는 것도 사실이다.

그러나 20세기 대표적인 자유시장 경제학자인 루트비히 폰 미제스(Ludwig von Mises)는 이 용어가 자본축적의 중요성을 포착하는 중요한 기능을 수행한다는 점에서 이 용어를 그대로 사용하였다. 특히 자본재의 사적 소유를 금지한 사회주의(socialism)에 대비해서 자본재의 사적 소유와 거래를 허용하는 체제를 자본주의로 이름을 붙이는 것은 적절한 명명일 수 있다. 자본축적은 노동의 생산성을 높이는 데 필수적이다. 물고기를 잡는 노동은 창과 결합될 수도 있고 그물과 결합될 수도 있다. 그물은 자본축적의 결과 만들어진 생산수단인 자본재이다. 그물을 사용할 때 더 많은 물고기를 잡을 수 있으므로 고된 노동으로부터 벗어나 굶주림에서 벗어나고 더 나아가 삶의 질을 높이는 데 자본축적은 필수적이다.

더구나 자본재의 사적 소유와 그 거래가 허용되지 않으면 특정 자본재들에 대한 가격이 형성될 수 없다. 그렇게 되면 가격들이 없으므로 자본재들을 고용하는 기술적으로 가능한 다양한 여러 생산방법들 가운데 어느 방법이 경제적인 방법인지 계산할 수 없게 된다. 미제스가 사회주의 계획경제의 문제점으로 지적한 소위 합리적 경제계산의 불가능성 문제가 바로 이것이다.

현재 우리는 지식과 정보의 중요성을 강조하기 위해 지식정보 경제 혹은 지식정보 사회와 같은 용어를 사용하고 있지만 사실 지식이나 정보가 실제 적용되기 위해서 자본이 필요하다. 비록 그물을 짜는 기술을 알고 있더라도 그물을 짤 동안 고기잡이를 할 수 없으므로 당장 물고기로 허기를 채워야 한다면, 그물이 만들어질 수 없다. 자본축적은 인류의 번영에 결정적으로 중요하며 자유시장경제는 개인들의 저축과 상속을 통한 자본의 축적이 제한을 받지 않도록 하는 체제라고 할 수 있다.

미제스가 자본주의라는 용어를 수용한 것은 바로 이런 이론적 이해를 바탕으로 하고 있다. 그래서 이런 미제스의 논지를 잘 알고 있는 사람들에게는 자본주의라는 말이 전혀 어색하지 않은 것이 사실이다. 이런 점을 감안할 때 자본주의라는 용어 자체를 기피할 것이 아니라, 노동과 대립되어 이해할 필요가 없으며, 오히려 자본이 노동의 수고를 덜어주는 것임을 정확하게 알리는 것이 더 중요한 일이 될 것이다.

그럼에도 불구하고 현재 일반 사람들이 자본주의를 자본을 중시하고 노동을 경시하는 체제로 오해할 수 있는 여지가 있는 것도 사실이다. 이를 감안할 때 자본주의라는 용어 대신 시장경제라는 용어로 대체될 수 있는 경우에는 굳이 자본주의라는 용어를 고집할 필요는 없다고 본다.

사실 자본주의라는 용어 자체보다도 문제가 많은 것은 그 앞에 여러 수식어가 붙는 "0000 자본주의"와 같이 자본주의를 잘못 규정하고 있는 용어들이다. 특히 문제가 많은 실제 사례들로서는 약육강식 자본주의, 정글자본주의, 승자독식(winner-takes-all) 자본주의, 부패 자본주의, 약탈 자본주의, 천민(賤民) 자본주의(crony capitalism) 등이 있다. 시장경제 아래에서의 경쟁이 극단적으로 일어난다고 가정한 '목 따기 경쟁(cut-throat competition)'과 같은 용어도 자본주의 자체를 규정하는 것은 아니지만 시장에서 일어나는 경쟁과정을 잘못 묘사하고 있다는 점에서 문제를 지니고 있다.

이외에도 현재의 자본주의를 더 나은 유형의 자본주의로 변혁시킬 필요성을 암시하는 용어들, 예를 들어 인간의 얼굴을 한 자본주의, 따뜻한 자본주의와 같은 용어들도 재검토가 필요한 용어들이다. 자본주의를 잘못 규정하는 이런 용어들 가운데 상당수는 학문적 연구보다는 주로 시장경제에 비판적인 언론에서 사용되고 이를 여타 언론에서도 무비판적으로 사용되고 있는 것이 사실이다. 바로 그 점 때문에 대중들에게 끼치는 영향력은 오히려 더 막대하다고 할 수 있다.

앞에서 논의한 "OOOO 자본주의"와 같은 방식으로 표현되어 자본주의를 잘못 규정하는 용어가 아니지만 시장경제의 속성을 왜곡된 의미로 받아들이게 만드는 번역어도 있다. 예를 들어 대중들에게 널리 알려져 있으면서 시장경제의 본질적 속성에 대해 오해를 불러올 소지가 많은 번역 가운데 하나가 laissez-faire의 번역어인 자유방임주의이다. 자본주의 혹은 시장경제를 규정하는 용어들에 대해 검토하기 전에 우선 이 번역어를 검토하고 대체적인 번역어를 생각해보기로 한다.

자유방임주의(laissez-faire)

Laissez-faire는 보통 자유방임주의로 번역된다. 그런데 이 번역은 마치 개인들이 책임은 지지 않고 자유만을 누리려는 주장인 것처럼 오해될 소지가 많다. 방임이라는 말이 무책임성을 은연중 내포하고 있기 때문이다. 그러나 이는 자유주의의 원칙과 정면으로 배치되는 것이기에 이 번역용어에 문제가 있음은 주지의 사실이다. 물론 자유방임주의에서 방임이라는 말을 방종에서와 같은 의미가 아니라

간섭하지 않고 "완전히" 맡긴다는 뜻으로 해석한다면 다른 번역어를 필요로 하지 않을 수도 있다. 그러나 자유방임주의라는 용어가 주는 인상은 개인들에게 완전히 맡긴다는 정도까지 그 의미가 전달되는지 모르지만 그 책임을 자유롭게 판단하고 행동한 주체가 진다는 의미까지 전달되지는 않는다는 것이다.

미국에서 liberalism이 경제활동의 자유에 대해서는 일정한 제약을 가하고자 하는 반면 성-매매나 낙태와 같은 개인적 자유와 관련된 문제들에 대해서는 개인들의 선택을 존중하는 태도를 지칭하는 것으로 그 의미가 변질됨에 따라 이 liberalism이란 용어는 미국에서 과거 유럽에서 의미하던 liberalism과는 다른 의미를 지니게 되었다. 이에 따라 미국에서는 유럽에서의 전통적 의미의 자유주의를 지칭하기 위해 liberalism 앞에 classical이라는 형용사가 붙어 고전적 자유주의(classical liberalism)라고 불리기도 하였고 흔히 자유지상주의로 번역되는 libertarianism이라는 새로운 용어가 만들어지기도 하였다.

이런 사례에서처럼 우리도 자유방임주의라는 번역어 대신 다른 번역어를 검토할 필요가 있다. 대체 번역어의 하나로 개인의 책임을 강조하기 위해 방임 대신 책임을 넣은 '자유책임주의'를 고려해 볼 수도 있고, 혹은 정부의 경제개입에 반대한다는 것을 분명하게 보여줄 수 있도록 이를 '반(反)간섭주의' 등과 같은 다른 용어를 사용할 수도 있을 것이다. 아니면 아직 자유방임주의라는 용어가 광범위하게 사용된다는 점을 감안하여 자유방임주의라고 표시한 후 괄호를 해서 반간섭주의 등을 사용하는 것도 하나의 방법일 것이다. 중학교나 고등학교나 사회교과서에서 자유방임주의라는 용어를 처음 접하면서 곧바로 자유방임주의이기 때문에 문제가 발생할 수 있고 정부가 개인에게 간섭할 수 있어야 한다는 식으로 이해했던 것은 필자만의 경험은 아닐 것으로 생각한다. 자유방임주의는 학생들에게 무의식적인 가치판단을 주입하게 될 가능성이 매우 높다. 개인적 판단으로는 자유책임주의는 조어의 느낌이 강하기 때문에 반(反)간섭주의 정도가 적당하다고 판단된다. 그리고 과도기적으로 자유방임주의 뒤에 괄호를 넣어 반간섭주의라고 표시를 하는 것이 바람직할 것 같다.

약육강식 자본주의, 정글자본주의, 피도 눈물도 없는 시장경제

시장은 약육강식의 정글이 아니다. 그럼에도 불구하고 시장을 정글에 비유하는 사람들이 있다. 특히 시장경제를 질타하는 목소리가 일반적으로 대통령 선거와 같은 중요한 정치행사에서 높은 것도 주목할 만한 점이다. 시장경제의 결과를 더 많은 득표를 위해 재분배해 주기 위해서는 현재의 결과가 공정하지 못하다는 전제가 필요해서인지도 모르겠다. 실제로 우리나라에서도 2007년 대선에서 한 대통령 후보는 시장경제가 약육강식의 정글자본주의라며 인간의 얼굴을 한 자본주의를 만들겠다고 주장한 바 있다.

약육강식은 동물세계의 가장 기본적인 질서이다. 대부분의 자연애호가들은 다른 동물을 잡아먹는 동물들의 경우 단지 생존하기 위한 것일 뿐이며 이것이 비도덕적이라든지 하는 개념을 적용할 수 없다고 본다. 더 나아가 일부는 이런 약육강식은 더 강한 유전인자가 살아남도록 하는 자연스런 질서라고 설명한다. 설득력이 있는 말이다.

시장경제를 약육강식의 세계로 묘사하는 것 자체가 적절한 비유가 아니지만, 흥미로운 것은 사회비평가들이 시장경제를 정글 속 약육강식에 비유할 때 약육강식을 사악한 것으로 본다는 점이다. 그러나 잊지 말아야 할 사실은 시장 체제를 유지한 덕분에 획기적인 생산증대로 우리 인간들은 짐승과 다른 문명생활을 누리고 있고, 약육강식이라는 벌거벗은 생존경쟁으로부터 비켜나 있을 수 있게 되었다는 점이다.

만약 그 비평가가 시장경쟁 과정에서 모든 사람들이 똑같은 정도로 소비자들의 선택을 받을 수 없기에 어떤 사람들은 더 많은 돈을 벌고 다른 사람들은 더 적은 돈을 벌게 된다는 점을 지적하는 것이라면, 약육강식이라는 것은 잘못된 비유이다. 자원이 희소하지 않으면 그 어떤 사회체제를 선택하건 아무런 상관이 없다. 그러나 자원이 희소하므로 어떤 방식으로든 이 희소한 자원들을 개인들에게 배분하는 방식이 필요하고 그 과정에서 경쟁의 발생은 필연적이다.

이를 배분하는 방식에는 기본적으로 시장에서 그 누구든 사람들이 소비자들의 자발적 선택을 받기 위한 경쟁을 하는 과정에서 자신이 필요한 자원을 확보하도록 하는 방법이 있고, 권력을 잡은 누군가 —예를 들어 왕이나 대선주자들—가 이 희소한 자원을 강제로 배분해 주는 방법, 이 두 가지밖에 없다. 물론 후자의 경우에는 자원의 희소성 때문에 경쟁이 없어지는 것이 아니라 그런 경제독재자에 대한 충성경쟁이 발생할 것이다.

시장은 기득권을 인정하지 않는다. 사람들의 필요가 바뀌거나 수요를 잘못 예측한 사람들은 이를 잘 예측하고 잘 만족시킨 사람들에게 부자의 자리를 내주어야 할지 모른다. 그래서 기업들은 흥망성쇠를 겪는다. 그러나 소비자들은 이들의 경쟁 덕분에 더 저렴하고 좋은 서비스를 받게 된다. 사람들도 자신이 다른 사람들보다 상대적으로 더 잘하는 일을 아직 모르고 있을 때, 시장경제 속에서도 개인적으로 혹은 일시적으로 실패할 수 있다.

이에 비해 권력에 의한 배분에서는 경제독재자의 자의적 생각이 곧 모든 사람들이 반드시 따라야할 명령이다. 각자는 권력자가 해야 한다고 생각하는 것들을 해내야 한다. 시장경쟁의 상황에 비교한다면 오히려 이런 상황이 더 정글의 상황의 비유에 더 적합한 것이 아닐까?

약육강식 자본주의와 유사한 용어로 '피와 눈물이 없는' 체제라는 비유도 가끔씩 쓰인다. 시장은 단지 사람들이 재화와 서비스를 팔고 사는 곳일 뿐이므로 "피와 눈물"이 없는 것은 당연하다. 사람들이 사용하는 그 어떤 도구들에도 피와 눈물은 없다. 경제체제도 그것이 시장이든 혹은 명령경제든 그 어떤 체제도 피와 눈물이 없기는 마찬가지이다. 시장이란 "피와 눈물"이 있는 사람들이 그 속에서 남들의 필요에 맞추어 잘 봉사할수록 더 많은 부를 누리게 하는 곳일 뿐이다.

시장을 피와 눈물이 없다고 묘사하는 것은 은유적 표현으로, 실제 나타내려는 내용은 시장에서 공급자가 소비자들의 외면을 받는 순간 그의 부가 감소되는 데 있어 한 치의 오차도 없이 "냉정하게" 이루어진다는 것일 수 있다. 이런 냉정한 결과에 대해 자의적으로 간섭하려고 하지 않은 덕분에 우리는 문명생활을 누리고 있다고 할 수 있다. 시장의 '냉혹성'을 비난할 때 그 의도는 어쩌면 남들보다 특정 서비스를 더 잘 공급할 수 없더라도, 정치권력을 쥔 사람들이 자신의 기득권을 보호해 주기를 바라는 마음이 반영된 것이라고도 볼 수 있다.

시장경제를 정글자본주의라고 규정한 사람들은 이를 인간의 얼굴을 한 자본주의 혹은 따뜻한 자본주의로 개혁하겠다고 나선다. 누가 의도적으로 설계한 결과물이 아니라 사람들의 상호작용의 결과 오랜 세월에 걸쳐 진화해온 자생적 질서인 시장경제는 특정인이 가질 수 있는 특정한 의도와 목적을 가질 수 없다. 그런데 만약 시장경제에서 나타난 결과를 하나의 의도를 가진 예를 들어 특정한 소득분배의 패턴이 나타나도록 만들겠다거나 '인간의 얼굴'을 가진 것처럼 만들겠다는 생각은 그것을 주장하는 사람의 의도대로 자생적 질서를 하나의 목적을 가진 조직체로 변형시키겠다는 의미일 뿐이다. 그렇게 되면 그것은 본래적 의미의 시장경제가 아니다.[2]

청부(淸富)라는 용어도 사실 시장경제에서 이룬 부(富)는 보통 맑지 못하다는 뉘앙스를 풍기고 있어 별로 바람직한 용어는 아니다. 사기와 강제, 정부 특혜를 동원하여 거래를 한 결과 부를 쌓은 것이 아니라면 시장에서 쌓은 모든 부는 자발적 동의를 전제로 한 것이다. 이를 특별히 맑은 부, 흐린 부(富)로 구별할 이유가 없다.

리카도(Ricardo)의 비교우위론은 정글자본주의, 피도 눈물도 없는 시장경제라는 인식이 잘못되었음을 보여주는 핵심적 설명이라고 할 수 있다. 변호사 A씨가 다방면에서 모두 뛰어나서 타이피스트 B보다 타이핑 속도 면에서 2배 더 빠르다고 해보자. 타이피스트 B는 변론과 타이핑 능력에서 모두 A에 비해 뒤진다. 그러나 시장경제에서 B가 A에 의해 잡아먹히는 것이 아니라 두 사람 모두 교환을 통해 서로 협력할 기회를 가진다.

A가 1시간 동안 변론을 하면 시간당 10만 원을 벌 수 있고, 타이피스트 B를 고용하면 1시간에 1만 원을 지불해야 한다. A가 변론 원고를 1시간 동안 직접 타이핑을 하는 경우, 그는 변론을 할 수 없으므로 10만 원을 벌 기회를 잃게 된다. 이에 비해 그 분량의 원고 타이핑을 B에게 맡기면 2시간이 걸릴 것이고 2만 원을 주면 된다. A가 1시간 동안 타이핑을 직접 하게 될 때 그는 2만 원을 절약할 수 있을지 모르지만 10만 원을 벌 기회를 잃게 된다. 따라서 그는 B를 타이피스트로 고용한다.

미제스(Mises)는 리카도의 비교우위의 법칙을 확장해서 해석하여 시장에서는 약육강식이 벌어지는 것이 아니라 B처럼 절대적으로 잘하는 것이 전혀 없더라도 교환의 기회가 열린다는 점을 강조하였다. 시장에서는 소위 이런 '어울림의 법칙(law of association)'이 작동한다.

약육강식 자본주의, 정글자본주의, 피도 눈물도 없는 시장경제와 같은 용어는 쓰지 않도록 하는 것이 최선이다. 그렇지만 이것이 실제로 쓰일 것인지 여부는 이를 쓰는 사람에 달려 있다. 그런 인식이 문제가 있다는 것을 보여주는 노력을 기울이는 한편, 이에 상응하는 용어들을 개발하여 많이 사용할 필요가 있다. 그런 목적을 위해 가장 많이 유통시킬 필요가 있는 용어로는 자발적 거래에는 거래 당사자 모두가 최소한 자신들의 판단으로는 더 나은 상태로 변화시켜 줄 것으로 보기 때문에 거래를 한다는 점을 부각시키기 위해 호혜적 거래, 상생 거래와 같은 용어들이 있다.

그 이외에도 자본주의를 규정한다는 의미에서 정글자본주의와 같은 용어가 쓰이고 있는 데 대한 대책으로 자본주의를 더 정확하게 규정하는 용어들을 더 많이 개발한다는 의미에서 상생 자본주의, 조화 자본주의 등의 용어를 더 확산시키는 것을 고려할 수 있을 것이다. 이와 관련해서 최근 동반성장 등과 같은 용어가 시장이 동반성장을 이루게 하지 않는다는 전제를 하고 사용되고 있어서 이 용어 자체가 현재의 자본주의를 상생 자본주의로 대체하자는 것으로 들릴 수 있어 주의할 필요가 있다.

과당경쟁, 목-따기 경쟁(cut-throat competition)

너무나 많은 사람들이 특정 사업의 수익성을 높게 예상하여 최종적으로 생존할 공급자의 수에 비해 훨씬 더 많은 사람들이 특정 사업에서 경쟁을 하는 상황이 시장에서 발생할 수 있다. 이를 과당경쟁으로 묘사할 수 있을 것이다. 사업기회가 이미 잘 알려진 경우 시장규모가 커질 잠재성은 별로 크지 않은 상황에서 시장규모에 비해 너무 많은 공급자들이 한꺼번에 진입할 수 있다.

예를 들어 철도 사업, 특히 장거리 철도에 대해 많은 사람들이 사업전망이 밝다고 보고 경쟁적으로 철도회사를 만들고 철도를 가설할 때 실제 투자 수익률은 기대에 크게 미치지 못할 것이다. 더구나 항공여행이나 고속도로의 발달과 같은 대체 교통수단들이 등장하면 그 수익률은 더 떨어질 수 있다.

그러나 시장에서는 공급이 많아질 때 그 재화와 서비스의 가격이 하락하여 상대적으로 소비자들을 만족시키는 데 실패한 사람들에게 상대적으로 더 큰 손실을 안겨줌으로써 다른 사업분야로 자신의 노동을 포함한 여러 희소한 자원을 옮겨가도록 유도한다. 그리고 그 동안 그 재화나 서비스의 소비자들은 높아진 경쟁의 혜택을 더 싼 가격이나 더 높아진 서비스의 형태로 누린다.

하이에크가 경쟁을 발견과정으로 설명했듯이 소비자들이 특정 재화나 서비스에 대해 얼마나 지불하고자 하는지, 혹은 얼마나 많은 양을 원하는지, 그리고 어떤 공급자들이 얼마나 공급할지 잘 알 수 없을 때, 경쟁과정의 결과에 대한 정보들이 발견된다고 할 수 있다. 만약 누군가가 이리 모두 알고 있다면 자원들이 쓰일 적재적소를 발견하기 위한 경쟁을 할 필요 없이 그런 전지(全知)한 자가 경제계획을 해 주면 될 것이다. 그러나 그런 사람은 없다.

그래서 특정 분야, 예를 들어 철도회사나 인터넷 관련 회사에 다수의 사람들이 동시에 투자를 함으로써 이 분야가 단기적으로 활기를 띨 뿐 아니라 과당경쟁을 할 수 있다. 그러나 이런 과당경쟁은 시간이 지나면서 수익을 내는 사업자의 수가 일정한 범위 안으로 안정되면서 약화될 것이다. 그래서 과당경쟁이란 불균형의 과정에서 나타나는 현상으로 이것이 균형상태에 비해 경쟁이 심하다는 것일 뿐, 소비자들이 얼마나 원하는지를 발견해서 균형으로 나아가는 과정이라는 관점에서 보면 특별히 최적의 수가 아니라는 의미를 부여하기는 어렵다. 따라서 과당경쟁 상태를 자본주의 시장경제에서 언제나 나타나는 일상적 모습으로 묘사하는 것은 옳지 않다. 특정한 부문의 경우 아직 그 사업성에 대해 일반인들이 과소평가하고 있을 때 이 부문에 일찍 진입했던 사람들이 높은 수익을 구가하고 있는 경우도 얼마든지 나타날 수 있기 때문이다.

이런 과당경쟁이 일시적이 아니라 상시적으로, 그리고 특정 분야에 국한되지 않고 전 산업 분야에 걸쳐 나타난다면, 우리는 정부의 제도가 이런 사태를 유발하지는 않았는지 되돌아볼 필요가 있다. 예를 들어 정부가 시장에서 현재 지불되는 이자율에 비해 현저히 낮은 대부시장 이자율을 신용팽창을 통해 유도하였거나 현재 시장 임금에 비해 현저히 높은 최저임금제를 시행한다고 해보자. 그러면 낮은 이자율은 현재의 저축으로 지속 가능하지 않는 너무 많은 투자들을 초래할 수 있다. 그리고 높은 임금은 취업을 위한 치열한 경쟁이 벌어지게 만들 것이지만 취업에 성공한 사람들은 극소수에 불과하게 될 것이다. 공기업이나 대기업의 노조가 이미 취업한 사람들의 임금을 시장균형가격보다 훨씬 높게 유지하는 협상에 성공한다면, 아직 그 공기업이나 대기업에 취업하지 못한 사람들의 치열한 경쟁을 야기할 것이다. 그러나 취업에 성공한 사람들의 수는 그런 협상이 없었을 때에 비해 오히려 더 적어질 것이다.

고교 평준화 이후 명문대 입학을 위한 경쟁이 종전보다 현저하게 치열해졌다면 이는 고교 입시경쟁을 지연시킴으로써 더 많은 수의 학생들이 입시에 매달리게 만들었기 때문으로 볼 수 있다. 이 경우에는 간섭이 없었을 경우에 비해 지나치게 과당경쟁을 상시적으로 하고 있다고 묘사할 수 있을 것이다. 사실 중학교 선발고사가 있을 때 학생들이 너무 공부에만 매달리므로 중학교 입시를 없애고 고등학교까지 평준화하였지만 대학 입시 경쟁이 치열해지다 보니 그 파장이 지금은 중학교 학생, 초등학교 고학년까지 이어지고 있는 것이 사실이다.

시장에서 사람들은 동일한 제품을, 동일한 장소에서, 동일한 시간에, 동일한 구매 환경 아래에서 팔거나 사는 것이 아니다. 그래서 제품 차별화가 나타나고, 틈새시장을 공략할 수 있다. 경우에 따라서는 서로 경쟁을 하는 경쟁업체들 사이에서도 비록 제품 판매를 놓고는 경쟁을 하더라도, 원자재 구입 등 다양한 분야에서는 서로 협조하는 것이 모두에게 득인 경우 이런 협조적 관계를 유지하기도 한다.[3] 그러므로 시장에서는 만인의 만인을 상대로 한 투쟁, 목—따기 경쟁과 같은 현상은 일반적으로 벌어지지 않는다. 따라서 이런 용어들은 자본주의 시장경제를 규정하는 것으로 전혀 적합하지 않다.

그래서 과당경쟁, 목—따기 경쟁(cut-throat competition), 먹고—먹히는 경쟁(dog-eat-dog competition)과 같은 용어는 만약 이 용어가 시장경제에서 나타날 수 있는 단기적인 현상이 아니라 시장경제의 속성이라는 의미에서 사용되는 경우에는 그것을 '자유경쟁'이라는 용어로 변경하는 것이 좋을 것이다. '자유경쟁'은 일시적으로 균형에 비해 과다한 숫자의 사람들이 경쟁하는 상황도 내포하고 있을 뿐 아니라 수익이 나지 않을 때 퇴출도 자유롭다는 것을 모두 함축하고 있기 때문이다. 다만 일시적 현상을 의미하는 수준에서의 과당경쟁 혹은 중복투자와 같은 용어는 계속 사용되어도 무방할 것이다.

경제학 원론 교과서나 미시경제학 교과서에 등장하는 '완전경쟁' 개념도 시장경제가 과당경쟁 아래에 있다는 일반적 인식에 기여를 했다고 볼 수 있다. 완전경쟁은 경쟁하는 공급자의 숫자와 관련해서는 그 수가 너무나 많아서 각자의 공급의 변화가 가격에 영향을 미칠 수 없는 상태로 개념화되어 있다. 이는 일종의 극한의 개념인데 일반적으로 시장에서 나타나는 현상으로 보기는 어렵다. 상대방의 공급량의 변화나 자신의 공급량의 변화가 그 재화의 시장가격에 영향을 주는 상황이 더 일반적이기 때문이다.

저명한 경제학자로서 세계적으로 팔린 경제원론의 저자이기도 한 새뮤얼슨(Paul Samuelson)은 "선택을 해야 한다면 헌법을 쓰는 것보다 경제원론을 쓰겠다"고 할 만큼 경제원론서의 영향은 막대하다. 극대 개념들은 수학의 적용을 용이하게 하고 가르치기 편리하게 하는 장점이 있지만, 문제는 이것은 어디까지나 시장경제의 현상 자체를 묘사하는 것이 아니라 가르치는 개념적 도구(heuristic conceptual device)라는 사실이 경제학자들에게조차 충분히 인식되지 못하고 있다는 데 있다. 이런 인식의 부족은 학생들로 하여금 시장경제의 현실이 완전경쟁에 가깝다고 보고 시장경제를 과당경쟁이 만연한 곳으로 보게 할 수 있다. 혹은 이런 인식의 부족은 이들로 하여금 현재 충분한 숫자의 공급자들이 참여하지 않고 있어 여전히 각 공급자가 비록 약한 정도이더라도 공급량의 변경을 통해 이들이 가격에 대해 영향을 줄 수 있으므로 정부의 간섭을 통해 더 많은 숫자의 경쟁자들이 참여하게 만들거나 시장가격을 인하시켜 완전경쟁 상태에 가깝도록 만들 필요가 있다고 생각하게 오도할 위험이 있다.[4]

결론적으로 말해 과당경쟁, 목-따기 경쟁 등의 용어는 경쟁의 과정에서 일시적으로 나타날 수 있으나 이것이 상시적 현상이 되기 위해서는 정부의 간섭 내지 규제가 동반되어야 한다. 따라서 시장경제를 속성을 묘사하기 위해 과당경쟁과 같은 용어가 사용되고 있을 때에는 이를 자유경쟁으로 대체해서 표현하는 것이 바람직하다.

승자독식(winner-takes-all) 자본주의, 독점 자본주의

시장경제를 '승자독식' 체제로 묘사하는 경우도 자주 등장한다. 이 용어도 시장의 일반적 현상을 설명하는 정확한 용어가 아니다. 특정 시장에서 규모의 경제가 크게 작동하여 생산을 늘릴수록 재화의 단위당 생산비용이 지속적으로 떨어지는 경우 이 시장에서는 경쟁이 치열하고 그 결과 균형상태에서 하나의 공급자로 귀착될 수 있다. 경제학 교과서에 '자연독점'으로 분류하는 경우가 여기에 해당한다. 이를 두고 승자독식이라고 묘사할 수 있을 것이다.

그러나 모든 재화들에서 이런 현상이 나타나는 것은 아니다. 그럼에도 불구하고 시장경쟁의 결과, 단 하나의 기업만 살아남고 모든 다른 기업들은 시장에서 퇴출될 것이라는 매우 단순한 생각이 일반 대중들 사이에서는 상당히 자리 잡고 있다고 할 수 있다. 독점 자본주의와 같은 용어가 그런 생각을 대변한다. 그러나 이런 독점은 실은 시장경쟁의 결과라기보다는 정부가 주는 특권적 허가와 연관되어 있는 경우가 대부분이라고 할 수 있다.

따라서 시장 자체를 '승자독식'으로 규정하는 것은 옳지 않다. 일반적으로는 여러 차별화되는 동시에 동질적인 부분도 존재하는 재화들을 소비자들이 시장에서 구매를 통해 얼마나 선택하느냐에 따라 각 공급자들의 시장에서의 판매 비중이 정해질 뿐이며 그 판매 비중이 1위였다고 해서 그 공급자가 나머지 판매까지 차지하는 것은 아니다. 시장경제에서는 소비자들의 선택 비중만큼만 판매를 할 수 있다는 점에서 1원1표가 정확하게 반영될 뿐 승자독식으로 이어지지 않는다.

오히려 정치권의 투표가 '승자독식'에 어울리는 표현이다. 1%를 더 얻더라도, 그리고 경우에 따라 단 1표라도 더 얻더라도 다수의 표를 얻은 정책이나 정당이 선택되고 나머지 대안은 기각된다. 유치원 선생님이 100명의 유치원생들에게 아이스크림과 과자 중 어느 것을 사먹을지 투표로 결정하자고 했다고 해보자. 만약 투표를 해서 아이스크림에 51표, 과자에 49표가 나오면 다수의 의견, 즉 승자의 의견이 채택될 뿐 소수의 의견은 무시될 것이다.[5] 이것은 특정한 상황에서만 나오는 것이 아니라 다수결 투표에서는 언제나 나타나는 현상이다. 다시 말해 민주주의 다수결을 그렇게 규정하더라도 전혀 문제가 없다. 그럼에도 불구하고 '승자독식' 민주주의 체제라는 표현은

언론에 전혀 등장하지 않는다. 민주주의는 시장경제에 비해 상대적으로 더 신화화되어 있다.[6]

사실 민주주의 다수결의 승자독식에 대한 비판은 주로 의회에서 다수를 차지하지 못한 야당은 흔히 여당이 소수의견을 무시한다고 비난할 때 이루어진다. 그러나 그런 비판을 함에 있어 야당 정치인들은 이것이 민주주의 다수결에서 상시적으로 일반적으로 나타나는 현상이라는 사실에는 별로 주목하지 않는 것 같다. 여당을 비판할 뿐 승자독식 민주주의의 문제를 비판하는 경우는 없을 뿐만 아니라 자신들도 여당이 되면 다수의 국민 지지를 근거로 소수의견을 무시할 것이기 때문이다. 사실 이런 점은 그들이 시장경제에 대해 일반적 규정을 너무나 쉽게 내리는 것과는 크게 대조적이다.

물론 여기에서 우리가 민주주의에서 다수가 소수의 의견을 무시한다고 했을 때, 이는 단순한 투표자의 머릿수를 의미하지는 않는다. 실제로 그 수는 소수라 하더라도 잘 조직화되어 있고 자금을 지니고 있으며 정치적 영향력이 강한 집단은 비록 그 수가 소수라 하더라도 일반 대중의 이익과 배치되는 결과를 이끌어 낼 수 있다. 소수의 혜택을 위해 국민들이나 소비자들 전체가 그 비용을 부담하는 경우 소위 혜택은 집중되는 데 비해 비용은 분산되기(concentrated benefit, dispersed cost) 때문이다.

결론적으로 승자독식 자본주의라는 용어는 독점 자본주의와 마찬가지로 자본주의를 규정하는 용어임이 분명하지만 이는 정확하지 않고 대중들을 오도한다. 따라서 승자독식 자본주의라는 용어도 가능한 한 사용되지 않는 것이 바람직하다. 그러나 이것을 사용하는 사람들은 자본주의에 대해 왜곡된 인식을 가진 사람들이므로 이것의 사용의 중지를 강제할 수는 없다는 점에서 "승자독식 정치"와 같은 용어를 적극적으로 사용함으로써 승자독식 자본주의라는 말이 주는 영향력을 줄여 나갈 필요가 있다.

이처럼 자본주의를 승자독식으로 규정하는 것과 관련된 용어는 시장지배자, 시장점유율 등이 있는데 이에 대해서는 나중에 다루기로 한다.

약탈 자본주의

시장에서 이루어지는 자발적 거래는 거래상대방들이 모두 서로 이득이 있다고 판단해서 성사되는 것이다. 그래서 교환 혹은 거래는 약탈이 아니다. 약탈은 당연히 물리적 폭력의 행사나 그런 위협이 동반되면서 이루어진다. 시장거래에는 그런 위협이 존재하지 않는다. 다만 서로 조건이 맞지 않으면 거래를 그만두겠다고 말할 수는 있다. 그러나 그것은 물리적 위협이 아니며 거래는 양 당사자가 서로 조건이 맞을 때 성사되는 것이다.

납품을 하는 경우, 대개의 경우 더 좋은 조건을 내세우는 경쟁자가 없는 한 종전에 납품을 하던 사람이 계속 납품을 하는 경우가 많다. 그래서 그런 경쟁자가 출현하면 "그 새로운 경쟁자가 제안한 조건이 아니면 거래를 중단하겠다"고 하여 어쩔 수 없이 납품가격을 그 경쟁자에 맞출 수밖에 없었다고 해보자. 그럴 경우 이루어지는 가격의 인하를 약탈로 볼 수 없다. 그런 공급자 교체 의사의 표시는 물리적 폭력 행사의 위협이 아니기 때문이다. 특정 생산물을 획득하는 방법은 이를 직접 생산하거나 자기가 생산한 것으로 그것과 교환하거나(화폐를 이용한 간접교환 포함), 약탈하거나 구걸하는 것이다. 거래는 약탈과 완전히 별개의 범주이다.

그럼에도 불구하고 약탈 자본주의라는 말까지 등장한다. 최근 국제금융위기 과정에서 은행들이 집 없는 서민들에게 저리로 빌려주고 나중에 높은 금리를 물렸다는 것을 두고 '약탈'하는 금융자본이라는 식으로 표현하고 있다.[7] 사실 저축에 기반을 두지 않은 신용을 확장하여 시장의 대부이자율을 낮추는 거품을 만드는 과정은 서민들에게 불리하게 작용할 수 있다. 더구나 팽창된 신용이 주택부문으로 흘러 들어가 주택가격이 올라가는 것을 보고 신용팽창 국면에서 이자가 낮다고 자금을 빌려서 주택을 구매한 경우에는, 저축의 부족이 드러나는 경기침체 국면에서 이자율이 오르고 주택가격의 거품이 꺼질 때 이를 감당할 수 없게 된다. 이에 따른 어려움은 주택에 투자한 모든 사람들에 적용되며 축적된 부가 없는 서민일수록 더 클 것이다. 아울러 화폐가 팽창될 때 재화의 가격들이 한꺼번에 모두 올라가는 것이 아니다. 그래서 새로 창출된 신용을 가장 먼저 대출을 받아 사용하는 사람은 가격들이 오르기 이전의 가격으로 구매를 할 수 있는 반면, 이를 가장 나중에 취득하는 사람은 가격들이 이미 오른 후이므로 실질 구매력 측면에서 손해를 본다. 저축에 기반하지 않은 신용의 창출은 소득재분배 효과를 가진다. 만약 이 과정에서 서민일수록 팽창된 화폐를 나중에 획득한다고 가정한다면, 어느 정도 약탈적 성격이 있다고 할 수 있다. 그러나 경기변동 과정에서 은행도 막대한 손실을 입는 경우가 많이 있다. 그래서 은행이 서민을 약탈한다는 식으로 묘사하는 것은 부정확하다.

여기에서 우리가 특별히 유의해야 할 점은 이런 경기변동이나 소득재분배 문제는 화폐에 대한 정부의 간섭으로 인해 빚어진 것이라는 사실이다. 그래서 약탈적 금융자본 혹은 약탈적 자본주의라는 용어는 화폐에 대한 정부간섭이 존재하는 특정 경제에서 벌어지는 것을 일정 정도 묘사하는 용어로서 비록 정확하지는 않더라도 제한적으로 사용될 수 있을지 모르겠지만, 이것이 자유시장을 규정하는 용어로서는 바람직하지 않다고 할 수 있다.

앞에서 언급한 납품단가 문제로 돌아가서 논의하자면, 이명박 정부 후반에 동반성장위원회가 만들어지고 여기에서 대기업과 중소기업의 동반성장을 추진하는 과정에서 '납품단가 후려치기'라는 용어가 언론에 자주 등장하였다. 시장점유율이 높은 대기업이 납품 중소기업의 단가를 낮추려고 하는 행위 자체가 비난의 대상이 되었다. 대부분의 기업이 소비자(수요자)들의 마음에 드는 제품을 더 낮은 비용으로 만들어내고자 노력한다. 이 과정에서 희소한 자원은 소비자들에게 더 높은 가치를 지니도록 계속 변경되어 이용된다. 따라서 완성품 대기업이든 그 어떤 기업이든 같은 품질이라면 더 낮은 납품가격을 제시하는 업체에게 주문을 할 것이다. 이는 납품업체도 마찬가지이다. 그래서 이런 노력 자체를 일종의 약탈적인 '후려치기'로서

'비윤리적인 행위'로 묘사하는 것은 정확하지 않다. 어떤 기업도 장기적으로 손해를 보면서 사업을 하고자 하지는 않는다. 만약 단기적으로 손실을 감수하면서도 납품을 한다면 그 원인은 단가 후려치기라는 행위에 있는 것이 아니라 다른 데 있다.

일부 경제학자들도 특정한 상황에서는 생산자가 '약탈적' 수준의 가격책정을 할 것으로 생각한 사례가 약탈적 가격책정(predatory pricing)이다. 일부 기업가들이 가격을 다른 경쟁자들이 감당할 수 없을 정도로 손실을 보면서 모든 경쟁자들을 시장에서 몰아내거나 혹은 경쟁기업들을 모두 구매함으로써 시장에서 유일한 공급자가 된 후 엄청나게 높은 가격을 요구함으로써 큰 이윤을 누리고자 할 수 있다. 경제학자들은 그렇게 생각하였고 기업가들 가운데에도 실제로 이렇게 시도했다가 결국 이 전략이 통할 수 없다는 것을 나중에 깨닫는 사람도 있었다.

그러나 마침내 경쟁자들을 모두 몰아내고 가격을 높게 책정하는 순간 그 가격들이 너무나 높다 보니 새로운 시장 참여자들이 몰려들었고 그 가격은 유지될 수 없었다. 석유처럼 생활필수품조차도 그런 전략은 시장에서 통하지 않았다. 그래서 약탈적 가격책정은 시장의 진입이 열려있는 한 성립될 수 없다.

오히려 현대 사회에서 약탈은 시장에서가 아니라 국회에서 벌어질 수 있다. 프랑스의 저명한 문필가, 경제학자, 국회의원이었던 바스티아(Frederic Bastiat)는 국회에서 소비자들의 권리를 침해하면서 생산자들의 이익을 보장해주려는 법률들이 생산되고 있다면서 이런 입법활동을 법적 약탈(legal plunder)이라고 규정지은 바 있다. 그는 의회에서 "양초 제조업자들이 자신들로서는 도저히 경쟁하기 힘든 태양이라는 거대 조명제조업자들과의 불공정 경쟁을 방지하게 해 달라는 청원이 이루어지고 있다"고 풍자하였다. 만약 이 청원이 받아들여져 햇빛을 받아들이는 창문을 없애는 법률이 통과된다면, 이는 태양 빛의 소비자들이 누릴 권리가 의회의 입법을 통해 약탈당하는 게 된다.[8]

갈등과 조화: 절대적 빈곤, 상대적 빈곤, 상대적 박탈감

흔히 시장경제에서 나타나는 갈등을 지칭하기 위해 상대적 박탈감, 상대적 빈곤과 같은 개념들을 동원한다. 그러나 절대적 빈곤이 아니라 상대적 빈곤이 사회적 갈등을 불러일으킨다면, 어떤 사회에서도 이에 대해서는 특별한 해결책이 없다. 사람들이 절대적 소득의 크기를 중시하면서도 동시에 상대적으로 다른 사람보다 더 높은 소득을 가지기를 원하고 만약 자신의 상대적 위치가 기대치보다 낮을 때 상대적 빈곤 혹은 상대적 박탈감을 느낀다고 해보자. 시장경제 체제는 절대적 빈곤 문제나 소득을 더 크게 하는 문제에 대해서는 자본의 축적을 통해 그 구성원들에게 다른 체제에 비해 더 높은 소득을 얻게 해 줄 수 있다.

그러나 두 번째 문제에 대해서는 시장경제체제뿐만 아니라 그 어떤 체제에서도 해결책이 없다. 상대적 박탈감은 단순히 모든 사람의 소득을 똑같게 만든다고 해서 없어지는 것은 아니다. 사람들은 같은 소득이 아니라 다른 사람보다 상대적으로 더 높은 소득을 원하기 때문이기도 하고, 경우에 따라서는 소득의 격차가 없기에 박탈감을 느낄 수도 있기 때문이다. 이렇게 볼 때 이런 유형의 갈등을 시장경제에 고유한 문제로 볼 수 없다. 그런데 이런 상대적 빈곤이나 상대적 박탈감과 같은 용어는 이것을 시장경제에 고유한 문제로 보게 하는 경향이 없지 않다. 다수결을 통한 정치적 재분배의 경우에도, 정치적 다수에 속하지 못하거나 자신의 이해를 대변할 강력한 조직에 속하지 못한 사람들은 이를 불공정하다고 여길 것이다. 정치적으로 힘이 없는 집단에 속한 사람들은 상대적 박탈감을 느낀다.

우리가 주목할 점은 시장경제가 자원의 정치적 분배에 비해서 특정 유형의 사회적 갈등은 아예 만들어내지 않는다는 점이다. 예를 들어 세금으로 재원이 마련된 예술진흥기금이 있다고 했을 때, 이 기금을 화가에게 지원하는 경우 여기에서 누드화를 그리는 화가를 배제할 경우 누드화도 미술로서 중요한 예술 분야로 생각하는 사람들은 환영하겠지만 그렇게 생각하지 않는 사람들로서는 예술이 아니라 외설에 대해 지원함으로써 사회기강을 해치는 데 세금이 사용되고 있다고 믿을 것이다. 동시에 두 집단의 사람들을 만족시킬 방법은 없다.

최근 우리 사회에서 버스뿐만 아니라 택시도 대중이 이용하는 교통수단으로 보고 여기에 대해 지원하는 입법안이 나오자 버스 업계에서는 강력하게 반발하여 버스 운행을 중단하겠다고 나서고 있다. 그들은 택시가 대중교통수단이 아니라고 주장한다. 이에 비해 택시

회사나 택시기사들과 택시를 주로 이용해야만 하는 일부 사람들은 택시도 대중교통수단이라고 주장할 것이다. 일단 세금으로 대중교통수단을 지원하기로 한 이상, 두 집단의 사람들을 동시에 만족시킬 방법은 없다. 유일한 해결책이라면 처음부터 각자의 호주머니에서 교통비를 지불하도록 하되 혹시 어려운 계층을 돕고 싶다면 그들에게 직접 교통비를 지원해주는 것 정도이다.

이런 측면에서 시장경제는 갈등보다는 이해의 조화(harmony)를 가져온다. 공급자들은 재화의 가격을 최대한 더 받고 싶지만, 소비자들이 실제로 더 지불할 의사를 넘어서서 받을 수는 없다. 또한 공급자들 간의 경쟁이 실제로 그렇게 할 수 있는 능력을 제한한다. 소비자들로서도 최대한 저렴하게 사고 싶지만 공급자들이 공급해줄 때 비로소 가능하므로 서로 충돌하는 이해관계는 수요와 공급의 원리에 의해 두 집단이 나름대로 조화되는 수준을 찾게 된다. 물론 우리는 이런 사실에 너무나 익숙하므로, 이것이 특별히 이해관계의 조화로 부르는 것이 어색할지 모른다. 그러나 시장경제는 공급자들로 하여금 소비자들에게 더 잘 봉사하도록 유인을 마련하고 있다는 점에서 상충되는 이해관계가 특별한 의미에서 조화를 이룬다.

그런 점에서 상대적 박탈감, 상대적 빈곤의 존재를 강조해서 그 체제가 풀어야 할 사회적 문제로 제시하는 것은 결코 바람직하지 않다. 그런 식으로 어떤 체제에서도 해결할 수 없는 문제를 계속 해결해주기를 요구하고 실제로 그런 해결책이 있는 것처럼 부추겨서는 곤란하다. 그렇게 하면 존재하지 않던 사회적 갈등도 만들어낼 수 있기 때문이다. 그러나 이런 용어 사용의 자제는 그 의도 자체가 이런 갈등을 부추기려고 하는 사람들에게는 통하지 않을 것이다. 그래서 상대적 박탈감이 정치적 결정 속에도 존재하며 정치적 결정이 만들어내는 갈등을 더 이해하도록 하기 위해 "승자독식 정치"와 같은 용어를 더 유통되게 하는 것도 하나의 간접적 방법이 될 것이다.

2) 역사적 이념형(시장경제 규정 용어로 오해될 소지가 있는 용어)
부패 자본주의, 천민 자본주의, 정실 자본주의(crony capitalism)

규정적으로 자본주의를 정의하는 것으로 이해될 가능성이 높은 용어로 "부패 자본주의"가 있다. 이와 비슷한 것으로 천민자본주의 혹은 정실자본주의(crony capitalism)란 용어도 있다. 물론 이런 용어들은 역사상 현실에 존재하는 여러 체제 중 하나, 즉 시장경제를 기본 원리로 하지만 간섭주의적인 정책이 많이 이루어지는 어떤 체제를 지칭하는 하나의 이념형(Ideal Type)으로서 사용되었을 수 있다. 그런 이념형으로서 우리에게 널리 알려진 사례가 주주 자본주의와 이해관계자 자본주의이다. 전자는 자본시장이 발달하여 주주들이 회사의 경영에 대해 배타적인 권한을 행사하는 미국을 중심으로 한 경제 체제를 지칭하고, 후자는 주주 이외 채권자 등 여러 이해관계자들의 관심이 반영되는 유럽을 중심으로 한 체제를 지칭한다.

정실 자본주의의 경우에도 하나의 이념형이며 그런 점에서 엄밀한 의미로 보면 시장경제 자체의 본성을 규정하는 것은 아니다. 그러나 문제는 이 용어들 자체가 일반대중들에게는 시장경제에 대한 규정적 의미로 인식될 수 있다는 점이다. 이런 용어들이 많이 쓰일수록 시장경제가 마치 그 본성에 있어 부패하기 쉽고 정실에 좌우되는 것 같은 착각을 불러일으킬 수 있다.

정실자본주의 혹은 천민자본주의라는 용어의 경우, 크루그먼(Paul Krugman)이 이 용어를 사용했을 때 그가 지칭했던 것은 아시아에서 시장경제가 실제로 정치권력들과 밀접하게 결합되고 있다는 사실이었다. 이 점은 최소한 학자들 사이에서는 널리 알려져 있어 학자들은 이를 시장경제 자체를 규정하는 용어로 이해하지는 않으며 이를 역사적 이념형으로 이해한다. 그러나 일반대중들은 다르다.

그래서 현실의 체제를 지칭하는 이념형으로서의 성격을 지닌 용어인 경우에도 법의 지배가 확립되지 않아 정치권력의 부패가 발생하고 정치권력의 시장간섭이 심한 그런 체제를 지칭할 때 부패 자본주의, 정실 자본주의 등으로 부르지 말고 "권력형 부패 체제"라는 이념형으로 혹은 "간섭과 부패 체제"라는 이념형을 분류하는 것이 더 바람직하다. 이렇게 할 때 이념형을 자본주의의 본질을 규정하는 것처럼 잘못 이해하는 것을 피할 수 있기 때문이다. 정실자본주의나 부패자본주의와 같은 용어들을 이런 새로운 용어들로 대체해 감으로써 현실 시장에서 일어나는 일이라고 해서 시장의 본질을 규정하는 것이 아님을 깨닫게 해줄 필요가 있다.

잘 알려져 있듯이 부패는 권력의 본질적 측면으로 규정된다. "절대 권력은 절대 부패한다"는 액턴 경(Lord Acton)의 잘 알려진 경구가 있듯이, 권력은 "될 일도 안 되게 하고, 안 될 일도 되게 하는 힘"이라고 본다면 이는 부패 가능성을 내부에 안고 있다. 역사상 존재하는 특정 경제체제 아래에서 자유민주주를 쟁취한 경험과 이해의 부족 등으로 시장거래에 대해서도 누가 어떤 사업을 하게 될지 정치권력자나 관료들이 좌지우지하는 상황이 실제로 존재할 수 있다. 그러나 그것과 시장경제의 본질적 성격이 그렇다는 것과는 전혀 다른 이야기이다.

지금까지 주로 자본주의와 이를 규정하는 용어들에 대해 살펴보았다. 실제로는 현실경제에 존재하는 이념형으로서 사용되는 용어이지만 실제에 있어서는 자본주의를 규정하는 것으로 오해를 받기 쉬운 용어들도 살펴보았다. 이런 용어들은 되도록 우리의 용어 사용에서 배제되는 것이 가장 좋겠지만 그렇게 쉽게 제거될 것 같지는 않다.

그런 점에서 기존 용어들을 대체할 용어들이 개발될 필요가 있을 것이다. 그런 방법의 하나는 자본주의의 본질적 성격에서 비롯된 문제가 현실 체제에서 문제를 일으키는 것이 아님에도 불구하고 빚어지는 사회문제를 다룰 때에는 그런 문제를 일으키는 근본적 원인을 찾아가서 그런 원인이 본질적 성격에 내재된 대상, 예를 들어 정치권력, 민주주의 등 앞에 이를 규정하는 용어를 사용하는 것이 좋겠다고 제안하였다. 예를 들어 부패 자본주의라는 용어는 부패의 속성이 권력에 있다는 점에서 "부패 권력형 정치체제" 등으로 명명하는 것이 바람직하다는 의견을 제시하였다.

개념의 혼란을 조장하는 용어들

경제와 관련된 개념들 중에서 개념적 혼란을 주는 용어들도 있다. 이윤과 관련해서 이것이 누군가로부터 대가 없이 받아낸 것 같은 착각을 유발하여 이에 대해 부정적 인식을 가지게 하거나 이의 몰수나 세금으로 징수하는 것을 정당화할 위험이 있다. 이와 관련된 왜곡된 용어로는 폭리, 이윤의 사회적 환원, 기업의 사회적 책임 등이 있다.

다음으로 무역과 관련해서 자유무역보다는 특정 산업의 보호를 정당화하거나 중상주의적 정책을 정당화하는 기능을 수행할 위험이 있는 용어들로는 보호무역주의, 국제수지 적자와 같은 것들이 있다.

어떤 정책의 원인과 결과를 애매하게 만드는 용어를 사용하게 된 경우도 있다. 예를 들어 인플레이션은 원래 통화(신용)의 팽창을 의미했는데 지금은 그 결과 나타나는 물가상승을 뜻하게 되어 원인과 결과를 구분하기 어렵게 만들고 있다.

그 외 정부의 소위 복지지출을 정당화하는 효과를 지니거나 복지지출에서 도덕적 해이를 불러일으킬 소지가 있는 용어 사용 사례들로는 소득양극화, 낙수효과, 권리(right)에 대비된 부여된 자격(entitlement) 등이 있다. 낙수효과라는 말도 부자의 부가 가난한 이에게도 간접적으로 도움을 줄 수 있음을 큰 통에 물이 차면 그 일부가 아래로 떨어지는 것에 빗댐으로써 시장경제에서 나타나는 자본축적을 통한 성장 과정을 희화화하는 효과를 낸다. 그 결과 자본축적에 따른 경제성장과 경제성장에 따른 그 경제 구성원들의 소득의 증가 현상에 대해 그 중요성을 경시하게 한다.

"고용 없는 성장"과 같은 용어는 정부의 재분배 정책이나 노동시장에 대한 간섭정책이 없이는 경제가 성장하더라도 고용에 긍정적 영향을 줄 수 없는 것처럼 왜곡된 인상을 심어줄 수 있다. 세대 전체를 88만 원 세대 등으로 명칭을 붙이는 것도 별로 바람직하지 않다. 특정 세대 전체가 월 88만 원을 받는 것도 아닐 뿐 아니라 선동적인 정치적 명명이고 이들에 대한 지원과 그들의 정치적 지지를 받아내는 하나의 의도적 작명일 수 있기 때문이다.

이 이외에도 경쟁 개념과 관련해서도 개념적으로 문제가 많은 용어들이 있다. 그런 용어들은 불행하게도 시장에서의 경쟁과정이 방해 받지 않도록 하는 것이 아니라 오히려 특정 생산주체를 지원하거나 규제하는 성격의 정책을 지지하게 하는 경향이 있다. 경쟁, 독점, 시장지배자, 시장점유율 등의 용어가 이런 사례에 속한다.

1) 이윤 개념 관련 용어들
폭리, 초과이윤, 적정가격

'이윤'과 관련한 오해를 보여주는 용어로 우리가 가장 흔하게 접하는 용어로는 폭리(暴利)와 같은 용어가 있다. 이윤이 많으면 그 이윤이 강박, 사기 등에 의해 만들어진 것 같은 인상을 주는 용어이다.[9] "부당 이득"은 혹은 "부당 이윤"이라는 용어는 이윤을 너무 많이 받으면 그 자체가 정당하지 못하다는 생각을 그대로 드러내는 용어이다. 이와 유사하지만 약간은 감정적 뉘앙스가 약해진 용어로서 최근 동반성장위원회에서 처음 사용한 것으로는 초과이윤이라는 용어도 있다.

이와는 약간 다르면서 성공확률이 매우 낮지만 크게 성공했을 때 일반사람들은 "대박이 터졌다"는 표현을 쓴다. 이 말은 폭리나 초과이윤과 같은 용어에서와는 달리 개념적 혼란을 내포하지 않고 있다.

"가격이 폭락했다거나 폭증했다"는 표현 속의 '폭(暴)'은 단순히 '너무나 많이'라는 단순한 의미일 수 있다. 이 말 속에는 특별한 비난의 감정이 들어 있지 않다. 이에 비해 "폭리를 취했다"고 했을 때의 '폭(暴)' 속에는 비난과 함께 그렇게 하지 말라는 요구가 숨어 있다. 피서지에서의 높은 가격을 바가지 요금, 혹은 폭리라며 비난하는 경우가 있다.

여타 지역에 비해 높은 가격은 다른 장소, 즉 피서지라는 특별한 장소에 따른 것일 수도 있고, 혹은 특정 서비스나 재화를 그 피서지에서 제공하는 권리가 독점적으로 부여되었기 때문일 수도 있다. 전자(前者)라면 비난을 받을 이유가 없다. 후자라면 비난 받을 여지가 발생하지만[10] 피서지 이용객으로서는 언제든지 높은 가격을 주고 재화나 서비스를 구매하기를 거절할 수 있다. 사실 폭리(暴利)라는 말은 자주 사용되지만 엄청난 손실(損失) 혹은 손해(損害)라는 의미의 폭손(暴損)과 같은 용어는 사용되지 않는다. 초과이윤이라는 말은 만들어졌지만 초과손실이라는 말은 들어보지 못했다. 다른 사람의 커다란 손실에는 별 관심이 없지만 커다란 성공에는 너무나 관심이 많거나 그 속에 일정한 속임수가 있었으리라고 추측하고 있기 때문은 아닌지 모르겠다.

이와 같이 비대칭적인 언어 사용을 보여주는 설문조사 사례가 있다. 예상외의 폭설(暴雪)로 눈을 치우는 삽의 가격이 급등했다면 이것이 공평한(fair) 것인지 사람들에게 설문조사를 했더니 대다수가 불공평한 처사라고 답했다고 한다. 대부분 눈을 치우는 사람의 입장이 되어 남의 어려운 처지를 이용해서 너무 높은 가격을 받았다고 생각한 것이다. 아쉽게도 이 설문조사에서는 예상 외로 눈이 별로 오지 않아서 눈 치우는 삽의 가격이 폭락했다면 이것도 불공평한 것이라고 보는지 여부는 묻지 않았다. 아무도 너무 낮은 가격도 불공평한 것이라고 생각하는 사람들의 숫자는 많지 않았을지 모른다. 그러나 두 가지 설문에 접한 사람들은 아마도 스스로 자신들이 비대칭적으로 생각하고 있음을 깨달았을지 모른다.

이처럼 사람들이 폭리나 초과이윤과 같은 용어를 사용하고, 심지어 자발적으로 취업했음에도 저개발국 인력을 저임에 착취한다고 주장하기도 한다. 이런 주장의 배경에는 임금 등을 포함해 모든 재화나 서비스에는 "적정한 가격"이 존재한다는 생각이 자리 잡고 있다. 적정가격이라는 표현은 지금은 많이 사라졌지만 여전히 우리의 의식 속에 잠재해 있는 것으로 보인다.

원가에 시장이자율을 약간 상회하는 이윤율을 더한 소위 "mark-up" 가격이 적정하다고 보는 경향이 아직 존재하고 있다. 실제로 현 정부에서 동반성장위원회가 소위 대기업과 중소기업이 원청—하청의 수직적 관계를 가질 때 동반성장을 위해 대기업은 납품 중소기업에게 납품단가를 보장해 주어야 한다는 주장이 제기되었었다. 원자재 값이 오르면 이를 반영해서 납품단가를 정해야 한다는 것이다.

사실 이는 경제학의 가르침을 송두리째 부정하는 주장이다. 시장에서 가격은 기본적으로 소비자(자본재나 중간투입재의 경우 수요자)가 그 가치를 어떻게 평가하느냐에 따라 결정되며 그것을 만드는 데 들어간 비용에 따라 결정되지 않는다. 만약 소비자들이 높게 평가하지만 비용이 별로 들어가지 않는 경우 공급자들이 더 늘어남으로써 그 비용은 소비자들이 지불하고자 하는 비용에 근접해 간다. 반대로 소비자들이 많은 제조비용이 들었지만 별로 가치를 높게 평가하지 않으면 그 생산이 줄어들거나 공급자들이 퇴출하여 가격이 점차 비용에 가깝게 상승하는 경향이 있다.

따라서 납품단가 보장은 실은 이윤을 보장하라는 요구이다. 비록 2차, 3차 하청 납품중소기업들의 어려움을 모르는 바는 아니지만 가격보장 제도는 시장경제의 작동 자체를 크게 손상시킨다.

폭리나 초과이윤이 개념적 혼돈을 보여주는 용어인 이유는 어느 정도의 수익률을 올릴 때 이를 폭리나 초과이윤이라고 말할 수 있는지 그 기준을 전혀 제시할 수 없기 때문이다. 거래는 특정 물건의 판매자와 구매자가 모두 거래 이전에 비해 그 이후가 더 나은 상태라고 믿기에 성사된다. 따라서 폭리는 희생자를 만들어내지 않는다. 폭리가 정당하지 못하다는 생각은 재화의 가치가 고정되어 있다고 여길 때 가능하다. 노동가치설 아래에서 재화의 가치가 그 재화의 생산에 투입된 노동량이라고 믿는다면 높은 이윤을 폭리로 부를 수 있을 것이다. 그러나 사람들은 투입된 노동량을 헤아려 재화의 가치를 가늠하지 않는다. 그들의 필요에 얼마나 봉사하는지 그 효과를 따질 뿐이다.

성인들의 자발적 성-매매처럼 희생자를 만들어 내지 않는 범죄 (victimless crime)의 경우 비록 범죄로 규정되긴 하지만, 이에 연루된 사람들의 의사를 존중하는 한, 이를 처벌하는 논리를 발견하기는 어렵다. 어떤 사람의 머리모양은 다른 특정인을 불유쾌하게 만들 수 있고, 자신이 살고 있는 사회에서 성이 매매되고 있다는 사실 자체도 특정 사람들의 기분을 나쁘게 할 수 있다. 그러나 이를 도덕이 아니라 법으로 다룰 성질의 것인지는 별개의 문제이다.

성 매매와는 달리 불쾌감을 자아내는 것도 아닌 일반 재화나 서비스의 매매를 가격이 높다거나 이윤이 많이 난다는 것을 들어 비난할 이유는 없다. 이윤을 많이 내었다는 사실도 다른 사람들의 부러움과 질시를 불러올 수 있다. 그렇다고 이를 '부당 이득', '폭리', '초과이윤' 등으로 불러 특정인이 취득한 부의 일부를 가져갈 수는 없다.

폭리, 부당이득, 초과이윤 등의 용어는 쓰지 않는 것이 좋겠지만, 이를 강제할 수는 없다. 그래서 폭리, 부당이득, 초과이윤의 반대상황들 즉 폭실, 부당손실, 초과손실 등의 용어를 의도적으로 쓰면서, 폭리에 반대인 폭실의 상황을 세금으로 보전해 주는 것이 옳지 않음을 강조하고 그 연장선상에서 폭리를 높은 법인세로 가져가는 것 또한 옳지 않음을 설명할 필요가 있다. 동시에 부당손실, 초과손실 등과 같은 개념이 성립되지 않음을 깨닫게 함으로써 부당이익, 초과이윤 등의 개념도 성립될 수 없음을 간접적으로 느끼도록 해줄 필요가 있을 것이다.

이윤의 사회적 환원

'이윤 혹은 이익의 사회적 환원'은 기업이 사회로부터 얻은 이윤을 사회로 되돌려 준다는 것을 의미하며 이윤과 관련해서 언론에 자주 등장하는 용어들 가운데 하나이다. 이 용어 속에도 이윤에 대한 오해가 숨어 있다. 이 용어는 기업들이 이윤을 얻는 행위 자체가 사회에 부담을 주는 것처럼 보고 있기 때문이다. 부담을 주면서 얻은 것은 환원될 필요가 있다. 만약 그렇지 않다면 환원이라는 말을 쓸 필요가 없다. 자발적 교환을 통해 이윤을 얻는 행위는 교환당사자 모두에게 득이 되는 경우로 한정된다. 따라서 누구에게 돌려줘야 할 의무가 자발적 거래 안에 다시 만들어지는 것이 아니다.

이윤의 사회적 환원이라는 용어는 기업의 사회적 책임이라는 말 못잖게 이윤을 부정적으로 바라보게 만들 수 있고 그런 점에서 기업의 기부와 같은 용어로 대체될 필요가 있다. 토지초과이득세를 정당화하기 위해 토지 가격의 상승이 그 토지의 소유자가 특별히 노력해서 그런 것이 아니라 사회에서 인구가 증가하고 토지에 대한 수요가 늘어났기 때문이라고 주장되기도 한다. 그런 주장의 대표적 사례가 헨리 조지(Henry George)의 토지 단일세 주장이다. 이윤의 사회적 환원이라는 용어도 그 지지자들은 이와 유사한 논리로 정당화를 시도하려고 할 수 있을 것이다.[11]

그러나 이런 식으로 이야기하자면 모든 생산요소들이 그렇다. 우리 세대가 그 이전 세대들에 비해 더 노력을 한 것도 아니지만 노동에 대한 한계생산성이 이전 세대가 축적해 놓은 자본 덕분에 더 높아져 그 이전 세대에 비해 더 높은 임금을 받는다. 그렇다고 해서 이를 사회적으로 환원해야 한다고 주장하지는 않는다.

말은 사회적 환원이라고 표현되어 있지만 사회는 각 개인들의 상호작용을 하는 곳 혹은 그런 상호작용을 두고 말하는 것이므로 사회적 환원이란 말은 결국 이윤을 세금으로 거두어 다른 사람들에게 이전시키겠다는 것을 의미할 따름이다. 이윤을 낸 기업이나 그 주주들이 사회로부터 무엇인가를 가져갔으므로 이를 이제 되돌려야 한다는 식으로 말할 것이 아니라, 그 기업이 사회, 즉 다른 사람들에게 혜택을 제공하고 이윤을 낸 것은 온전히 그 회사 주주들의 몫이지만 그들의 자발적 선택에 따라 이를 다른 사람들에게 기부할 수 있고 이런 지원은 칭찬받을 만한 일이라고 표현하는 것이 더 정확하다.

기업의 사회적 책임

기업의 사회적 책임도 이윤의 사회적 환원과 마찬가지 인식을 보여주는 사례이다. 기업이 소비자들을 잘 만족시키는 가격과 품질의 제품을 제시해서 이윤을 내고 그것을 주주에게는 높은 자본이득과 배당을, 근무자들에게는 임금을 제때 잘 주면 된다. 이것은 책임이라기보다는 기업이 원래 그런 것이라고 할 수 있다. 기업들은 불특정 다수로 구성되며 이들이 상호작용하는 사회에 대해 책임을 지는 것이 아니라, 자신의 제품을 구매한 소비자들에게 원래 약속한 성능을 제공할 책임이 있고, 그 회사 주주들과 채권자들에게 약속한 돈과 이윤을 만들어낼 책임이 있으며, 회사직원들에게 약속한 임금을 줄 책임이 있다.

기업의 사회적 책임이라는 용어는 기업의 이와 같은 가장 중요한 책임을 경시하게 할 위험이 있다. 아울러 마치 기업이 이윤을 내면 이를 사회에 환원해야 한다는 잘못된 인식을 만들어낼 위험도 있다. 어쩌면 기업의 사회적 책임이라는 말은 바로 그런 인식을 만들어내어 기업의 이윤의 일부를 '사회적 책임'이란 명분으로 가져가고자 하는 의도로 만들어졌을 수 있다.

사실 기업의 사회적 책임을 강조하는 사회일수록 특정 기업이 소비자들의 수요를 잘못 판단하여 도산위기에 빠졌을 때 그 기업의 손실을 사회로 전가하는 것을 용인해 줄 가능성이 높다. 경쟁과정은 잘못된 판단이 배제되고 그런 판단을 너무 오래 너무 큰 규모로 한 사람은 경쟁에서 배제되어 가는 과정이다. 시장경제가 효율성을 가지는 이유도 바로 거기에 있다. 구제금융에서 보듯이 남의 돈으로 자신의 책임을 떠넘기는 것은 정의롭지 못하고 사람들의 분노를 만들어낸다.[12]

기업들이 사회적 공헌활동을 하는 것은 사실이다. 사실 기업들은 이윤을 버는 과정에서 그럴 의도를 가지고 한 것은 아니지만 결과적으로 사회에 공헌한다. "빵을 만드는 사람이 신선한 빵을 더 저렴하게 제 때에 구워내려고 애쓰는 것은 남의 아침 식탁을 걱정해서가 아니라 그렇게 함으로써 자신이 성공하기 위해서이다. 그러나 결과적으로 자신의 성공을 위해 남의 식탁에 더 신선하고 저렴한 빵을 서비스하는 공헌을 했던 것이다."

물론 지금 쓰이는 사회공헌이라는 말은 기업이 의도적으로 사회에 기부행위를 하는 것을 지칭한다. 여기에서 중요한 점은 제3자나 강제에 의해서가 아니라 회사 주주들(혹은 그들의 대리인인 경영자)이 다음의 모든 것을 결정해야 한다는 점이다. 사회공헌이라는 기부 활동을 할지 말지 여부, 어떤 기부 활동을 할지, 그리고 회사에 대한 좋은 이미지를 만들어 회사의 지속적인 발전, 즉 장기적인 시각에서의 이윤극대화를 목적으로 할 것인지, 아니면 순전히 사회에 대한 기부로서 할 것인지 등. 사실 때로는 소비자들조차 특정기업이 내세우는 사회공헌에 동참하고자 조금 높은 가격을 용인하기도 한다.[13]

따라서 기업의 사회적 책임이라는 용어를 다른 말로 바꾸려고 하기보다는 기업의 핵심적 책임, 기본적 책임 등의 용어들과 내용이 더 많이 사용되고 알려지도록 함으로써 기업의 사회적 책임과 같은 용어가 행사하는 영향력을 줄여나가야 할 것이다. 이에 반해 기업의 사회적 공헌이라는 용어 자체는 별로 문제가 없어 보인다. 그래서 기업의 사회적 책임이라는 말 대신에 기업의 사회적 공헌이라는 말을 써도 무방한 경우에는 사회적 공헌이라는 말을 대신 쓸 필요가 있다. 그리고 기업의 사회적 공헌이라는 말을 쓸 경우에도 세분해서 표현할 필요가 있다. 만약 기업의 사회적 공헌이 강요에 의한 것이라면 기업에게는 일종의 "세금 아닌 세금"인 부담금으로 작용할 것이다. 그래서 이런 유형의 사회적 공헌을 막는다는 차원에서 혹은 "부담금 성격의" 사회공헌과 같은 용어를 만들어 "자발적" 사회공헌에 대비되게 할 필요가 있을 것이다. 이런 용어의 사용은 사회공헌이 강요되는 것을 막고 최소한 이것이 지나치지 않게 하는 효과를 만들어낼 수 있다.

2) 무역 관련 용어들

보호무역주의

보호무역주의는 영어의 protectionism을 번역한 것이지만 무역을 보호하려는 사상체계로 오인될 소지가 많다. 보호의 대상이 수입산업과 경쟁하는 국내산업이므로 이를 보호무역주의라고 번역하는 것은 문제가 있다. 물론 이 용어를 보호무역주의라고 번역한 사람은 아마도 무역분야에서 나타나는 국내기업, 국내산업 보호주의를 의미했을 것이다. 그러나 보호무역주의라는 용어에서 보호 다음에 오는 단어는 보통 보호의 대상을 지칭하는 것으로 인식된다. 그래서 보호무역주의는 얼핏 무역을 보호하려는 이념으로 오해될 여지가 많다. 따라서 보호무역주의보다는 보호주의라는 용어가 그나마 불필요한 오해를 불러일으키지 않지만 더 정확한 번역은 국내산업 보호주의이이다.

다시 말하지만, 보호무역주의는 무역을 보호하는 것이 아니라, 수입할당제, 높은 관세율 부과 등을 통해 국내 특정 산업을 외국기업과의 경쟁으로부터 보호하려는 것이다. 이런 정책으로 특정 국내

산업은 일시적으로 이익을 볼 수 있지만 이를 통해 국내산업 전체가 보호가 되는 것도 아니고 보호를 받는 특정산업의 경쟁력이 장기적으로 높아진다는 보장이 있는 것도 아니다.

자유무역이라는 훌륭한 용어가 있으므로 보호무역주의라는 용어 대신 규제무역, 혹은 무역규제주의로 표현하는 것이 더 타당하다. 그런 점에서 protectionism이란 영어 용어 자체에 문제가 있다. 잘 알려진 것처럼 후버대통령 당시 미국에서 경기침체가 나타나자 국내산업을 외국산업의 경쟁으로부터 막기 위해 고(高)관세를 부과했지만 결과적으로 수출길이 막힌 외국의 국내산업 제품에 대한 수요도 동시에 위축되었으므로 국내산업 전체가 위축되는 결과가 나났을 뿐이다. 따라서 국내산업 보호주의 정책들이 실제로 국내산업을 결과적으로 더 잘 보호하는 것도 아니다. 국내산업이 생존할 수 있는지 여부는 경쟁력에 달려있고 그 경쟁력은 보호로부터 성장하는 것이 아니라면 국내산업 보호주의라고 번역하는 것에도 일정한 문제를 안고 있다. 국내산업 보호주의라고 번역하더라도 이는 정책의 의도를 보여줄 뿐 정책의 결과까지 담보하지는 못하는 작명이기 때문이다.

흔히 지적되듯이 공정거래법이 경쟁질서를 보호하는 것이 아니라 경쟁력이 없는 경쟁자를 보호하는 근거로 이용되기도 한다. 공정거래법에는 경쟁촉진을 위한 규정들이 들어있는 동시에 경제력집중을 억제하는 정책들도 함께 들어가 있다. 경제력 집중 억제를 위한 조항들은 경쟁을 보호하는 기능을 하는 것이 아니다. 경쟁력이 강한 기업들에게로 경제력이 집중되는 경향이 나타나는데, 경제력 집중을 완화하는 조치들은 경쟁력이 뛰어난 기업들의 발을 묶는 효과를 지니고 경쟁력이 약한 기업을 지원하는 효과를 가진다. 그 결과 이런 조항들은 경쟁을 보호하는 것이 아니라 경쟁력이 약한 경쟁자를 보호함으로써 경쟁을 저해하는 기능을 한다.

결론적으로 보호무역주의는 무역규제주의, 규제무역주의 등으로 부르는 것이 더 타당하며 오해의 소지도 없다고 할 수 있다.

국제수지 적자

무역과 관련해서 보호무역주의라는 용어와 함께 문제가 많은 용어로 국제수지 적자라는 용어가 있다. 흑자에 비해 적자는 부정적 뉘앙스를 가지고 있고 그래서 이 용어의 사용은 무역에서 되도록 많은 흑자를 기록해야 한다는 중상주의 정책을 정당화시킬 위험이 있다.[14]

그러나 이를 대체할 적당한 용어는 없어 보인다. 왜냐하면 적자 자체는 그야말로 수입(收入)이 지출(支出)보다 적은 상태를 지칭하는 것이므로 이를 특별히 다른 용어로 쓸 수 없기 때문이다.

한 가계(家計)에서 수입보다 지출이 많으면 장기적으로 재정을 유지할 수 있는지 각별한 관심을 가져야 함은 당연하다. 그러나 여러 가계들로 구성된 어떤 마을을 상상해보면, 이 마을 전체의 지출의 합과 수입의 합을 내어 비교하는 것은 하나의 가계에서 가졌던 의미를 가지기 어렵다는 점을 인식할 필요가 있다.[15] 예를 들어 총량변수 수준에서 이렇게 낸 전체 지출의 합계가 전체 수입의 합계보다 커

그 마을의 국제수지가 적자를 나타낸다고 해보자.

이런 적자는 대부분의 가계들은 수입이 지출보다 큼에도 불구하고 특정 가계 일부가 수입보다 지출이 너무 많아서일 수 있다. 그리고 이 특정 가계도 농기계를 다른 마을에서 구입하는 바람에 그럴 수도 있어서 그 농기계로 생산을 늘린다면 향후 재정적으로도 밝은 전망을 가지고 있을 수 있다. 만약 그 특정 가계가 농기계를 수입해서 사지 않았다면 그 마을의 국제수지는 흑자를 실현했을 수 있다. 그러므로 국제수지 흑자를 그 마을의 더 밝은 미래에 대한 전망과 연결시킬 수는 없다.

이번에는 미래에 대한 불확실성에 대비하기 위해 그 마을의 대부분의 가계들이 다른 마을로부터의 수입을 줄이고 현금 보유 수요를 늘리는 경우를 상상해 보자. 이 경우 그 마을의 국제수지는 흑자를 나타낼 것이다. 그 마을은 다른 마을에서 생산된 재화들을 소비하지 못하고 있으므로 현재 불확실성이 높지 않던 종전에 비해 궁핍한 상태이다. 이런 흑자 폭의 증가가 종전보다 더 좋은 상태라고 말하기 어렵다.

국제수지 적자와 같은 용어들이 주는 문제를 완화하기 위해서는 새로운 용어를 개발하려는 노력보다는 앞에서 설명한 부분에 대한 이해가 무엇보다 중요하다고 할 수 있다. 그렇게 하기 위해서는 수출(輸出)은 경제에 새로운 유효수요를 주입하는 반면 수입(輸入)은 기존의 유효수요를 빠져나가게 한다는 케인즈 경제학을 극복하는 것이 선결과제인데 이는 물론 어려운 도전이다. 1930년대 이후 소위 케인즈 혁명으로 총량변수들을 다루는 거시경제학이 자리를 잡은 지 오래되었다.

3) 복지지출 정당화에 기여하는 용어
권리(right) 대 수혜자격(entitlement)

홀콤(Holcombe)에 따르면 19세기에는 권리로 여겨지지 않던 것들이 20세기를 거치면서 권리로 여겨지는 등 권리의 개념은 크게 팽창하였다. 원래 의미의 권리는 그 권리를 가진 사람이 남의 간섭 없이 특정 활동을 할 수 있다는 의미였다. 다른 사람들은 그의 권리 행사를 방해하지 않을 의무를 진다. 이에 비해 소위 인간다운 생활을 할 권리처럼 흔히 사회적 권리로 표현되는 것들은 실은 정부와 입법을 통해 그 자격이 부여된 것으로 권리라고 부르기보다는 수혜자격(entitlement)이라고 부르는 것이 더 타당하다.

자유주의 원칙에 따르면 자기 소유 재산에 대한 재산권의 행사는 다른 사람에게 위해(harm)를 가하지 않는 한 언제든지 행사될 수 있어야 하며 다른 사람들에게 부담을 주지 않으면서 그렇게 행사될 수 있다. 그러나 의료나 교육, 그리고 여타 복지에 대한 권리라는 것은 누군가가 재원을 부담할 때 비로소 가능하다. 이런 근본적 차이에도 불구하고 보통 똑 같은 용어인 권리라는 용어로 표현됨으로써 사람들은 이런 근본적 차이점을 잘 인식하지 못하기 쉽다. 그 결과 사람들은 "인간다운 삶을 누릴 권리"를 보장하기 위해 정부가 시행하는 복지 지출이 자신의 왼쪽 호주머니에 들어오지만 이것은 결국 자신의 오른쪽 호주머니에서 나갈 수밖에 없다는 사실은 정확하게 인식되지 못하기 쉽다.

물론 이를 인식하고 있더라도 더 많은 복지지출을 요구할 가능성은 있다. 다른 사람들의 복지지출은 자신도 공동 부담해야 하므로 이왕이면 자기도 최고의 복지를 주문하기 쉽다. 이는 마치 공동부담으로 하기로 하고 식사를 주문하면 사람들이 자신이 지불할 때에 비해 가장 비싼 메뉴를 선택할 가능성이 높은 것과 마찬가지이다. 더구나 이를 추진하는 정치권이 소수의 부자들에게만 그 비용을 부담시키겠다고 하면 비용에 대한 인식은 사라지고 복지지출은 정부 서비스의 본연적 서비스로 무의식적으로 이해하게 되거나 일반대중으로부터 그 서비스를 줄이라는 요구가 나오기는 거의 어렵다고 할 수 있다.

그런 의미에서 entitlement의 번역을 복지 '수혜권'이라고 하기보다는 '수혜자격' 혹은 '법정 수급자격'이라고 하는 것이 바람직하다고 판단된다. 이렇게 함으로써 이것이 자연권이 아니라 의회에서 만들어진 다른 사람의 재원을 필요로 한다는 점을 시사할 필요가 있다. '법정 수급조건'과 같은 용어도 수급권리에 대한 대체물로서 고려해 볼 수 있을 것이다. 점진적 변화가 저항이 적다는 점을 고려하면, '수급자격' 혹은 '법정 수급자격' 정도도 수혜권리라는 표현에 대한 대안으로 무방할 것으로 판단된다.

고용 없는 성장(jobless growth)

고용 없는 성장이라는 용어도 경제성장 무용론을 주장하거나 분배―더 정확하게는 재분배―의 필요성을 강조할 때 자주 등장한다.[16] 고용이 기대에 비해 별로 창출되지 않는 분야도 물론 존재할 수 있다. 그러나 이것은 경제성장이라는 현상에 필연적으로 부수되는 현상이 아니다. 오히려 반대가 일반적이며 고용 없는 성장이 예외적으로 나타날 수 있을 뿐이다. 투자 없이 경제성장이 이루어질 수 없으며, 투자는 기계와 같은 자본재뿐만 아니라 이를 도구로 삼아 생산에 임할 노동을 필요로 한다.

물론 현재 관세가 낮아지고 있어 기업들이 전 세계적으로 고용을 하다 보니 특정 국가의 기업이라 하더라도 그 기업이 낸 이윤이 그 특정 국가로 한정되어 투자되지는 않는다. 새로운 고용을 할 때에도 이 점은 마찬가지이다. 그러나 전 세계적 수준에서 살펴보자면 분명히 투자는 고용을 늘린다.

만약 그 투자가 자본재에 집중적으로 이루어진다면 고용을 창출하는 효과는 낮을 수 있지만 높은 한계생산성을 지닌 고임금의 양질의 일자리를 만들어낸다. 따라서 고용 없는 성장이라는 용어는 역으로 장기적 지속성이 없는 정부 재정에 의존하는 일자리의 창출을 은연중 정당화할 위험이 높다. 정부 재정은 결국 고부가가치의 생산에 대해 부과한 세금으로 충당된다는 점을 감안하면 이런 용어의 사용으로 경제적 가치를 지니지 못함에도 불구하고 단지 일자리를 만든다는 사실이 모든 문제를 압도하는 상황을 만들어낼 수 있음에 유의

하여야 한다.

이 경우 특별히 이에 대한 용어를 다시 만들어내는 것은 가능하지 않을 것 같고, 다만 이런 용어가 대중들의 인식에 주는 잘못된 영향을 차단하기 위해 투자가 성장을 이끌고 투자의 파생수요로서 노동에 대한 수요가 발생한다는 점을 계속 강조하는 수밖에 없는 것 같다.

다만 정부의 재정을 투입하는 일자리 창출에 대해 "성장(생산) 없는 고용창출" 등으로 부르는 것도 한 번 고려해 볼 수 있다. 이런 용어를 사용함으로써 생산에 기여하지 않음에도 불구하고 단지 일자리만을 창출한다는 점을 부각시킴으로써 "고용 없는 성장"이라는 성장에 부정적인 생각을 중화시키는 효과를 기대할 수 있기 때문이다.

낙수효과

시장경제에서 저축을 통해 자본이 축적되고 이것이 투자되는 과정에서 노동의 한계생산성이 높아지고 경제의 성장이 이루어진다. 이런 경제성장을 통해 사람들의 전반적인 소득과 생활수준이 상승한다. 그 결과 그 경제 내의 가장 낮은 소득계층의 소득이 종전보다 증가한다.

일부 사람들은 이를 낙수효과(trickling-down effect)라고 부른다. 부자의 부가 조금씩 새어 나와 빈자에게도 긍정적 영향을 주지만 그 정도는 미미하다는 것을 암시하는 용어이다. 이 용어는 자본축적을 통한 생산성의 획기적 증대를 별 것 아닌 것처럼 희화화하고 있다. 이런 낙수효과도 소득 창출효과 등으로 대체하는 것이 더 바람직하다.

그 외에도 소득양극화 등과 같은 용어를 사용하고 정부의 복지지출을 소비가 아니라 투자로 분류하여 복지투자로 명명하는 것도 복지지출의 성격을 모호하게 함으로써 복지지출이 여타 민간부문의 투자와 마찬가지로 생산성을 더 높이는 효과를 지닌 것처럼 오인하게 할 수 있다. 이런 용어들도 정부의 복지지출 정당화에 기여하는 용어들이다. 더 자세한 논의는 시사용어들을 다루는 곳에서 이루어질 것이다.

4) 시장경제와 작은 정부 실천 방해 용어

경제관련 용어들 가운데 자유로운 시장경제와 작은 정부의 실현에 필요한 친(親)시장정책이 친(親)기업 정책으로 묘사되는 경우가 많다. 작은 정부의 실현에 필요한 감세와 정부지출 축소 등을 추진하는 정책을 부자 감세라고 표현한다. 학술적인 연구에 등장하는 용어는 아니지만 이런 용어들이 시장경제의 실현에 부정적 영향을 미치는 것은 분명하다. 실제로 이런 용어들 쓰는 사람들이 그런 의도를 가지고 있을 수도 있다. 여기에서는 그런 용어들을 중심으로 문제와 대안을 논의하고자 한다.

친(親)시장 대 친(親)기업 정책, 부자감세 정책

친(親)시장정책을 흔히 친(親)기업정책으로 표현하는 경향이 있다. 예를 들어 최저임금제를 두고 이를 찬성하면 반(反)기업적이고 이를 반대하면 친(親)기업적이라고 흔히 규정한다. 그러나 이는 경제학의 논리를 잘못 이해한 것이다. 최저임금제는 고용주가 피고용인에게 시간당 최소한 일정액의 임금을 지불하도록 규제하는 제도이다. 문제는 이 제도에 찬성하면 기업을 불리하게 하고, 노동자를 유리하게 한다고 오해하고 있어서 이런 용어와 표현이 등장한다.

실제에 있어서 최저임금제는 모든 노동자들에게 유리하다고 할 수 없다. 이미 고용되어 있고 최저임금을 받고 있는 노동자들에게는 최저임금의 상승은 환영할 일이다. 그러나 아직 노동시장에 진입하지 못한 노동자들 일부는 최저임금제로 인해 입직(入職) 기회를 잃는다. 이들은 최저임금보다 더 낮은 임금에서도 고용될 의사가 있었지만 그것이 높아져서 취업의 기회를 잃게 된다. 따라서 최저임금제를 친(親)노동자 제도로 묘사하는 것은 반쪽의 사실만을 나타내는 부정확한 용어이다.

흔히 노동자 계급 전체의 이익을 위해 투쟁한다고 선언을 하지만 노조(勞組)는 기본적으로는 이미 고용된 노조원들의 이익을 대변하는 기관이고 최저임금제를 지지할 이유가 있다. 그러나 이 제도를 노동자 계급 모두에게 유리한 친(親)노동자적인 제도로 주장하고 더 높은 최저임금을 관철시키려고 하는 것은 동 제도가 노동시장에 참여하는 노동자의 수를 줄이므로 자신의 이익에 부합한다. 그러나 친(親)노동자적이라고 하는 것은 정확한 표현은 아니다.

기업들로서도 최저임금제로 인해 낮은 임금에 신규노동자들을 더 고용하기 어려워진다는 점에서 최저임금제나 최저임금의 인상에 찬성하기 어려운 것은 분명하다. 그런 점에서 최저임금제를 반(反)기업적인 정책으로 묘사할 수 있겠지만 그렇게 하기에는 일정한 어려움이 따른다. 왜냐하면 기업은 노동자의 고용을 줄임으로써 손실을 피할 수 있으므로, 고용을 조정하기가 어렵지 않다면 이로 인해 더 큰 손실을 보게 되는 것은 아니다. 물론 현실적으로 노동시장에서 해고 등 고용의 조정을 하기가 매우 어렵다는 점에서, 최저임금제는 기업의 이익에 반하는 결과를 가져올 가능성이 높다. 소비자들도 더 높아진 임금 때문에 고용과 투자가 줄어들 것이므로 재화가 더 적게 생산되고 재화에 대해 종전보다 더 높은 가격을 지불하게 된다. 최저임금제는 그래서 반(反)소비자적인 정책이다.

최저임금제로 인해 피해를 보는 사람들이 기업의 주주들에 한정되지 않는다는 사실을 감안할 때 최저임금제는 반기업적인 제도가 아니라 반(反)시장적인 제도라고 규정하는 것이 가장 정확하다. 이 제도는 가격을 일정수준 이상으로 고정시킴으로써 가격의 변화를 통해 수요와 공급을 조절하는 시장의 기능을 막고 있기 때문이다. 그 결과 특정 임금에서 고용되고자 하는 인력은 있지만 이를 고용하고자 하는 기업은 없는 상태에서 임금이 더 이상 떨어지지 않아서 초과 공급된 고용이 해소되지 못하는 사태, 즉 비자발적 실업이 나타나게 된다.

시장에서의 수요와 공급의 조정을 방해하는 제도는 기본적으로 반(反)시장적 제도로 묘사될 필요가 있다. 이를 친(親) 노동자적이라든가 반(反) 기업적이라는 식으로 잘못 표현됨으로써 제도의 평가 기준이 어떤 특정한 사람들의 경제적 이해(利害)를 높이거나 낮추는지에 초점을 맞추게 되고 시장의 원활한 기능을 훼손하는 부분은 우리의 시야에서 사라지게 되기 때문이다. 따라서 이런 표현에 대해서는 적극적으로 지적할 필요가 있다.

이와 비슷한 사례로 세금을 줄이는 정책에 대한 성격 규정에서도 찾아볼 수 있다. 감세와 정부지출의 축소는 기본적으로 친(親)시장적인 정책이다. 그런데 이런 정책을 친(親)부자정책으로 보고 마치 부자들에게만 특혜를 베푸는 정책이라는 의미를 담은 부자감세정책으로 표현하는 것도 심각한 왜곡이 아닐 수 없다.

법인세 인하를 친(親)기업정책으로 포장하거나 부자들을 위한 것으로 규정하는 이름을 다는 것도 심각한 문제가 아닐 수 없다. 감세정책이 친(親)부자정책이라면 재산권의 보호도 친(親)유산계급 정책이며 반(反)무산계급정책이라고 불러야 할 것인가? 재산이 없는 사람은 재산권 보호로부터 아무런 혜택을 받지 못하는가? 아니다. 유산계급이든, 무산계급이든, 재산이 많든 혹은 적든 모든 사람들은 재산권 보호로부터 혜택을 누린다.[17]

일부 사람들은 특정한 의도를 가지고 법인세 감세나 최저임금의 인하 등을 친(親)기업정책으로 법인세 인상이나 최저임금 인상을 반(反)기업정책으로 묘사하려고 하기 때문에 단순히 이의 사용 자제를 권유하는 것만으로는 이런 용어의 사용을 막기에는 역부족일 것이다. 그러나 최소한 시장경제의 창달을 목표로 하는 언론들에서 이런 식으로 묘사하지 않도록 하는 노력은 필요할 것이다.

정부의 재산권 보호 혹은 규제? 규제완화 대 탈규제

정부의 재산권 보호도 때로는 정부의 규제라는 식으로 표현되는 경우가 있다. 일반적으로 규제는 재산권을 침해하는 효과를 내기 때문에 그 영향력이 상반된다. 사실 정부의 규제는 세금을 부과한 것과 마찬가지로 국민들에게 부담을 주기 때문에 재정학자들은 규제가 주는 부담의 크기를 수치화하여 추정하는 일을 하기도 한다. 실제로는 국민들에게 부담을 주지만 정부의 입장에서는 세금을 거두고 이를 지출하는 번거로움 없이 간단하게 법적 규제를 생산하여 재산권을 제한함으로써 정부가 원하는 방향으로 사람들이 행동하도록 하게 할 수 있으므로 규제에 의존하려는 경향이 있다.

아울러 공공선택이론적 관점에서 보자면 이런 규제가 많을수록 이를 집행하는 관료들의 권력은 더 커지고 규제의 집행을 위한 예산은 더 많아진다. 그래서 심지어 거의 현실에서는 의미가 없는 규제들이 빨리 정리되기보다는 잔존하고 새로운 규제가 추가되는 경향도 있다. 관료들이 주도적으로 이를 제거할 유인이 별로 없기 때문이다.

따라서 재산권 보호의 경우에는 정부가 심판관이자 재산권의 보호자로 행동하는 반면, 규제의 경우에는 특정 계층을 편들거나 그들의 대리인과 같은 성격으로 행동하기 때문에 정부의 역할 자체가 달라진다. 따라서 재산권 보호는 규제와 구별될 필요가 있고 이런 용법 자체도 삼갈 필요가 있다.

규제의 경우에도 네거티브 시스템일 때 국민편익이 크다는 점을 주지시키기 위해서도 "네거티브 시스템 규제"와 같은 용어가 더 자주 쓰일 필요가 있다. 자유주의의 기본 원칙의 하나가 위해(危害)의 원칙(harm-principle)이다. 남에게 위해를 끼치지 않는 한 자신의 책임 아래 남의 간섭 없이 자신의 행동을 결정할 수 있다는 자유주의 사회는 각고의 노력 끝에 성취된 가치이다. 그렇다면 자유주의를 기본 원리를 삼고 있는 사회인 우리나라에서 규제에 대해서도 당연히 특정 규제를 제외하고 모두 허용되는 네거티브 시스템(negative system)이 제도화되어야 한다. 아울러 모든 현존 규제에 일몰(sunset) 조항을 추가하여야 한다. 그렇게 해야 규제의 필요성을 제대로 입증할 수 없는 모든 규제들이 사라지고 현재 의미를 상실한 규제가 잔존하는 문제를 제거할 수 있을 것이다. 새로운 규제를 도입할 때에는 당연히 미리 일몰 조항이 들어가야 할 것이다.

규제와 관련해서 deregulation을 규제완화로 번역하는 것은 틀렸다고 하기는 어렵지만, 이런 번역 속에는 규제는 기본적으로 필요하므로 이를 완화하는 선에서 그쳐야 한다는 뉘앙스가 들어 있다. 그래서 이는 정확한 번역으로 보기 어렵다. regulation을 규제로 번역하는 것은 좋다. 그러나 deregulation은 규제완화가 아니라 탈(脫)규제로 번역하는 것이 정확하고 또 바람직하다. 물론 re-regulation을 재(再)규제 정도로 번역하면 될 것이다.

또한 규제의 부정적 효과와 관련된 용어들로는 그 부정적 효과를 드러내지 않은 용어인 규제영향, 그리고 비용이 들어간다는 점을 인식시켜주는 규제비용, 그리고 아예 이것이 정부가 세금을 거두어 특정한 효과를 내기보다는 법이나 행정명령 등으로 이를 달성하려고 할 때 이를 규제지출이라고 부를 수 있을 것이다. 예들 들어 최저임금제도는 일종의 규제이다. 임금을 일정액 이상 주도록 강제한 것이다. 정부가 강제적 규제를 하지 않으면서 이를 달성하려면 최저임금보다 낮은 임금에 고용되려는 사람들에 대해 자발적으로 그렇게 하지 않고자 하는 유인을 제공해야 할 것이고 여기에는 많은 비용이 수반된다. 그러나 최저임금을 강제하는 규제를 만들어내고 이를 어기면 처벌하는 방식으로 원하는 결과를 도출할 수 있다. 따라서 규제영향이나 규제비용은 비록 중립적 용어이기는 하지만 정부 규제에 대한 이론이 배제된 용어이다.

현재 규제지출이라는 용어는 사용되고 있지 않지만, 조세지출이라는 용어는 사용되고 있다. 거두어야 할 조세를 거두지 않을 때 이를 일종의 지출로 파악하여 조세지출이라는 용어를 사용하고 있다. 의회에서 각종 이익집단, 저소득층 등에 대해 세제상의 혜택을 부여하다 보니 조세감면이 남발되고 있는 것이 사실이다. 세금의 경우 주지하다시피 모든 사람들에게 소위 수평적 공평성과 수직적 공평성이 확보되도록 모두가 부담하는 것이 원칙이다. 이런 조세감면은 재원조달의 측면뿐만 아니라 정의의 관점에서도 바람직하지 않다.

그럼에도 불구하고 조세는 낮을수록 좋은 측면이 있다. 이런 점을 감안할 때 원칙적으로는 각종 조세감면이 없어지는 동시에 기존의 조세부담은 줄여주는 방향으로 조세제도가 변화하는 것이 좋다. 그러나 조세감면제도의 정리로 정부의 재정이 늘어날 때 종전에 세금을 내던 사람들에게 조세부담을 줄여줄 것인지는 불확실하고 조세지출의 폐지는 정부의 재정규모를 늘릴 수 있다. 이런 효과를 가질 조세지출이라는 용어는 더 널리 쓰이는 반면 이에 비해 규제지출이라는 표현은 잘 찾아보기 힘들다. 규제지출이라는 용어를 보편화시킬 필요가 있다. 그래서 규제영향이라는 표현을 쓸 자리에 되도록 규제비용, 규제지출 등을 사용할 것을 제안한다. 특히 규제비용이라는 말은 이해하기도 쉽고 사람들이 빨리 알아들을 수 있는 이점이 있다고 판단된다. 규제를 실행하기 위해 드는 행정적 비용이 아니라 규제로 인해 잃게 되는 기회비용을 의미한다는 사실을 명확히 하면서 규제비용이라는 용어를 더 보편화시킬 필요가 있다.

재정규율의 확립 대 재정의 긴축

재정긴축은 흔히 사용되는 경제학의 용어이므로 이를 굳이 문제삼는 것에 대해 의아해 할 수 있을지 모른다. 그러나 예를 들어 정부의 재정에 재정의 책임성과 규율을 부여하는 조치는 분명 재정을 조여서 경제를 어렵게 하려는 것이 아님에도 불구하고 경기변동에 재정의 지출로서 대응하는 단기적 정책에서 쓰는 용어인 재정긴축이라고 묘사하는 것은 바람직하지 않다.

정부가 재정을 운용함에 있어 책임성을 지는 규율이 필요하다. 이를 요구하는 것은 너무나도 당연한 시장경제 원리 이전에 민주주의 의회에서 당연히 요구해야 할 것이다. 그럼에도 재정긴축이라는 용어는 단지 재정을 줄이라는 압력이 옳지 못하다는 식으로 해석될 여지가 있다. 대표적으로 그리스나 스페인 등에서 구제금융을 제공받으면서 동시에 재정규율을 확립할 것을 요구 받았는데 이를 두고 재정긴축을 요구했다는 식으로 표현하는 것은 올바른 표현이라고 볼 수 없다.

따라서 이 경우 올바른 표현은 재정의 지속가능성 제고, 재정규율 제고, 재정의 책임성 제고 등이 될 것이다. 따라서 재정긴축이라는 용어는 재정의 장기적 지속성과 같은 종류의 목적을 위해 취해지는 조치에서는 사용되지 말아야 할 것이다. 이런 조치가 단기적으로 재정을 긴축하는 효과는 있을 수 있겠지만 대증요법이 아닌 원인 치료를 하는 셈이므로 이를 두고 대증요법의 한 처방쯤으로 치부하지는 말아야 한다.

재벌, 시장점유율, 시장지배적 사업자, 시장지배자

시장 점유율, 혹은 시장지배자, 시장지배적 사업자와 같은 단어도 지배−복종 관계를 암시하고 있어 바람직한 용어가 아니다. 시장을 승리와 패배가 있는 전쟁에 비유하는 것은 문제가 있다. 시장에서의 거래나 경쟁은 전쟁 중인 군대가 적군에 대해 처한 상황, 즉 승리 아니면 패배하는 상황과는 다르기 때문이다. 특히 그중에서도 제국주의 시대에 통용되던 용어들을 연상시키는 용어들은 적절하지 않다.

그 대표적인 사례가 재벌이다. 재벌은 곧 군벌을 떠올리게 하고, 전쟁수행을 위해 기업집단들이 군수물자를 생산하는 것을 연상시킨다. 그런 부정적 의미 속에는 정경유착과 같은 것도 들어 있다. 군국주의 시대 일본의 대기업집단들이 실제로 그런 역할을 했다고 하더라도 현재 시장경제에 그런 용어를 사용하는 적합하지 않은 것 같다. 그래서 기업집단 혹은 대기업집단과 같은 용어가 있고 이를 사용하는 것이 더 바람직해 보인다.

시장에서의 관계를 과거 봉건시대나 절대왕정 시대에서 이루어지던 지배-복종 관계에서 적합한 용어로 표현하는 것도 결코 바람직하지 않다. 시장점유율은 특정 기업의 판매량이 그 산업 전체 판매량에서 차지하는 비중을 말하고, 시장지배적 생산자는 점유율이 가장 높은 생산자를 지칭한다.

시장점유율과 같은 용어는 비교적 중립적이라고 할 수 있다. 그러나 소비자-선택율과 같은 용어는 시장에서 점유율이란 결국 소비자들이 얼마나 선택해주었는지 그 정도를 보여준다는 점에서 경제이론까지 포함하고 있다는 점에서 더 좋은 대안이 될 수 있다.

언론에서는 카네기를 철강왕, 포드를 자동차왕 등으로 묘사한 바 있지만, 미제스가 지적하였듯이, 이런 표현은 소비자들이 가장 선호하는 제품을 생산하는 기업이나 대주주가 과거 왕정시대에 왕이 누리던 것과 동일한 종류의 권력을 누리는 것처럼 오해하도록 한다. 그러나 이들은 소비자들이 그 기업의 철강이나 초콜릿을 계속 사주지 않는 한 그 지위는 유지될 수 없고 그런 점에서 기업가는 신분제 아래에서의 왕과는 차원이 다른 지위라고 할 수 있다. 시장은 기득권을 인정해 주지 않는다. 비록 과거에 소비자들이 선호했다고 하더라도 이 기득권은 현재 소비자들이 마음을 바꾸는 순간 그대로 무너진다. 신분제 사회의 왕과 같을 수 없다.

시장지배자라는 표현은 물론 철강왕과 같은 용어에 비해 왕정시대를 떠올리게 하는 정도는 약하다. 그러나 그런 명명의 발상의 원천은 동일하다. 시장점유율이 높은 기업이 시장을 지배하는 것이 아니라 소비자들의 지지가 이를 가능하게 하며 소비자들은 언제든지 그 지지를 철회할 수 있다. 소비자들의 자발적 선택의 결과일 뿐 그 기업이 시장을 소비자 위에 군림하는 것은 아니다. 따라서 시장지배자라는 표현보다는 "소비자선택 기업"이 더 바람직한 표현이다. 이와 함께 시장점유율은 소비자−선택율로 변경할 필요가 있다.

그렇게 변경할 때 얻게 되는 장점의 하나는, 기업, 특히 크게 성공한 기업과 기업가에 대한 부정적 인식, 그리고 이윤에 대한 부정적 인식을 빠르게 불식시킬 수 있다는 점이다. 소비자−선택율이란 용어를 사용하면서 동시에 소비자들이 가장 좋아했던 기업을 규제하거나 비난하는 것은 논리적으로 어려워진다. 시장점유율이 높다고 규제한다고 하면 대중들로서는 약자를 돕는 것으로 생각하기 쉽다. 그러나 소비자 선택율이 높은 기업을 규제하거나 그 이윤에 높은 과세를 한다고 하면 자신들이 가장 좋아했던 기업을 규제하는 셈이 되므로 자기모순에 빠지지 않기 위해서도 그런 정책을 지지하기는 어려울 것이다.

공익(公益)시설, 공공재

상하수도, 전화, 전력 등을 공익시설, 공익산업(public utilities, utilities industries)이라고 부르기도 한다. 이동통신의 사례에서 보듯이 사실 이런 산업들의 경우에도 정부 혹은 공기업이 아닌 일반 기업들이 얼마든지 이를 잘 공급할 수 있다. 현재 전력산업 민영화[18] 논의 자체가 유야무야되었지만, 민영화 논의 자체가 반드시 정부가 공급할 때 전력의 소비자들이 최고의 전력 공급 서비스를 받는다는 보장이 없음을 말해주고 있다.

과거 한 때 망(network) 산업은 자연독점의 성격이 강해서 민간이 공급하면 최저평균가격보다 높은 가격에 공급될 것이므로 정부가 이를 공급해야 한다는 주장이 있었지만 지금은 정부가 공급할 때 발생하는 각종 비효율 문제를 인식하고 많은 경제학자들은 망산업의 경우에도 주인이 있는 경우가 더 효율적일 수 있음을 인정하고 있다.

그래서 상하수도나 철도, 전력 등을 사회간접자본이라고 부르거나 공익시설 등으로 이름을 붙이는 것은 다른 가능성에 대한 고려 자체를 못하게 할 수 있으므로 이런 분야를 효율화시키기 위한 노력 자체를 저해하는 측면이 있다. 따라서 이들을 따로 공공시설 등으로 부르지 말고 각각의 산업들을 그 산업의 명칭으로 예를 들어 전력 산업, 전력 시장, 상하수도 산업, 상하수도 시장 등으로 부르는 것이 더 적절하다.

기업가정신

기업가정신은, 경제학의 대가들이 상당히 높은 관심을 보였고 이를 이론화하는 작업을 하였다. 대표적으로 나이트 교수는 기업가정신을 "어깨 위에 불확실성을 짊어지고 최종 책임을 지는 것"이라고 보았고 커츠너 교수는 "이윤 기회에 대한 경각심"으로 그리고 슘페터는 "혁신(innovation)"으로 보았음에도 불구하고 현재 대학에서 가르치는 신고전파 주류 경제학 교과서에서는 시장경제의 작동에서 차지하는 매우 중요한 기능에도 불구하고 거의 다루어지지 않고 있다. 오히려 경영학 분야에서 연구대상이 되고 있다. 경영학에서 새로이 만들어지는 용어들, 예컨대 아직 다른 사람들이 많이 들어오지 않은 새로운 사업영역을 가리키는 블루 오션(blue ocean)과 같은 용어는 커츠너 교수가 말하는 기업가들이 이윤 기회를 발견한 사업영역을 달리 말한 것이라고 볼 수 있다.

사실 기업가정신을 좀 더 넓혀서 생각해보면, 불확실성에 직면하는 것은 기업을 시작하는 주체들에만 국한된 것이 아니고, 비록 사업으로부터 이윤을 얻을 기회는 아닐지라도 기회의 탐색은 누구에게나 중요하며, 비록 작은 규모일지라도 새로운 혁신을 도입한 사람은 분야를 불문하고 중요한 업적을 이루어낼 수 있다. 그런 점에서 기업가정신은 이를 연구한 사람들에게는 결코 부정적 이미지를 주지 않는다. 그러나 일반 대중들은 좀 다를 수 있다. 이를 마치 기업가들에만 고유한 특정한 정신이며 "탐욕"과 같은 단어와 같이 연상되는 경우가 있다. 이런 점을 감안하면 기업가정신 대신에 그 대안으로 도전정신, 모험심 등을 고려해 볼 수 있을 것이다. 아니면 entrepreneurship을 창업가정신으로 번역하여 사용하는 것을 고려해볼 수도 있다. 그러나 이 용어는 기업가정신을 창업이라는 분야로 너무 국한한다는 단점을 지니고 있다.

저명한 학자들이 모두 영어로는 entrepreneurship이라는 주제 아래 연구를 해왔다는 점을 감안할 때 이 용어를 바꾸기보다는 경제학의 대가들이 기업가정신의 핵심요소를 제시한 것 자체를 사용하는 것이 더 나을 것 같다는 생각이다. 예를 들어 "불확실성 감당", "(이윤기회에 대한) 기민성", "최종책임", "혁신(정신)" 등과 함께 경우에 따라서는 도전정신, 모험심 등을 기업가정신의 내용을 표현하면서 이와 동시에 기업가정신이라는 용어도 함께 사용하여 이 단어 자체를 쉽게 포기하지는 않는 것이 좋겠다는 생각이다. 기업가정신이라는 용어는 학생들로 하여금 시장경제에서 기업과 기업가의 기능이 매우 중요하다는 점을 제대로 이해하게 하는 데 오히려 좋은 방편일 수도 있기 때문이다.

그 외 불로소득, 부동산 투기와 같은 용어들은 국민들이 거둔 이런 소득은 세금으로 환수해도 별 문제가 없다는 인식을 줄 수 있고 그래서 시장경제와 작은 정부의 실현을 저해하는 효과를 낼 수 있는 용어이므로 사용하지 않는 것이 바람직하다. 더 자세한 논의는 시사적인 용어를 다루는 부분에서 이루어질 것이다.

국가경쟁력

무역관련 용어들을 다루면서 우리는 국제수지와 같은 총량주의적 지표를 지칭하는 용어들이 자칫 중상주의적이고 전체주의적인 정책을 정당화할 위험에 대해 언급하였다. 이와 유사한 문제가 있는 용어로는 국가경쟁력이라는 모호한 개념이 있다. 특정 국가의 제도들은 특정 효과를 내는 능력의 차이가 있을 수 있다. 그래서 이 제도들을 그런 관점에서 비교하는 것은 가능하다. 또 특정 국가들이 자유주의적인 정책을 얼마나 실천하고 있는지, 혹은 경제에 간섭하고 있는지를 나타내는 지표를 개발할 수도 있다. 얼마나 작은 지출을 하면서도 효과적으로 치안 등을 해결하고 있는지를 국가들 사이에 혹은 지방자치단체들 사이에 비교할 수도 있을 것이다.

국가경쟁력이란 말을 그런 제도들의 경쟁력을 지수화해서 나타내는 의미로 사용할 수도 있다. 그러나 많은 경우 국가경쟁력이라는 용어는 국가가 주도적으로 과학기술과 교육을 계획할 때 더 높은 수준의 과학과 기술을 달성하고 경제의 생산성도 높일 수 있는 것처럼 전제하고 있다. 그러나 이것은 논리적으로 그리고 경험적으로 확인되지 않은 전제이다. 국가가 과학을 계획하게 되면, 그 계획을 담당한 과학자의 혹은 과학행정가의 좁은 시야 속으로 과학의 발전은 한정된다. 만약 천동설을 믿는 과학자가 과학기술부 장관이 되었다면 그는 국가의 연구기금을 지동설을 연구하는 사람들에게 배정하지 않을 것이다. 국가가 특정 연구사업에 많은 돈을 투자하면, 이 분야에서 그렇지 않았을 경우에 비해 상당한 성과가 나타날 수도 있다. 그러나 그 돈이 다른 곳에 투입되었더라면 더 큰 성과를 내었을지도 모른다. 과거 구 소련에서 무인우주선 스푸트니크호를 미국에 앞서 발사했을 때 많은 사람들은 소련의 과학기술 계획 체제가 과학과 기술의 발전에 있어 미국과 같은 체제보다 우월한 것처럼 여겼지만 이것이 올바른 인식이 아니었음이 나중에 밝혀졌다. 스푸트니크호의 사례를 통해 유추할 수 있듯이, 북한이 ICBM급 미사일의 발사 능력을 보여주었지만 이것이 그들의 과학연구체제가 대한민국의 연구개발체제에 비해 더 경쟁력이 높다는 증거가 될 수 없다.

국제수지, 국가경쟁력 등 총량주의적, 방법론적 전체주의에 입각한 용어들은 대개 국가의 개입이나 통제를 정당화할 위험을 안고 있음을 유의할 필요가 있다. 그래서 되도록이면 구체적인 주체를 확인할 수 있는 용어들을 사용하는 것이 바람직하다. 예를 들어 만약 우리가 국가경쟁력이라는 용어로 특정 국가들의 기업들이 경쟁력이 있음을 표현하고 싶다면 국가경쟁력이라는 용어 대신 특정 국가의 기업경쟁력이라는 용어를 쓰는 것이 바람직할 것이다.

5) 통화정책 관련 용어

경제성장 대 물가안정

가끔씩 정부가 통화긴축과 통화팽창 정책 가운데 통화긴축을 택하면 이를 경제성장보다는 물가안정을 선택한 것으로 묘사되는 경우가 있다. 재정긴축의 경우에도 마찬가지이다. 이렇게 묘사하는 이유는 통화팽창이 성장으로 이어진다는 생각을 은연중에 가지고 있기 때문이지만 이는 이론적 근거가 약하다.

통화팽창으로 일시적 수요는 창출될 수 있으나 저축에 기반을 두지 않은 신용의 창출일 뿐이어서 이런 소위 경기부양의 정책은 경제성장을 가져온다고 볼 수 없다.

단지 일시적인 붐을 가져오며 결국 붐은 거품의 붕괴로 이어진다. 그런 점에서 단기적 경기부양은 경제성장을 저해할 수 있다. 미국에서부터 발생한 2008년의 국제금융위기는 이런 점을 말해준다. 1990년대의 인터넷 활황이 끝나자 다시 주택시장에 경기부양의 효과가 집중적으로 나타났지만 결국 부동산시장의 붕괴와 이를 바탕으로 한 금융상품의 가치 폭락을 가져왔다. 그래서 우리는 대부시장의 이자율을 인위적으로 하락시켜 부동산버블을 가져왔던 미연준의 정책을 경제성장 정책으로 볼 수 없다.

그래서 우리는 통화정책을 경기를 조절하는 수단으로 쓸 때 정부가 직면한 선택에 대한 더 정확한 표현은 '경제성장 대 물가안정'이 아니라 '경기부양 대(對) 물가안정'이다. 통화를 팽창시키는 것이 단기적인 경기부양의 한 방법일 수는 있지만 이것이 성장으로 연결된다는 보장은 전혀 없다.

소위 물가와 실업의 단기적인 트레이드-오프 관계를 경험적으로 말해준다는 필립스 커브도 물가는 오르면서 실업률도 동시에 높은 소위 스태그플레이션의 발생으로 그 일반성을 상실했을 뿐만 아니라 장기에 걸쳐서는 성립될 수 없다고 할 수 있다.

이렇게 경기조절용 정책을 성장정책으로 분식(粉飾)하게 되면 장기적으로 경제에 도움이 되지 않고 오히려 구조조정의 부담을 안길 수 있는 과도한 통화팽창과 물가상승을 너무나 쉽게 용인하게 된다. 정확한 표현을 씀으로써 이런 경향을 차단해야 할 것이다.

인플레이션과 물가상승

원래 인플레이션은 화폐의 증발을 의미했으나 현재 전반적인 물가상승을 인플레이션이라고 부르고 있다. 이에 따라 물가상승의 원인인 화폐의 증발을 의미할 단어가 다시 필요하게 된 이상한 상황이 연출되고 있다.

이런 혼용으로 인해 물가상승의 원인을 화폐의 팽창이 아닌 다른 원인들에 찾는 경향도 나타나고 있다. 특정 재화들의 가격이 아니라 거의 모든 재화의 가격들이 전반적으로 모두 상승하는 현상은 화폐의 증발을 제외하고 설명하기 어렵다.

노동과 같은 생산요소의 가격이나 석유처럼 모든 재화들을 만드는 데 들어가는 희소한 자원의 가격이 상승한다 하더라도 전반적인 물가상승으로 이어지기 위해서는, 거의 모든 재화의 생산량이 줄어들든지 아니면 화폐의 증발이 수반되어야 한다. 사람들이 보유한 화폐의 수량이 변하지 않을 경우 특정 재화나 생산요소의 가격 상승은 다른 재화들이나 생산요소들에 들어갈 화폐의 수량을 줄이게 할 수 있다. 즉, 석유가격의 상승에 따라 거의 모든 재화의 생산비용이 늘어나더라도 사람들의 그 재화에 대한 수요 또한 줄어들기 때문에 특정 재화의 가격이 반드시 올라가는 것은 아니다. 따라서 석유가격의 상승이 전반적인 물가상승의 원인으로 보기 어렵다.

결론

이 글에서는 경제에 관련된 용어들을 시장경제를 규정하는 용어들, 개념적 혼란을 주는 용어들로 나누고 시장경제를 규정하는 용어들은 주로 자본주의와 이를 규정하는 "0000 자본주의"와 같은 표현들에 중심으로 이를 검토하였다. 개념적 혼란을 주는 용어들은 이윤 개념, 무역관련 용어들, 복지지출 정당화에 기여하는 용어들, 시장경제와 작은 정부 실현에 장애를 주는 용어들, 그리고 통화정책 관련 용어들 등을 다루었다. 이와 함께 현재 사용되고 있는 용어들을 대체할 용어들도 제시하고, 그런 대체 용어가 용이하지 않는 경우 어떤 방식으로 그 부정적 영향을 차단할 수 있을지에 대해 논의하였다. 경우에 따라서는 간단하게 대체 용어들로 대응할 수 있는 것도 있었지만, 이를 대체하는 것 자체가 이론 간의 투쟁에서 우위를 점하는 변화가 없는 한, 쉽게 용어를 대체하기가 어려운 경우도 있었다. 그리고 비록 현재 일반사람들이 그렇게 좋은 의미로 받아들이지 않는 용어라도 하더라도 예전부터 경제학사적 전통을 감안하여 대체하기보다는 다른 방식으로 대응하는 것이 필요한 경우도 있었다.

결론적으로 용어들을 검토하면서 얻게 된 생각은 결국 경제이론에서의 우위를 점하지 않고서는 용어들 몇 가지를 바꾸는 것으로는 부정적 인식을 불식시키는 데 커다란 한계가 있다는 점이다. 용어를 바꾸려는 노력과 함께 이런 근원적 노력이 반드시 함께 이루어져야 할 것이다.

지금까지 제안된 내용을 정리한 것이 다음의 표이다.

바른 용어 일람표

		기존 용어	변경 제안
시장경제 규정 용어		자본주의 자유방임주의 약육강식 자본주의 정글 자본주의 과당경쟁, 목따기 경쟁 승자독식 자본주의 약탈적 가격책정	시장경제 반간섭주의 조화 자본주의, 상생 자본주의 조화 경제, 상생 경제 시장경쟁, 경쟁을 통한 협력, 어울림의 법칙을 보편화 소비자선택 자본주의, 소비자 경제, 승자독식 정치,
개념혼란 용어	역사적 이념형 (시장경제 규정 용어로 오해)	천민 자본주의, 정실 자본주의 (crony capitalism) 부패 자본주의	
	이윤 관련	폭리, 초과이윤 적정가격, 부당가격 이윤의 사회적 환원 기업의 사회적 책임	폭실, 시장가격, 무희생 가격(victimless price) 기업의 사회공헌 기업의 사회공헌, 자발적 사회공헌, 부담금형 사회공헌
	무역 관련	보호무역주의 국제수지 적자	보호주의, 무역규제주의, 규제무역주의 중상주의적 정책을 장려할 위험성 경고
	복지지출 정당화 용어	권리 대 수혜자격; 수혜권 (entitlement) 낙수효과 고용없는 성장	법정 자격조건, (법정) 수혜자격 소득창출효과 신용어 "성장(생산)없는 고용" 사용
	작은 정부 역행 용어	친기업 정책, 친시장 정책, 부자감세 정책 재산권 보호 대 규제; 규제완화(deregulation) 재정규율(fiscal discipline) 대 재정긴축(fiscal austerity) 재벌, 시장점유율, 시장지배적 사업자, 시장지배자 공익시설, 공공재 기업가정신 규제비용	재산권보호를 규제와 구별; 규제완화를 탈규제로 번역 재정긴축 대신 재정규율이라는 용어를 더 활용 (대)기업집단, 소비자선택율, 소비자선택 사업자, 소비자선택자 망 산업, 각 산업 명칭을 직접 언급(철도, 상하수도 등) 기업가정신을 유지하되 필요한 경우에 한정하여 창업가정신, 혁신정신, 모험정신 등으로 표현 규제지출, 규제비용
	통화정책 관련	인플레이션 대 물가상승 경제성장 대 물가안정	인플레이션은 그 결과인 물가상승이 아니라 통화팽창만을 의미하여 사용

주

1 하이에크(김이석 역), 『노예의 길』, 64페이지에서 재인용.
2 민경국, 『시장경제의 법과 질서』, 자유기업원 참고.
3 경영학자들은 이런 상황을 cooperation과 competition을 합성한 용어인 coopetition이
   라는 용어로 부르고 있다.
4 이 논의는 여기에서 멈추기로 한다. 더 자세히 들어가면 균형이론과 대비된 경쟁과정
   이론 전체를 다루어야 하고 신고전파 경제학 전체를 비판하는 문제와 맞닿아 있기 때문
   이다. 이에 대해서는 커츠너, 『경쟁과 기업가정신』참고.
5 한 유치원생이 선생님에게 반문했다. "그냥 각자가 자기 좋아하는 것 사먹으면 안되나
   요?" 다수결 투표를 할 분야와 그렇지 않은 분야가 있다는 날카로운 지적이 아닐 수 없
   다. 이에 대해서는 보아즈(강위석 외 역), 『자유주의로의 초대』 참고.
6 이런 관점을 보여주는 책으로, 호페(박효종 역), 『민주주의는 실패한 신인가』 참고.
7 이에 대해서는 경향신문사, 『세계금융위기 이후』 참고.
8 바스티아(김정호 역), 『법』 참고.
9 이에 대해서는 Block, Walter, Defending the Undefendable 참고. 블록은 이 책에서
   폭리의 개념을 맹렬하게 비판하고 있다.
10 후자의 경우에는 조금 복잡하다. 만약 피서지의 재산권에 대한 권리가 있는 사람이 이
    를 부여했는지 혹은 누군가 권리가 없는 자가 폭력을 사용해서 영업을 제한했는지에 따
    라 비난할 수 있는지 여부가 결정될 것이다. 피서지 영업을 두고 폭력이 개입되기도 하
    고 말썽이 빚어지기도 한다.
11 이에 대해서는 라스바드(전용덕 외 역)『인간, 경제, 국가』 참고.
12 미국의 월가 시위를 촉발시킨 분노의 일부는 바로 "금융가(Wall Street)는 구제해 주면
    서 왜 일반인(Main Street)은 구제해 주지 않느냐"는 것이었다.
13 Amex 카드사는 자유의 여신상 보수 비용을 제공하기 위해 카드 사용액의 일정비율을 기부
    하겠다고 약속하였고, 이 취지에 동참한 사람들은 Amex 카드를 주로 사용하였다고 한다.
14 손실을 적자라고 표현하게 된 연유 등 국제수지 적자라는 표현의 문제에 대해서는 다음
    을 참고. 김정호, "경상수지 적자라는 허깨비" 한국경제신문, 2006.8.8.
15 이에 대해서는 라스바드(전용덕, 김이석 공역), 『인간, 경제, 국가』 참고.
16 이에 대해서는 곽태원, "성장 없는 고용의 함정", KERI 칼럼, 한국경제연구원, 2011.12.7.
    참고.
17 이 사실은 구 소련 집단농장을 방문한 미국 농부들이 성한 채소와 상한 채소를 그곳에
    서 동시에 포장하는 것을 보고 경악한 일에서도 확인할 수 있다. 성한 것 속에 상한 것
    을 포장하면 성한 것도 더 빨리 상한다는 상식에 반하는 일이 벌어진 이유를 따지고 들
    어가면 결국 채소에 대한 사적 재산권의 부재를 만나게 된다. 재산권이 있을 때 자원을
    가장 가치 있는 방식으로 사용하려는 유인이 살아나게 된다는 점에서 재산권이 보호되

는 사회에 사는 재산이 별로 없는 사람도 혜택을 보게 된다.

18 민영화(privatization)도 정확한 번역이라고 보기 어려운 점이 있다. 민간이 경영한다는 의미라기보다는 민간이 소유한다는 의미가 강한 용어이기 때문이다. Denationalization의 경우 탈(脫)국유화로 privatization은 민유화 정도로 번역할 수도 있을 것이다.

참고문헌

[국내문헌]

하이에크(김이석 역), 『노예의 길』, 나남신서, 2012.

로버츠(김지황 역), 『보이지 않는 마음』, 월드컴, 2012.

보아즈(강위석 외 공역), 『자유주의로의 초대』, 북코리아, 2009.

라스바드(전용덕·김이석 역), 『인간·경제·국가』, 나남출판, 2006.

민경국, 『시장경제의 법과 질서』, 자유기업원, 1997.

호페(박효종 역), 『민주주의는 실패한 신인가』, 나남출판, 2004.

커즈너(이성순 역), 『경쟁과 기업가정신』, 자유기업원, 1997.

바스티아(김정호 역), 『법』, 자유기업원, 1997.

경향신문특별취재팀, 『세계금융위기 이후』, 한스미디어, 2010.

김정호, "경상수지 적자라는 허깨비", 한국경제신문, 2006.8.8.

곽태원, "성장 없는 고용의 함정", KERI칼럼, 한국경제연구원, 2011.12.07.

미제스(민경국·박종운 공역), 『인간행동론』, 지만지, 2012.

[해외문헌]

Block, Walter, *Defending the Undefendable*, Ludwig von Mises Institute, 2008.

Mises, Ludwig von, *The Anticapitalistic Mentality*, Ludwig von Mises Institute, 1994.

2부

바른 용어가
바른 정책을 만든다

― '경제분야'의 정명

'기업' 정명

조동근(명지대학교 경제학과 교수)

시장경제기반 흔드는 어둠의 용어들

실존주의 철학자 하이데거는 "언어는 존재의 집이다"라고 했다. 언어는 존재가 머무는 곳이며 세계와 사물을 인식하는 통로라는 것이다. 언어는 의사소통의 수단을 넘어, 인간의 사유를 지배하고 복속시킨다. 인간이 언어를 부리는 것이 아니라 언어가 인간을 부리는 것이다.

'일감몰아주기'와 '납품단가 후려치기' 만큼 현상을 왜곡하는 거친 말도 없다. 언어의 마술 앞에 재벌은 '정당하지 않은 방법'으로 돈을 버는 '악의 화신'으로 낙인찍히고 있다. 거래 결과에 만족하지 못한 개인은 '인지부조화'에 빠지고, 실패라는 '결과'를 정당화하기 위해 '인지'를 바꾼다. 내가 일감을 따내지 못한 것은 누군가에게 일감을 몰아주었기 때문이고, 납품단가가 낮은 것은 부품에 문제가 있어서가 아니라 상대방이 부당하게 가격을 후려쳤기 때문이라고 여기게 된다. 여기에 '경제민주화'라는 요술방망이가 절묘하게 중첩된다. 진위를 따질 겨를도 없이 "크고 강한 것은 부당하다"라는 인식이 공유된다.

거친 용어는 오도된 정책을 낳는다. '경제민주화 1호 법안'으로 국회를 통과한 납품단가 부당인하에 대해 '징벌적 손해배상'을 적용키로 한 '하도급법 개정안'이 그 전형이다. 후려치기, 비틀기 등 어떤 수식어를 붙여도 징벌적 손해배상제도는 논리적 정당성을 갖기 어렵다. 징벌적 배상이 정당화되기 위해서는 가해행위가 '의도적'이고 그러한 사실을 '은폐'하려 했으며 그러한 가해행위를 적발하기가 현실적으로 쉽지 않아야 한다. 하지만 하도급거래에서의 납품단가 인하는 의도적 가해행위도 아니고 숨기거나 은폐할 수 있는 성질의 것도 아니다. 사적자치 영역인 협상에 '정당과 부당'의 잣대를 대는 것 자체가 무리다.

논란이 증폭되고 있는 '일감몰아주기'를 중립적으로 표현하면 계열사 간 '내부거래'이다. 기업이 생산을 '사업부제'로 할 것인가 '계열사 조직'으로 할 것인가는 기업의 판단 몫이다. 공정거래법은 특정 계열사에게 유·불리한 거래를 '불공정행위'로 간주하고 이미 엄격히 통제하고 있다. 하지만 일감몰아주기 관련 경제민주화법은 계열사 간 내부거래를 '원칙적'으로 금지시키고 특정요건을 충족하는 거래만을 '예외적'으로 인정하고 있다. '일감몰아주기'라는 언어의 분노를 온전히 풀지 못하면 과잉규제로 치닫게 된다.

'시장지배적 지위'도 과장된 개념이다. 시장지배는 가공의 개념이 아닐 수 없다. 정치권력처럼 임기가 존재하지 않으며 승자가 독식하는 것이 아니기 때문이다. 시장은 다양한 이해관계가 조정되는 장(場)일 뿐 그 자체가 '행위 주체'가 될 수 없다. 시장을 의인화(擬人化)한 "시장의 탐욕과 시장실패 그리고 시장권력"은 성립될 수 없는 '언어의 허구'이다.

정제되지 않은 거친 용어 그리고 시장의 본질과 그 운영원리에 반하는 용어의 무분별한 사용은 부지불식간에 시장경제의 기반을 허문다. 이러한 '어둠의 용어'는 국가의 시장개입을 불러들일 뿐이다. 경제민주화도 실은 국가의 시장개입을 위한 명분에 다름 아니다. '공정'을 표방하지만 실제는 인기영합이다. 이상적(理想的) 질서를 실현하기에 인간의 이성은 늘 제한돼 있고, '비시장적' 정치적 타협이 도덕일 수 없기 때문이다.

기업분야에서 개념이 잘못된 용어를 추출하고자 한다. 용어는 정확한 개념에 기초해 '가치중립적'으로 표현되는 것이 바람직하다. 부정적 및 계급 대립적 암시를 주는 용어 사용은 지양돼야 한다. 그리고 더 나아가 대안적 용어를 탐색할 필요가 있다. 이 글은 이 같은 목적에서 쓴 것이다.

개념이 잘못된 용어: 사용 자제

1) '납품단가 후려치기', '갑의 횡포', '납품단가 부당인하' '죽어가는 하청업체'

부품을 만드는데 소요되는 원자재 가격이 오른 경우, 이를 납품단가에 반영해 달라는 것이다. '납품단가 원자재가격 연동제'로 일반화할 수 있다. 물가연동제(에스커레이션 조항)를 생각하면 합리적인 요구로 보일 수 있다. 하지만 양자는 전혀 다른 문제다.

부품가격을 대기업이 결정한다고 생각하지만 이는 인식오류다. 부품의 가치는 부품이 들어가서 생산되는 최종 소비재에 대한 '소비자들의 가치평가'로부터 역산(逆算)된다. 소비자의 수요가격(demand price)이 출발점이다. 궁극적으로 부품가격을 결정하는 것은 소비자이다. 원자재 가격이 상승할 때 부품가격을 올릴 수 있으려면 소비자들이 이 같은 사실을 인지하고 최종 소비재에 대한 지불의사(willingness to pay)를 높여야만 가능하다. 소비자는 최종재 소비에 따른 효용이 증가하지 않는 한 지불의사를 높이지 않는다. 원자재 가격이 예기치 않게 상승했을 때, '조립업체가 인상된 만큼 부품가격을 올려주어 야 하는 것' 아니냐는 주문은 최종재에 대한 수요가 동시에 증가해 최종재 가격이 올라가지 않는 한 옳은 상황인식이 아니다.

계약은 구속력을 갖는 '사적자치'이다. 계약이 유효한 범위 내에서는 계약내용이 변하지 말아야 한다. 원자재 가격이 올랐다고 부품단가를 올려달라는 것을 인정하면, 공적 규제가 사적자치를 대체하는 것이다. 계약기간 중에 원자재 가격이 올랐다는 이유로 계약내용을 변경해야 한다면 '거래의 안정성'이 크게 해쳐진다. 이 같은 논리가 맞다면, 최종재 가격이 떨어지는 경우 이를 근거로 납품단가를 내려야 한다는 주장도 성립한다.

납품단가 연동제는 납품업체의 기업가정신을 고갈시킨다. 납품단가 연동제가 실행되면 납품업체는 어떠한 불확실성도 짊어지지 않게 되기 때문이다. 납품단가 연동제는 일종의 '납품단가지지(보장)'의 기능을 수행한다. 기업가정신은 "원자재를 포함해 생산에 필요한 생산요소들을 구매해 재화를 생산한 다음 이를 소요된 비용보다 더 비싸게 누군가에게 팔 수 있음을 기민하게 판단하고 이를 실천에 옮길 때" 발휘된다. 납품단가연동제는 궁극적으로 납품업체의 경쟁력을 떨어뜨린다. 납품단가 후려치기는 대기업의 우월적 지위남용과도 무관하기 때문에 사용하지 않는 것이 바람직하다.

2) 정상이윤, 적정이윤을 넘는 '초과이윤', 이윤공유제를 통해 사회에 환원해야

이윤은 경쟁에 의해 결정되며, 사전(事前)에 정해진 이윤은 없다. 진입이 자유로우면 정상이윤만 남고 초과이윤은 사라진다. 이는 교과서적 지식이다. 대기업이 납품업체에게 적정이윤을 보장해 주어야 한다는 것은 '시장에 대한 이해부족'에서 비롯된 것이다. 납품업자가 정상이윤의 이상의 초과이윤을 얻고 있다면 당해 납품업자보다 싼 가격에 부품을 납품하겠다는 경쟁업자가 나타난다. 결국 단가를 후려치는 것은 제조업자가 아닌 '또 다른' 납품업자이다. 겨우 먹고 살 만큼의 쥐꼬리만한 이윤만 남겨진다. 이것이 정상이윤(또는 적정이윤)인 것이다. 경쟁은 지갑을 여는 소비자의 후생을 증진시킨다. 경쟁을 촉진해야 하는 이유가 바로 여기에 있다.

3) 기업의 사회적 책임, 이윤의 사회 환원, 오도된 개념

'기업의 사회적 책임'을 물어야 한다면, 사회를 이루는 다른 경제 주체, 예컨대 노조와 정책당국의 사회적 책임도 물어야 한다. 이윤의 사회 환원은 "사회로부터 무엇인가를 가져갔으므로 이를 사회에 되돌려 주어야 할 책임이 있다"것을 시사한다. 하지만 기업은 '사회로부터 가져간 것 이상으로 사회에 기여'한다. 그 차이가 바로 이윤이다. 이윤은 배당의 원천이 된다. '이윤의 사회 환원' 보다 '기업의 사회 기부'가 정확한 표현이다. '기업의 사회적 책임'은 '밀턴 프리드먼'이 말한 대로 '계속기업(going concern)'으로 생존하는 것이다. 기업이 망하는 것만큼 사회적 책임을 져버리는 것이 없다. 기업이 망하면 노동자는 자동적으로 해고된다. 물론 법인세 납부도 없다.

4) 재벌의 탐욕, 재벌의 권력화, 시장을 '의인화'하지 말아야

시장은 특정 기업에게 특정재화를 사전에 할당하지 않으며 잘못된 기대와 계산에 기초한 의도를 예외 없이 처벌한다. 시장은 냉혹하기에, '탐욕'이 끼어들 공간이 존재하지 않는다. '시장권력'은 '정치권력'과 다르다. 시장의 권력은 소비자와 투자자가 부여한 것이다.

소비자가 제품을 사고 투자자가 자금을 대는 것은 그 기업을 신뢰하기 때문이다. 시장 권력은 '경쟁력'의 다른 이름이며, 정치권력과 달리 임기가 없다. 경합관계에 있는 경쟁자를 이기지 못하면 하시라도 권좌에서 내려와야 하는 것이 시장권력이다. 노키아와 소니의 몰락은 기업의 경쟁력이 '상수(常數)'가 아님을 보여준 것이다. 상업세계에서 성공은 누구에게나 열려있기 때문에 '시장권력은 공정'하다.

일각에서 "사회적 합의에 기초해 시장의 탐욕을 제어해야" 한다고 주장한다. 그러면 국가는 개인의 이해(利害)를 조정할 만한 '계산 능력'이 있으며 이를 뒷받침할 만큼 전지(全知)한 가를 물어야 한다. '인간의 이성'으로 '시장질서'를 대체할 수는 없다. 탐욕스러운 것은 시장이 아닌 '인간의 마음'이다.

5) 영리병원, 영리를 목적으로 하지 않으면 국가보조를 해야 함

현행 의료법은 의료기관 설립 자격을 의사와 비영리 법인만으로 제한해 주식회사 형태(투자개방형)의 의료기관 설립을 허용하지 않고 있다. 영리병원은 한국·일본·네덜란드 등 극히 일부 국가에서만 금지되고 있다.

한국의 비영리병원은 영리를 추구하지 않는가? 손해가 발생하는 경우, 이를 국가가 메꿔주지 않는 한 모든 의료법인은 영리법인이다. 영리병원 용법을 고집한다면, "삼성영리전자, 현대영리자동차"로 표기해야 한다. 또한 투자개방형 병원은 의료민영화와 무관하다. 우리나라는 국가독점의 건강보험제도를 실시하고 있기 때문이다.

의료민영화를 빌미로 투자개방형 의료법인 설립을 반대해서는 안 된다. "의료의 공공성은 비영리일 때 보장된다"는 인식 자체가 잘못된 것이다. 현대아산병원, 서울삼성병원을 '재벌병원'으로 낙인찍는다. 그러면서도 이들 병원에서 큰 수술을 받고자 한다.

잘못된 용어: 대안적 용어 제시

1) 순환(피라미드)출자에 따른 가공자본 → "간접소유자본, 간접자본"

순환출자는 대기업 집단의 계열회사 간 출자구조가 'A사→B사→C사→A사'와 같이 원모양으로 순환하는 구조를 의미한다. 공정거래법이 금지한 상호출자를 피하면서 계열사를 늘릴 수 있다. 그룹 내 A사가 B사에 출자하는 방식으로 A사는 B사의 최대주주가 된다. 이어 B사가 C사에 출자할 경우 B사의 최대주주인 A사는 B사와 C사의 최대주주가 돼 B사 와 C사를 동시에 지배할 수 있다. 다시 C사가 지배주주인 A사에 출자하면 A사의 자본금이 그만큼 늘어나 A사는 확실한 지배주주 역할을 수행할 수 있다.

이 같은 논리를 연장하면, "A→B…Y→Z-A"도 가능하다. 이때 A가 B에 100원을 출자(투자)하고, 이런 식으로 Z가 A에 100원을 출자한다면, A는 출자금을 전액 회수하게 된다. A가 재벌의 계열사이면 대중은 분노하게 된다. 규제론자들은 이 같은 논거에서 순환출자 금지를 주장한다. 일반대중에게 순환출자는 해소되어야 할 '악(惡)'으로 인식된다.

하지만 다음의 사례도 본질은 순환출자다. '갑(甲)'이 은행에서 100원을 빌려 김밥집(A)을 개업했다. 김밥집이 잘 돼, A를 담보로 은행에서 80원을 빌려 또 다른 분점(B)을 낸다. 분점도 영업이 잘돼 B를 담보로 은행에서 60원을 빌려 제2의 분점(C)을 개업했다. 이때 분점 C를 담보로 40원을 빌려 본점(A)에 출자하고, 갑은 40원을 은행에 상환했다. 일반대중은 이 같은 행태에 분노를 표출하지 않는다. 대신 '갑'은 사업수완을 잘 발휘해 사업체를 키운 '능력 있는 사람'으로 인식된다. 결국 김밥집은 되고 계열사는 안되는 것이다.

위의 설례(說例)에서 '갑'이 분점을 낼 수 있었던 것은 '시장의 테스트'를 통과했기 때문이다. 시장 테스트를 통과한 기업이 작은 자본으로 여러 개의 기업을 지배하는 것이 잘못된 것은 아니다. 순환출자는 자본이 부족했던 시대에 다양한 신산업에 진출할 수 있게 끔한, 자본을 절약하는 '제도적 대체재'로 기능했다. 순환출자는 전 세계적으로도 관찰되는 일반적인 기업조직(출자)의 한 형태이다.

규제론자들은 순환(피라미드)출자로 '가공가본'이 만들어져 지배주주가 '소수지분으로 경영전권'을 행사한다고 비판한다. 예컨대 지배주주의 직접 지분이 3%, 계열사 지분이 37%인 경우 총지분은 40%이다. 계열사 지분이 '가공자본'이라는 것이다. 가공자본은 실체가 없는 '유령 자본'으로 단지 지배주주의 지배력을 끌어올리는 목적으로만 쓰이는 자본으로 인식된다. 하지만 기업 간 출자가 허용되는 한 가공자본은 언제나 만들어지게 된다. 이것이 문제시된다면 기업 간 출자 자체를 불허해야 한다. 하지만 법인은 법의 인격을 갖고 있기 때문에 여타 기업의 주식을 보유할 수 있다. 이렇듯 계열사 지분은 일종의 '간접지분'이다. 따라서 가공자본 대신 '간접소유 자본' 또는 '간접자본'이란 용어를 쓰는 것이 타당하다.

신설기업이 아닌 한 기업의 출자는 누군가 설계한 것이 아니다. 사업 포트폴리오에 대한 경영판단 결과가 반영된 것이다. 현대자동차 그룹의 순환출자구조는 2013년 현대제철이 현대하이스코 냉연사업부를 합병하는 과정에서 형성됐다. 현대제철은 현대하이스코 주주를 대상으로 합병신주 3123만 5309주를 발행했고, 이 과정에서 현대하이스코의 최대주주인 현대자동차가 현대제철 지분 7.87%를 새롭게 취득함으로써 순환출자 고리가 형성된 것이다. 이처럼 순환출자는 구조조정 과정에서 사후적으로 형성되는 경우가 많다. 현대제철과 현대하이스코의 합병은 '규모의 경제'를 실현하기 위해 시행된 것이다. 따라서 순환출자를 지배주주의 사익추구 행위로 해석할 이유는 없다.

<그림-1> 현재제철 순환출자구조 형성과정

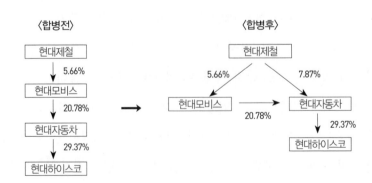

2) 일감몰아주기 → '내부거래'

일감몰아주기 규제 → '부당내부거래 규제'

거래는 '자산특정성(k)'의 정도와 자신의 이익을 방어해 낼 수 있는 '안전장치(s)' 구비 정도에 따라 그 유형이 나뉜다. '자산의 특정성(asset specificity)'은 특정 용도로만 사용되는 실물자산, 전문 인력, 특정 입지, 용도전환이 불가능한 무형자산 등을 의미한다. 특정성이 강한 자산을 거래하게 되면 서로가 서로에게 묶이게 되므로 '쌍방 독점관계'에 놓이게 된다. 쌍방독점 관계에 놓이게 되면, 자신을 방어할 수 있는 '안전장치(safeguards)'를 갖춰야 한다.

'자산특정성(k)'의 정도는 '0과 1'을 양극단으로 한다. 완전한 범용(general purpose)의 자산이 거래되면 'k = 0'이, 완전 특정성을 가진 자산이 거래되면 'k =1'이, 중간 영역이면 '0 〈 k 〈 1'이 성립한다.[1] '안전장치'(s)는 이해관계가 걸린 특정 거래의 중도파기를 구속할 수 있는 조치를 의미한다.[2] '안전장치'(s)의 구비 정도 역시 '0과 1'을 양극단으로 한다. 's = 0'은 안전장치가 전혀 구비되어 있지 않은 상태를 의미한다. 안전장치가 불비(不備) 되면, 상대방의 일탈행위를 전혀 방어할 수 없어 그로 인한 손실을 자신이 그대로 떠안아야 한다. 안전장치가 완전하게 구비되어 있으면 's = 1', 안전장치가 완전하지 않으면 '0 〈 s 〈 1'의 관계가 성립한다.

〈그림-2〉거래의 유형(k, s)에 따른 조직 형태

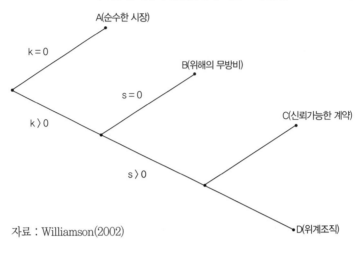

A(순수한 시장)

k = 0

B(위해의 무방비)

s = 0

k〉0

C(신뢰가능한 계약)

s〉0

D(위계조직)

자료 : Williamson(2002)

〈그림-2〉는 자산특정성과 안전장치의 지표인 'k와 s'의 값에 따른 거래의 유형과 그에 따른 조직(거래) 선택을 나타낸 것이다. 〈그림-2〉에서 점 A는 신고전파 경제학의 이상적 거래를 나타낸 것이다. 쌍방 의존성이 없기 때문에 경쟁적인 시장기능을 통해 거래가 수행된다. 즉 시장거래를 통해 생산을 조직할 수 있다. 'k 〉 0' 이면 '관계 특정성'이 존재하는 바, 점 B는 안전장치가 없어(s = 0) 거래의 위해(危害)에 완전히 무방비한 상태를 의미한다. 현실적으로 B점은 존재하지 않는다. 점 C는 계약의 내용에 안전장치가 구축(s 〉 0)된 것을, 점 D는 거래당사자들이 '위계질서' 즉 기업으로 완전히 통합된 것을 나타낸 것이다. 점 C는 점 A의 '순수시장'과 점 D의 '기업' 사이에 존재하는 '혼합형 질서(hybrid order)'로, 개별적인 경제단위 간에 '신뢰 가능한 장기계약'이 이루어진 것으로 볼 수 있다.

이때 거래의 개별적인 경제단위가 '개인'이 아니고 '기업'인 경우, 〈그림-2〉는 생산조직에 관해 중요한 시사점을 던져준다. 미국의 대기업들은 개별기업 체제를 유지하고 있어, 각 기업은 독립적인 주체로서 활동한다. 상이한 기업 간의 관계는 '시장관계'에 놓여 있다고 보면 된다. 반면 우리나라 기업집단은 '계열사 구조'로 되어 있어 기업 간에 긴밀한 관계가 유지된다. 계열사는 독립적인 법인격을 갖지만 일정한 재무적 연결 하에서 경제적으로 일정한 관계를 맺고 있다. 계열사들 간의 거래는 〈그림-2〉의 '점 C'로 나타낼 수 있다. 계열사 조직은 시장조직과 위계조직의 중간조직이다. 이 같은 계열사 간 거래가 '내부거래'이다.

계열사 간 내부거래가 '정상적인 시장가격'에 기초하고 있는 한, 내부거래를 '일감몰아주기'로 왜곡해서는 안 된다. 부당내부거래는 공정거래법에서도 엄격하게 금지시키고 있다.

비상장기업을 이용한 편법 증여수단으로 계열사간 거래가 이루어지는 경우, 이는 다른 논리(상속세 회피의도)로 접근하는 것이 순리이다. 계열사 간 내부거래를 규제하는 것은, 기업 활동의 자유를 심각하게 침해하는 처사가 아닐 수 없다.

3) 골목상권 vs 대형마트 → '근린상권 vs 대형 할인양판점(할인 마트)'

'골목상권 vs 대형마트' 만큼 불필요한 갈등과 증오를 부추기는 용어는 없다. 골목상권은 엄밀한 의미에서 틀린 개념이다. 상권은 골목이 아닌 '소비자의 발걸음'이 만들어내기 때문이다. 골목은 장소에 불과하다. '먹자(피자)골목'은 음식점(피자집)이 많이 몰려있는 골목일 뿐이다. '골목상권' 대신 '근린상권'으로 써야 한다. 대형마트도 외형이 크다난 것을 의미하는 것이 아니다. 그렇다면 '대형할인 양판점' 또는 '대형할인 마트'로 칭해야 맞다.

구매는 이제 특정 공간을 전제할 필요가 없다. '해외직접구매, 모바일상품권 판매' 등은 '골목상권 vs 대형마트'의 2분법적 접근이 얼마나 허구인 가를 보여주는 사례가 아닐 수 없다.

4) 공익시설, 공익산업 → '사회간접자본시설, 망(네트워크)산업'
공기업(public enterprise) → '정부기업(government enterprise)'

공익(public interest)은 사익과 대비되기 때문에, 공익이란 용어의 사용에 신중을 기해야 한다. 공익시설과 공익산업하면 공익을 위해 존재하는 시설 내지 산업으로 오인된다. 뿐만 아니라 이익을 내서는 안 되는 산업으로 인식된다. 공익시설, 공익산업은 '사회간접 자본시설, 망(네트워크)산업'으로 불리는 것이 합리적이다.

공기업(public enterprise)도 마찬가지다. '공'은 '사'보다 우선하는 것으로 오인된다. 미국 GM의 경우, 파산보호 신청을 하고 정부 자금이 들어가면서 GM(government motor)으로 불렸다. 공기업은 정부소유 기업, 줄여서 '정부기업'으로 불리는 것이 맞다. 그렇게 함으로써 기업 운영 관련해서 정부 규제가 적용되고 적자에 대해 세금이 지원된다는 것을 부각시킬 수 있다.

5) 재벌 → '기업집단, 계열조직'

　시장지배적 기업 → '경쟁우위 기업, 시장선도 기업'

　시장점유율 → '기업의 시장성과율, 시장활용률, 소비자선택률'

　재벌은 우선 적합한 표현이 아니다. '군벌, 족벌, 학벌'의 사용을 자제하면서 재벌을 남용하는 것은 문제가 아닐 수 없다. 재벌은 기업집단 또는 계열조직으로 불려야 한다.

　시장지배적 기업은 '악한 기업'으로 인식될 여지가 있다. '시장지배적 지위의 남용, 시장우월적 지위 남용'은 현재 공정거래법으로 규율하고 있다. 따라서 시장지배적 기업은 보다 중립적 개념인 '경쟁우위 기업', 또는 '시장선도 기업'으로 불려야 한다. 과점시장의 '주도-추종(leader-follower)' 모형에서 주도기업(leader)은 가격을 선도할 뿐, 시장을 지배하지는 않는다. 또한 시장점유율은 독점으로 연결되어 부지불식간에 의미를 그 의미를 왜곡시킨다. 기업에 대한 소비자 선택의 결과 시장을 점유한 것이기 때문에, 기업의 성과가 반영된 '기업의 시장성과율, 시장활용률, 소비자 선택률'로 표현되어야 한다.

6) 대기업 독식 → '기업 생태계, 대기업·중소기업 가치사슬'

　'대기업 독식'은 대기업이 모든 이득, 이권을 취하면서 시장을 완전 장악하는 것으로 오인될 소지가 크다. 하지만 법적 독점으로 제도적 진입장벽을 치지 않는 한, 완전 독점은 성립하지 않는다. 시장은 분할될 수 있기 때문에, 또한 늘 대체재가 존재하기 때문에 독식은 존재할 수 없다. 대기업 독식은 사실에 근거하지 않은 반(反)기업

정서를 갖게 하는 잘못된 용어이다.

한편 기업은 기업생태계 속에서 존재한다. 가치사슬(value chain)은 기업과 기업 간의 관계가 전제될 때 의미를 가진다. 하청과 원청의 중층구조 자체가 가치사슬이다. 최근 글로벌 대기업은 '자체생산(self make)' 보다 '시장구매(market buy)'를 통해 기업을 키우는 경향이 있다. 따라서 조립업체로서의 대기업과 협력업체로서의 중소기업 간의 클러스터 경쟁력이 중요하다.

글로벌 시대에는 '시장집중'(독점산업화)과 '일반집중'(기업집단의 경제력비중)으로서의 경제력 집중은 그 의미가 반감된다. 좁은 국내시장에서 각축을 벌이는 것이 아니기 때문이다. 한 기업이 여타 기업을 밀어내지 않는다. 그리고 산업의 독점도가 높아지면 수입문호를 개방하면 된다.

삼성전자, 현대자동차 등 글로벌 대기업은 매출의 대부분을 해외에서 일으킨다. 최종재 수출을 위해 중간재와 부품을 조달하는 경우, 그 구입액은 협력 업체의 매출로 잡힌다. 이렇게 해서 '기업 생태계'가 만들어진다. 글로벌 시대의 산업경쟁력은 얼마나 기업생태계를 잘 구축했는가에 의존한다. 그리고 '글로벌 강소기업'은 이러한 기업생태계 속에서 만들어진다.

주

1 김치냉장고를 예를 들면, 김치냉장고용 모터 거래는 'k=1'에 해당한다.
2 자산 특정성이 높은 경우 계약중도 해지는 서로에게 큰 피해를 주게 된다. 따라서 '안전장치'는 통상 계약 중도해지의 원인을 제공한 쪽에 대한 벌금부과 형태를 띤다.

'노동' 정명

남성일(서강대학교 경제학부 교수)

철학자 하이데거는 "언어는 존재의 집이다"라고 말하였다고 한다. 굳이 이처럼 철학적인 성격 규명을 하지 않더라고 언어는 생각을 표현하는 본질적인 도구이다. 우리들은 언어를 통해서 현상과 그에 대한 자신의 생각을 표현할 뿐 아니라 새로운 현상과 그에 대한 생각을 언어를 통해 배운다. 이처럼 언어는 소통의 도구이면서 그를 통해 존재를 규정하는 역할을 한다. 언어를 통해 우리가 인식을 공유하고 토론하는데 있어 가장 기본적인 것은 인식의 대상이 되는 것에 대하여 정확하고 적절한 용어를 사용하는 것이다. 여기서 '정확'하고 '적절'하다는 것은 그 '본질'에 대해 가급적 '객관적' 또는 '가치중립적'으로 표현하는 것을 말한다. 예컨대 '재벌'이라는 용어는 '기업의 집단'이라는 본질을 표현하고 있지 않을 뿐 아니라 벌(閥)이라는 표현을 통해 부도덕하거나 무서운 압력으로 작동되는 듯한 '부정적 가치'를 심는 용어이기에 정확하지도 않고 적절하지도 않다. 당연히 '대기업집단'이라는 용어가 정확하고 적절한 것이다. 부정확하고 부적절한 용어들은 무지에서 나오기도 하지만 대부분 어떤 목표를 위해 의도적으로 만들어진다. 우리나라는 지난 50년간 이른바 압축적 고도성장을 하면서 그 축인 시장경제와 시장경제 작동원리에 불만을 가진 계층과 세력들에 의해 부정확하고 부적절한 용어들이 양산되고 있을 뿐 아니라 조직적으로 사용범위를 넓혀감으로써 사회 일반은 물론 특히 자라나는 세대들에게 현상에 대한 그릇된 인식을 심어주고, 생산적인 토론이 이루어지지 못하게 하고 있다. 이같은 경향은 반(反) 시장경제적 이데올로기에 기반한 일부 노동조합 또는 노동운동단체가 큰 영향을 발휘하고 있는 노동시장에서 특히 심하다. 시장경제 원리를 부정하는 이데올로기는 기업을 생산의 주체로 인정하기 보다는 틈만 나면 기업 또는 고용주는 노동을 착취한다는 가정 하에 노동의 대척점에 놓음으로써 의도적으로 대립구도를 부여한다. 그럼으로써 기업 또는 고용주와 대결하는 일체의 행동에 정당성을 부여한다. 그리고 그러한 목표를 위하여 각종 현상이나 행동들에 대하여 의도적으로 만들어진 용어를 사용한다. 그러한 용어를 반복적으로 듣다보면 그 용어들이 갖는 가치에 자신도 모르게 젖어들고, 기업과 나라경제 뿐만 아니라 근로자에게도 해로운 일들이 '정의'라는 명분으로 행해진다. 여기서는 대표적으로 노동시장의 현상을 왜곡시킨다고 생각되는 몇 가지 용어들에 대하여 토론함으로써 그 폐해와 개선을 모색하고자 한다.

고용관련 용어들

1) 비정규직

우리나라에서 현재 사용되고 있는 용어 중 '비정규직'이라는 용어처럼 잘못된 용어도 드물다. 이른바 비정규(非正規)직은 아니 비(非)자를 써서 '정규직이 아닌 모든 일자리'을 일컫는 용어로 쓰고 있다. 정규직이 아닌 모든 일자리를 뭉뚱그려 비정규직이라 표현함으로써 일자리를 정규직과 비정규직, 둘로 나누는 전형적인 이분법적 시각으로 현상을 보도록 하고 있다. 그리하여 정규직은 '정상적'인 것처럼 보이게 하고 정규직이 아닌 모든 것 즉 '비정규직'은 '비정상적'인 것, 나아가서 고쳐져야 할 것, 없어져야 할 것으로 비춰지게 한다. 그러한 왜곡이 십여 년 동안 진행되어 오다 보니 이제는 객관적 시각을 가진 지식인들조차 '비정규직'하면 뭔가 잘못되었고 정책이 필요한 대상이라는 인식을 가지고 있음을 보게 된다. 그러나 이른바 '비정규직'이라 뭉뚱그려진 것들의 내부를 들여다보면 결코 하나로 뭉뚱그려질 수도 없을 뿐 아니라, 시대에 따라 변하는 정당하고 다양한 취업형태들로써 '비정상적'이거나 '없어져야 할' 것들은 전혀 아님을 알 수 있다. 그럼에도 불구하고 현재는 오히려 비정규직의 범위가 지속적으로 넓어져가는 흐름으로 가고 있다. 예컨대 2014년 정부통계는 32.4%인데 노동계는 45% 플러스 알파로 주장하고 있다. 여기서 알파는 사내도급 등 정규직, 그리고 일부 독립 자영업자까지 포함한다.

<표 1> 한국의 '비정규직' 및 OECD의 '임시직' 비교

구분			한국	OECD
한시적 근로자	비기간제 근로자	①기간제 근로자	√	√
		②반복갱신으로 계속근무 가능자	√	
		③(비자발적사유로)계속근무기대 곤란자	√	?
시간제 근로자	④시간제 근로자		√	
비전형 근로자	⑤파견 근로자		√	√
	⑥용역 근로자		√	
	⑦특수형태근로 종사자		√	
	⑧가정내 근로자		√	
	⑨일일(단기) 근로자		√	√

〈표 1〉은 이른바 비정규직에 포함되는 고용형태를 보여준다. 모두 9가지로 구성되어 있는데 기간제 근로, 일일근로뿐 아니라 ②번처럼 기간제가 아니고 사실상 상용근로라 할 수 있는 것도 한시적 근로라 하여 포함하고 있다. 뿐만 아니라 용역근로처럼 실제로 도급사업체의 정규직원인 경우도 포함하고 있다. 더욱이 고용관계가 없는 자영업자 집단까지 특수형태근로라 하여 포함하고 있다. 9가지 형태를 한시적 근로자, 시간제 근로자, 비전형 근로자 등 세 개의 분류로 묶고 있지만 이 분류조차 어떤 객관적 기준에 의해 만들어진 것이 아니고 지극히 자의적으로 만든 것일 뿐이다.[1] 그렇기 때문에 이른바 우리나라의 '비정규직'은 국제적으로 통용되는 기준과 매우 다르며 비교할 대상이 없다. OECD 등 국제적으로 통용되는 기준은 임시직(temporary job)이며 〈표 1〉에서 기간제 근로자, 파견 근로자, 및 일일 근로자로 구성된다. 그럼에도 불구하고 비교할 수 없는 OECD기준과 견주며 국제기준에 비해 월등히 많다, 따라서 축소해

야 한다고 주장한다.

가장 문제가 되는 점은 이렇게 싸잡아 '비정규직'이라고 부정적으로 묘사되는 취업형태들은 당당한 고용형태이며 시대의 변화에 따라 오히려 발전시켜야 할 것들이 많다는 점이다. 노동계 등은 상시적으로 존재하는 근무에는 기간제를 써서는 안 되며 정규직을 써야 한다고 주장하고 있고, 정부조차 이에 일정부분 동의하며 공공부문에 무기(無期)계약 근로자를 쓰겠다고 한다. 그러나 근무의 상시성 여부와 고용계약의 상용(정규)/임시(계약직) 여부는 별개다. 상시적 업무에 임시계약직을 얼마든지 쓸 수 있다. 예컨대 수많은 기업 또는 영업장에서 판촉업무는 상시적 업무지만 고용은 임시계약직으로 이루어지는 것이 대부분이다. 급격한 기술발전으로 업무환경이 자주 바뀌는 추세에서 임시직 계약은 고용주와 근로자 쌍방에게 득이 될 수 있다. 또 임시계약직이라고 정규직에 비해 반드시 열악한 것만도 아니다.

시간제 근로는 일과 가정의 병존을 위해 현재보다 더 적극적으로 육성해야 할 취업형태이지 부정적으로 취급하여 억제할 대상이 전혀 아니다. 많은 선진국에서 시간제 근로를 통하여 한편으로 일자리를 늘리면서 한편으로 근로자의 시간 활용을 효율화하고자 한다. 파견 근로 또한 기업에게는 유연성을 제공하고 근로자에게는 취업기회를 제공하는 등 노동시장의 수요와 공급에 동시적으로 도움을 주어 적극적으로 육성해야 할 취업형태이다. 일본, 독일을 비롯하여 과거 한 때 파견을 억제했던 많은 나라들이 파견활성화를 통해 일자리를 창출하고 노동시장의 유연화에 도움을 주는 경험을 하고 있건만 유독 우리나라만 세계에서 유례가 없는 지독한 규제를 가하여 제대로 작동조차 하지 못하고 있다. 그리고 뒤에서 다시 살피겠지만 이른바 용역근로, 특수형태 근로는 정규/임시 분류 또는 고용관계의 분류조차 적용할 수 없는 독립적인 취업형태들임에도 불구하고 비정규직이라는 굴레를 쓰고 부정적으로 취급당하고 있다.

이렇게 이른바 '비정규직' 근로들은 당당한 취업형태로 존중받아야 할 것들이지 택해서는 안 될 몹쓸 취업형태로 취급되어서는 안 된다. 이미 살펴보았듯이 이들은 서로 이질적임에도 하나의 그릇에 담겨져 비난받고 있다. 지금이라도 이렇게 잘못된 굴레를 벗겨야 한다. 그리고 각각의 취업형태가 그 존재의 특성에 따라 반듯하게 발전할 수 있도록 걸림돌을 치워주어야 할 것이다.

애초에 정규직/비정규직 이란 구분은 기업 차원에서 인사관리 용도로 쓰인, 일본식 표현이었다. 다시 말해 산업이나 국가의 노동시장 전체에 적용될만한 구분이 아니다. 한 나라의 노동시장의 고용형태를 분류하는 것은 국제적으로 인정되는 객관적 기준을 따르면 된다. 여기에는 두 가지가 있는데 계약기간의 유한성 여부, 그리고 근무시간의 길이 여부다. 계약기간의 유한성 여부에 따라 기간을 정함이 없는 계약(open ended contract)과 계약기간이 명기된 계약(fixed term contract)로 나뉜다. 그리고 근무시간에 따라 전일제(full time)계약과 시간제(part time)계약으로 나뉜다. 이 두 분류는 서로 결합하면 2X2=4가지 계약형태를 만든다. 모든 고용계약은 이 4가지 중 하나로 귀결된다. 기간을 정함이 없는 계약은 짧게는 상용직(常用職)으로 부를 수 있고 계약기간이 명기된 계약은 계약직(契約職)이라 부를 수 있다. 일본과 같이 계약직이라 하더라도 반복 갱신 등에 의해 1년 이상 근무하는 경우 상용직으로 포함할 수도 있다. 분류의 기준이 명확하므로 혼란이 있을 수 없고, 뭐가 좋다 나쁘다는 식의 가치판단을 배제하므로 공정하다.

2) 용역근로

앞에서 살펴본 비정규직의 고용형태 가운데 '용역 근로자'라는 게 있다. 이에 대하여 비정규직에 대한 공식적인 통계조사인 경제활동인구조사 부가조사의 용어설명을 보면 다음과 같다.

용역근로자: 용역업체에 고용되어 이 업체의 지휘 하에 이 업체와 용역계약을 맺은 다른 업체에서 근무하는 형태 (예: 청소용역, 경비용역업체 등에 근무하는 자)

다름 아니라 청소나 경비업체의 근로자들로서 도급계약에 따라 일하는 근로자를 말한다. 그런데 용역이라는 용어는 법적인 용어가 아니고 법적으로는 도급이라는 용어가 있다. 그런데 수없이 많은 도급 가운데 유독 청소와 경비만 용역이라는 별도의 용어를 써가며 차별적으로 취급해야 하는지 객관적인 근거가 없다. 설사 시장에서 이런 용어를 사용한다 해도 국가 차원에서는 객관적인 근거 없이 다른 도급과 차별하는 용어를 쓰는 것은 부적절하다. 한편 청소도급이나 경비도급의 근로자들은 그들이 속한 도급업체의 정규사원인 경우가 많다. 그럼에도 멀쩡한 정규사원을 그들이 청소나 경비 도급업체의 직원들이라 해서 비정규직이라 부르는 일이 벌어지고 있는 것이다. 비정규직 분류는 이들을 '비 전형 근로자(atypical worker)'의 일부로 분류하고 있다. 그러나 청소나 경비 근로가 어떻게 해서 비 전형 근로가 될 수 있는가? 이 업무들은 수십년 전부터 존재해왔고 앞으로도 상당기간 바뀌지 않을 전형적 업무가 아니던가?

굳이 이유를 찾자면 이들 근로가 낮은 수준의 단순 업무이고 저임금이라는 점 때문에 여기 종사하는 근로자들의 근로조건을 보호하자는 목적이 있을 수 있을지 모르겠다. 또 한 가지. 2014년 현재 용역근로라고 통계잡힌 숫자가 602천명으로 이른바 전체 비정규직의 10%에 달한다. 따라서 이 작지 않은 규모를 비정규직으로 잡음으로써 전체 비정규직 숫자를 부풀리고 싶은 속내가 작용하고 있는지 모른다. 그러나 그렇다 하더라고 멀쩡한 정규사원을 비정규직으로 분류하는 것은 부적절할 뿐 아니라 오류다. 그리고 세계 어느 나라의 분류를 살펴봐도 청소나 경비와 같이 일의 모습을 기준으로 임시직으로 분류하는 예는 없다. 저임금 근로이므로 보호하고 싶다면 비정규직이라는 굴레 아닌 다른 정당한 이유를 들고 보호정책을 추구해야 할 것이다. 용역근로라는 차별적인 용어는 철폐하고 다른 도급근로와 똑같은 용어를 사용해야 할 것이다.

3) 특수고용

특수고용 또는 줄여서 '특고'라는 용어들이 쓰이고 있다. 공식적으로는 비정규직 분류의 '특수형태근로 종사자'인데 노동계는 '고용'이라는 용어를 덧대서 특수고용이라 부르고 이를 확산시키고 있다. 경제활동인구조사 부가조사의 용어설명을 보면 다음과 같다.

특수형태근로 종사자: 독자적인 사무실, 점포 또는 작업장을 보유하지 않았으면서 비독립적인 형태로 업무를 수행하면서도, 다만 근로제공의 방법, 근로시간 등은 독자적으로 결정하면서, 개인적으로 모집·판매·배달·운송 등의 업무를 통해 고객을 찾거나 맞이하여 상품이나 서비스를 제공하고 그 일을 한만큼 소득을 얻는 근무 형태

한편 NAVER의 시사상식 사전 및 한경 경제용어사전은 '특수고용직'이라는 용어를 각각 다음과 같이 설명하고 있다.

"근로계약이 아니라 위임계약 또는 도급계약에 의거하여 고객을 찾거나 노무를 제공하고 실적에 따라 수당을 받아 생활하는 개인사업자 형태로 이루어진다. 즉, 근로자가 사용자의 지휘와 감독 아래에서 종속적으로 노동을 제공하는 것과 다르게 이들은 자신이 계산하여 독립적이고 자율적으로 노동을 제공한다." [네이버 지식백과]
특수고용직(特殊雇用職) (시사상식사전, 박문각)
"레미콘 기사, 학습지 교사, 골프장 캐디 등을 말한다. 이들은 근

로자인지, 자영업자인지 구분하기 어려우며 일종의 프리랜서(자유직업인)다. 예를 들면 레미콘 기사는 대부분 자기 차량을 갖고 건설현장 등에 레미콘을 실어다 주고 돈을 받으며 따라서 이들은 일반 근로자처럼 근로소득세를 내지 않고 사업소득세를 낸다."[네이버 지식백과] 특수고용직 *(한경 경제용어사전, 한국경제신문/한경닷컴)*

이른바 '특수고용직'이란 무엇보다 우선 고용관계를 가진 근로자가 아니라 사업자 등록증을 가진 사업자라는 점에서 고용관계를 전제로 하는 고용직이라는 용어를 쓸 수 없다. 법률용어로서 '고용계약'은 다음과 같이 정의된다.

당사자일방(노무자)이 상대방(사용자)에 대하여 노무를 제공할 것을 약정하고, 상대방이 이에 대하여 보수를 지급할 것을 약정함으로써 성립하는 계약을 말한다(민법 제655조). 낙성의 유상·쌍무계약이다. 노무공급계약(勞務供給契約)의 일종이기는 하지만 사용자의 지휘에 따라서 노무자체의 공급을 목적으로 하는 점에서 도급 또는 위임과 다르다. *(법률용어사전, 2011.1.15, 법문북스)*

요컨대 고용직이라는 용어를 쓰려면 고용주와 고용계약이 있고 고용주의 지휘에 따라 노무를 공급하고 그 대가를 받아야 하는데 여기서 말하는 취업형태는 노동법상의 고용계약이 아니라 민법상의 계약에 의해 이루어지며, 고용주의 지휘감독에 따른 근로가 아니라 자영업자 자신이 계산하고 스스로 근무를 통제하는 독립적인 과업 수행이다. 또한 고용관계를 가진 근로자가 근로소득세를 내는 것과 달리 이들은 사업자로서 사업소득세를 낸다. 즉 실체적으로나 법적으로나 고용관계를 맺지 않고 있다. 그럼에도 '특수하기는 하지만 고용관계'라는 의미를 강하게 주는 '특수고용'이라는 용어를 사용하고 있다.

이들에 대해 근로자성을 부여하려는 시도는 계속되고 있으며[2] 점점 더 범위가 넓어지고 있다. 최초에는 보험모집인, 골프장캐디, 학습지 방문교사 등이었으나 이후 레미콘기사, 화물연대 사업자, 구성작가 등으로 넓혀지고 최근에는 퀵서비스 사업자, 그리고 애프터서비스 요원 등으로 확대되고 있다. '특수고용'이라는 두루뭉술한 표현으로 묶는 만큼 앞으로 이른바 '을'의 위치에 있다고 판단되는 모든 개인사업자들이 이 분류에 포함될 수 있다. 2014년 현재 이른바 비정규직 조사에서 특수형태근로 종사자의 규모는 524천명으로 전체 근로자의 2.8%에 달한다.

전술한 바와 같이 이들은 개인사업자일 뿐이다. 개인사업자라는 정당한 이름으로 부르는 것이 당연하다. 비정규직 근로자라는 테두리에 넣기위해 '특수고용'이라는 본질과 동떨어진 이름을 붙여서는 안된다.

4) 간접고용

'특수고용'이란 용어와 같이 최근 수년간 많이 등장하는 용어가

'간접고용'이다. 간접고용이라는 용어에 대하여 네이버 지식백과는 다음과 같이 설명하고 있다.

간접고용이란 기업의 필요에 따라 타인의 노무를 이용하지만 노무제공자와 근로계약을 직접 체결하지 않고 타인에게 고용된 근로자를 이용하는 고용형태를 말한다. 이러한 의미에서 간접고용의 유형은 근로자공급, 근로자파견, 용역, 도급, 위탁, 사내하청, 소사장, 전출, 점원파견 등 다양하다.[네이버 지식백과] 간접고용(間接雇傭) (실무노동용어사전, 2014, (주)중앙경제)

그러나 이 용어를 즐겨 사용하는 측이 말하는 간접고용의 내용은 보다 직설적이다. 즉 노동력을 필요로 하는 사용자가 당해 노동력을 직접 고용하지 않고 외부업체를 이용하여(끼워넣고) 그 업체의 노동력을 직접 사용하는 것을 말한다.

간접고용이란 용어는 2000년대 초까지만 해도 그렇게 광범위하게 쓰이지 않았다. 대신 불법파견 또는 위장도급의 용어가 사용되었다. 그러다 2010년을 전후하여 '특수고용'처럼 점차 범위가 파견이나 사내도급을 넘어 도급일반으로, 나아가서 자영업까지 포함하게 된다. 그리고 이즈음부터 일부 언론에서 이 용어를 쓰기 시작하더니 급기야는 공적 기관인 노사정위원회에서도 버젓이 '간접고용'이라는 용어를 쓰기 시작하였다.[3]

간접고용이라는 용어가 포괄하는 범위는 광범위하다. 모든 근로자파견 및 사내도급이 다 포함되고 사업장 밖의 도급이라 하더라도 사용업체의 지휘를 받는다고 판단하면 포함된다(삼성전자서비스 케이스). 그리고 일부는 특수고용과 간접고용 용어가 혼용되기도 한다(애프터서비스 요원). '간접고용'이라는 표현을 사용하는 이유는 근로서비스를 사용하려면 직접 고용해야 하는데 당연한데 고용주로서 책임을 회피하려고 다른 업체를 내세우기 때문에 간접적으로 고용한다는 것이다.

그러나 이같은 논리는 현대 기업의 조직 원리에 대해 근본적으로 몰이해하거나 의도적으로 무시하는 것이다. 기업은 목적 수행을 위해 필요한 업무들을 때로는 시장에서 사기도 하고(to buy) 때로는 인적 물적 자원을 직접 고용한 다음 이들을 결합하여 만들기도(to make) 한다. 도급이나 근로자파견 등은 to buy에 해당한다. 직접 고용하여 업무를 수행하는 것은 to make에 해당한다. 이른바 '간접고용' 용어를 사용하는 사람들은 to buy가 인적자원에는 있어서는 안 된다고 생각하는 사람들이다. 즉 인적자원만큼은 직접 고용해서 써야 한다고 생각하는 것이다. 그러나 기업은 상황에 따라서 가장 최적의 방법으로 to buy와 to make를 결합해야 하며 그래야 투자자에게 이익을 돌려주며 최소한 생존할 수 있다. 다른 나라의 기업들은 모두 이 두 가지를 최적화하여 국제시장에서 경쟁하고 있는데 우리는 한 가지만 해야 한다면 이는 한 손은 묶은 채 다른 한 손으로만 권투 시합하라는 것과 다름없다.

'간접고용'이라는 용어는 정당한 계약관계의 본질을 무시하고, 특정한 목적의 고용관계를 강제하기 위해 만들어진 부적절한 용어다. 이 용어는 폐지되어야 하면 본래의 계약관계를 칭하는 용어들로 회복되어야 할 것이다.

기타 노동분야 용어들

1) 사용자 및 노사관계

노동시장에서 사용자(使用者)라는 용어는 노사관계(勞使關係)라는 용어와 함께 흔히 쓰이고 있다. 즉 사용자라는 용어는 근로자를 부리는 고용주 및 고용주의 입장에서 일하는 자를 통칭한다. 실무노동사전은 사용자를 다음과 같이 정의한다.

노동법에서 사용자는 근로관계에서 근로자의 여러 이익에 지배력 내지 영향력을 행사하는 모든 사람을 말한다. 사용자는 결국 근로자의 근로를 제공받기 위해 근로자를 지휘·감독하고 그 대가로 임금을 지급하는 근로계약의 당사자인 사업주 또는 경영담당자가 기본이 된다. [네이버 지식백과] 사용자(使用者) (실무노동용어사전, 2014, ㈜중앙경제)

그러나 '사용자'라는 용어의 일반적 의미는 재화나 서비스를 소비하거나 이용하는 사람을 지칭한다. 따라서 고용관계에 있어 고용주를 사용자라고 부르는 것은 암묵적으로 고용주를 노동서비스를 소비하거나 이용하는 사람으로 보게 한다. 즉 그냥 물건처럼 사람을 사용하기만 하는 주체로 인식시키는 결과를 가져온다. 따라서 계약에 의거하여 근로자의 일을 지휘하고 그 대가로 임금을 지불하는 계약주체라는 인식이 결여되고 있다.

고용계약의 중요한 측면은 쌍방 합의에 의한 계약에 따라 한쪽은 지휘, 감독의 권한을 갖고 다른 한쪽은 지휘 감독을 받는 대신 대가로서 임금을 받는다는 점이다. 따라서 권한과 의무가 쌍방향적이다. 그런데 사용자라는 용어는 한쪽이 사용하기만 한다는 식으로 일방적인 느낌을 준다. 이는 고용계약의 쌍방향성과 부합되지 않는 부적절한 표현이다.

'노사관계'라는 용어는 노동자와 사용자의 관계라는 것을 축약한 것인데 노동자라는 주체에 대하여 사용자라는 표현으로 주체를 대치시켜 묶음으로써 용어 자체에서 벌써 대립적인 관계가 만들어지고 있다. 사용자라는 용어가 주는 일방적인 분위기에 대해서 노동자가 결코 받아들이지 않고 저항한다는 뉘앙스를 준다. 따라서 이 용어로부터 평화롭고 화합하는 관계를 상상하기가 어렵다.

그런데 여러 나라들의 역사적 경험과 추세를 살펴보면 '사용자'라든지 '노사관계'라는 용어를 쓰는 것은 시대에 한참 뒤떨어진 것임을 알 수 있다. 서양 국가들에서는 일찍이 제조산업을 전제로 하여 Industrial relations라는 용어가 쓰였으나 반드시 제조산업만이 대상이 아니라 하여 보다 평범하게 labor-management relations로 바꿔 쓰였다. 그러다가 이 용어도 labor와 management가 대립관계가 아닌데 마치 대립하는 것 같은 이미지를 주고 management

라는 것도 주체 설정의 정확한 표현이 아니라는 점에서 점차 labor relations로 바뀌었다. 그러다 labor라는 표현도 노동조합과 같은 집단적 주체에나 어울리지 노동조합원이 아닌 일반 근로자에게는 어울리지 않는다 하여 '노동'이라는 대척적 표현 대신 '고용'이라는 포용적 표현을 사용하여 employment relations 또는 employee relations로 쓰고 있는 것이 현실이다. (http://en.wikipedia.org/wiki/Industrial_relations) 이러한 맥락에서 ILO의 노동법 분류를 보면 employment relationship이라고 제목을 붙이고 있는 것도 주목할 필요가 있다.

국제적 추세가 이러함에도 우리는 아직도 사용자, 그리고 노사관계라는 일방적이고 대립적인 용어에서 벗어나고 있지 못하다. 이런 후진적 상태를 극복하고자 일부에서 노사관계 대신 '노경관계'라는 용어도 시도되어 왔지만 아직 노동계 대부분은 사용자라는 용어를 노동자라는 용어의 대척점에 놓는 것을 더 선호하는 것 같다. 그러나 좀 더 본질에 가깝고 가치중립적인 표현을 찾는다면 '사용자'라는 용어 대신 '고용주'(employer)로 쓰고 '노사관계' 대신 '고용관계'(employment relations)라고 쓰는 것이 바람직하다. 고용주 그리고 고용관계로 용어를 정리하면 본질에 부합할 뿐 아니라 집단적인 관계는 물론 개별적인 관계까지 포괄하므로 비 노동조합원까지 아우르는 넓은 범위를 지칭하게 된다.

2) 생활임금제

최근 들어 생활임금제 라는 용어가 자주 등장하고 있다. 새정치국민연합의 김경협 의원은 자신의 블로그에 "소득주도 성장정책의 일환인 생활임금제 도입을 골자로 하는 최저임금법 개정안(생활임금법)이 어렵게 환경노동위원회 법안소위를 통과했습니다"고 쓰고 있다. 그런가 하면 서울시는 '포커스서울/정책예보'라는 공식 블로그를 통해 아예 '생활임금제란 무엇인가? 얼마를 주는가?' 등을 홍보하고 있다. 이 블로그에 따르면 '서울형 생활임금제'라 하여 2014년 9월부터 서울시가 도입을 계획한 생활임금제란: '근로자의 소득으로 주거, 음식, 교통, 문화 등 실제 생활이 가능하도록 기본적인 임금 수준을 보장하여 근로자들이 가족을 부양할 수 있도록 하는 임금 제도' 라고 한다.(http://blog.seoul.go.kr/3617) 그리고 서울시는 금년도의 생활임금은 주거, 교육비, 물가상승을 고려하여 시급 6,687원으로 책정했다고 홍보하고 있다. 참고로 시급 6,687원은 금년도 최저임금 시급 5,580원보다 약 20% 높은 금액이다.

그런가 하면 네이버 지식백과에서는 생활임금제에 대하여: '임금노동자의 실질적 생활이 가능하도록 법정 최저임금 이상의 임금을 지급하도록 법적으로 규정한 제도로 최저선의 생계비인 최저임금을 넘어서는 개념이다' 라고 하여 마치 법적 제도인 것처럼 묘사하고 있다. 앞서 언급한 최저임금법 개정안은 지난 4월 국회 환경노동위원회를 통과해서 아직 본 회의에 상정되지 않은 상태이다. 그런데 정작 이 법안에 포함된 내용은 다음과 같다.

"국가와 지방자치단체는 근로자에게 최저임금 이상의 적정한 임금의 보장을 위해 노력해야 한다."

요컨대 사실관계의 핵심은 '최저임금 이상의 어떤 수준의 임금'을 '생활임금'이라는 표현으로 포장하고 이를 국가와 지방단체가 줄 수 있도록 법적 근거를 마련하는 것이다. 이 개정안은 그동안 부천시를 비롯한 일부 지방자치단체에서 생활임금이라는 명목으로 최저임금 이상의 임금을 지급하려 하자 상위 자치단체 또는 중앙정부가 '법적 근거 없는 지급'이라 하여 제동을 거는 것에 대해 위법 논란을 불식시키기 위한 것이다.

개정안에 있는 '최저임금 이상의 적정한 임금'은 개념 자체가 매우 모호하고 자의적일 수 있어 이것이 법으로 규정될 자격이 있는지 의심스럽다. '적정성' 여부를 어떻게 따지는지에 대한 규정도 없고, 서울시의 예에서 보듯이 행정관청이 자의적으로 정하는 것이다. 이에 반하여 최저임금제는 "근로자에 대하여 임금의 최저수준을 보장하여 근로자의 생활안정과 노동력의 질적향상을 꾀함으로써 국민경제의 건전한 발전에 이바지하게 함을 목적으로 한다(최저임금법 제1조)"고 목적을 명시하고 있고 그 결정기준에 대해서는 "근로자의 생계비, 유사근로자의 임금, 노동생산성 및 소득분배율을 고려하여" 정하도록 하고 있어 기준이 있다.

법 개정안의 취지를 보면 생활임금의 개념을 "근로자가 최소한의 인간적·문화적 생활을 가능하게 할 목적으로 지급하는 임금"이라고 정의하고 있는데 매우 추상적일 뿐 아니라 최저임금의 개념인 '임금의 최저수준을 보장하여 근로자의 생활안정을 꾀한다'는 것과 객관적으로 어떤 차이가 있는지 알 수 없다. 결국 최저임금 이상의 (어떤) 임금이라는 것 외에는 없다.

이 개정안이 최종적으로 통과하면 생활임금이라는 명목의 임금으로 인하여 기존의 최저임금제는 무력해질 것은 물론이고 공공부문은 물론 민간부문에까지 미치는 파급효과가 작지 않을 것이다. 첫째, 최저임금은 사실상 무력해질 것이다. 노사가 장시간의 노력과 줄다리기 끝에 어느 해의 최저임금 수준을 도출하면 그 위에 지자체 정부가 임의로 얼마를 얹어 '금년도 생활임금은 얼마'하는 식으로 발표할 것이다. 최저임금을 결정하는 기구는 물론 최저임금을 받는 근로자들도 허탈해질 것이다. 결국 국가의 공적절차와 노사공익의 참여로 이루어지는 최저임금은 이른바 '생활임금'의 하위로 전락하게 될 것이다. 이렇게 되면 당연히 최저임금이 아닌 생활임금을 보장하라는 요구만 강해질 것이고 최저임금제는 생활임금을 만들기 위한 수단으로만 기능할 것이다.

둘째, 공공부문을 중심으로 확산되는 '생활임금'은 거기에 머물지 않고 민간부문을 압박할 것이고 이는 나라경제 전체의 임금압력으로 작용할 것이다. 이미 그간의 경험을 통해 보아왔듯이 최저임금은 자체의 적용대상에만 영향을 미치는 것이 아니라 상위 근로계층의 임금인상에 큰 영향을 미친다. 최저임금 플러스 알파인 새로운 임금은 최저임금 인상율과 상관없이 행정관청에 의해 정해지는 플러스 알파에 따라 인상률이 정해진다. 그리고 이는 노동시장 전체의 임금

수준에 영향을 미칠 것이다. 이렇게 정치적으로 정해지는 임금에 의해 노동시장이 영향을 받는다면 그 부작용은 기존 최저임금 인상이 가져온 부작용과는 비교할 수 없을 정도로 클 것이다.

셋째, 이른바 생활임금은 공공부문 재정적자를 더욱 심화시키고 결국 세금을 납부하는 국민들의 부담만 가중시킬 것이다. 민간부문과 달리 공공부문은 생산성의 측정이 쉽지 않다. 그렇기에 공공부문 임금은 민간부문의 임금수준을 견주어 가며 예산범위 내에서 결정하는 것이다. 그러나 생활임금 등의 방식으로 임금을 정해가면 민간부문과 비교에 의한다는 기준은 깨질 것이고 결국 공공부문 전반적인 임금상승으로 이어질 것이다. 그렇다면 이는 결국 공공부문 재정을 더욱 악화시킬 것이다. 지금도 이른바 '생활임금'을 도입한다는 지자체들의 재정형편은 어려운 것으로 알려지고 있다. 결국 재정악화는 세금으로 메워질 수밖에 없고 이는 국민 부담의 가중을 의미한다.

따라서 '생활임금'이라는 용어는 실상을 가리는 포장용어이며 본질적으로는 최저임금에 편승하여 더 얹어주는 '무임승차 임금'이라는 용어가 더 어울린다. 그리고 이로 인한 재정악화는 결국 증세로 이어질 것이므로 '증세임금'이라는 용어가 적절하다.

3) 실업자 및 실업률

실업자 및 실업률이라는 용어는 이미 우리 사회의 모든 계층에 의해 오랫동안 사용되고 있어서 고치기 쉽지 않을 것으로 판단된다. 그러나 이름은 정확하게 써야 한다는 취지에서 보면 실업자 및 실업률은 본질과 거리가 있는 용어들이다.

실업자(失業者)란 뜻 그대로 보면 '일자리를 잃은 사람'을 말한다. 그러나 공식적인 실업통계가 잡는 실업자는 '일자리를 잃은 사람'이 아니라 '일자리를 찾지만 현재 일자리가 없는 사람'이다. 일자리를 잃은 사람은 일부일 수는 있지만 일자리를 잃지 않아도 실업통계에 잡히는 사람은 많다. 예컨대 학교를 졸업하고 신규로 노동시장에 진입하여 일자리를 찾는 사람들은 실업자가 아니지만 실업통계에 잡힌다. 그런가 하면 일자리를 잃은 사람이라고 해서 모두 실업자로 잡히는 것도 아니다. 이들 중 일부는 구직활동을 포기하는 경우 비경제활동인구로 분류되어 실업자통계에 잡히지 않는다. 따라서 '일자리를 잃은 사람'이라는 뜻의 실업자(失業者)는 이 통계를 위한 정확한 용어는 아니다.

외국의 경우 unemployment, unemployed 등의 표현을 쓴다. 이는 고용되지 않은 상태 또는 고용되지 않은 사람을 말한다. 따라서 일자리를 잃은 사람이건 신규로 노동시장에 진입한 사람이건 가리지 않고 현재 일자리가 있느냐 없느냐에 기준을 둔다. 따라서 우리보다 훨씬 정확한 표현이라 할 수 있다.

실업자라는 용어는 잃어버릴 失자를 사용하여 그 자체로 부정적인 이미지를 준다. 반면에 외국의 용어들은 un이라는 접두사를 붙여 '없는'이라는 중립적인 이미지를 준다. 따라서 실업자라는 용어는 불필요하게 부정적인 이미지를 주므로 바꿀 필요가 있다.

고용통계의 본질에 맞게 바꾼다면 '현재 일자리가 없으면서, 일자리를 찾는 사람'이라는 본래의 정의에 맞는 용어가 적절할 것이다. 현재 일자리가 없는 사람이라는 상태에 초점을 맞춘다면 '무업자(無業者)' 또는 '무직자(無職者)'가 적절하다. 그리고 일자리를 찾는 사람이라는 상태에 초점을 맞춘다면 '구업자(求業者)' 또는 '구직자(求職者)'가 적절한 표현이다. 이 두 가지 중 고용통계의 본질에 더 가까운 것은 일자리를 구하고 있는지 여부다. 일자리를 구하고 있지 않으면 이 카테고리로 잡지 않기 때문이다. 그러나 구업자라는 표현은 생소하고, 구직자라는 표현은 통계상 용어 아닌 일반 용어로 이미 쓰이고 있어 통계용어로서 혼동을 야기할 수 있다. 따라서 국제적인 용어 일반과 의미를 같이 한다는 차원에서 '무업자' 또는 '무직자'를 사용하는 것을 고려할 만하다. 그렇게 되면 실업률이라는 용어 대신 '무업률' 또는 '무직률'이라는 용어를 채택하게 될 것이다 .

4) 체감실업률

최근 들어 언론을 중심으로 이른바 '체감실업률'이라는 표현이 등장하고 있다. 이는 통계에 의한 물가상승률이 장바구니 물가와는 괴리가 있어 '체감물가상승률'이라는 용어가 사용되는 것과 비견된다. 언론은 통계청에서 발표하는 특정 수치를 '체감실업률'로 표현함으로써 마치 이 용어가 정부에서 공식적으로 쓰는 용어라는 인상을 준다. 그러나 실제는 그렇지 않다.

통계청은 고용통계의 보조지표로서 아래와 같은 개념으로 실업자 카테고리를 확장해보았고, 이를 바탕으로 공식 실업률 외에 더 확장된 의미의 통계지표를 최근 몇 차례 발표하고 있다. 엄밀하게 말하면 실업률이라기보다는 '노동 저활용률'이라고 보는 것이 정확하다. 왜냐하면 이 지표를 제안한 ILO에서 Labor Underutilization Indicator라고 명명하고 있기 때문이다.

〈 고용보조지표(Labor Underutilization Indicator) * 〉

(단위 : %, 천명)

	고용보조지표1		고용보조지표2			고용보조지표3
		시간관련 추가취업 가능자	잠재 경제활동 인구	잠재 취업가능자	잠재 구직자**	
2015. 2	6.4	493	10.8	1,832	39	1,793	12.5
2015. 3	5.9	505	10.0	1,773	30	1,743	11.8

* Labor Underutilization Indicator는 '노동저활용지표'로 직역됨
** 잠재구직자에는 구직단념자가 포함되었음

지표 및 용어 설명

· 고용보조지표1 = $\dfrac{\text{시간관련추가취업가능자}^{①} + \text{실업자}}{\text{경제활동인구}} \times 100$

· 고용보조지표2 = $\dfrac{\text{실업자} + \text{잠재경제활동인구}^{②}}{\text{경제활동인구} + \text{잠재경제활동인구}} \times 100$

· 고용보조지표2 = $\dfrac{\text{시간관련추가취업가능자} + \text{실업자} + \text{잠재경제활동인구}}{\text{경제활동인구} + \text{잠재경제활동인구}} \times 100$

① 시간관련추가취업가능자 : 취업자 중에서 실제취업시간이 36시간미만이면서,
　　　　　　　　　　　　추가취업을 희망하고 추가취업이 가능한 자
② 잠재경제활동인구 : 잠재취업가능자와 잠재구직자의 합계
　- 잠재취업가능자 : 비경제활동인구 중에서 지난 4주간 구직활동을 하였으나,
　　　　　　　　　　조사대상주간에 취업이 가능하지 않은 자
　- 잠재구직자　　 : 비경제활동인구 중에서 지난 4주간 구직활동을 하지 않았지만,
　　　　　　　　　　조사대상주간에 취업을 희망하고 취업이 가능한 자

요컨대 기존의 실업자 카테고리가 제외하고 있는 계층 중 조건이 맞으면 취업이 가능하고 취업을 희망하는 계층(잠재경제활동인구) 및 일자리를 바꾸고 싶은 불완전취업자(시간관련 추가취업가능자)를 기존의 실업자에 더하고, 실업률 계산의 분모인 경제활동인구 또한 그에 맞게 조정하여 만든 비율이 '고용보조지표 3'인데 이를 언론에서는 '체감실업률'이라고 보도하는 것이다.

그러나 '체감물가'는 '장바구니'라는 객관적 구체적 측정수단이 존재하므로 모호성이 없는 반면 '체감실업률'은 통계조사 외에 실제 생활에서 측정가능한 수단이 없어 매우 주관적일 수 있다. 이렇게 주관적일 수 있는 용어를 공공연하게 사용하는 것은 바람직하지 않다. 따라서 전술한 바와 같이 원어에 맞게 직역한다면 '노동저활용률'로 쓰는 것이 맞을 것이고 만일 실업률이라는 용어가 더 의미전달에 쉬울 것 같으면 실업률 정의를 확장시켰다는 의미로 '확장실업률'로 쓰는 것이 적절하지 않을까 생각된다.

주

1 객관적인 기준에 의한 분류란 예컨대 근무시간에 따라 전일제 또는 시간제로 나눈다든지, 계약기간의 명시성에 따라 무기한직(open-ended job) 또는 기간제(fixed term job)으로 나누는 것 등을 의미한다.
2 예컨대 2012년 이목희 의원의 입법안 등이 있다.
3 예컨대 2014. 4.25 노사정위원회는 '공정노동시장 구축을 위한 간접고용 해법: 사회적 대화 토론회'라는 회의를 개최하고 노사정위원회 위원장은 축사도 하였다.

'조세' 정명

논의 배경

조세정책은 개인과 기업의 경제적 행위에 지대한 영향을 미친다. 그래서 재정학이란 학문은 조세정책이 개인과 기업에 미치는 경제적 행위를 예측하고, 합리적인 정책을 모색한다. 조세정책이 추구하는 목표는 하나가 아니고, 복합적이므로 전문적 지식이 필요하다. 일반적으로 합리적인 정책을 평가하기 위해서는 형평성, 효율성, 단순성 등을 통해서다. 이들 각자의 목표를 구체적으로 측정하기 위해, 많은 이론이 개발되었다. 대표적인 이론으로 조세귀착 이론(tax incidence), 조세정책의 신고전투자이론, 조세의 효율비용 등을 들 수 있다.

한국에서 조세정책을 평가하는 수준은 매우 단순하다. 전문지식을 바탕으로 한, 형평성과 효율성, 단순성이란 서로 충돌하는 목표를 달성하기 위해서 합리적인 목표 구성에 대한 논의는 없다. 정책

전문가의 평가는 중요하지 않고, 일반인들이 쉽게 이해할 수 있는 몇 가지 용어를 통해 선동만이 있을 뿐이다.

조세정책에서 사용되는 대표적인 용어로는 세 가지를 들 수 있다. 이들 용어는 단순하지만, 일반인들의 감성을 자극함으로써, 정책의 본질을 왜곡시켜 합리적인 정책을 모색하는 데 방해가 된다. 여기에서는 이들 용어의 문제점을 각각 살펴본다.

(1) 세금폭탄

(2) 부자감세

(3) 증세없는 복지

세금폭탄

조세정책의 대표적인 목표는 세수, 형평성, 효율성이다. 즉 정부가 특정 분야에 지출하려고 할 때, 재원을 확보하기 위한 수단이 조세정책이다. 추가로 확보하는 세금이 사회 계층 간에 공평하게 분담하게 하는지를 평가해야 하고, 또한 전체 경제 활동에 주는 충격을 측정하고서, 이 정도의 희생을 치르고서도 거둘 만큼 가치 있는 세금인지를 평가해야 한다.

우리 사회에선 세수를 확보하기 위한 조세정책안에 대해선 무조건 '세금폭탄'으로 정의해 버린다. 주로 정부가 안을 냈을 때, 야당에서 반대하기 위해서 정치적 목적을 가지고 우선 '세금폭탄'으로 지칭해 버린다. 이 용어가 가지는 파괴력은 대단하다. 우선 조세개정안을 합리적으로 평가할 필요가 없이, 세금이란 괴물이 국민들을 착취한다는 인상을 준다. 따라서 정치적인 목적달성을 위해선 최고의 용어다. 문제는 이들 용어를 통해 정부개정안에 대해서 서로 토론함으로써 합리적인 정책을 도출하는 과정 자체를 없애 버린다는 것이다.

세금의 목적은 지출을 늘리기 위해서이고, 지출은 결국 국민의 복지를 높이기 위함이다. 따라서 '세금폭탄'은 결국 '복지폭탄'으로 돌아오기 마련이다. 물론 세금이 모두 복지로 연결되지 않는다. 정부 운영비용만큼 배달비용이 소요되므로, 늘어난 복지는 항상 늘어난 세금보다 작다. 세금폭탄이란 용어를 사용하기 위해선, 반드시 복지폭탄이란 용어를 먼저 사용해야 한다. 즉 국민에게 '복지폭탄'을 주기 위해 '세금폭탄'을 만든다고.

세금폭탄이란 용어는 사용해선 안 된다. 특히 정치권은 합리적인 세금정책을 대화와 타협으로 유도해야 하는데, 세금폭탄이란 용어를 사용하면, 대화를 하지 않겠다는 의미다. 이 용어는 결국 대의민주제도를 스스로 부정하게 하는 '민주제도 파괴폭탄'이다.

부자감세

세금이 인하하는 방향으로 가는 정책안에 대해 대표적으로 사용되는 용어가 '부자감세'다. 특히 법인세 부담을 인하할 경우에 대표적으로 사용되는 용어다.

지금 세계는 개방화 시대에 경제로 전쟁을 하고 있으며, 각국은 세금으로도 경쟁하고 있다. 이른바 '조세경쟁'이다. 조세를 통해 경쟁하는 가장 대표적인 세목이 법인세다. 따라서 세계 어느 국가도 한국을 제외하고 법인세를 인상하자는 논의를 하는 국가는 없다. 특히 법인세 인하를 부자감세로 연결하게 하는 연결논리가 일반인에게 먹히는 우리 사회의 수준은 비정상적이다.

이런 배경에는 법인과 법인세에 대한 잘못된 인식 때문이며, 대표적인 미신을 지적한다.

[미신 1] 법인은 부자다?

- 법인(法人) 정의로 위키사전에 의하면, '자연인 이외의 것으로서 법률에 따라 권리능력이 인정된 단체 또는 재산을 말한다'임. 따라서 법인은 생명체가 아니며, 법률에서 존재하는 임의 단체일 뿐임.

- 법인이 존재하는 이유를 경제학적으로 설명하면, 코즈의 거래비용(transaction cost) 개념을 사용함으로써 가능함. 즉 개인이 경제활동을 하면서, 노동을 언제든지 고용 및 해고 가능한 경우 법인이 필요 없으나, 노동고용에는 거래비용이 따르므로, 법인을 만들어 경제활동을 하는 것이 거래비용을 줄이므로, 훨씬 효율적임.

- 법인을 재벌가계와 혼동한다고 해도, 법인의 주인은 전체 주주이며, 재벌가계의 지분은 전체 주식에서 차지하는 일부분일 뿐이므로, '법인=재벌가계'란 등식은 성립할 수 없음.

- 국내 최고법인의 경우에도 회장을 포함한 가계지분은 전체의 2% 이내임.
- 재벌가계가 부담하는 세금은 법인세가 아니고, 소득세이며, 한국의 경우에 소득계층별 세 부담 분포를 보면, 상위 1% 계층이 전체 소득세수의 약 45%를 부담하고 있음.
▶ 법인은 생명체가 아니므로 부자일 수 없다.

[미신 2] 법인세는 법인이 부담한다?

• 법인세를 실제로 부담하는 주체를 규명하는 이론 및 실증연구는 50여 년 동안 재정학에서 다양하게 시도되었음.
- 모든 사람은 세금을 싫어하므로 세금을 부과하면 가능하면 다른 사람에게 전가하려고 하며, 이를 '조세전가(tax shifting)'라고 함. 조세전가를 통해 합법적으로 가능한 타인에게 전가하게 된 결과, 즉 최종적으로 누가 얼마만큼 부담하느냐에 대한 연구 분야를 '조세귀착(tax incidence)'이라고 함.
• 법인세를 부과하면, 여러 명의 경제 주체들에게 전가될 것이며, 그 논리는 다음과 같음.
- 법인의 주인은 주주이므로 주주에게 일정 부분 부담함.
- 법인은 종업원들의 임금 혹은 복지혜택을 줄임으로써, 결과적으로 법인세의 일정 부분을 종업원들에게 전가함.
- 법인은 생산한 재화 혹은 서비스의 가격을 조금 올림으로써, 소비자들에게 전가 가능함.

- 법인세를 올리면, 해당 법인에 대한 투자 수익률이 떨어질 것이므로, 자본이 다른 곳으로 이동하게 됨. 다른 자본에 대한 공급이 증가함에 따라, 다른 자본시장의 수익률도 떨어져서, 결과적으로 법인세로 인해 모든 자본의 수익률을 떨어뜨리므로, 법인세의 일정 부분을 모든 자본가가 부담하게 됨.
- 법인세 전가(shifting)로 인해 궁극적으로 세금을 부담하는 경제주체들은 주주, 종업원, 소비자, 자본가임.
- 결국, 법인세는 국민이 모두 부담하는 세금으로 보는 게 타당함.
▶ 법인세는 궁극적으로 국민들이 부담한다.

[미신 3] 법인세를 인하하면 부자만 혜택 본다? 즉 '부자감세'다?

- 정치권에선 법인세 인하를 '부자감세'라는 용어로 정책 방향을 비판하고 있음. 그러나 법인세 귀착이론에 조금이라도 관심을 가지면, 법인세 인하정책과 부자감세와는 서로 어울릴 수 없는 완전히 다른 개념임.
- 법인세 귀착이론에 따르면 법인세는 국민이 부담하는 세금이므로, 법인세를 인하하면 국민들의 세 부담이 낮아지는 것임.
- 법인세 인하정책은 경제주체들의 세 부담을 줄이는 것이 목적이 아니고, 법인세 인하를 통해 자본투자에 대한 수익률을 높여서 기업투자를 촉진하려는 정책의도임.
- 재정학에서 1960년대부터 조세와 기업투자 간의 관계를 연구하였으며, '신고전투자이론(neoclassical investment theory)'으로 잘

정립되어 있음. 이 이론에 의하면 법인세 인하는 기업이 투자하는 자본비용을 낮추므로 자본투자를 늘리게 된다는 것이며, 많은 국가에서 이 이론을 실증적으로 검증한 결과, 이 이론이 옳음을 전 세계적으로 인식을 같이하고 있음.

• 국가 경제의 성장은 기업의 투자수준과 밀접한 관계를 가지므로, 신고전투자이에 의하면 법인세 인하는 국가 경제 성장과 직결된다고 할 수 있음.

− 따라서 법인세 감세정책은 부자의 세 부담을 낮추는 '부자감세'가 아니고, 법인세를 인하함으로써 모든 국민이 부자 되자는 '감세부자'가 옳은 표현임.

▶ 법인세 인하정책은 '부자감세'가 아니고, '감세부자'이다.

증세 없는 복지

박근혜 대통령이 대선 후보시절에 내세운 정치상품이 '증세 없는 복지'다. 결국, 집권하는 데 성공했지만, 이 용어는 현 정부가 조세 및 복지정책을 추진하는데 항상 장애요인으로 작용한다. 즉 국민들은 세금을 추가로 부담하려고 하지 않을 것이지만 복지는 더 원할 것이다. 증세 없이도 복지를 주겠다는 정치공약을 제시했기 때문이다.

증세 없이도 복지 가능하다고 내세운 논리가 비과세 및 감면을 줄이고, 지하 경제양성화이다. 그러나 비과세 및 감면을 축소하는 것도 결국 증세다. 세금은 세율과 과세기반의 곱으로 결정되는데, 비과세 및 감면축소 정책은 과세기반을 줄이는 방향이므로, 실질적으로 증세다.

지하 경제를 양성화한다는 방향은 논리적으로 맞는 얘기지만, 지하 경제를 양성화하는 것이 쉬운 것이 아니다. 이 논리를 단순하게 추진한 배경에는 한국의 지하 경제 규모에 대한 학자들의 추정치를 너무 맹신한 데에 있다. 즉 GDP 20% 수준이라는 학자들의 추정치를 근거로 여기서 조금이라도 양성화하면, 엄청난 세금확보가 가능하다는 단순계산의 결과다. 지하 경제 규모는 아무도 모르고, 단지 세무행정을 강화함으로써 어느 정도 추가로 세수확보가 가능한지에 대한 판단을 해야 한다. 한국은 1998년에 기존의 지역담당제를 통한 정부부과제도에서 납세자가 스스로 신고하는 '신고납부제도'로 바꾸었다. 이에 따라 탈세하기 어려운 환경으로 바뀌었으며, 국민들 간에 거래가 현금에서 신용카드로 서서히 바뀌게 되었다. 지금은 많은 거래가 신용카드에 통해서 이루어지므로, 탈세할 수 있는 여지가 상당히 축소되었다. 따라서 지하 경제 규모에 집착한 세수확보를 맹신함으로써, '증세 없는 복지'라는 용어를 만들었지만, 지금은 이 용어로 인해 '국민들의 조세저항 분위기와 무조건적 복지요구'를 부추기는 원인이 되었다.

'복지' 정명

임병인(충북대학교 경제학과 교수)

본 연구는 복지 분야의 일부 용어의 사용 현황 등을 논의하고 그 용어를 비판적으로 고찰하여 바른 용어로 변경하는 것에 대하여 논의한다. 이는 특정 분야에서 사용되는 용어가 사회의 통합에 걸림돌이 되지 않고, 오히려 우리 사회의 현상들을 바르게 인식하여 사회 통합에 기여할 수 있는 인식체계를 형성하게 하는데 도움이 되고자 함이다. 복지 분야의 많은 용어들을 조사하여 논리적으로 분석한 결과, 몇 가지 중요한 용어들을 바른 용어(正名)로 전환해보았다. '복지수요'는 '복지욕구'로, '복지투자'는 '복지지출' 또는 '복지재원 투입'으로, '사회보험 사각지대'는 '사회보험 미적용지대'로, '무상'시리즈는 무상 대신에 '국가'나 '정부', 또는 '세금'이라는 접두사를 붙이는 것으로, '사회적 입원'은 '요양병원 무연고거주', '비거주지입원', '불법(또는 부당)거주', '요양병원 거주' 등으로 변경하는 것이 적절해 보인다.

배경 및 필요성과 목적

인간의 위대함은 '말'(언어)을 할 수 있다는 것에서 1차적으로 찾을 수 있고, 더 나아가 그 '말'을 형상화시켜 '글'(문자)로 남겼다는 점에서 만물의 영장이라는 칭호를 붙였을 것이라고 판단된다. 이런 과정에서 사람들은 특정 사물이나 추상적인 관념에 대하여 이름을 부여함으로써 해당 사물의 존재와 관념을 공유하고자 하였을 것으로 짐작된다. 즉, 점차 집단생활을 하면서 동일한 객체에 대하여 인식을 공유할 필요가 생기자 해당 객체에 대해 모든 구성원들이 알고 있는 용어를 명칭으로 삼고자하는 필요성이 제기되었을 것이다. 그런데 해당 개체가 위치한 장소에서 특정 개체를 지칭하여 설명하거나 해당 관념이 공유되는 상황에서는 함께 한 사람들 간에 명칭이나 관념의 공유가 크게 문제가 되지 않았을 것이다. 문제는 인구가 증가하면서 전술한 상황과는 다르게 특정 개체가 없거나 관념에 대하여 공유할 수 없는 상황이 훨씬 더 흔하게 되었을 것이다. 이때부터 우리 인간사회에 용어의 통일성에 대하여 고민했기 시작했을 것이고, '존재'라는 것이 드러나기 시작했을 것이다. 이런 점에서 하이데거가 갈파한 "언어는 존재의 집이다"라는 명제가 의미가 있다고 생각된다.

이상과 같은 논리로 인간들이 함께 사는 한, 인간을 포함하여 사물의 존재를 알리기 위해서는 필연적으로 언어를 이용한 명칭부여(naming) 작업이 선행되었을 것이다. 명칭 부여 뒤에는 해당 객체를 '존재'로서 증명하려면 기록에 사용한 문자가 필요했을 것이다. 그러다가 점차 사회가 발전하고 복잡다단해지면서 실재하는 사물들에 대한 용어 정의 외에 추상적인 관념에 대해서도 언어로서 정의하고 공유할 필요성이 발생하게 되었을 것이다. 예를 들면, 동일한 민족으로 구성된 부족이 다른 부족에게 침략 받지 않으려면 침략이라는 용어에 대해서도 전 부족민들이 그 의미를 알고 인식해야 지도자들이 그들을 제대로 통솔하고 해당 부족을 지킬 수 있었을 것이다. 이런 시각에서 보면, 오늘날 우리들의 의식을 지배하고 있는 언어로 표현된 용어에는 사물에 대한 정의보다도 오히려 추상적인 정의 또는 용어가 더 많을지도 모른다.

결과적으로 인간들은 언어로써 자연과 자신이 속한 사회를 이해하려고 하고 있으며, 언어로써 의사소통을 하고 새로운 기술과 문명을 창조하면서 역사와 문화를 만들어 간다고 볼 수 있다(신중섭, 2013, p. 13). 따라서 언어가 인간들의 사물에 대한 인식과 공유, 사고방식, 생활방식을 결정하고 그 결과로서 행동을 바꾸어 자기와 유사한 인식을 가진 사람들이 모여 결사체를 조직하고 자신들의 인식에 근거하여 사회를 바꾸려는 노력도 하게 된다. 이런 식으로 나타난 집단들이 정당과 시민단체이다. 심지어 언어구조, 어순에 따라 의식구조가 달라지는 상황이 발생하여 서양과 동양의 의식구조에 현저한 차이가 존재함은 익히 아는 바이다. 더 나아가 동일한 사회에 살고 있는 국민들도 연령에 따라 복지에 대한 인식을 다르게 가지기 때문에 바른 용어 사용이 더욱 필요하다. 이는 젊은 세대가 노년층과 달리 성장보다는 복지를 우선시한다는 조사결과에서 확인된다(장

후석, 2013).[1]

이상의 논리에 근거할 때, 우리의 인식과 의식을 결정하는 언어에 의한 존재의 규정, 즉 용어의 정의가 잘못될 경우 자칫 우리 사회의 현상들을 그릇되게 인식하여 행동도 그에 근거하여 바뀌면서 우리 사회를 긍정적이고 발전적인 방향으로 이끌지 못할 수 있다. 이 점에서 바른 용어, 즉 정명(正名)운동이 각종 용어와 개념 규정에서 혼돈에 직면하고 있는 우리에게 큰 의미를 가진다고 볼 수 있다. 바꾸어 말하면, 어떤 특정집단이 자신들의 목적을 달성하기 위해 의도적으로 용어를 왜곡하여 규정함으로써 사회 구성원들의 올바른 인식을 방해하고 혼란을 부추길 수 있다는 것이다. 이런 시각에서 최근 복지에 대한 욕구가 급증하고 있는 우리 사회에서 사용하고 있는 복지관련 용어 중에서 국민들의 인식이나 의사결정과 그에 따른 행동에 부정적인 영향을 주고 있는 복지관련 용어들은 없는지를 점검해 볼 필요가 있다. 다시 말하면, 복지 분야의 용어를 바르게 정의함으로써 복지에 대한 일반인들의 인식을 바꾸어 바른 사회를 만드는데 기여하고자 한다.

본 연구는 이런 문제의식 하에서 복지 분야에서 사용되고 있는 용어 중 일부를 바르게 정의하여 제대로 사용하고자 하는 노력의 일환이다. 특히, 복지 분야가 우리들의 소중한 세금이 대규모로 투입되고, 정착 복지수혜가 꼭 필요한 취약계층에게 집중되어야 한다는 측면에서 복지관련 용어를 바르게 규정하고(正名) 사용하는 것의 중요성은 상당히 중요한 과제이다. 왜냐하면 복지 분야의 용어가 그릇되게 사용될 경우, 국민들의 소중한 세금에 기초한 정부의 관련 정책에 대한 이해와 정책순응여부가 오도될 것이며, 대한민국이 지향하고 있는 경제체제에 대한 방향설정 등에도 영향을 주어 정책 당국자뿐만 아니라 수혜자들, 곧 국민들의 행동은 물론 국가의 기능 또는 역할, 더 나아가 정책을 변화시킬 수 있기 때문이다.

본 연구의 목적은 최근 우리나라에서 점증하고 있는 복지에 대한 욕구를 담아내는 몇몇 용어들을 제시하고 논리적으로 분석하여 그 용어의 정확한 의미를 제대로 반영할 수 있는 적절한 용어로 대체할 수 있음을 제시하는 것에 있다.

본 연구의 구성은 다음과 같다. 서론에 이어 2장에서 정명 관련 기존 연구를 간략하게 살펴보고, 3장에서는 정명대상 용어들의 사용현황을 제시하고 그와 관련하여 상세하게 논의해본다. 4장에서는 사용현황 등을 구글 검색결과 등을 이용하여 살펴본 뒤, 올바른 용어를 제시하면서 그 논리를 상술한다. 5장에서는 결론을 맺는다.

정명 관련 기존 연구와 기호학

정명과 관련된 연구로는 최근에 몇몇 연구가 있었을 뿐이다. 이는 올해 처음으로 한국경제연구원에서 시장경제 관련 용어들에 대한 정명 연구를 본격적으로 시작한 것에서 보듯이 그 동안 간간이 논의만 있었기 때문이다. 따라서 정명 연구로는 한국경제연구원을 통해서 발표된 신중섭(2013), 김이석(2013) 등이 거의 전부라고 볼 수 있다.

한편, 정명운동이 실제로 이름 짓기(naming)라는 점에서 이와 밀접한 학문분야인 기호학 또는 언어학 등의 저작을 찾아보고자 하였다. 그러나 본 연구 주제와 같이 사회복지 분야를 비롯한 경제 분야에서 사용되는 용어를 바르게 규정하려는 연구는 찾을 수 없었다.

참고로 기호학 등에서는 이름 짓기(naming)와 관련한 7원칙 또는 8원칙 등이 있어 작명이 그 어느 것보다도 중요하다고 주장하고 있다. 이는 사람들은 문자를 포함한 상징, 그림, 지표로써 자기 생각을 표현하고 다른 사람들의 생각을 읽으면서 서로 의사소통을 한다는 논의와 관련이 깊다고 사료된다. 이와 관련하여 기호학에서는 자기 생각을 표현하거나 다른 사람의 생각을 읽어내는 행위를 의미작용(signification), 의미작용과 기호를 통해 서로 메시지를 주고받는 행위를 communication(의사소통)이라고 하고, 이 둘을 합하여 기호작용이라고 정의하고 있다. 이런 측면에서 용어를 자신들의 의도가 담기도록 명명한 뒤, 그 용어를 적극적으로 사용하고 회자시킴으로써 정치적 견해가 자신들과 같은 사람들을 묶어 집단을 형성하고 그것을 통해서 자신들과 다른 견해를 가진 집단—그것이 정부라 할지라도—과 끊임없이 대립하면서 여론을 자신들에게 유리하게 형성시켜 자신들의 정치적 목적을 달성하려는 현상들이 나타나게 된다. 이 역시 의미작용과 의사소통, 그리고 기호작용을 잘 이용하고 있는 것으로 볼 수 있다. 어쩌면 이런 차이가 역사적으로 많은 정당이 실재하고 활동하는 이유라고 판단된다.

정명대상 용어의 사용현황

1) 복지수요

먼저 복지수요라는 용어가 신문을 비롯한 각종 언론기사에도 빈번하게 등장하고 있는데, 이것 중 몇 가지만 나열해본다.[2]

- "복지 수요 증가…지방 재정건전성 우려"(OOO, 2013. 11. 26)
- 늘어나는 복지 수요… "국고 기준 보조율 개편하자"(OOO, 2013. 11. 14)
- "만성화된 재정적자, 복지수요 증가로 국가채무 급증 우려"(OOO경제, 2013. 11. 96)
- 경제부총리, "지금은 세입기반 약화와 복지수요 확대로 중앙과 지방정부 모두 재정… 깔고 가되 이제는 민간 투자 활성화에 초점을 맞춰야 한다"고 말했다(OO신문, 2013. 11. 26)
- 내년에 복지 수요 감당에 나랏빚 1인당 1,000만 원 넘어(2013. 09. 28.)

이제 상기 기사의 복지수요라는 용어의 정의를 논의한다.[3] 국어대사전(http://stdweb2.korean.go.kr/search)에 따르면 복지(福祉)는 '행복한 삶'이라고, 수요(需要)는 '어떤 재화나 용역을 일정한 가격으로 사려고 하는 욕구'라고 규정하고 있다.

한편, 한국경제신문의 경제용어사전(http://s.hankyung.com/dic)(이하

경제용어사전)에서는 수요는 "일정기간 동안 소비자가 재화·서비스를 구매하고자 하는 욕구(계획)를 수요(demand)라고 하며, 이는 필요와는 달리 구매하고자 하는 특정의 재화와 서비스를 위해 지불해야 하는 가격을 연관시킨 개념으로서 일정기간에 걸쳐 측정되므로 유량개념(등록일: 2013/05/13)"이라고 정의하고 있다.

2) 복지투자

먼저 복지 수요 관련 기사를 살펴본 것처럼 복지투자라는 용어도 신문기사를 검색하여 제시해보면 다음과 같다.

- 경제부총리, "내년 복지투자 100조 돌파할 것"(OOO, 2013. 9. 15)
- OOO위원장, "정부는 대기업의 각종 불공정행위로 인한 양극화와 사회갈등을 치유하기 위해서는 복지투자를 확대할 수밖에 없다"(OOO, 2013. 5. 10.)

한편, 투자(投資)라는 용어는 국어대사전에서 다음과 같이 세 가지로 정의되고 있다. "이익을 얻기 위하여 어떤 일이나 사업에 자본을 대거나 시간이나 정성을 쏟음. 이익을 얻기 위하여 주권, 채권 따위를 구입하는 데 자금을 돌리는 일. 기업의 공장 기계, 원료·제품의 재고 따위의 자본재가 해마다 증가하는 부분 등".

경제용어사전에서는 투자에 관하여 다양하게 제시되고 있는데, 이 중 가장 가까운 용어가 "순 투자, 자본적 투자(등록일: 2012/12/17)"

인 것으로 보인다. 구체적으로 "순 투자는 미래의 이윤 창출을 위해 지출한 비용. 기업이 고정자산을 구매하거나, 유효수명이 당 회계 연도를 초과하는 기존의 고정자산 투자에 돈을 사용할 때 발생한다. 즉, 회사가 장비, 토지, 건물 등의 물질자산을 구입하거나 유지, 보수할 때 사용되는 비용인 셈"이라고 정의된다.

3) 사회보험 사각지대

먼저 사회보험 사각지대라는 용어가 등장하고 있는 연구원 과제 제목과 기사들을 몇 개 제시해본다.[4]

- <u>사회보험 사각지대</u> 해소 방안 –사회보험료 지원정책… – 한국 노동연구원
- 임시직·농어업 근로자 <u>사회보험 '사각지대'</u>(000, 2013. 11. 19)
- 직장인 10명 중 3명 <u>사회보험 사각지대</u>(000, 2013. 11. 24)

위와 같이 다양하게 기사에서 제시되고 있는 사회보험 사각지대라는 용어 중 사회보험에 대하여 살펴본다. 국어대사전의 정의는 "질병이나 노령, 근로 능력의 상실 따위로 생활을 유지할 수 없는 사람의 생활을 보장하기 위한 사회 정책적인 보험. 의료 보험, 연금 보험, 실업 보험, 산업 재해 보상 보험의 네 종류가 있으며 보험료는 정부, 사업주, 피보험자가 공동으로 부담하는 경우가 많다"고 서술하고 있다.

경제용어사전에서는 사회보험을 "사회보장제도의 일환으로 국가

가 나서서 운용하는 공적 보험을 말한다. 민영보험과 달리 대개 전 국민을 대상으로 하며 가입도 선택사항이 아니라 법적으로 의무가 명시된다. 사회구성원인 국민의 질병·고령·실업 등 생활에 어려움을 줄 수 있는 여러 가지 사고에 대해 일정의 보험혜택을 줌으로써 생활의 안정을 꾀하기 위해 만든 각종 보험제도라고 할 수 있다. 일반적인 사회보험으로는 국민연금, 건강보험, 고용보험, 산업재해보험 등인데 이를 보통 4대 사회보험이라고 한다."고 정의한다.[5]

한편, 사각지대(死角地帶)를 국립 국어원 표준국어대사전에서 찾아보면, "어느 위치에 섬으로써 사물이 눈으로 보이지 아니하게 되는 각도, 또는 어느 위치에서 거울이 사물을 비출 수 없는 각도, 관심이나 영향이 미치지 못하는 구역을 비유적으로 이르는 말, 군사용어로서 무기의 사정거리 또는 레이더 및 관측자의 관측 범위 안에 있으면서 지형 따위의 장애로 인하여 영향력이 미치지 못하는 구역 등"으로 규정하고 있다.[6]

참고로 사각지대의 영어 표현인 blind spot는 "현재 상황 또는 여건에서 직접 관찰할 수 없는 지역의 일부를 지칭"(A part of an area that cannot be directly observed under existing circumstances) (in free encyclopedia)으로 정의되고 있다.

4) 무상시리즈: 무상급식·무상의료·무상보육·무상교육

무상 시리즈 관련 용어들과 관련된 기사들을 검색해보면 다음과 같다.

〈무상급식〉

- 3곳 제외 경기도 전 시·군 내년 유·초·중 <u>무상급식</u>(2013. 11. 28)

- 경남 인턴교사 500여 명 내년부터 교단에 못 선다. <u>무상급식</u>
  예산 삭감 등으로 재정이 악화하자 내년도 인턴교사 지원 예
  산을 모두 삭감해 버렸다. 이 탓에 학습보조 370명을 비롯한
  예술교육 24명, 과학실험 60명, 산학협력 36명, 보건 27명…
  (2013. 11. 28)

〈무상의료〉

- "<u>무상의료</u>는 공짜가 아니다"(OOO뉴스-2011. 2. 21)

- 진주의료원 폐업한 경남도, '<u>무상의료</u>' 약속 파기?(2013. 11. 19)

〈무상보육〉

- 서울시, <u>무상보육</u>예산 확보 비상…562억 부족(OO일보, 2013. 11. 30)

- 서울시 '내년 예산' 24.5조…또 빚내서 <u>무상보육</u>?(OOO, 2013. 11. 6)

〈무상교육〉

- 고교 무상교육 연기 '예산부족 탓'(OO뉴스, 2013. 9. 26)

- 반값등록금 예산 삭감… 고교 무상교육은 유보(OO뉴스, 2013. 10. 6)[7]

이와 같이 각종 언론기사에서 언급되고 있는 무상이라는 용어를
국립국어연구원의 표준국어대사전에서 찾아보면, "무상(無償)이란

어떤 행위에 대하여 아무런 대가나 보상이 없음", "급식은 식사를 공급함. 또는 그 식사", "의료는 의술로 병을 고침. 또는 그런 일", "보육은 어린아이들을 돌보아 기름", "교육은 지식과 기술 따위를 가르치며 인격을 길러 줌" 등으로 정의하고 있다.

5) 사회적 입원

사회적 입원이라는 용어가 나오는 기사 제목들을 제시해보면 다음과 같다

- 줄줄 새는 의료급여, 정부가 근본처방 내놓아야(○○○, 2013. 1. 7), "보건복지부는 의료급여 수급자의 입원이 일반 환자 입원보다 4.7배나 많은 이유에 대해 사회적 입원이 많기 때문으로 분석하고 있다…"
- 경기도, 사회적 입원으로 의료재정 악화(○○○, 2013. 6. 17), "병원을 치료가 아닌 생활공간으로 삼은 이른바 '사회적 입원'이 증가하면서 지방 의료 재정에 악영향을 끼치고 있는 것으로 나타났다. 최근 수년간…"[8]

이상과 같이 비교적 언론에서 많이 언급되고 있는 사회적 입원이란 용어는 국립국어연구원과 경제용어사전에도 나오지 않는 신조어이다. 신문기사 등을 통해서 정의를 찾아보면, "사회적 입원이란 병원을 집으로 삼는 것"을 말한다. 조금 더 구체적으로 얘기하면, "노인의 신체적, 건강적 요인에 의하여 입원하기 보다는 환경적, 사회

적, 가족적 요건에 의해 입원을 할 수밖에 없는 상황"을 일컫는다.[9] 또 다른 정의로는 "요양시설이나 재가서비스를 받는 것보다 비용이 더 들어도 가족문제를 피하고 스트레스를 덜 받는다면 건강보험 재정쯤은 아랑곳 하지 않고 입원을 하는 것"이 있다.

정명제안과 그 논리

1) '복지수요'에서 '복지욕구'로

복지수요라는 용어의 기본적인 문제를 국어대사전에서 정의하고 있는 복지와 수요라는 두 용어에 대한 낱말 풀이를 연계해보면, 복지를 의미하는 행복한 삶을 재화 또는 용역으로 보고 있다는 것에 있다. 지나치게 주관적으로 느끼게 되는 행복을 수요라는 체계를 통해서 돈으로 구입할 수 있다면 어떤 사람이라도 행복할 것이다.

물론 조세가격(tax price)이라는 용어에서 알 수 있듯이 거의 대부분의 국민들은 세금을 납부하고 있기 때문에 마치 복지수요라는 용어에는 문제가 없어 보일 수 있다. 이렇게 보는 견해의 이면에는 정부가 단지 경제적인 측면을 지원하면 행복한 삶을 살 수 있다는 전제가 깔려있다고 판단된다. 결국 정부의 지원은 행복한 삶을 만드는 여러 가지 요건 중에서 극히 일부분만을 충족시켜주는 것에 불과하다는 문제가 있다.

이상의 논리에 근거할 때, 복지수요는 복지욕구라는 용어로 바꾸어야 할 것으로 판단된다. 복지의 뜻인 '행복한 삶'을 추구하는 것은 결국 인간의 기본적인 욕구로 볼 수 있고, 또한 국어대사전에서 '욕구'를 찾아보면, "무엇을 얻거나 무슨 일을 하고자 바라는 일"로 정의되고 있기 때문이다.

한편, 복지를 수요한다는 것은 국가에 복지를 요구한다는 차원을 다르게 표현하는 것으로 보이는 측면도 있다. 그런 의미에서 복지를 "취약계층 또는 저소득층이 최저생활을 할 수 있도록 보장해주는 것 또는 근로 무능력자에 대한 정부의 서비스 제공"이라는 정책적인 측면을 강조하여 정의할 수도 있을 것이다.[10]

한편, 구글에서 '복지욕구'라는 용어로 검색한 결과, 재미있는 검색결과를 발견할 수 있었다. '복지욕구'라는 용어가 나오는 언론기사는 한 건도 검색되지 않았다는 것이다. 참고로 관련 검색어로 사회복지욕구, 복지욕구조사, 사회복지욕구조사 등이 함께 검색되었다. 참고로 일부를 제시해보면 다음과 같다.

- 지역사회 복지욕구수준 모니터링을 위한 지표개발 연구
- 베이비부머의 생활실태 및 복지욕구 – 한국보건사회연구원
- 서울시 중장년 발달장애인가족 복지욕구조사 – 한국장애인복지관

2) '복지투자'에서 '복지지출' 또는 '복지재원 투입'으로

전술한 국어대사전과 경제용어 사전의 두 정의를 연계해보면, 복지를 투자라는 용어와 연계시킬 근거를 찾기 쉽지 않다. 물론 사회

적인 입장에서 복지를 투자와 연계시킬 수 있는 여지는 있다는 주장도 있을 수 있다. 예를 들면, 사회간접자본투자라는 용어가 있는데, 이는 사회적인 시각에서 볼 때 간접자본이 투자로 볼 수 있다는 것이다. 이는 투자주체가 기업과 같은 민간부문이 아닌 정부 또는 공공부문이지만, 국가의 자본(stock)을 증가시키기 때문에 민간부문에 도움을 주어 미래의 이윤창출에 도움을 줄 수 있다는 측면에서 정당화될 수 있다. 이런 논리에서 복지사업에 정부 예산을 투입하는 것이 투자라는 단초를 발견할 수 있다. 즉, 소득을 획득할 기회를 잃거나 소득이 줄어들어 생긴 소비여력의 부족에 처한 사회적인 취약계층들에게 적절한 수준의 보조금을 지원하면 국가경제의 소비 저하 속도를 줄일 수 있다. 이는 또한 민간부문의 핵심 주체인 기업의 매출액을 전반적으로 일정수준을 유지하게 하거나 매출액 감소를 예방하게 하여 국가경제의 활력을 유지하게 해줄 것이다. 더 나아가 정부의 예산으로 지원하는 복지사업 중의 상당부분은 시설 건립 또는 장비구축 등으로 구성되어 실제로 실물투자와 같은 형태가 많기 때문이다. 이와 같은 논리가 결합되어 복지사업에 대한 예산 투입이 마치 투자인 것처럼 간주되어 복지투자라는 용어가 널리 사용되었을 것으로 사료된다.

그렇다 하더라도 복지가 곧 투자라는 논리에는 문제가 있어 보인다. 복지사업은 대부분 사회적인 취약계층들에게 실질적으로 금전적인 도움을 주는 것이므로 이전지출 형태로 전달되는 것이 일반적이기 때문이다. 따라서 복지투자라는 용어는 복지재원 투입, 복지

사업에 대한 지출, 복지지출 등으로 바꾸어 부르는 것이 적절하다고 판단된다.

이와 관련하여 구글에 복지재원 투입이라는 용어를 검색한 결과를 보면, 복지욕구라는 용어와 달리 언론기사에서도 상당히 많이 검색되고 있다. 그것들을 간략하게 제시해보면 다음과 같다.

- 연금·의료복지 투입재원, 예상치의 2배 될 듯(OOO, 2013. 1. 10)
- 135조 이외 추가 복지재원 투입 없다···재정건전성이 중요(OO일보, 2013. 2. 2)

한편, 복지지출로 검색한 결과는 연구주제를 비롯한 언론기사에서도 다양하게 검색되고 있다. 이런 측면에서 복지재원 투입, 복지사업에 대한 지출, 복지지출이라는 용어 중에서 복지지출이라는 용어가 가장 적절한 것으로 판단된다.

3) '사회보험 사각지대'가 아닌 '사회보험 미적용자' 또는 '사회보험 적용제외자'로

정부가 사회취약계층에 대한 다양한 복지프로그램을 시행하지만, 그 수혜를 받지 못하는 경우가 있을 수 있다. 국가의 복지프로그램이 의도적으로 누구를 배제하고자 하지 않았음에도 배제되는 상황이 나타날 때가 있다는 것이다. 이와 같은 상황을 이전에는 대부분이 사각지대라고 정의하고 있다. 여기서 유의해야 할 것은 사각지대라는 용어는 정부가 의도적으로 방치하고 있다는 인식이 강하게 드러난다는 것이다. 정부가 복지프로그램 또는 사회보험과 같은 각종 제도에 의한 사업에서 해당 프로그램 등으로 혜택을 받아야 함에도 의도적으로 배제하지 않는 것이 당연하다. 따라서 인식의 전환을 위해서도 다른 용어로 재규정하는 것이 필요하다. 이런 시각에서 사회보험의 사각지대를 논의해본다.

우리나라는 1963년 산업재해보상보험제도에 이어 1977년 건강보험, 1988년 국민연금, 1995년 고용보험제도가 도입되면서 4대 사회보험체계가 제도적으로 완비되었다. 그럼에도 사회보험과 관련하여 다양한 사각지대가 존재한다는 문제제기가 많았다. 먼저 사회보험 사각지대 관련 많은 연구 중에서 체계적으로 정리가 잘된 이병희(2011)로써 상세히 논의해본다.[11] 이병희(2011)는 사회보험 사각지대를 법적으로 적용대상에서 제외되는 경우(제도적 사각지대), 법적으로 적용대상임에도 불구하고 사업주의 의무불이행 또는 보험료부담으로 보험료를 납부하지 않는 경우(실질적 사각지대), 수급요건이 엄격하여 보장을 받지 못하는 경우(수혜의 사각지대), 수급하더라도 급여수준이 낮거나 수급기간이 짧아서 보장이 충분하지 못한 경우(보장의 사각지대) 등으로 유형화하였다.

임병인(2013)은 이상의 사각지대 유형을 비판적으로 고찰하였다. 그는 사회보험의 사각지대를 "사회보험 가입 대상자가 적정한 수준의 보험료를 납입하였음에도 해당 사회보험이 책임져야 할 고유한 사회적 위험을 보장하지 못하는 경우"라고 다시 정의하였다. 이는 적정한 수준의 보험료를 납부했는지 여부에 따라 사각지대를 판정해야 한다는 것이다. 이에 근거하여 전술한 4개의 사각지대 유형 중 실질적 사각지대는 보험료를 아예 납부하지 않았기 때문에, 그리고 제도적 사각지대는 적용대상이 아니기 때문에 보험료를 납부해야 할 이유가 없기 때문에 사각지대라고 볼 수 없다고 주장하였다.[12] 수혜의 사각지대는 수급요건이 엄격하여 보장을 받지 못하는 경우인데, 예를 들어 고용보험에서 피보험단위를 충족하지 못하거나 자발적으로 이직한 피보험자, 국민연금에서 가입기간이 짧아 연금수급권을 확보하지 못한 계층 등이 해당된다. 이는 민간보험의 약관에 규정된 '보상하지 아니하는 손해'에 해당된다. 보상하지 아니하는 손해는 당연히 보험료 산정에 포함되지 않기 때문에 결과적으로 보험료를 납부하지 않은 것이므로 사각지대에 해당되는 것이 아니라고 지적하고 있다. 그러나 보장의 사각지대는 보험료를 납입한 것이 분명하므로 사각지대로 규정할 수 있는 기본 요건을 갖추고 있다고 간주하였다. 이에는 급여수준이 낮거나 수급기간이 짧아서 보장이 충분하지 못한 경우, 국민연금에서 연금수급권을 확보하였으나 연금액이 적어 노후빈곤에 노출되는 계층이나 실업급여에서 수급기간이 3개월인 자 등이 해당된다. 그러나 보장의 사각지대가 보험료를 납부하였지만 수혜금액이 작다는 것이기 때문에 보험료를 납입했고 그에 따라 수혜를 받고 있다는 점에서 사각지대로 보기에는 무리가 있다고 주장하였다.

이상의 비판적인 고찰에 근거할 때, '사회보험 사각지대'라는 용어 대신에 '사회보험 미적용 지대' 또는 해당자를 중심으로 '사회보험 미적용자' 또는 '사회보험 적용제외자'로 변경하여 부르는 것이 적절할 것으로 사료된다. 이런 용어를 사용해야 왜 사회보험에 적용되지 않는지, 적용대상이 되려면 어떤 노력을 해야 하는지를 고민하게 될 것이다.

한편, 사회복지협의회(2012)에서는 복지사각지대를 그에 속하는 집단에 초점을 맞추어 복지소외계층으로 규정하고 있다. 구체적으로 정의하면, 복지소외계층은 사회보장의 사각지대라는 제도적 결함에 놓여있는 계층으로 명백한 사회복지욕구가 존재함에도 불구하고 여러 가지 조건으로 인해 사회보장서비스의 혜택을 받지 못하여 여전히 복지욕구가 미해결된 사람들을 지칭한다. 그러나 이 용어 역시 소외라는 것이 정부가 마치 의도하는 것같은 인식을 주고 있으므로, 미적용이라는 의미를 강조하여 '미적용지대'라는 용어로 사용하는 것이 적절할 것이다.[13]

4) '무상'이 아닌 '국가'나 '정부', 또는 '세금'으로

전술하였지만, 무상(無償)이라는 용어는 어떤 행위에 대하여 아무런 대가나 보상이 없음을 의미한다. 그런데 무상시리즈라고 일컫고 있는 무상급식, 무상의료, 무상보육, 무상교육 등이 정말로 아무런 대가나 보상이 없는 것일까? 이 질문에 대한 대답은 '아니다'임을 누구나 알 수 있다. 예를 들어, 무상급식의 수혜자인 학생들은 부담하지 않지만(물론 학생들조차 어떤 품목을 구입할 때 부가가치세 등을 납부함),[14] 학생들의 부모들은 어떤 형태로든 세금을 내고 있으므로 실질적으로 무상급식이라는 용어가 전혀 타당하지 않음을 잘 보여주고 있다. 따라서 '무상'이라는 용어를 붙인 무상급식, 무상의료, 무상보육, 무상교육 등에 투입되는 재원이 그 조세가 국세이든 지방세이든, 아니면 소득세이든 소비세이든 세금이기 때문에 무상이라는 단어를 붙여서는 안될 것이다. 유의할 것은 무상의료의 경우, 비록 필요에 따라 정부 예산(세금)을 지원받고 있지만 건강보험공단에서 별도로 보험료를 받아 운영하고 있다는 점에서 다소 성격이 다르다는 점이다.

이상의 논리에 의해 무상교육은 현재와 같이 '의무교육' 또는 '강제교육', 무상급식은 '국가급식' 또는 '정부급식', '공적 급식',[15] 무상의료는 '국가보장의료', 무상보육 역시 '국가보육' 또는 '정부보육', '국가지원보육' 등과 같은 용어로 전환하는 것이 적절하다고 판단된다. 조금 더 적극적으로는 아예 "세금"이라는 접두어를 붙여 용어를 정의하는 것도 필요할 것이다.[16]

5) '사회적 입원'이 아닌 '요양병원 무연고거주', '비거주지 입원', '불법 (또는 부당)거주', '요양병원 거주'으로

신조어인 사회적 입원은 입원한 병원이 집이 되는 현상이다. 이와 같은 현상이 발생하는 이유는 첫째, 불편 정도가 아주 심하지 않고 돌봐줄 가족이 없는 저소득층들이 요양병원에 있는 것을 선호하기 때문이다. 특히, 기초수급자나 차상위계층은 돌아갈 집이 없기 때문에 이런 경향이 더 강하다. 둘째, 난립된 요양병원이 수익을 추구하는 과정에서 병상을 채우려다보니 장기간 입원에 대해서 눈을 감고 있기 때문이다. 즉, 환자-가족-병원의 이해관계가 맞아떨어지는 결과라는 것이다.

문제는 일부 보도에서 제기되었지만, 요양병원에 무작정 입원하고 있는 이들은 기본적으로 의료적 처치가 거의 없기 때문에 병원이 집과 거의 다름없다고 생각하고 있다는 것이다. 따라서 이들에게는 의료와 복지 욕구 중 복지욕구가 더 강하다고 볼 수 있다. 만약에 사회적 입원을 거절하는 요양병원이 있으면, 나쁜 소문을 퍼뜨린다고 하고 병원입장에서 이러지도 저러지도 못하게 하는 경우도 있다고 한다.

사회적 입원이라는 용어 자체로는 누구라도 그것이 어떤 상황을 나타내는 것인지를 전혀 알 수 없다. 이것이야말로 다분히 개인적이고 가정에서 해결해야 할 상황을 '사회적'이라는 용어를 사용하여 책임주체를 전가하는 용어라고 판단된다. 더 나아가 보통 입원이란 환자들이 병원에서 실질적으로 거주하면서 의료처치를 받는 것이다. 그런데 요양병원에 아무런 의료 처치없이 병원을 집처럼 생각하고 살고 있는 것이 사회적 입원으로 명명하고 있다. 따라서 '요양병원 무연고거주'라는 직접적인 표현을 사용하는 것이 적절해 보인다. 무연고인 요양병원에 거주하는 것으로 표기되면 국민들이 사회적 입원이라는 용어에 의해 가지는 해당자들에게 대한 인식과 사뭇 달라질 것으로 예상된다. 즉, 사회적 입원이라는 용어는 마치 사회적으로 누군가가 책임지는 형태인 것으로 여겨지나, 요양병원 무연고거주라는 용어를 사용할 경우, 입원환자들이 요양병원에 연고도 없이 거주하는 것으로 명확한 뜻이 전달될 것이다. 더 나아가 이와 같은 현상이 부당함을 강조하여 '부당한 요양병원 거주' 또는 '부당(불법) 거주' 등으로 명시적으로 드러내놓는 것도 바람직한 접근 방법일 것이다.

요약 및 결론

지금까지 복지 분야의 일부 용어의 사용 현황 등을 논의하고 그 용어에 대한 대안을 논리적으로 비판하고 제시하였다. 이는 특정 분야에서 사용되는 용어가 사회통합에 걸림돌이 되지 않고, 오히려 우리 사회의 현상들을 바르게 인식하여 사회통합에 기여할 수 있는 인식체계를 형성하게 하는데 도움이 되고자 함이다.

이상과 같은 연구목적 하에서 복지 분야의 많은 용어들을 조사한 결과, 몇 가지 중요한 용어들의 바른 용어를 논리적으로 그 타당성을 설명하면서 제시하였다. '복지수요'는 '복지욕구'로, '복지투자'라는 용어는 '복지지출' 또는 '복지재원 투입'으로, '사회보험 사각지대'는 '사회보험 미적용지대'로, '무상'시리즈는 무상 대신에 '국가'나 '정부', 또는 '세금'이라는 접두사를 붙이는 것으로, 최신의 신조어인 '사회적 입원'은 '요양병원 무연고거주', '비거주지입원', '불법(또는 부당)거주', '요양병원 거주' 등이 그것이다. 이를 정리한 것이 아래 표이다.

<표 4-1> 바른 용어 명세

기존 용어	바른 용어
복지수요	복지 욕구
복지투자	복지 지출 또는 복지재원 투입
사회보험 사각지대	사회보험 미 적용지대
무상시리즈	국가… 정부… 세금..
사회적 입원	요양병원 무연고거주, 비거주지입원, 불법(또는 부당)거주, 요양병원 거주

주

1 장후석(2013)은 선호 복지 형태나 복지와 성장과의 관계에 대해 연령에 따라 인식 차이가 발생함을 설문조사를 통하여 밝혔다. 그는 이 인식 차이가 복지와 관련하여 세대 간 갈등 요소로 작용할 가능성이 있다고 주장하였다. 이를 구체적으로 살펴보면, 복지와 성장과의 관계에 대해서는 20대와 30대의 경우 각각 51.6%와 55.0%가 성장보다는 복지를 우선 생각하고 있는 반면, 50대 이상의 경우 27.4%만 성장보다 복지를 우선해야 한다고 인식하고 있는 것으로 조사되었다. 또한 선호하는 복지 형태에 대해서는 20대의 경우 선택적 복지 선호 비율이 58.9%인 반면, 50대 이상은 74.8%로 나타났다.

2 구글의 뉴스기사 검색에서도 약 11,900개 (0.23초)의 검색결과(2013.11.30.기준)가 복지수요라는 용어를 사용하고 있는 것으로 나타났다.

3 구글코리아에서 '복지수요'라는 용어를 검색하면 "검색결과 약 4,400,000개 (0.23초)"라는 문장이 나타날 정도(2013.11.30.기준)로 복지수요라는 용어가 널리 사용되고 있음을 알 수 있다. 물론 복지수요가 동시에 나타나는 검색결과를 비롯하여 복지와 수요가 따로 구분되어 검색되고 있음에 유의할 필요는 있지만, 복지수요라는 용어가 널리 사용되고 있다는 것은 분명하다는 사실이다.

4 사회보험사각지대라는 용어를 구글에서 검색한 결과, 약 324,000개(0.35초)가 있는 것으로 나타났다 (2013. 11. 30. 기준)

5 최근에는 노인장기요양보험까지 포함하여 5대 사회보험이라고 부르기도 한다.

6 복지사각지대라는 용어를 구글에서 검색한 결과, 약 1,830,000개 (0.36초)가 있는 것으로 나타났다 (2013. 11. 30. 기준). 관련 언론 기사들의 제목을 보면, "복지 사각지대 사회복지사⋯65%"폭행 경험""(2013. 9. 6). "복지 사각지대에 놓인 빈곤 아동 41만 명 달해"(2012. 10. 18) 등이 있다.

7 무상급식에 대한 구글 검색결과 약 3,850,000개, 무상의료 약 610,000개, 무상보육 약 7,040,000개, 무상교육 약 1,280,000개 등이 검색되었다.

8 사회적 입원이라는 용어는 날짜가 특정되지 않았지만, 일본 외무성 홈페이지에서 발견할 수 있었다. "One of the problems in health care and personal social services is that many elderly hospitalized people stay for a long time at hospitals even after they no longer need to stay for medical care. This kind of hospitalization is cynically called "social hospitalization." Social hospitalization occurs because the out-of-pocket payment is cheaper than that of long-term care homes except for the very low-income class." 한편, 사회적 입원은 1973년 일본에서 노인의료를 무료로 하는 제도를 실시하면서 등장한 것으로 보인다. 일반적으로 입원이란 신체적, 건강적인 요인에 의한 것인데, 노인의 경우, 가족 또는 다른 사회적인 요인, 그리고 노인들이 처한 환경에 따른 요인으로 입원할 수밖에 없는 상황을 지칭하여 사회적 입원이라는 용어를 사용한 것으로 보인다. 즉, 병원에 입원하지 않고 요양시설이나 재가에서 충분한 요양이나 서비스를 받을 수 있다면 입원할 이유가 없을 텐데, 그렇

지 못하다 보니, 비용이 더 들어도 복합한 가족문제를 피하고 건강보험재정 등은 고려하지 않고 입원하는 것을 지칭한다는 것이다. 이와 관련하여 입원일수로 사회적 입원을 정의하고 있는 연구도 있는데, 이는 정설희 외 3인(2011)을 참조하기 바란다. 그럼에도 사회적 입원이라는 용어의 최초 사용국가, 시기 또는 사례 등에 대해서는 추가적인 연구가 필요하다고 판단된다.

9 중앙일보 기사(2013. 4. 22.)에서는 "〈전략〉…감사원이 최근 "요양병원에 누워 있는 '사회적 입원' 환자가 3만 1,075명"이라고 지적했다. 사회적 입원이라는 세상 어디에도 없는 신조어가 등장했다. 의료적 처치가 거의 없어 병원이 집과 거의 다름없다는 게 감사원의 진단이다….〈후략〉"

10 이를 우리나라 헌법 제10조에 규정된 기본권인 행복추구권을 실현하는 방법 중의 하나로 볼 수 있다는 견해도 있다.

11 이하 내용은 임병인(2012)에서 발췌, 인용하면서 내용을 추가로 서술한 것이다.

12 제도적 사각지대는 법적으로 적용대상에서 제외되는 경우인데, 특수고용근로종사자, 가사노동자, 월 60시간 미만의 단시간 근로자 등을 말한다.

13 이와 관련하여 사회보험을 아예 그 성격에 근거하여 "강제보험"으로 정의하자는 의견도 있다.

14 물론 수혜자가 학생이거나 유아일 경우, 자신들은 말 그대로 무상으로 혜택을 받는 경우도 있을 것이다.

15 국가급식보다는 정부급식이라는 용어가 보다 적절한 이유는 국가급식은 마치 중앙정부가 재원을 지원하는 것으로 인식하기 쉽기 때문이다. 즉, 제도적으로 무상급식은 지방정부(지방자치단체)가 재정을 보조하기 때문이다. 한편, 국가급식, 정부급식, 또는 공적급식 등으로 할 경우, 가정급식이라는 의미에 대비되어 국민들의 인식을 올바르게 생성하는데 도움을 줄 것으로 기대된다.

16 '무상'복지를 보편적 복지와 선별적 복지를 구분하는 것에 연계시킬 필요가 있다는 견해도 있다. 왜냐하면 어쩌면 두 유형의 복지는 전적으로 예산에 달려있기 때문이기 때문이다. 문제는 보편적 복지는 궁극적으로 경제의 사회화로 이행되어 민간부문이 점차 축소될 가능성을 높여준다는 것이다. 이런 시각에서 보편적 복지는 '획일적 배급'이라는 정의가 맞다는 주장도 있다.

참고문헌

김이석, 『사회통합을 위한 바른 용어 연구: 경제학적 측면』, 한국경제연구원, 정책연구 2013-03, 2013. 4

신중섭, 『사회통합을 위한 바른 용어 연구: 사상적 측면』, 한국경제연구원, 정책연구 2013-03, 2013. 4

이병희, 『사회보험료 지원을 통한 공식고용 촉진방안』, 월간 노동리뷰, 2011, 11, 한국노동연구원, pp.5-28

임병인, 『4대 사회보험 사각지대의 비판적 고찰과 정책과제』, 한국조세재정연구원, 2012년 재정네트워크 working paper, 2013. 1

국립국어연구원, 국어대사전

사회복지용어사전, 사회복지사협회

정설희, 오주연, 이혜진, 윤소영, 『요양형 장기입원 적정관리 방안 연구』, 건강보험심사평가원, 2011. 5

한국경제신문의 경제용어사전

장후석, 『복지에 대한 세대간 인식 차이 조사: 50대 이상은 복지 만족, 20-30대는 복지 불만』, 지속가능성장을 위한 VIP리포트 13-15(통권 525 호), 현대경제연구원, 2013. 5. 13

3부

바른 용어가
바른 정책을 만든다
- '사회분야'의 정명

'정치·사상·역사' 정명

강규형(명지대학교 기록정보과학전문대학원 교수)

우리나라 국사학계의 문제는 역사는 정해진 길을 가야한다는 '역사발전 단계론'의 영향을 너무 많이 받았다는 데에 있다. 역사발전 단계론은 대개 유토피아 또는 인간해방을 최종단계로 설정하고 있다. 하지만 이런 논리에 함몰된 사상은 예외 없이 인간의 노예화를 보장하는 전체주의로 빠져들었다. 그러나 국사학계는 '내재적 발전론'이니 '자본주의 맹아론'이니 하는 이름을 가지고 소위 "진보"를 향한 역사발전 단계론을 합리화하는 지난한 노력을 해왔고, 그 결과 역사연구와 역사교육에 있어서 왜곡을 가져오는 경향이 있었다.[1]

이런 논리구조 속에서 진보니 진보세력이니 하는 허구의 개념이 생겨나고 자리를 잡았다. 진보라는 단어가 주는 긍정적인 어감을 이용하려 만든 프레임에 걸려 사회 전체가 농락되고 있는 감이 있다. 그런 긍정적 어감에 매료돼 소위 "진보"진영에 가담하면 뭔가 지적인 생각이 있어 보인다는 착각도 우리 사회에는 꽤 남아 있다. 1980

년대 한국의 좌파 이론투쟁에서 공산계열, 그중에서도 NL, 그것도 가장 저급한 주사파가 승리한 것은 비극이었다. NL이나 PD 모두 진보가 아니다. 그들은 그저 진부(陳腐)한 퇴보(退步), 혹은 수구(守舊)좌파일 뿐이다.[2]

그러나 우리사회는 불행히도 이런 허구적 프레임에 갇혀서 빠져나올 기미가 보이지 않는다. 2011년에 국사학계가 교과서에서 자유민주주의를 쓰지 말고 대신 민주주의로 쓰자는 주장도 사실은 '민주주의'란 용어 앞에 무엇이든 붙일 수가 있고 그 뜻을 마음대로 이용할 수 있다는 것을 인식하고 있기 때문이다. 한국사회에 큰 영향을 끼친 모택동(毛澤東 마오쩌둥)주의적인 인민민주주의 혹은 민중민주주의까지 포괄하고자하는 의지가 강해서이다. 어떤 한국근현대사 교과서에 이승만 대통령 사진 대신 모택동의 사진이 크게 실린 것은 우연이 아니다.

이러한 용어혼란전술은 과거 공산주의 세력이 선동선전전에서 너무나 잘 사용해왔던 수법이다. 일례로 러시아 공산주의 역사에서 공산당 내에 레닌(Lenin)이 주도하는 볼셰비키(다수파)와 마르토프(Martov)가 주도하는 멘셰비키(소수파)가 존재했는데 볼셰비키파는 결코 다수파가 아니었다. 그러나 레닌이 당내에서 자기파가 일시적인 다수를 점하게 되자 사용한 용어에 불과한데 이것이 굳어지면서 자연스레 레닌파는 다수파로 둔갑을 했고 아직도 역사에선 이들을 부르는 용어로 볼셰비키라고 부른다.

김명섭 교수가 한 논문에서 잘 지적한 것처럼 명명 전쟁(naming war)은 종종 기억의 전쟁(war of memory)으로 이어지기도 한다.[3]

1970·80년대 북한 및 국내 안보위해세력(이른바 종북세력)들이 용어혼란전술의 일환으로 사용하던 정치사상 및 역사관련 용어가 우리사회 각 분야에서 이제 정상용어로 자리매김하고 있는 실정이다.

이의 대표적 사례가 '한국전쟁'이라는 용어이다. '6·25 남침전쟁', '6·25동란(動亂)'으로 표기되던 것이 1980년대 이후 '한국전쟁'으로 통용되고 있다. 심지어 종북세력들은 북한의 선전대로 '조국해방전쟁', '민족해방전쟁'이라고 정당화하고 있는 실정이다. "한국전쟁"이란 용어는 외국에서 6·25전쟁을 칭할 때 쓰는 용어였다. 그러다가 브루스 커밍스의 '한국전쟁의 기원'이 선풍적인 인기를 끌면서 한국전쟁이란 용어가 아예 6·25전쟁의 공식용어처럼 돼버린 것이다. 속히 다시 6·25전쟁으로 되돌아가야할 용어이다.

마찬가지로 '대구민중항쟁'이니 '대구 10월 항쟁'이니 하는 용어들도 이제 다시 대구 10월 폭동으로 돌아가야 한다. 또한 "동백림 간첩조작사건"이라는 허구적인 용어를 사용하면서 사건의 본질을 호도하는 시도들도 요즘 간간히 나타나고 있는 것을 주목하고 이런 오용의 사례를 시정해나가는 노력도 병행해야 한다. 동백림사건 때 억울한 수감자가 몇 있었고 몇몇 경우에는 죄에 비해 가혹한 처벌을 받은 경우가 있었지만 그 사건은 본질적으로 엄연한 대규모 간첩단 사건이었다는 것은 그 사건의 당사자들도 인정하는 바이다.

앞에서도 언급했듯이 정치사상 용어중 대표적인 혼란용어가 '진보'이다. 북한 및 국내 안보위해세력들은 진보라는 용어가 진취적인 의미를 내포하고 있어 일반 대중들에게 호감을 갖는 용어임을 간파하고, 그들이 지향하는 사회주의(공산주의)사회를 '진보사회', 그들의 사상을 '진보사상', 이를 신봉하는 세력을 '진보인사', '진보진영' 등으로 지칭하여 사회주의지향 활동을 정당화하고 있다. 또한 북한당국이 구사하는 용어혼란전술의 대표적 사례인 '민족공조', '우리민족끼리' 등의 통일전선차원의 용어도 아무런 저항감 없이 국내에 수용되어 사용되고 있다. 이렇듯 1970·80년대 북한 및 국내 안보위해세력(이른바 종북(從北)세력)들이 용어혼란전술의 일환으로 사용하던 정치사상 및 역사관련 용어가 우리사회 각 분야에서 이제 정상용어로 자리매김하고 있는 실정이다.

이러한 용어는 좌파뿐만 아니라 이제 자유민주진영의 신문, 방송 등 언론매체와 지식인 및 정치인들 사이에서도 스스럼없이 사용되고 있어 자유민주진영의 언어공간마저 장악해버렸다. 이러한 정치사상 및 역사용어의 왜곡을 계속 방치하게 될 경우, 결국 우리는 북한 및 종북세력의 용어혼란전술에 놀아나 대한민국의 자유민주주의체제를 위협하는 요인으로 작용할 가능성이 있다. 이에 본 발제문에서는 우리사회 일각에 확산되어 있는 정치사상 및 역사관련 용어 사용의 왜곡실태와 폐해를 분석하고 이의 정상화방안을 제시하고자 한다.

이론적 배경: 용어혼란전술

1) 용어혼란전술의 개념

용어혼란전술이란 공산주의자들이 혁명과정에서 대중들의 지지와 협조를 획득하기 위해 특정 용어를 실제 용도와는 달리 대중들이 호감이 가도록 그럴듯하게 포장하여 구사하는 전술을 말한다.

용어혼란전술은 기본적으로 공산주의자들의 선전선동전술의 일환이며 언어를 통한 영향공작(Influential Operation) 성격의 심리전이라 할 수 있다. 대중들이 선호하고 긍정적으로 받아들이는 용어를 선점하여 사용, 전파함으로써 자연스럽게 폭력혁명에 우호적이거나 최소한 부정적 의식을 희석화 시킬 것이다. 즉 저 강도 영향공작의 일환이다.[4]

일찍이 레닌(Vladimir Lenin, 1870-1924)은 〈사회민주주의자의 두 가지 전술〉(1905)이란 책자에서 『동일한 사안이라도 동지와 적을 대할 때 각각 구분해서 용어를 사용하라. 적에 대해서는 가능한 한 부정적인 용어(언어)를 구사하여 비판하고 동지(혁명세력, 견인세력 - 필자 주)에 대해서는 우호적이고 순화된 용어(언어)를 사용하였을 때 선전선동에 유리하고 혁명이란 목표달성에 효과적이다』라고 강조한 바 있다.

2) 북한의 용어혼란전술과 목표

북한은 선전(propaganda)과 선동(agitation)사업을 『당원들과 근로자들을 로동계급의 혁명 사상과 리론, 당의 로선과 정책으로 튼튼히 무장시키고 제기된 혁명과업수행에로 조직동원하기 위한 당사상사업의 기본형식』(북한 정치사전, 1985년판)이라고 규정하고 있다. 북한에서 선전선동이란 수령과 당의 정책노선을 주민들에게 무장시켜, 주민들은 혁명과업 수행에 매진토록 유도하는 정치사업인 것이다. 이런 시각에서 볼 때, 북한의 대남선전선동이란 북한이 남한국민을 대상으로 북한의 대남혁명노선을 사상교양하고 이른바 남조선혁명 과업을 수행하도록 유도하는 행위라고 할 수 있다.[5]

따라서 북한의 용어혼란전술은 대남적화혁명의 목표를 달성하기 위해 남한국민들의 여론, 감정, 태도, 행동 등을 혁명의 편에 유리하게 작용하도록 용어를 구사하여 심리적인 영향력을 행사하는 일종의 '영향공작'(Influential Operation)으로 대남심리전 전술의 일환인 것이다.

북한당국이 국내 주사파진영에서 하달한 〈주체의 한국사회변혁운동론〉(2000)이란 혁명지침서를 보면, 『대중정치교양을 통속적으로 진행하려면 현실과 유리된 추상화되고 일반화된 개념이나 까다롭고 복잡한 논리나, 어렵고 힘든 용어나 말투를 쓸 것이 아니라 모든 것이 명백한 현실 자료와 생생한 사실을 가지고 명백하고 쉬운 논리와 대중적으로 통용되는 생활적 용어로 해야 한다』라고 강조하며, 용어 사용의 중요성을 제기한 바 있다.[6]

국내 종북·친북세력들이 용어혼란전술을 구사하는 목적은 이를 통해 대중을 폭력혁명의 편으로 견인하고 혁명적 정세조성을 앞당겨 한국의 적화통일을 성사시키려는 것이다. 북한 역시, 용어혼란전술을 통해 북한정권의 궁극적 목표인 '전(全)한반도의 주체사상화와 공산화통일' 완수를 위한 유리한 혁명정세를 조성하려는 것이다.

한국 정치·사상 및 역사관련 용어의 왜곡과 폐해

1) 정치·사상 및 역사관련 용어의 왜곡실태

북한 및 국내 안보위해세력(친북·사회주의세력)들에 의해 의도적으로 조작, 사용되어 우리 사회에 만연되고 있는 대표적인 정치·사상 및 역사관련 용어를 지적해보면 다음과 같다.

대한민국에 대한 호칭: 남조선, 이남, 남쪽정부

북한 및 국내 안보위해세력(친북·사회주의세력)은 대한민국을 '남조선', '남조선 괴뢰(傀儡)', '이남', '남측' 등으로 호칭하고 있다. 특히 국내 일부 정치인은 심지어 대한민국 정부를 '남쪽정부', '남측정부'라 호칭하기도 한다.

또한 대한민국을 '미국의 식민지사회'로 기정사실화하고 있다. 이들은 한국사회는 자주독립의 국가가 아니라 정치, 경제, 군사, 사회, 문화 등 모든 분야가 미 제국주의에 종속되어 있는 식민지사회라고 평가한다. 즉 현 정권이 독점자본과 결탁하여 대다수의 불쌍한 노동자계급과 민중을 억압하고 착취하는 체제라고 비방하면서, 한국 사회를 '식민지반자본주의사회'니 '신식민지국가독점자본주의사회'니 하며 모순투성이의 사회로 매도하고 부정한다. 현 정부는 '친미사대 매국정권'(NL주사파) 또는 '부르주아 파쇼정권', '반노동자정권'(PD맑스 레닌파) 등으로 매도하고 있다. 이러한 시각은 대한민국의 국가정통성을 정면 부정하는 매국적 인식이다. 그러나 이러한 주장은 다음과 같은 비판을 면치 못한다.

① 안보위해세력들이 채택하고 있는 한국사회 평가관은 모두 공산주의자들의 사회분석방법론인 유물사관에 입각한 '사회구성체론'이나 북한 주체사관에 입각한 '사회성격론'에 입각하고 있다. 이는 다원화된 한 사회를 종합적 시각으로 분석하지 않고 맑스주의나 주체사상의 사회분석방법론만을 일방적으로 채택하여 편협하게 분석하고 있다는 것이다. 이러한 사회구성체론은 맑스가 유럽의 공산혁명을 정당화하기 위해 설정한 사회분석방법론으로 이를 현대사회에 적용하기에는 많은 문제를 안고 있어, 이미 그 효용성이 상실된 이론임을 드러난 바 있다. 이렇게 구시대의 유물이 되어버린 공산주의자들의 사회분석방법을 가지고 고도로 발전된 한국사회를 분석한다는 것은 사회과학적 관점에서도 객관성이 결여된 것이다.

결국 반(反)대한민국 세력이 맑스주의나 주체사상의 사회분석방법을 채택하고 있다는 사실은 이들 공산혁명에 입각하여 한국 사회주의혁명의 정당성을 확보하려는 기만술에 불과한 것이다. 반 대한민국 세력이 한국사회를 모순투성이의 잘못된 체제로 의도적으로 매도하고 이를 해결하기 위해선 유일하게 공산혁명이 필요하다고 주장하는 혁명논리 전개의 출발선상에서, 그들은 한국사회를 기본적으로 부정하는 것임을 직시해야 한다.

② 다원화된 국제사회에서의 한·미 양국간 협력관계를 놓고 한국 사회를 미국의 식민지사회로 평가하는 것이나 자유민주선거에 의해 국민다수의 지지를 받아 선출된 대통령을 사대매국정권이니

허수아비정권이니 파쇼정권이니 운운하는 것은 반 대한민국세력의 논리를 정당화하기 위한 것이다.

물론 국제정치의 역학상 국력의 차이에 따라 국제사회에서의 영향력의 정도가 다를 수 있으나 전 세계 190여개 국가 중 12위 정도의 종합국력을 지니고 있는 한국을 식민지사회 운운하는 것은 설득력이 없으며, 또한 국민다수의 지지를 받아 출범하여 민주개혁을 위해 헌신하고 있는 한국정부를 독재정권이니 파쇼정권이니 하는 주장도 설득력이 약하다.[7] 이러한 주장을 전개하는 것은 결국 대한민국과 현정권의 정통성을 부정해야만 그들의 사회주의혁명논리가 정당성을 갖기 때문이다. 이는 대한민국의 국가정체성을 정면으로 훼손하며 부정하는 의식이 표출된 호칭이다.

북한에 대한 호칭: 조선민주주의인민공화국

우리사회 일각에서는 북한에 대해 '이북'이나 심지어 '조선민주주의인민공화국', '공화국' 등으로 호칭하고 있다. 북한은 대한민국 헌법체계상 우리 영토의 일부인 북반부를 불법강점하고 있는 반국가 불법단체이다. 한편 북한은 1948년 9월 9일 평양을 수도로 하는 '조선민주주의인민공화국' 수립을 선포하며, 한반도('조선반도'라고 표현) 전체가 북한영토임을 밝히고 남한지역을 미 해방지구로 선언하고 북한이 한반도의 유일한 합법정부임을 선언한 바 있다. 문제는 우리 내부의 종북 좌파세력들이 북한주장을 수용하여 한반도에서의 국가정통성을 북한에게 부여하고 있다는 점이다. 이것은 종북 좌파세력이 대한민국을 부정하고 북한 체제를 지지·추종하거나 혹은 우호적으로 보고 있음을 뜻한다.

따라서, 우리는 북한정권을 어떻게 봐야 하는지를 재정립해야 한다. 북한은 우리가 인정하든 인정하지 않든 간에 국제사회에서 '국가'의 위상을 누리고 있는 게 현실이다. ① 전 세계 192개 국가 중 161개 국가와 외교관계를 수립하고 있으며 ② UN(국제연합)의 회원국이고 ③ 한반도의 북반부를 실효적으로 지배(물론 불법 강점이지만)하며 대내외적으로 이른바 주권을 행사하고 있다. 그렇다고 해서 우리가 북한을 '합법 국가'로 인정해서는 안 될 것이다. 대한민국 헌법 제3조에서 "대한민국의 영토는 한반도와 그 부속도서로 한다"라고 명시하고 있으며, 헌법과 국가보안법 등 실정법상 북한은 우리영토의 일부를 불법으로 강점하고 있는 반국가 단체이기 때문이다.[8]

우리사회 일각에서는 남북UN 동시가입(1991), 남북기본합의서(1991) 및 6·15공동선언(2000) 채택 등을 내세워, 우리정부가 북한을 사실상 정부로 인정한 것이라 주장하며 북한의 국가지위를 기정사실화하는 분위기가 만연되고 있다. 그러나 한반도에서 유일한 합법정부는 대한민국이라는 것이 헌법재판소와 대법원의 일관된 입장이다. 따라서 우리 국민이 북한을 합법국가로 인정하는 것은 우리 스스로 대한민국 헌법체계를 부정하는 결과를 초래하는 것이다.

1991년 9월 17일 대한민국과 북한이 유엔에 동시 가입하였고, 같은 해 12월 13일 이른바 남북 고위급회담에서 남북기본합의서가 채택되었으며, 2000년 6월 15일 남북정상회담이 개최되고 남북공동선언문이 발표된 이후 남북이산가족 상봉행사를 비롯하여 남·북한 사이에 정치·경제·사회·문화·학술·스포츠 등 각계 각층에서 활발한 교류와 협력이 이루어져 왔음은 상고이유에서 지적하는 바와 같고, 이러한 일련의 남북관계의 발전은 우리 헌법 전문과 헌법 제4조, 제66조 제3항, 제92조 등에 나타난 평화통일 정책의 국가목표 수립과 그 수행이라는 범위 안에서 헌법적 근거를 가진다.

그러나 북한이 조선민주주의인민공화국이라는 이름으로 유엔에 가입하였다는 사실만으로는 유엔이라는 국제기구에 가입한 다른 가맹국에 대해서 당연히 상호간에 국가승인이 있었다고 볼 수는 없다는 것이 국제정치상 관례이자 국제법상 통설적인 입장이다. 그리고 기존의 남북합의서, 남북정상회담, 남북공동선언문 등과 현재 진행되고 있는 남북회담과 경제협력 등의 현상들만으로 북한을 국제법과 국내법적으로 독립한 국가로 취급할 수 없다. 남·북한 사이의 법률관계는 우리의 헌법과 법률에 따라 판단해야 하며, 북한을 정치·경제·법률·군사·문화 등 모든 영역에서 우리와 대등한 별개의 독립된 국가로 볼 수 없다…중략…따라서 종래 대법원이 국가보안법과 북한에 대하여 표명하여 온 견해 즉, 북한은 조국의 평화적 통일을 위한 대화와 협력의 동반자이나 동시에 남·북한 관계의 변화에도 불구하고, 적화통일노선을 고수하면서 우리의 자유민주주의 체제를 전복하고자 획책하는 반국가단체라는 성격도 아울러 가지고 있고, 반국가단체 등을 규율하는 국가보안법의 규범력이 상실되었다고 볼 수는 없다고 하여 온 판시(대법원 1992. 8. 14. 선고 92도1211 판결, 대법원 1999. 12. 28. 선고 99도4027 판결, 대법원 2003. 5. 13. 선고 2003도604 판결, 대법원 2003. 9. 23. 2001도4328 판결 등)는 현시점에서도 그대로 유지되어야 할 것이다.[9]

북한은 대한민국을 '남조선 괴뢰'라고 부르며 국가로 인정하고 있지 않으며, 자기들이 한반도의 유일한 합법정부임을 내세우고 있다는 점을 상기해야 한다. 북한에 급변사태가 발생하여 무정부와 혼란상태가 지속되어 우리정부가 치안유지 병력인 군과 경찰을 보내 무질서 상태를 바로잡고 통일의 기회로 삼겠다고 했을 시, 이는 '북한'이라는 주권국가에 대한 침략행위가 되는 것이다.

북한은 대한민국 헌법과 실정법체계상 우리국토의 북단을 불법으로 점유하여 정부를 참칭하고 있는 반국가불법단체인 것이며, 우리가 기필코 해방하여 통일해야 할 우리 영토인 것이다.

북한관련 용어: 태양절 등

① 태양절

지난 4월 15일 국내 대부분의 언론사들은 '김일성 생일날'을 '태양절'로 호칭하며 관련 행사를 대대적으로 보도한 바 있다. '태양절'이란 북한당국이 김일성을 미화, 찬양하고 우상화하기 위해, 1997년 7월 8일 당중앙위원회·당중앙군사위원회·국방위원회·중앙인민위원회·정무원 등 북한의 5개 기관이 이른바 주체연호를 도입하고 김일성 생일을 '태양절'로 지정한 것이다. 그런데 국내 언론들이 여과 없이 '태양절' 운운하며 보도하고 있는 실정이다.

② 인민군

또한 북한군을 '인민군', '조선인민군'으로 호칭한다. 인민군이란 이른바 인민을 위해 봉사하는 군대라고 선전하기 위해 붙인 용어인데, 북한군은 '수령의 군대'로 '당의 군대'로 김씨 일가의 정권보위와 안위를 위해 봉사하는 것은 제1의 임무로 하고 있음은 주지의 사실이다. 따라서 북한군을 인민군으로 호칭하는 것은 북한군의 활동을 정당화하는 결과를 초래하는 것이다. 예를 들어 우리언론이나 북한학자들은 '북한군 총정치국장 최룡해'하면 될 것을 '북한 인민군 총정치국장 최룡해'라고 호칭하는 것은 잘못된 표현이다.

③ 금수산태양궁전

북한은 김일성과 김정일의 사체(死體)가 보관되어 있는 건물을 양 김씨를 우상화하기 위해 '금수산태양궁전'(錦繡山太陽宮殿)이라 명명하고 있다. 원래 김일성 생전에 집무실 겸 숙소였던 '금수산의사당'을 김일성 사망 이후 사체를 보존하는 용도로 바꾸어 '금수산기념궁전'이라 불렀으나, 김정일 사망 이후 2012년 2월 16일 김정일의 70번째 생일을 맞아 '금수산태양궁전'으로 개칭하였다. 두 김씨를 '태양'으로 떠받들고 왕조시대를 연상시키는 '궁전'이란 호칭을 일부 언론이나 북한학자 및 정치인들은 그대로 쓰고 있다.

역사관련 용어: 한국전쟁

한국 현대사 관련 용어중 가장 잘못 사용되고 있는 대표적 왜곡된 용어가 '한국전쟁'(Korean War)이다. 물론 국제사회나 국제 정치학계에서 한국전쟁이라고 호칭하는 것은 이해할 수 있으나, 대한민국 국민이 '6·25 남침전쟁'의 책임 소재와 성격을 실종시켜 버린 '한국전쟁'이라고 호칭하는 것은 부끄러운 일이다.[10]

더욱 심각한 것은 국내 종북세력 등 일부 세력의 6·25 남침전쟁에 대한 시각이다. 이들은 6·25 남침전쟁에 대한 북한당국의 왜곡된 선전을 그대로 수용하여 미국과 한국이 야합하여 도발한 북침전쟁이며 북한이 이에 대항한 정의의 조국해방전쟁이라고 정당화하고 있다.[11]

'6·25 남침전쟁'은 1950년 6월 25일 새벽4시 북한군의 기습남침으로 발발된 명백한 침략전쟁이다. 이러한 사실은 ① 전쟁 중에 노획된 북한군의 '선제타격작전계획'이란 비밀문서 ② 전쟁포로들의 증언과 ③ 한국과 미국의 자료들에서도 입증되었지만, 1990년대 이후 공산권 붕괴 이후 밝혀진 구 소련의 비밀자료 등에서 명백히 확인되고 있다. 1994년 러시아를 방문한 김영삼 대통령에게 러시아 옐친(Boris N. Yeltsin) 대통령이 제공한 6·25남침전쟁 관련 비밀문서에는 "김일성의 요청을 스탈린(Joseph V. Stalin)이 승인함으로써 전쟁이 시작되었다"는 내용을 분명히 명시하고 있다. 또한 흐루쇼프(Khrushchev) 전(前) 소련공산당 서기장 회고록에서도 이를 확인해준다. 결국 구 소련 비밀문서의 공개에 따라 북침설, 좌파 수정주의학

자들의 전쟁유도설, 내란확전설 등은 명백한 사실(fact) 왜곡, 역사조작임이 드러났다.[12]

이와 함께 우리가 꼭 상기해야 할 점은 첫째, 3년 1개월에 걸친 6·25 남침전쟁으로 45%에 이르는 공업 시설이 파괴되는 등 한반도 전체가 폐허화됐고, 민간인 인명피해는 2,490,968명(한국 990,968명: 사망 244,663명, 학살 128,936명, 부상 229,625명, 납치 84,532명, 행방불명 303,212명. 북측 1,500,000명)과 피난민(320만여 명), 전쟁미망인(30만여 명), 전쟁고아(10만여 명)을 양산시켰다는 사실이다.

특히, 북한군은 점령기간 중 군인, 경찰과 그들 가족, 우익인사, 지식인, 종교인 등 양민 13만 명을 학살하였으며, 우리 청소년 40여만 명을 의용군으로 징집하여 형제에게 총부리를 겨누게 하는 동족상잔의 만행을 저질렀다. 한국군 및 유엔군의 인명피해를 보면, 전사 178,569명, 부상 555,022명, 실종 28,611명, 포로 14,158명으로 무려 총 776,360명에 달한다. 이러한 엄청난 인명피해가 북한의 반문명적인 남침전쟁에 의해 발생한 것을 결코 잊어서는 안 될 것이다.

둘째, 소련의 지원에 의한 북한군의 기습남침과 중국군의 참전으로 낙동강방어선까지 밀려 공산화의 직전상황에서 한국이 기사회생한 것은 바로 미국과 유엔군의 신속한 참전과 적극적인 지원 때문이었다. 미군 등 유엔참전국 용사 4만여 명이 전사하였으며, 부상, 실종자까지 무려 154,881명의 인명피해를 입었다.[13] 우리는 6·25 남침전쟁시 조국을 지키기 위해 희생한 국군장병들과 잘 알지도 못하는 나라인 대한민국을 위해 국가부름을 받고 희생당한 미군 및 참전 유엔군들에게 애도와 경의를 표해야 하며, 이들의 희생이 오늘 세계 12위권의 경제대국인 자유 대한민국의 번영을 있게 했음을 잊어서는 안 된다. 이러한 사실을 외면하고, 국적실종의 '한국전쟁'이란 표현을 더 이상 사용해선 안 된다.

이외 해방직후 좌익분자 주도의 무장폭동인 '대구 10월 폭동', '2.7 폭동' 등을 '대구민중항쟁'. '2.7 구국항쟁' 등으로 호칭하는 것은 대표적인 역사왜곡 용어인 것이다. 제주 4.3사건의 경우 남로당 제주도당이 5·10 제헌 선거를 방해하기 위해 4월 3일 새벽을 기해 무장봉기를 조직적으로 일으켜 무차별 살해와 방화를 해 초기의 양민 희생을 야기했다는 사실은 이견(異見)의 여지가 없다. 그러나 이후 군·경에 의한 과잉 진압이 진행돼 무고한 희생자도 많이 발생하는 비극이 생겼기에 우리 정부는 여기에 대해 사과한 것이다. 남로당 제주도 무장봉기의 최고 지도자였던 김달삼은 북한으로 탈출해 훈장을 받고 최고인민회의 대의원으로 선출됐으며 무장 공비를 이끌고 남파돼 태백산에서 활동하다 1950년 3월 토벌대에게 사살됐다. 따라서 이 사건은 제주 4.3사건으로 표기돼야지 초기의 공산폭동까지 포괄해서 "제주 4.3민중항쟁"으로 표기해서는 안 된다.[14]

〈표 2-1〉 국가정체성 및 역사관련 용어 사용 왜곡사례

용 어	왜곡 내용
이남, 남조선	대한민국 정통성 부정
조선민주주의인민공화국	북한 정통성 인정
태양절	김일성 생일날을 미화, 찬양
금수산태양궁전	김일성, 김정일 사체 보관소를 미화

용 어	왜곡 내용
(조선)인민군	수령의 군대, 당의 군대인 북한군을 인민을 위한 군대로 미화
한국전쟁	전쟁발발 책임소재와 성격의 희석화
민중항쟁	좌익폭동을 민주항쟁으로 미화

정치사상 관련 용어

우리 사회에서 북한 및 국내 안보위해세력들에 의해 왜곡 사용되고 있는 대표적인 정치·사상 용어를 제시해보면 〈표 2-2〉와 같다.

〈표 2-2〉 정치·사상용어 왜곡사용 사례

용 어	왜곡 내용
변혁, 운동	폭력혁명(사회주의혁명)을 미화
민족자주정권 자주적 민주정부	사회주의로 가는 과도단계의 용공정권 미화
양심수	국가보안법 등 실정법을 위반한 사범을 양심수로 미화
통일애국세력	적화통일지지 세력을 미화
평화세력 전쟁세력	북한추종세력을 평화세력으로 미화 자유민주세력을 전쟁세력으로 매도
노동해방, 계급해방 인간해방	공산주의 위장선동구호를 미화

표에 나와 있는 예시 중 가장 중요한 몇 가지 예에 대한 자세한 설명을 시도하겠다.

노동해방, 인간해방, 계급해방이란 용어는 맑스주의가 인류사회에 등장했을 때 내건 선동기치이다. 즉 자본주의를 타도하고 공산주의사회를 실현하여 자본가의 억압과 착취무기인 '노동'과 '계급적 차별'로부터 인간을 해방시킨다는 것이다.

노동해방은 공산주의사회를 실현하여 자본주의체제의 억압과 착취인 노동으로부터 해방시킨다는 의미로, 계급해방은 무계급사회인 공산주의의 실현으로 자본가계급의 억압과 착취로부터 노동자계급을 해방시킨다는 의미이다.

인간해방이란 인간을 모든 억압과 착취로부터 해방시킨다는 것이다. 북한의 철학사전(1985년판)에서는 인간해방을 『온갖 예속과 구속에서 해방하여 자연과 사회의 참다운 주인으로서 자주적 창조적인 생활을 마음껏 누리게 하는 역사적 위업』(690면)이라고 정의하고 오직 사람중심의 세계관인 주체사상만이 진정한 인간해방의 길을 과학적으로 밝혀준다고 주장한다. 인간해방의 과업을 완수하기 위해서는 제국주의 식민지통치를 뒤엎고 민족자주권을 확립하여 사회주의제도를 세우고, 더 나아가 사상, 기술, 문화 분야에서 3대 혁명을 힘 있게 전개하여 공산주의사회를 건설해야 한다고 강조하고 있다.

그러나 소련 및 동구사회주의권의 붕괴역사나 북한의 현실에서 보듯이, 이들 사회주의국가에서는 인간이 억압과 착취로부터 해방되기는커녕 도리어 공산당특권층(노멘클라투라)이나 수령(김일성부자)의 노예로 전락한 채 고통받고 있음을 유념해야 한다.

이들은 공산주의사회가 실현되면 노동과 인간에 대한 억압과 착취가 사라진다는 것이다. 공산주의사회가 건설되면 이러한 해방사회가 실현되는 것인가? 1990년대 소련 및 동구사회주의권의 몰락에서 우리는 혁명의 주인라는 노동자가 노예로 전락하여 노동해방이 아닌 노동탄압을, 계급해방이 아닌 계급속박을 인간해방이 아닌 인간속박을 심화시켰음을 상기해야 한다. 결국 공산주의자들이 내세우는 노동해방, 계급해방, 인간해방의 구호는 허구임을 역사가 입증하고 있다.

북한과 국내 친북·사회주의세력들이 통일전선 차원에서 가장 즐겨 사용하는 용어중의 하나가 바로 '민족'이다. 민족자주, 민족대단결, 전민족대단결 10대 강령, 민족대단결 5대방침, 범민족대회, 민족해방, 전민족통일정치협상회의, 대민족회의, 조선민족제일주의, 민족공조, 우리민족끼리 등에서 볼 수 있듯이 북한은 매우 다양하게 '민족'이란 용어를 사용하고 있다.

일반적으로 민족이란 동일의 지역, 언어, 생활양식, 문화와 역사를 갖는 인간의 공동체나 집단을 의미한다. 따라서 우리민족이라 하면 남북한 전체주민(해외동포 포함)을 의미하는 것이다. 그러나 북한이 지칭하는 민족이란 이런 개념과는 완전히 다른 계급적 개념인 대남적화혁명의 용어임을 유념해야 한다. 기본적으로 공산주의자들은 민족의 개념을 부정한다. 그 이유는 민족주의가 전 세계 공산혁명을 위한 '프롤레타리아 국제주의원칙'에 방해된다고 믿기 때문이다. 북한의 철학사전(1985년판)과 정치사전(1985년판)에서는 민족주의에 대해 김일성의 말을 인용하며 『민족주의는 인민들간의 친선관계를 파괴할 뿐 아니라 자기 나라자체의 민족적 리익과 근로대중의 계급적 리익에도 배치됩니다. 부르죠아민족주의와 배타주의는 프로레타리아국제주의와 사회주의적 애국주의에 적대되며 대중 속에서 진정한 애국주의의 발현을 방해합니다』(김일성저작집 제11권, 40면)라고 주장한다. 또한 『공산주의사상은 그 계급적 본성에 있어서 민족주의와 아무런 인연도 없으며 사회주의사회에는 민족주의가 발생할 수 있는 사회계급적 근원이 없다. 민족주의는 민족이기주의와 대국주의로도 나타나며 그것은 사회주의 나라의 통일과 단결, 국제공산주의운동과 세계혁명역량의 단결에 커다란 지장을 주게 된다. 그러므로 사회주의 나라의 통일과 국제 공산주의 운동, 블록불가담운동의 단결을 이룩하고 국제혁명역량을 강화하기 위해서는 민족주의적 경향을 반대하여 투쟁하여야 한다』(북한 철학사전, 253면)며 민족주의에 대항하여 투쟁할 것을 주장하였다. 이는 맑스레닌노선과 일치하는 것이다.

그러나, 북한은 김정일이 1986년 7월 15일 발표했다는『주체사상교양에서 제기되는 몇 가지 문제에 대하여』에서 '조선민족제일주의'라고 명명하며 민족주의를 강조하였고, 1989년 12월 28일 발표한『조선민족제일주의정신을 높게 발양시키자』라는 연설문에서 민족주의를 이전과는 달리 긍정적으로 평가하고 있다. 이는 1992년판 북한 조선말대사전에도 그대로 반영되어있는데, 민족주『민족주의 ① 민족의 리익을 옹호하는 진보적인 사상… 단일민족국가인 우리나라에서 진정한 민족주의는 곧 애국주의로 된다 ② 삼민주의의 하나… ③ 프로레타리아 국제주의 원칙과는 어긋나게 자기 민족의 이익을 위한다는 구실밑에 다른 민족을 멸시하고 배격함으로써 민족 사이에 반목과 불화를 조성하는 반동적인 사상』(1권 1,231면)이라 규정한다.

북한이 이전과는 달리 우리민족을 김일성민족이라 칭하며 민족주의를 긍정적으로 규정하는 이유 중 하나는 바로 남한적화혁명을 위한 통일전선차원에서 민족주의를 활용하려는 것이다. 즉 북한이 대남 면에서 민족문제를 강조하는 것은 민족이란 이름하에 남한 내 친북세력뿐만 아니라 각계각층의 민중을 규합하여 '통일전선'을 형성하고 그들의 힘을 이용하여 남한정권을 타도하고 남한혁명을 성사시키기 위함이다. 기본적으로 북한이 말하는 민족이란 남북한 모든 주민이 아니라, 엄밀히 말해서 북한적화노선에 동의하는 프롤레타리아계급(무산자계급)만을 의미한다고 생각하면 된다. 북한은 남한혁명전선을 '민족 대 반민족세력' 구도로 분리하여 국내 친북사회주의세력들만을 전략적 민족주의세력으로 인정하고, 현정권에 반대하는 각계각층 사람들을 전술적 민족주의세력으로 분류하여 활용하고 있고, 반면에 대부분의 자유민주주의세력들을 모두 반민족세력으로 매도하고 있다.

실례로 북한은 남한혁명전략 중 1단계 민족해방 인민민주주의혁명 단계에서는 사대매국세력(한국정권 지칭), 반동관료, 매판자본가, 지주, 반통일보수세력 등을 반(反)민족분자들로 분류하고 이들만 타도하지만(나머지 각계각층 민중은 민족대단결이란 기치 하에 혁명의 보조역량으로 활용), 2단계 사회주의혁명 단계에서는 프롤레타리아계급 외에는 모두 개조대상 및 고립화대상으로 타도대상임을 직시해야 한다. 이렇게 북한식대로 적화통일 즉 사회주의혁명이 완성되면 남한국민의 60-70%는 반민족분자로 분류된다. 따라서 북한의 주장대로 '민족대단결과 민족공조'하에 통일이 된다면, 결국 남한내 친북사회주의세력 및 북한노선에 동의하는 노동자계급 외에는 대다수 국민들이 반민족분자로 개조대상이거나 타도대상으로 분류되어 제거되어야 한다는 점을 명심해야 한다.

북한은 6·15 공동선언 이후 '외세(한미) 공조 배격 및 민족공조 실현'을 부쩍 강조하고 있다. 북한은 미국이 한반도에서 대북압살정책을 구사하며 새로운 핵전쟁을 책동하고 있다고 주장하고, 이의 해결책 중 하나로 '민족공조의 실현'을 내세우고 있다. 북한이 민족공조를 강조하는 이유는 첫째, 단기적으로는 최근 북한핵개발 문제로 조성된 미국 및 국제사회의 대북 핵프로그램 해체 압력과 전쟁위기를 남북한의 공조로 벗어나려고 하는 것이며 둘째, 북한정권의 목적인 '전한반도의 주체사상화와 공산주의사회 건설'이라는 대남적화혁명전략의 수단으로 활용하기 위함이다.

6·15 공동선언에 명시된 '우리민족끼리'란 용어는 사상과 이념을 초월한 남북한 민족끼리가 아니라는 사실이다. 북한 평양출판사가 발행한 『6·15시대 통일운동의 과제』(2007년)을 보면, 『위대한 령도자 김정일장군님께서는 다음과 같이 지적하시였다. 북남공동선언은 〈우리 민족끼리〉의 리념에 기초하고 애국애족의 정신으로 일관된 민족단합의 강령이며 조국통일의 대강입니다…중략…경애하는 김정일장군님께서는 영생불멸의 주체사상과 민족대단결사상을 구현하시여 민족공동의 통일리념인 우리 민족끼리를 제시하시였다. 조국통일과 민족의 통일적 발전을 이룩해 나가기 위한 성업에서도 전환적 국면을 열어 놓았다』(18면)이라고 밝혀, '우리민족끼리'가 북한식 공산혁명사상인 주체사상에 기초하고 있음을 확인할 수 있다. 북한과 친북좌익세력들이 말하는 민족공조와 우리민족끼리는 북한의

대남적화노선에 동조하는 남북한의 좌익끼리의 공조와 연대이다. 북한의 지령에 따라 친북통일전선 구축을 의미하는 적화용어이다.

이상에서 우리는 북한노선에 동조하여 민족공조와 민족대단결 및 우리 민족끼리를 주장하는 국내 친북사회주의세력, 재야 NGO, 일부 청년학생들의 행위는 대한민국의 적화혁명을 위한 통일전선에 악용된다는 사실을 지적한다. 특히 민족을 앞세우며 통일운동을 벌이는 자칭 민족화해세력이야 말로 북한 김정일정권과 함께 민족의 평화통일을 방해하는 반민족-반통일운동세력임을 자각해야 된다.

원래 양심수(良心囚)란 일반적으로 사상, 신념만의 이유로 투옥, 구금되어 있는 자를 지칭하는 것인데, 국제사면위원회(Amnesty International)의 정의에 따르면 "폭력을 사용하거나 옹호하지 않음에도 신념, 피부색, 성별, 인종적 기원, 언어, 종교를 이유로 구금된 자"라고 정의하고 있다.

북한과 국내 사회주의세력들은 국가보안법 등 실정법을 위반하고 반국가활동을 전개하는 한총련이나 범민련 남측본부와 같은 친북좌익세력들과 검거간첩들인 비전향 좌익장기수를 '통일애국인사' 또는 '양심수'로 미화하며 이들의 전면석방을 주장하고 있다. 특히 북한은 한국정부가 파쇼정권유지를 위해 통일애국운동을 했다는 이유로 많은 민주인사들을 공안기관들이 고문, 조작하여 양심수를 양산하였다고 주장하고 있다.

그러나 북한이 이들을 옹호하는 저의와 부당성을 지적하면 다음과 같다. 첫째, 이의 관철여부에 관계없이 양심수 문제를 국내외적으로 공론화시켜 우리정부를 국제사회의 압력에 시달리게 하고 더 나아가 석방논쟁을 불러 일으켜 국론분열 등을 조장하는 효과를 얻을 수 있고 이들의 석방이 관철되었을 때 우리체제 내에 친북용공분자들이 대거 방면되어 공안수사기관를 위축시키고 더 나아가 이들이 다시 좌익이적활동에 뛰어들어 남한혁명을 용이하게 하려는 것으로, 결국 친북적이고 반국가적인 세력을 고무, 선동함으로써 남한혁명역량을 보호, 강화하려는 것이다.

둘째, 북한이 주장하고 있는 비전향장기수, 양심수라는 사람들의 면모를 보면 여기에는 남한혁명을 위해 북한의 지령을 받아 남파된 간첩, 북한에 포섭돼 반국가활동을 한 간첩, 사회주의혁명을 하겠다고 지하조직을 결성하고 투쟁해온 혁명가 등으로 이들을 석방해야 한다는 주장은 대한민국 사법체계를 전면 부정하는 것이며 이들의 불법이적활동을 정당화하고 부추기는 역작용을 야기시킬 것이다.

셋째, 이른바 양심수, 통일애국인사 등 국가보안법 사범이 대거 석방되었을 때의 역기능이다. 이를 살펴보면 ▲이들을 추적하여 검거한 공안수사요원들의 사기저하와 일시적인 업무 무력증이 예상되며 ▲공안사범을 '민주화투사'로 미화하는 오도된 풍토가 조성될 것이며 ▲ 아직 검거되지 않은 채 지하활동중인 좌익사범들의 투쟁 및 향후 의식화되어 투쟁에 종사할 많은 예비사범들을 고무시키는 결과를 야기시킬 것이고 ▲ 과거 전례로 보아 석방된 국가보안법 사범의 50% 이상이 다시 좌익투쟁전선에 종사할 것인바, 이들의 석방은 상당한 사상적 사회적 혼란을 가중시킬 것으로 전망된다. 따라서 이들 사범에 대한 무분별한 석방, 사면, 복권은 북한주장을 정당화해 주는 바 신중을 기해야 할 것이다. 김대중 정부와 노무현 정부는 출범 이후 위와 같은 역기능에도 불구하고 국민화합차원이란 명분하에 대대적인 공안사범에 대한 사면복권을 단행한 바 있다.

넷째, 우리 헌법이 사상과 양심의 자유를 인정하고 있으나, 국가 이념이자 기본구조인 자유민주주의와 헌정체제 자체를 부정하고 파괴하려는 사상과 양심을 용인하는 것은 아니다. 지구상 어느 나라도 자기 나라의 국체를 위협하거나 전복하려는 사상을 용인하지 않고 있다. 대한민국을 부정하고 체제를 전복하려는 사상을 갖지 않는 대다수의 선량한 국민들은 자기 사상이나 양심의 자유를 전혀 침해당하지 않는 것이다.

이들이 주장하는 양심수란 적화통일사범이며, 통일애국인사란 적화통일매국인사며, 비전향장기수는 출소공산주의자인 것이지 진정한 의미의 양심수는 아니다. 북한은 우리정부에게 통일인사(실제로는 적화통일일인사임)의 석방을 외치기 전에 반 혁명죄라는 전대미문의 올가미를 씌워 강제 특별독재수용소에 구금하고 있는 20만여 명에 해당되는 선량한 주민들과 납북어부 등 납치인사, 국군포로들부터 석방해야 한다. 실제 통일을 저해하는 가장 큰 반 통일세력은 바로 북한체제이다.

또한 북한과 국내의 반 대한민국 세력들은 지난 총선과 대선에서 선거구도를 이전의 '집권당후보'(=반민주세력) 대 '야당 및 범 민주후보'(=민주세력)'의 구도가 아닌, '평화세력=진보개혁후보' 대 '전쟁세력

=보수우익후보'의 구도로 재편한 바 있다. 이른바 평화세력과 전쟁세력으로 양분시킨 바 있다. 이는 보수우익후보(한나라당, 자유선진당 후보)를 친미사대세력, 썩은 세력, 파쇼세력, 전쟁세력, 6·15 반대세력, 탄핵세력으로, '진보적 민주후보'(민주당, 민주노동당)를 반미자주세력, 깨끗한 새 세력, 개혁세력, 민주세력, 평화세력, 6·15 지지세력, 탄핵반대세력 등으로 구분하고 있다. 그러나 반미자주세력이야 말로 북한노선에 동조하는 전쟁도발세력이며, 자유 민주체제를 수호하려는 보수우익세력이야 말로 평화애호세력인 것이다. 명백히 주객이 전도된 용어혼란 사례이다.

2) 정치·사상 및 역사관련 용어의 폐해와 문제점

북한 및 국내 안보위해세력(종북세력 등)들에 의해 의도적으로 조작, 사용되어 우리 사회에 만연하고 있는 정치·사상 및 역사관련 용어 사용의 문제점과 폐해를 지적해보면 다음과 같다.

첫째, 대한민국의 자유민주주의이념과 국가정체성을 부정하는 것이다. 대한민국을 '이남', '남쪽정부', '미제의 식민지'라고 운운하는 행위, 사회주의(궁극적으로 공산주의) 지향세력을 진보세력이라 칭하고, 용공(容共)정권을 민족자주정권, 자주적 민주정부라고 칭하며, 사회주의지향의 용공세력과 국가보안법을 위반한 반국가이적사범을 민주화운동세력이라고 칭하고, 적화통일세력을 통일애국세력이라고 칭하는 것 등은 결국 대한민국의 국가이념인 자유민주주의를 정면 부정하고 위협하는 것이라고 할 수 있다.

둘째, 북한 및 국내 종북세력·사회주의혁명세력의 활동을 정당화해준다. 대한민국의 자유민주주의이념과 국가정체성을 정면 부정하는 용어의 사용을 우리사회가 묵인하고 용인하는 것은 결국 종북세력·사회주의혁명세력의 이적활동을 정당화해주는 것이나 다름없는 것이다. 우리 내부에는 북한노선을 전폭적으로 추종하는 종북세력뿐만 아니라 감상적 민족공조주의와 통일지상주의에 만연되어 있는 북한에 우호적인 정치세력이나 집단 및 인사들이 많이 존재한다. 이들의 용어혼란전술은 종북세력의 입지를 강화시켜주고 이들의 친북 이적활동을 정당화해주는 지원역량이 되는 것이다.

특히 이들 용어의 사용은 북한 대남혁명역량의 강화에 기여하는 역기능을 낳고 있다. 북한은 남한혁명의 성공적 수행을 위해 1964년 2월 27일 당중앙위원회 제4기 8차 전원회의에서 '3대혁명 역량강화 노선'를 발표한 바 있는데, 이는 북한사회주의혁명 역량강화, 남한사회주의혁명 역량강화, 국제사회주의혁명 역량강화로 집약된다. 이중 남한사회주의혁명역량 강화란 ① 남한내 민주주의운동(친북좌익 운동을 의미) 적극 지원 ② 남한인민의 정치사상적 각성 ③ 지하당 강화 및 통일전선 형성 ④ 국군와해 전취사업 수행 등 반혁명역량 약화 및 거세 등을 의미한다. 북한은 이를 위해 남한의 정치, 경제, 사회 등 제 부분을 취약하게 유도하여 혼돈상태를 조성하는 공작의 일환으로 용어혼란전술을 적절히 활용하고 있는 것이다.[15]

셋째, 국가이념과 사상영역을 오염화시켜 결국 무력화하는 역기능을 확산시킨다. 국가이념과 국가정체성은 올바른 정치사상 및 역사용어의 개념규정과 사용에서부터 시작되는데, 현재의 상황은 첫 출발점에서부터 북한 및 종북세력들의 용어혼란전술에 말려들어 국가정체성의 혼란과 국민들의 사상오염화를 가속화시키고 있는 실정이다.

넷째, 우리사회의 남남갈등이 증폭되고 국론분열이 격화된다는 점이다. 예를 들어, 북한과 종북세력들이 우리 국민들을 전쟁세력과 평화세력 등으로 양분하여 '6·15성명 지지세력=평화세력=진보세력=통일세력=민주세력=새 세력'과 '6·15성명 반대세력=전쟁세력=보수세력=반통일세력=반민주세력=썩은 세력'등의 구도를 연출하여 이른바 편 가르기와 물리적 대치상황 조성으로 끊임없는 국론분열과 사회교란을 야기하고 있다.

자유 민주사회에서 어떤 사안에 대한 다양한 이견(異見)이 존재하는 것은 당연하고 이것이 획일화된 공산주의체제와는 달리 다양성에 기초한 자유민주체제의 장점이자 우월성이기도 하다. 그러나 우파전체주의(파시즘)과 좌파전체주의(공산독재) 체제는 자유민주주의체제에서 용인될 수가 없다.[16] 특정 용어를 의도적으로 왜곡하고 부정하는 것은 우리사회의 불신과 의혹을 걷잡을 수 없게 확산시켜 사회혼란을 양산하다는 점에서 우리체제의 근간을 흔들 수 있게 한다는 점에서 문제가 있는 것이다. 결국 북한의 용어혼란전술에 놀아나 우리 사회의 국론분열과 사회혼란을 심화시켜 국민화합과 통합의 주 저해요인으로 작용할 것이며, 소모적인 정치논쟁을 야기시켜 국력을 낭비하고 정부의 국정기반을 무력화 시킨다.

다섯째, 북한과 종북세력의 용어혼란전술을 방치했을 때, 수령유일독재체제인 김정은 정권과 위장 평화통일방안인 북한의 연방제 통일론 등 북한체제와 대남적화노선을 정당화해준다는 점이다. 또한 국민들의 안보의식과 대북경각심을 희석시켜 감상적 평화의식과 '연공연북, 민족공조, 친북의식' 확산하여 자유민주체제의 무장해제를 초래할 수 있는 것이다. 특히 정통 자유 민주세력의 입지를 축소하고 그 결과 및 체제수호의 기능을 수행하는 안보기관 및 대공기능의 무력화를 초래시킬 가능성이 농후하다.

결국 이상의 폐해는 안보수사기관의 대응력을 방해하고, 더 나아가 대한민국의 자유 민주역량의 발전을 저해하는 요소로 작용한다. 이에 대한 국민들의 적극적 관심과 대처가 필요하다.

한국 정치·사상 및 역사용어 사용의 정상화방안

북한 및 국내 종북·친북세력들에 의해 의도적으로 조작, 사용되고 있는 정치·사상관련 용어 사용의 혼란상에 대처하기 위해서는 정상화방안으로 (1) 정확한 용어사용 계도 (2) 대체용어 개발 보급사용 (3) 오용되는 정치이념용어 폐기 방안을 제시한다.

1) 정확한 용어사용 계도
북한 및 국내 종북·친북세력들에 의해 개념이 전도된 용어들의 정확한 의미와 저의를 국민들에게 정확히 알려 올바르게 사용하도록 계도해야 한다. 예를 들어 '진보'라는 용어를 반 대한민국 세력들이 선점하여 왜곡, 사용한다고 해서 우리가 '진보'라는 용어의 사용을 포기할 수는 없는 것이다. 국민들에게 '진보'라는 용어의 본래 의미 등을 정확히 설명해주고, 이 용어가 어떻게 왜곡되게 사용되고 있는 지를 알려줘 제대로 구사하게 해야 하는 것이다. 이의 사례를 제시하면 다음과 같다.

〈표 2-3〉 변질된 정치사상관련 용어의 정확한 의미

혼란 용어	정상 용어
남조선, 이남	대한민국, 한국
조선민주주의인민공화국	북한, 김 씨 집단
한국전쟁	6·25 남침전쟁
민중항쟁	좌익폭동
진 보	좌익/좌파
변 혁	혁명(사회주의 혁명)
체제변혁운동	자본주의체제를 사회주의체제로 전복하는 혁명
민족공조	남북 통일전선 구축
우리민족끼리	남북 통일전선 연대
민족자주정권 자주적 민주정부	사회주의지향 용공정권
양심수	- 사회주의사상 신봉 사범 - 출소공산주의자
비전향장기수	전향하지 않은 공산주의 사범
계급해방	계급속박
인간해방	인간 노예화

2) 대체용어 개발 및 보급사용

북한 및 국내 안보위해세력에 의해 개념이 전도된 용어들을 선별하여 '대체 용어'를 개발하고 이의 사용을 권장해야 한다.

혼란 용어	대체 용어
태양절	김일성 생일
인민군(조선인민군)	북한군
금수산태양궁전	김일성-김정일 사체보관소
민족공조	북한과 남한좌익의 공조
우리민족끼리	북한과 남한좌익의 연대
양심수	공산혁명사상 포지사범
비전향장기수	출소공산주의자

3) 오용되는 용어의 폐기

북한 및 국내 반 대한민국 세력에 의해 개념이 전도된 용어 중 일부를 선별하여 이를 폐기하고 이들 용어들을 먼저 국가기관이나 교육기관, 언론 등 공공매체들에서 사용하지 않도록 권장해야 할 것이다. 대한민국의 국가정체성을 정면으로 부정하는 용어이기 때문이다.

정책제언

북한 및 국내 반 대한민국 세력들에 의해 의도적으로 조작, 사용되고 있는 정치·사상 및 역사관련 용어 사용의 혼란상에 대처하기 위해서 정상화방안을 제시했다. 중요한 점은 정상화방안을 전략적으로 어떻게 추진할 것이냐 하는 문제이다. 변질된 정치·사상 및 역사 관련 용어의 사용 환경의 쇄신을 위해서는 정부 및 관련 부처에서 아래와 같은 정책적 고려사항을 신속하게 시행해야 할 것이다.

1) 정부산하에 전담부서 설치운영, 계도

변질사용되고 있는 정치·사상관련 용어 사용을 정상화하기 위해서는 자유민주 시민단체의 노력으로는 한계가 있는 바, 국가정체성 확립차원에서 직접 정부당국이 나서 이를 신속히 바로 잡아야 할 것이다.

> O 제1안(국무총리실 산하 전담팀 운영)
> 변질된 정치사상용어를 순화, 쇄신하고 이를 전문적으로 연구하여 범국민적으로 계도할 특별팀(Task-Force)을 한시적으로 설치하여 정착될 때까지 운영

> O 제2안(교육부 산하 전담팀 운영)
> 교육부에 전담부서를 설치하여 초·중·고교에서부터 대학에 이르기까지 정확한 용어사용을 교육하고 확산시킴.

> O 제3안(국립국어연구원/ 한국학중앙연구원 전담팀 운영)
> 정부기관이 직접 나설때 일부 부정적 파급효과를 감안, 국책연구기관 등에 전담팀을 설치하여 범국민적 계도

2) 언론매체의 올바른 사용 권장

변질 사용되고 있는 정치·사상 및 역사관련 용어 사용을 신속히 정상화하기 위해서는 먼저 신문, 방송, 인터넷 등 언론매체에서부터 올바른 용어사용을 해야 한다. 언론매체의 정치, 사회적 영향력을 감안할 때, 이의 도움 없이는 변질된 정치·사상 및 역사용어의 정상적 사용이 어려울 것이다. 온라인-오프라인을 가리지 않고 정상적 용어 사용을 홍보해야 한다. 이의 사례로는 ▲ TV, 방송, 신문, 잡지 등 언론출판매체 홍보 ▲ 인터넷매체를 활용 ▲ 관련 교수, 전문가 등을 방송, 토론프로, 특집프로에 출연, 정당성 확산 등을 들 수 있다.

3) 홍보책자, 동영상자료 제작, 배포 등 대국민 홍보

정부나 관계단체에서는 변질된 정치·사상 및 역사용어의 실상과 올바른 사용방안을 수록한 홍보책자, 동영상CD, 해설매뉴얼 등을 제작하여 온라인-오프라인 공간에 사안별, 유형별로 제작, 배포하여 개선토록 조치해야 할 것이다. 직접적으로는 교과서 개정 시에 이를 반영시킬 필요가 있다. 이외 초·중·고 학생대상 교육뿐만 아니라, 정부기관 및 공공기관 종사자에 대한 교육, 정치인, 사회지도층, 교수 등 여론 선도층에 대한 지원요청, 민간단체 등 NGO를 통한 자정노력 등이 요망된다.

주

1 강규형, "공화주의적 애국의 길: 대한민국 국가정체성에 대한 올바른 정립", 『한국, 보수 개혁의 길』, 말과창조사, 2012, 10-29.

2 강규형, "종북의 계보학", 조선일보, 2012.05.14.

3 김명섭, "전쟁명명의 정치학: "아시아·태평양전쟁"과 6·25전쟁", 『한국정치외교사논총』 30집 2호 (2009), 72.

4 유동열, "북한 및 좌익권의 선전선동과 대응론", 『공안연구』 제15권 제5호, 공안문제연구소, 2003, 139-140.

5 유동열, "북한 및 좌익권의 선전선동과 대응론", 140.

6 『주체의 한국사회변혁운동론』(북한 반제민족민주전선 발간 대남혁명지침서, 지하간행물), 2000, 146-149.

7 유동열, 『한국좌익운동의 역사와 현실』, 다나, 1996, 331-332면.

8 유동열, "자유민주주의 파괴세력: 북한 및 종북세력", 『자유민주연구』 제6권 통합호, 자유민주연구학회, 2011.11, 164-166면.

9 대법원 2008.4.17. 선고 2003도758 전원합의체 판결문 중.

10 김명섭, "전쟁명명의 정치학: "아시아·태평양전쟁"과 6·25전쟁", 『한국정치외교사논총』 30집 2호 참고.

11 북한 사회과학원 력사연구소, 『현대조선역사』, 1983, 제2편 제3장 조국해방전쟁 편 참조.

12 강규형·캐스린 웨더스비, "소련문서를 통해 본 6·25전쟁의 기원: 모스크바, 베이징, 그리고 평양", 『김영호 외 6·25전쟁의 재인식: 새로운 자료 새로운 해석』, 기파랑, 2010, 54-79.

13 국방부 군사편찬연구소, 정보자료실, http://www.imhc.mil.kr/user/indexSub.action ?codyMenuSeq=70406&siteId=imhc&menuUIType=sub (검색일: 2013.8.7.)

14 김광동·모준영·이지훈, 『제주 4.3사건의 본질과 '제주 4.3 진상조사보고서' 문제점 연구 : 鄕軍硏究論文』, 在鄕軍人會 安保問題硏究所 : 國正協 事務處, 2009.; 강규형, "학자 보고서를 마녀사냥한 한국은 아직 암흑시대다", 조선일보, 2012.4.16. 참고.

15 유동열, 『북한의 대남전략』, 통일부 통일교육원, 2010, 16-17면.

16 강규형, "선진화 시대의 역사관", 합포문화동인회 편, 『우리 시대 성찰과 전망』, 도서출판 경남, 2011, 493-494.

참고문헌

강규형, "공화주의적 애국의 길: 대한민국 국가정체성에 대한 올바른 정립", 『한국, 보수개혁의 길』, 말과창조사 2012.

_____, "종북의 계보학" 조선일보, 2012.05.14.

_____, "학자 보고서를 마녀사냥한 한국은 아직 암흑시대다", 조선일보, 2012.4.16.

_____, "선진화 시대의 역사관", 합포문화동인회 편, 『우리 시대 성찰과 전망』, 도서출판 경남, 2011.

강규형·캐스린 웨더스비, "소련문서를 통해 본 6·25전쟁의 기원: 모스크바, 베이징, 그리고 평양", 김영호 외, 『6·25전쟁의 재인식: 새로운 자료 새로운 해석』, 기파랑, 2010.

김광동·모준영·이지훈, 『제주 4.3사건의 본질과 '제주 4.3 진상조사보고서' 문제점 연구 : 鄕軍研究論文』, 在鄕軍人會 安保問題研究所 : 國正協 事務處, 2009.

김명섭, "전쟁명명의 정치학: "아시아·태평양전쟁"과 "6·25전쟁", 『한국정치외교사논총』 30집 2호 (2009).

김재권·유동열, 『북한학』, 경찰대학, 2009.

북한연구소, 『북한총람 2003-2010』, 북한연구소, 2010.

북한연구소, 『북한대사전』, 북한연구소, 1998.

유동열, "북한 및 좌익권의 선전선동과 대응론", 『공안연구』 제58호, 공안문제연구소, 2003.10.

_____, 북한의 통일전선론체계와 구사실태, 『북한학보 제31집』, 북한학회, 북한연구소, 2006.

_____, "최근 북한 및 좌파권의 안보위해실태", 국가안보수사기관 정상화를 위한 국회정책토론회 발제문(2008.10.9)

_____, "국내 정치사상관련 용어 사용의 정상화 방안", 『자유민주연구 제4권 1호』, 자유민주연구학회, 2009.

_____, "국가안보위해세력 실체와 비판", 『과거·현재 그리고 미래의 가치 대한민국』, 국방부, 2009.

_____, 『북한의 대남전략』, 통일부 통일교육원, 2010.

_____, "최근 북한의 대화공세와 통일전선전술", 코리아정책연구원 학술회의 발표논문, 2011. 2.18.

_____, "북한의 정치심리전과 국내정치 파급영향", 국가안보전략연구소 세미나자료집, 2011.6.29.

_____, "북한의 대남사이버심리전 실태와 대책", 『2011 국방심리전 정책발전세미나』, 합동참모본부, 2011.9.29.

_____, 『사이버공간과 국가안보』, 북앤피플, 2012.

'정치' 정명[1]

김인영(한림대학교 정치행정학과 교수)

본 연구는 한국 정치에서 '정치적' 목적 때문에 왜곡되어 정확한 개념을 잃고 있는 개념과 용어가 상당수 있어 이를 밝히고, 바르고 정확한 사용이 무엇임을 제시하는 목적으로 수행되었다. 예를 들어 최근 논란이 되고 있는 '사회민주화'와 '경제민주화' 논의는 '민주화'라는 용어를 사용함으로써 언론과 대중들에게 긍정적이고 호감이 가는 이미지를 심어주기 위한 정치적 목적으로 의도적으로 만들어져 확산되었음을 지적한다. 따라서 사회민주화는 '복지 확충'으로, 경제민주화는 '경제적 평등의 추구'가 적절한 개념이자 용어일 것이다. 또한 민주주의에 대한 보다 정확한 이해를 추구하고자 'democracy'를 본래의 개념인 '다수정(多數政)'으로 부르고 이해해야 함을 주장한다. 즉, 민주주의는 그리스 아테네에서 정의되었던 것처럼 절차적 의미와 가치를 가지는 것으로 사용하고 이해해야 한다는 것이다. 최근 한국사회에서 '민주주의'를 이데올로기로 이해하여 지나치게 절대화하고 절대 선으로 취급하는 오류를 범하거나 또는 정치적 목적으로 오용(誤用)되고 있기 때문에 옳은 명칭과 바른 개념화를 주장하는 것이다.

최근 '좌파 포퓰리즘'에 대항하는 의미로서의 '우파 포퓰리즘'이라는 용어가 등장하는 등 포퓰리즘 개념의 확대로 원래의 의미를 상실하고 있다. 포퓰리즘은 '민중주의'로 사용하는 것이 개념의 혼란을 적게 할 것이다. 물론 '대중영합주의'로 번역하고 사용할 수도 있으나 이러한 명칭은 대중을 동원하고 대중을 기반으로 권력을 장악하는 정치인의 행위와 같은 현상은 포함하지 못하게 되는 문제가 있다. 그리고 러시아의 '브 나로드(V Narod)'운동처럼 '인민 속으로' 또는 '대중과 함께'와 같은 과거의 인민(people) 계몽운동으로서의 포퓰리즘 현상을 설명할 수 없게 된다. 따라서 포퓰리즘은 '민중주의'로 번역하여 사용하는 것이 옳을 것이나 최근 증가하고 있는 선거를 목적으로 무분별한 재정 지출 확대 정책이나 복지 정책을 설명할 때는 '포퓰리즘' 또는 '대중영합주의'로 번역하는 방안도 고려할 수 있겠다. '포퓰리즘'이라는 명칭을 사용하여 '민중주의'와 '대중영합주의' 두 가지 개념을 포함하는 의미로 사용하는 것도 바른 사용이 될 것이다.

한국사회에서 자주 사용되지만 왜곡되어 잘못 사용되는 명칭은 '보수'와 '진보'이다. 본래부터 좌파가 자신들의 좌파 이데올로기를 감추고 매력 있는 용어로 보이게 하고자 진보라는 용어를 사용하여 고착시켰음은 주지의 사실이다. 여기에는 언론과 정치권의 무분별한 일본식 용어 차입에도 원인이 있다. 양동안 교수의 설명에 따르면 해방 이후 정계와 언론계가 좌–우익 중심의 정치세력 호칭법을 사용하지 않고, 일본식 보수(保守)–혁신(革新) 중심의 정치세력 호칭법을 사용하였다는 것이다. 해방 이후 우익을 국수주의 세력 내지는 보수 세력으로, 좌익을 혁신 세력 내지는 진보 세력으로 부르는 현상이 고착되었다. 즉, 사상적 입장으로 분명히 우익인데 보수 세력으로, 좌파인데 진보 세력으로 둔갑하였던 것이다.

하지만 현재 한국 정치인들과 일반인에게서 모두 보수–진보의 구분은 큰 의미가 없다. 보수 정당이라고 할 수 있는 새누리당도 복지에 대하여 적극 찬성으로 복지 확대의 속도에서만 (중도)진보를 자칭하는 민주당과 다를 뿐이기 때문이다. 한국 사회에서 보수–진보의 구분이 가장 명확한 분야는 대북정책과 한–미 관계 정도뿐이다. 대북정책에서 진보가 남북한 공존과 대북지원을 통한 관계 개선이라면, 보수는 군사적 대결의 현실적 중요성을 강조하는 정도로 정의할 수 있다. 이렇게 보수–진보의 차이가 미미하고, 의미 없다면 이념적 측면의 문맥에서는 보수–진보 대신 우파와 좌파라는 용어를, 그리고 행동 양식이나 가치 정향을 의미하는 문맥에서는 보수적 태도, 진보적 태도 등으로 명칭을 사용하는 것이 옳을 것이다.

아울러 명확한 명칭 사용과 개념 이해를 위하여 보수가 근거하고 있는 '반공'과 진보가 주장하는 '민주'는 시대의 고민을 담는 새로운 과제를 지칭하는 개념으로 대체될 필요가 있음을 강조한다. 부연하면 아직도 '반공'인가, 아직도 '민주화'인가라는 의문이다. 즉, 공산주의 종주국인 소련이 공산주의를 포기한지 반세기가 지났고 탈냉전의 시대로 접어든지 오래인 21세기에 그리고 1987년 민주화가 되고 아시아에서는 최고이고 전 세계적으로도 민주화에 성공한 국가로 인정받고 있는 한국에서 '민주(화)'를 외치는 것은 '꼴통적'이며 동시에 '퇴보적'이다. 따라서 보수-진보 모두 새로운 아젠다와 정책 대안을 제시하는 모습을 보여야 진정한 보수-진보로 인정받을 수 있을 것이다. 젊은 2030세대가 보여주고 있는 탈이념적 실용성에 맞추는 대안 있는 보수-진보여야 한국 사회에 미래가 있다는 의미이다.

정치관련 용어의 왜곡과 극복을 위한 모색

1) '민주주의'는 '다수정(多數政)'이다

민주주의 개념의 문제

2012년 12월 19일 18대 대통령 선거에서 새누리당 박근혜 후보가 민주당 문재인 후보에게 승리하자, 많은 야당 지지자들은 "이게 민주주의냐?"라고 자조(自嘲)했다. 박근혜 후보가 전체 투표 가운데 51.6%의 득표율로 1,524만여 표를 얻어 문재인 후보를 약 3.6%, 108만여 표 차이로 승리한 것은 문제가 되지 않고 어떻게 독재자의 딸이 대를 이어 대한민국의 대통령이 될 수 있느냐는 분노의 표시였다. 진정한 의문이었을 것이다. 이들은 대의민주주의가 다수정(多數政)임을, 즉 다수 득표를 한 집단이 통치하는 통치제도이자 다수에 의해 의사결정이 이루어지는 의사결정 방식임을 받아들이지 않기 때문이다. 다시 말해 "18대 대선결과는 무효"임을 아직도 외치고 있는 진보(좌파) 집단에게 민주주의는 자신들만의 전유물로 그 어떤 세력의 정당한 절차에 의한 집권도 인정할 수 없는 것이다. 민주주의를 이념으로서만 이해하고 절대시하는 것은 민주주의가 진보(좌파) 자신들만의 것이라는 오해에 근거한 판단이다. 이는 민주주의에 대한 왜곡된 이해에 비롯된 것이다.

우리 사회에서 사용되고 있는 '민주주의'(democracy)라는 용어는 바른 번역도 정명(正名)도 아니다. 원래부터 '민주주의'는 놀라운 변화의 결과로 만들어진 용어였다. 중국에서 '민주(民主)'는 '민(民)'의 주인으로 왕(王)이나 황제(皇帝)를 지칭 하던가 '관료(官僚)'를 의미했다. 『서경(書經)』〈다방(多方)〉편의 "天惟時求民主, 乃大降顯休命於成湯"(하늘이 백성의 주인(民主)을 찾으시다가 이내 탕임금에게 분명하고 위대한 명을 크게 내리셨다.)와 『삼국지(三國志)』〈오지(吳志)·종리매전(鐘離昧傳)〉의 "『爲民主, 當以法率下"(나는 백성을 다스리는 관리(民主)로서, 마땅히 법률로써 아랫사람들을 이끌어갈 것이다.)가 대표적인 예다.[2]

'민주주의'라는 용어는 서양의 용어들이 처음 도입되던 19세기 말에서 20세기 초 왕정(王政)에 대한 반대 개념으로 '공화정(共和政)'(republic)의 의미로 사용되었다. 즉, 'republic'이 '민주주의'와 '공화정', '공화국'으로 번역되었던 것이다. 'republic'의 번역어로서 '민주주의'가 포함된 이유는 당시 정치체제였던 '왕정(王政)'에 대한 대립 개념으로 '민주주의'라는 용어를 사용했기 때문이다.

사실 민주주의가 탄생한 그리스 정치에 근거한다면 'democracy' 는 다양한 정치체제 가운데 한 형태로서 '다수정(多數政)' 또는 '민주정(民主政)' 또는 '민주정체(民主政體)'로 번역되는 것이 옳겠다. 나아가 'ism'에만 사용하는 '주의'(主義)를 'democracy'에 붙여 민주주의로 번역한 것도 올바른 번역은 아니다. 때문에 이념으로서의 '민주주의'는 존재는 하지만 실체가 분명하지 않다. 즉, '민(民)'이 주인이 되는 것을 주장하는 민주주의는 '민'이 직접 통치하는 것을 의미하는 것인지, '민'의 대표가 통치하는 것도 인정하는 것인지 분명하지 않다. 인민민주주의도 인민이 직접 통치하는 것이 아니라 인민의 대표자가 통치하는 간접 통치이며, 대의민주주의 역시 국민을 대표하는 대표자가 통치하는 간접 통치일진데 '민'에 의한 통치는 명확하지 않다. 사실 아테네 직접민주주의와 소규모 타운 민주주의를 제외하고 국가 수준에서는 '민'이 직접 다스리는 민주주의는 가능하지 않다. 대의민주주의 통치 방식과 절차적 가치가 'democracy'라는 용어의 우선적 개념이 될 수밖에 없는 이유이다. 이렇게 '민'이 다스린다는 민주주의가 내용이 불분명하기에 이념으로서의 민주주의는 현실 정치에 혼란을 가져오게 된다.

예를 들어 최근 민주주의에 사회와 경제를 붙여 사회민주화, 경제민주화로 민주주의의 개념을 확대하여 사용하다 보니 민주주의의 본래 의미인 '다수정'의 의미가 사라져 버리게 되었다. 민주주의 용어의 오용(誤用)과 남용(濫用)이라는 심각한 문제가 발생하게 된 것이다. 이러한 민주주의의 확대 적용과 과잉은 자유민주주의의에 부정적인을 영향을 미치게 된다. 이처럼 진보(좌파) 집단은 정치 민주화, 사회 민주화, 경제 민주화가 순차적으로 성취되어야 하는 것처럼 주장하고 있는데 그 내용을 들여다보면 사회의 사회주의화이고, 경제의 사회주의화와 유사하다. 결국 '민주화'라는 이름으로 사회를 사회주의화 하고 싶다는, 사회를 평등화, 획일화 하고 싶다는 표현과 다르지 않다.

물론 '민주주의'에는 통치행위의 방식으로서 그리고 정책결정의 수단으로서의 절차적 가치와 이념으로서의 가치가 함께 하는 것 역시 사실이다. 절차적 민주주의와 민주주의 이념이 공존하지만 한국사회에서 민주주의 이념의 과잉이 정치적·경제적 자유의 가치를 훼손하는 결과를 초래하는 현실을 우려하는 것이다. 다시 말해 한국사회의 민주주의가 '평등'과 '민주'를 강조하느라 자유민주주의의 '자유'를 침해하는 결과를 가져올 것을 경계하는 것이다. 예를 들어 경제적 평등의 추구가 경제민주화라는 명칭으로 추진되는 경우 경제민주화에 기반을 둔 정책들이 시장의 자유를 침해하는 동시에 자유민주주의를 제약하게 된다. 따라서 민주주의가 모든 것의 해답이라거나 민주주의가 최우선의 가치이니 민주주의만 되면 된다는 환상을 깨고 더 많은 인내로 더 나은 합의 방식을 찾도록 계속 노력해야 하는 필요가 여기에 있다.

이탈리아 정치학자 보비오(N. Bobbio)가 "민주주의는 요구를 표출시키는 데는 좋은 것이지만, 그 요구를 충족시키는 데는 나쁜 것이다"라고 지적한 것은 의미심장하다.[3] 최근에는 미국 의회정치에서 공화당과 민주당의 타협의 불발이 연방정부의 '셧 다운(shot down)'으로 이어졌다. 과거 미국이 강대국으로의 길을 갈 때 그리고 미국 경제가 지속적인 발전을 이룰 때는 이러한 공화—민주의 타협은 무리 없이 계속되었다. 이러한 초당적 협력의 정치(bipartisanship)는 미국 민주주의의 미덕이자 모범이고 특징을 이루었다. 하지만 민주당은 티파티(Tea Party) 공화당원의 등장을 문제로 삼고, 공화당은 오바마 대통령의 오바마 캐어(Obama Care) 의료보장의 과잉지출을 문제로 삼아 타협을 이루어내지 못하고 정치적 대립을 반복하고 있다. 미국 정치에서 연방정부의 셧 다운은 과거에도 있었고 미래에도 발생할 반복적인 현상이 될 것이다. 이러한 미국 민주주의 정치의 위기는 종국에는 미국의 쇠퇴를 가속화 할 것으로 보인다. 문제는 이러한 공화당—민주당의 분열과 대립의 극한정치(brinkmanship)가 미국 민주주의의 위기를 가져오고 미국의 정치의 신뢰를 떨어 뜨려 결국 미국 국력의 한 축인 소프트 파워의 약화를 초래할 것이다. 나아가 연방정부의 셧 다운이 미국이 전 세계에 제공하고 있는 군사적 방어의 신뢰를 무너뜨려 미 제국의 다운(down)을 가져올 수 있다고 보여 진다. 가까운 장래 미국은 미국 민주주의가 미국 경제 회복에 도움을 주는 정치를 할 것인가, 아닌가를 보여줄 것이다. 결국 미국 연방정부의 셧 다운은 미국식 민주주의의 다운(down)을 의미한다고 보아야 하겠다. 물론 또 다른 쟁점은 오바마 캐어 등을 국가부채의 지속적인 증가로 언제까지 지탱할 수 있느냐의 문제일 것이다. 나아가 국가부채라는 국가적 해결 과제의 부담이나 '출구 없음(No Exit)'이 미국식 민주주의의 쇠퇴를 가져오느냐 여부를 결정하게 될 것이다.

그리스의 복지 포퓰리즘이든, 미국의 오바마 캐어든, 한국의 보편적 복지의 시행이든 결국 문제는 경제적 지속 가능성이다. 경제적으로 지속 가능성을 염두에 두지 않은 다수에 근거한 복지 포퓰리즘은 그 목적인 '복지국가'가 사상누각(砂上樓閣)임을 알려주게 될 것이다. 복지의 기반인 성장이 없는 복지는 빈곤의 나눔이자 궁극적으로는 빈곤으로의 길이 될 뿐이다. 이러한 자유 약탈적 성격의 민주주의는 고대 그리스 철학자들, 즉 아리스토텔레스가 고민했던 폭도들의 통치로서의 민주주의, 즉 '폭도들의 통치(mob rule)'가 될 뿐이다. 즉, 국가적 과제에 대한 해결책을 찾지 못한다면 그 출구 없음이 민주주의의 작동 방식을 격한 집단 간 대결로 이끌 것이다.

그러면 고대 그리스에서는 이러한 민주주의의 타락을 어떻게 정의하고 설명했는지 살펴보자. 먼저 플라톤은 『국가(The Republic)』 제8권에서 통치 형태(constitution)를 명예 지배정(Timarchy), 과두정(Oligarchy), 민주정(Democracy), 참주정(Tyranny)으로 나누었다. 명예 지배정은 스파르타를 모델로 한 것으로 현대에는 유사한 형태를 찾기 힘들다. 참주정은 민주정이 타락한 경우 나타나는 무질서와 분열로 생겨나는 반동적인 형태의 극단적인 1인 권위주의 정치체제이다. 참주정은 개인통치(personal rule)로 개인의 자의적인 지배를 의미한다. 자신의 실정을 감추고 대중의 주의를 분산시키기 위하여 끊임없는 전쟁과 대외적 위기를 필요로 한다.[4]

플라톤은 아테네 민주 정치가 보여준 부자와 빈자의 정치적 갈등과 당파 싸움 그리고 그러한 갈등을 해결할 수 없는 내재적 한계를 개탄했다. 따라서 갈등의 극복을 위해서는 모든 갈등의 원인과 해결책을 알고 공동체를 위해 올바른 결정을 내려줄 철인통치자가 필요였다. 물론 철인통치의 대척점에는 민주통치가 존재한다. 민주 체제에 대한 플라톤의 서술은 다음과 같다.

소크라테스 그런데 민주체제에서 우리가 알아두어야 할 일이 있네. 이 체제가 발전하다보면 사람들은 세 부류의 계급으로 나뉘네. 우선 가장 힘이 강해 멋대로 날뛰는 계급이 있네. 이들은 파벌을 지어 최대의 자유를 누리면서 정권을 장악하고 있지. 다음으론 **부자들의 계급이 있는데, 이들은 돈벌이에 관심이 많아 항상 재물을 모으지. 그렇긴 하지만 수벌(지배자)들에게 착취당하는 자들이네.** 자신이 모은 꿀을 뺏기는 자들이지. 마지막으로 민중으로 분류되는 계급의 사람들이 있는데, **재산도 별로 없어 손수 밥벌이를 하는 사람들이네. 이들은 돈도 권력도 없지만 힘을 합치면 무서운 세력이 되지.**

아데이만토스 그렇습니다. 그러나 꿀을 분배 받는 한 그들은 힘을 합치려 들지 않겠죠.

소크라테스 그렇네. 그들은 늘 꿀을 얻어먹네. 지배자들이 부자들로부터 꿀을 얻어먹네. 지배자들이 부자들로부터 꿀을 **빼앗아 이들에게 주거든. 그래서 부자들은 늘 불만에 싸여 자위책을 세우기에 골몰하지만, 그럴 때마다 수벌과 결탁한 민중이 무서워 눈치를 보곤 하네.** 하지만 이런 구도도 오래 가지는 않을 걸세. 수벌의 착취에 시달리던 부자들은 과거의 과두체제를 그리워하며 변혁을 모색하고, 이를 핑계로 소위 민중의 지도자라고 하는 자들과 결탁하게 되지. 참주는 이런 과정을 거쳐 탄생하게 되네.

아데이만토스 사실입니다.

소크라테스 그럼 이제 참주 체제의 국가에 대해 알아보세. 참주의 등장은 자못 화려하네. 그는 민중의 지지를 업고 등극한 군주처럼 행세하면서 누구에게나 환심을 사려고 노력하지. 친절하고 인자한 미소를 띠며 자신이 폭군이 아니라는 것을 각인시키려고 애쓰네. **빚도 탕감해 주고 토지도 분배하면서 민중들을 안심시키지.** 또 제거해야 할 정적과 화해할 동지를 구분해 때로는 싸움을, 때로는 선동을 획책하며 **민중이 늘 자신을 필요로 하도록 만드네.**[5] (강조는 필자에 의한 것임)

플라톤이 민주통치를 비판하는 주된 이유는 세 가지이다. 첫째, 민주주의는 일반 시민(대중)이 공동체의 중요한 정책을 결정하는 정부형태인데 문제를 이들이 정책을 결정하는데 필요한 지식과 자질을 갖추고 있지 못하다는 것이다. 일반 대중들이 국가의 핵심 정책을 결정할 만큼 문제의 핵심을 파악하지도, 해결책을 마련할 수도 없다는 것이다. 이는 선장의 비유와 동굴의 비유를 통해 인식론적 문제점을 비판하였다. 둘째는 중요한 정책을 결정하는 지도자를 대중이 선출하는 경우 민주적 선거과정은 불가피하게 공동체의 이익이 아니라 대중의 이익에 맞추는 정치지도자를 선출하게 되어 있다는 것이다. 셋째는 다수에 의해 선출된 대중적 지도자는 자신을 '대중의 친구임을 공언하며' 공동체를 위해 최선인 것을 결정하지 않고 자신의 정치적 지지 기반인 다수 대중이 원하는 결정을 하게 될 것이라는 점이다. 결국 이러한 다수를 위한 정치적 결정은 소수 부자들의 반발로 공동체가 갈등과 반목, 대결로 빠지게 되는 원인이 된다. 플라톤이 보기에 민주주의는 결국 국가의 중대사를 대중이라는 다수의 변덕에 맡기는 체제로 신뢰할 수 없었다.[6]

아리스토텔레스는 정치체제를 통치자의 수와 정부형태에 따라 아래의 6개로 구분하였다.

〈표 3-1〉 그리스 정치질서(헌법: politeia)의 분류

통치자의 수(Rule By)	이상적 형태(Ideal Type)	타락한 형태 (Degenerative Form)
일인(one)	왕정(Kingship)	폭군정(Tyranny)
소수(Few)	귀족정(Aristocracy)	과두정(Oligarchy)
다수(Many)	혼합정(Polity)	민주정(Democracy)

아리스토텔레스는 정치체제를 유기적 생명체로 이해하여 생겨나고 죽으며 안정과 불안정을 오가는 것으로 생각하였다. 이상적 형태의 안정된 정치체제와 타락한 형태의 불안정한 정치체제의 구분은 두 가지 조건을 만족하느냐 여부로 되었다. 첫 번째 조건은 최선의 사람들(aristoi)이 통치하느냐 여부, 두 번째 조건은 통치의 목적이 공동체 전체 또는 국가와 국민들을 위하여 최선의 것(ariston)이냐의 여부였다. 즉 이상적 통치형태는 1인이든, 소수이든, 다수이든 관계없이 공동체의 이익을 위하여 통치하는 경우로써 이를 올바른 정치질서(right constitution)로 명칭 했다.[7] 민주주의는 타락한 형태의 정치형태로서 다수의 통치자가 자신들만을 위한 통치를 하는 것을 의미했다. 이는 '폭도들의 통치'(mob rule)와 다르지 않는 저급한 정치로 보았던 것이다. 민주주의의 대척점에는 혼합정(polity)이 위치했다. 왕

정, 귀족정, 다수정이 혼합된 통치 형태로 다수에 의한 정치가 공통의 이익을 위하여 이루어지는 형태를 의미했다.

그러면 민주주의 정치질서에 대한 아리스토텔레스의 설명을 직접 보자.

22…민주정치의 첫째 변형은 평등의 원칙을 가장 엄밀하게 추종한 다고 하는 것이다. 이 변형에 있어서는 **법에 의하여 평등은 빈자가 부자와 마찬가지이며, 양측이 모두 균등하고, 둘 중의 어느 하나도 최고의 권위를 갖지 못하도록 되어 있는 것이다.**

23…즉, 모든 사람이 가능한 한 최대한도로 꼭 같이 정치적 권리에 참여하는 것이다. 이러한 종류의 정치질서는 민주정치일 수밖에 없다. **왜냐하면 평민은 다수이고, 다수의 의사가 최고 권위이기 때문이다.**

26…법을 준수하는 민주정치에서는 대중 선동가는 없다. 여기에서는 시민들 중에 훌륭한 사람들이 국정을 맡아 본다. **대중 선동가들은 법률이 최고 권위를 갖지 못하는 국가에서 나온다. 그러면 국민이 독재가가 되는 것이다 — 즉 많은 구성원으로 만들어진 한 독재체를 이루는데 — 다수가 개개인으로서가 아니라 집합적으로 최고 권위를 행사한다.**

27…이러한 종류의 민주정치는 독재자의 성격을 띠며, 법에 의하여 다스리는 것이 아니므로 곧 독재정치를 하려고 든다, 그것은 **정치가 점차로 독재적이 되어가며, 아첨꾼이 명예를 갖게 되고, 1인이 통치하는 폭군정치 형태에 유사하게 된다.**

28⋯민주정치에 있어 대중 지도자는 폭군정치에 있어서 아첨꾼과 마찬가지이거나 아니면 적어도 그와 비슷하다. 양쪽 경우에 모두 총애를 받는 자들의 영향이 지배적으로 된다 — 즉 폭군정치에 있어서는 아**첨꾼이, 이것의 변형인 민주정치에 있어서는 대중 지도자가 큰 영향력을 갖게 되는 것이다.**

29⋯대중 지도자는 모든 문제를 인민의 결정에 돌림으로써, 법치의 지배를 법령의 지배로 대치해 버리고 만 것이다. **일단 모든 문제에 있어서 국민 전체가 최고의 권위를 갖도록 하고 나면, 대중 지도자들이 자신이 국민의 결정을 좌우하게 된다.** 대중은 그저 그들의 지도를 따르게 된다. 이렇게 하여 대중 선동가들의 위치가 튼튼해지는 것이다.[8] (강조는 필자에 의한 것임)

아리스토텔레스를 포함하여 그리스 철학자들이 '민주주의'를 경계했던 이유의 핵심은 민주주의가 빈자(貧者)들의 정치, 또는 혼란의 정치로 그리고 공익을 지키기 어려운 정치가 되어버리기 때문, 즉 타락해버리기 때문이었다. 올바른 정치체제(right constitution)와 잘못된 정치체제(wrong constitution)의 구분은 일인(一人)이든, 소수(小數)이든, 다수(多數)이든 주권을 가진 통치자가 공동체 전체의 이익, 즉 공익(public interest, common interest)를 위하여 통치를 하느냐 여부였다.

이러한 공익의 추구 여부는 현대 정치를 이해하는 중요한 잣대가 되고 있다. 현대 정치가 민주주의라고는 하지만 선출된 최고의 통치자가 존재하고, 권력이 특정 엘리트들에게 나뉘어 있지만, 결국 주권은 국민에게 존재하여 수시로 통치자와 통치 엘리트를 바꾸는 체제이다. 문제의 핵심은 통치를 담당한 정치집단, 또는 관료, 또는 경제 엘리트를 위한 통치가 아니라 공동체 전체의 공익(public interest)을 위한 통치냐의 여부이고, 나아가 그 공익 여부를 민주적 정치과정을 통해서 결정하느냐의 여부이다.

이상에서 논의된 바처럼 민주주의라는 용어의 남용(濫用)과 오용(誤用) 그리고 과도한 기대(期待) 때문에 만들어지는 문제점을 극복하고자 로버트 달(Robert A. Dahl)은 민주주의 대신 '폴리아키'(polyarchy) 또는 '다두정'이라는 자신이 만든 새로운 용어를 사용하였다. 민주주의란 달성하기 어려운 것인데 아무 때나 민주주의를 사용하는 문제에 대해 '다두정'이라는 용어를 대안으로 제시한 것이고 이러한 달의 지속적인 노력은 많은 정치학자들의 동의를 얻었다. '다두정'은 한국 민주주의가 달성할 수 있는 그리고 달성해야 할 목표로서 '다원사회' 내지는 민주정치의 현실태라고 하겠다.

현대 대의민주주의에 대해 조셉 슘페터(Joseph Schumpeter)의 이해는 탁월하다. 슘페터의 민주주의 정리는 현대 대의민주주의의 본질과 미래 방향을 명확히 밝혀내고 있다. 슘페터는 선거에서 표를 얻기 위한 정치적 경쟁을 시장(market)의 경쟁(competition)에 비유하였다. 투표자는 소비자처럼 경쟁하는 정치인(기업가)들이 제공한 공약 내지는 정책(생산품)들 가운데서 자신에게 이득이 되는 것을 선택한다. 여기서 정당들은 서로 경쟁하지만 동업자 조직(trade association)처럼 경쟁을 조절하고 제한한다. 정치적으로 소비자인 일반 시민들은 주기적으로 (선거기간) 새로이 정책을 구입할 것인지 말 것인지, 과거에 구입한 정책(생산품, 물건)을 평가한다. 핵심은 정치 시장의 경쟁이다. 만일 여러 가지 규제로 정치 시장의 경쟁이 위축된다면, 그리고 소비자가 경쟁을 통제한다면, 질 좋은 정책(상품)이 만들어질 수 없다. 따라서 민주주의의 핵심은 경쟁의 존재이다.

슘페터의 민주주의는 3불론(不論)에 근거한다. 첫째, 공동체 구성원 모두가 받아들일 수 있는 공공선(公共善, common good)이 존재하느냐의 여부에 더하여 존재한다고 하더라도 공동체가 가진 모든 문제에 대한 적절하고 결정적인 해답이 될 수 없으며, 둘째, 그러한 공공선이 존재한다 하더라도 인지(認知, perceive)할 수 있느냐의 문제, 셋째, 설령 공공선을 인지한다하더라도 실제 정치에서 실현하는 것은 매우 어렵다는 것이다. 일반의사(general will)는 비현실적인 개념으로 공허하기 때문에 엘리트들의 선거 경쟁을 통한 발견한 해결책이 가장 바람직하다는 의미이다. 이는 이후 캐네스 애로우(Kenneth Arrow)에 의해 합리적인 사회적 선택이 가능하지 않다는 애로우의 정리로 다시 증명 된다.[9] 애로우는 '불가능성 정리'(Arrow's Impossibility Theorem)를 통해 구성원의 선호 집계 과정에서 합리성과 민주성을 동시에 달성하는 바람직한 사회후생함수(social welfare function)가 존재할 수 없음을 증명하며 슘페터의 첫 번째 불가론을 증명했던 것이다.

민주주의에서 참여의 증가가 현대 대의 민주주의 정치의 모든 병폐를 해결해주는 만병통치약으로 생각하는 참여민주주의자, 민주주의를 시장 경제에 도입하여 경쟁을 죽이고 평등을 달성하려는 경제민주화주의자, 경제적 기반은 무시하고 복지의 확대만을 주장하는 복지주의자(사회민주주의)들은 보비오(Norberto Bobbio)가 언급하는 '상상 속의 민주주의(imaginary democracy)'를 말하고 있는 것이다.[10]

민주주의 다양화의 문제: 참여민주주의와 경제민주화, 그리고 비자유주의적 민주주의

지나치게 참여민주주의를 강조하면 민주주의의 부정, 즉 빈자에 의한 전제정치로 타락하게 된다는 것이 고대 그리스 철학자들과 보비오의 민주주의 해석이다.[11] 예를 들어 민주주의에서 국민이 주인이므로 무엇이든지 할 수 있다는 논리의 문제를 살펴보자. 즉, 다수 또는 다수의 군중(mass)이 법의 지배(rule of law) 위에 위치하는가의 여부이다. 광우병 촛불시위대는 광장에 모인 자신들이 국민 전체를 의미하고 대변한다는 의식이었다. 즉 집회에 참석한 이들이 정치의 주인인 것처럼 행동하고 주장하였다. 과연 집회 내지는 시위 참가자가 전체 국민을 대변할 수 있는 것인가? 시위에 동의하던 동의하지 않았던 참가하지 않거나 못했던 진정한 다수는 결정에서 제외될 수 없는 법치였었다. 즉 시위 참여자에 의한 민주주의는 법치 위에 있지 않았다. 즉, 민주주의는 공화정(republic)에 상위 개념이 아니었다.

최근 논쟁의 핵심이 되었던 경제민주화도 모순된 개념임에도 불구하고 정책으로 만들어졌다. 한마디로 설명하면 정치민주화처럼 경제민주화는 경제에 민주주의를 도입하자는 견해이다. 경제 문제를 다수의 의사에 따라 움직이는 것으로 만들겠다는 운동이자 이념이다. 그래서 경제민주화를 '경제다수정'이라고 하면 쉽게 이해된다. 경제민주화는 대기업이나 기업조직의 운영에서 노동자의 경영참여가 본래의 뜻이다. 회사경영을 주주단과 CEO만으로 결정하는 것이 아니라 노동자도 경영에 참여하여 경영권을 행사한다는 의미로 일부 독일 기업에서 시행하고 있다. 그런데 이 경제민주화가 한국에 와서는 경제계에서의 평등, 즉 대기업을 규제하여 중소기업을 보존시키겠다는 이념으로 변질되었다. 노동자의 경영참여가 아니라 경제 주체 간에 평등한 대우내지는 평등을 실천하겠다는 또는 경제의 다수 주체인 중소기업과 소수인 대기업 관계에 평등을 추구해야 한다는 의미로 변질되었다. 하지만 잘 들여다보면 정치와 경제는 다른 영역임을 간과하는 문제점을 제쳐두고 대기업과 중소기업은 계약관계이므로 공적인 권력이 개입할 수 없는 사적 영역임에도 불구하고 사적 영역에 개입하겠다는 것이 본질이다. 나아가 대기업과 중소기업의 관계를 불균형 관계, 강탈의 관계로 인식하는 사유의 왜곡도 문제이다. 즉, 계약관계가 평등이나 불평등이냐의 문제는 계약 당사자들의 자율적 합의에 의한 것일 뿐이지 정부가 공정거래위원회와 같은 공적 기관을 동원하여 감시하고 처벌할 수 없다. 대기업과 중소기업의 관계 역시 평등 관계만이 좋은 것은 아니고 '적절한 불균형'이 되어 서로에게 필요한 존재가 될 때 진정한 형평의 관계로 인식될 수 있음을 간과하고 있다.

자본주의 시장경제는 송복 교수가 제시한 '적불균형' 개념을 원용한다면 적절한 불균형에 의해 유지된다.[12] 그 불균형이 적절하면 경쟁을 촉진하는 것이고, 지나치면 경쟁을 삼켜버리고 획일화의 길로 들어서게 하는 힘으로 작용한다. 하지만 불평등의 교정을 위해 시장의 경쟁에 민주주의 정치가 지나치게 개입한다면 민주주의가 가진 빈자(貧者)들을 위한 정치, 빈자들의 요구에 의한 포퓰리즘 정책 때문에 시장의 왜곡, 궁극적으로는 시장의 몰락을 가져올 수 있다.

따라서 대안으로 '적절한 평등성'과 '적절한 효율성' 개념이 필요하다. 적절한 불균형이 사회통합의 바람직한 대안이 되듯이, 적절한 평등성과 적절한 효율성의 추구는 시장과 정치의 적절한 조화를 가져올 수 있다. 물론 '적절한'이 무엇을 의미하는지는 당시의 경제의 상황과 사회 구성원의 충분한 논의 위에 만들어질 수 있다. 정치가 제 역할을 하고, 민주주의 의사결정 방식이 작동해야 한다는 전제가 있다. 이는 대중민주주의(mass democracy)가 대의민주주의(representative democracy)에 의해 적절히 조절되고, 대중민주주의와 대의민주주의가 긴밀히 연결됨을 의미한다.

역사적으로 절제되지 않은 대중 민주주의는 자유에 대한 위협으로 인식되어 왔다. 고대 그리스에서는 민주주의가 선동정치가가 주도를 잡게 되면 참주정치로 타락한다고 했다. 이러한 시각은 밀(J.S. Mill)의 『자유론(On Liberty)』과 토크빌의 『미국의 민주주의(Democracy in America)』에서도 교육받은 남자 유산자 계급을 넘어서는 빈민의 참여가 자유에 대한 위협을 가져옴을 이미 지적한 바 있다.[13]

한국사회에서의 민주주의의 극단적 작용에 관해서도 민주주의가 자유주의를 파괴한다는 지적은 적절하다. "자유주의와 민주주의는 대립적이다. 그 최고의 한계치까지 실현하게 되는 민주주의는 종당에 자유주의 국가를 파괴하고 말 것"이라는 경고이다. 즉 국가가 무분별하게 경제에 개입하는 경우 민주주의의 하나의 가치인 평등을 달성할 수 있을 것이지만 그 민주주의의 또 다른 목적인 자유를 파괴하고 산술적 평등을 달성하여 노력할 뿐이다.

자유주의와 민주주의의 결합을 의미하는 이념으로 '자유민주주의'라는 용어보다는 앞서 언급한 것처럼 '자유주의 다수정'이 되는 것이 '자유를 위한 민주주의'라는 본래의 뜻을 반영하는 명확한 번역이다. 즉 근대에 출현한 산업 부르주아 또는 신흥 자본가들에게 국왕으로부터 자유를 확보해주는 논리와 이념으로써 자유주의가 민주주의보다 먼저 출현하였고 자유주의 이념을 위해 '다수정'(초기 의회민주주의)이 필요하였으며, 그 과정에서 제한된 민주주의는 시민과 노동자를 포함하는 보편투표 도입에 의한 대의민주주의로 변화했다.

그렇다면 무엇을 위한 민주주의인가라는 질문에 대한 답은 시민이 누리는 '자유'를 위해서 이어야 한다. 여기서 하이에크(Friedrich von Hayek)의 설명은 명쾌하다. 즉 민주주의는 이념(ideology)이라기보다는 도구(means)적 성격을 가진 의사결정 방식일 뿐이며, 정치사회가 결정을 내리는 방법으로 '다수정,' '다수결,' '절차적 민주주의'를 이용하고 있다는 설명이다. 이러한 설명과 민주주의란 국민이 주권자인, 즉 주인인 정치체제란 설명과 그다지 충돌해 보이지는 않는다. 국민이란 누구를 지칭하며, 주권자란, 주인이란 무엇을 의미하는가라는 의문이 남기는 하지만 주권의 행사가 항상 있는 것은 아니고 다수의 의견을 의사결정의 방식으로 인정하는 것과 다르지 않아 보인다.

한국 민주주의는 대중민주주의, 참여민주주의, 경제민주화 등 과거에 진행된 논의를 통해서 볼 때 주권자로서의 '민주'와 정치적 '평등'과 이를 실현하기 위한 조건으로서의 '경제적 평등'을 중시하여 왔다. 그 결과 참여와 정치경제적 평등의 실천에서 상당한 진전을 이루었다. 그래서 우리의 민주주의는 더욱 발전해야 하겠지만 권위 있는 『이코노미스트 *Economist*』의 평가에 따르면 아시아에서 최고라는 평가를 받고 있다. 하지만 거꾸로 한국의 대의민주주의는 '자유의 부족'이라는 근본적인 결함 또는 결손을 여전히 보여주고 있다. 영국과 유럽의 국가들 그리고 미국이 그러하듯이 민주주의는 '자유'의 확보를 위한 것이었다. 절대군주로부터 부르주아(시민)의 자유 확보가 대의민주주의의 시작이었음에서도 알 수 있다. 영국과 유럽의 의회민주주의가 그리스의 직접민주주의와 근원이 다른 부분은 전자가 국왕의 전제로부터 종교적 자유, 신체적 자유, 소유권의 보장을 통한 자유인의 탄생을 가져왔다면 후자는 그리스 정치와 민회에 참여할 수 있는 자는 자유인에 한정되었다는 점이다.

우리 민주주의 역사에서 1945년 8월 15일 일본으로부터 해방은 미국을 중심으로 한 연합국에 의해 주어진 것이었고, 미군은 일본이 철수한 점령지 한국에 자유민주주의 제도를 이식하였다. 때문에 자유민주주의라는 제도 형성 과정에서 자유 투쟁의 역사가 일천하였다. 군부 권위주의 통치 기간에도 투쟁은 '민주화'(democractization)

였지 '자유화'(liberalization)는 중요하게 강조되지 않았다. 이미 소유권은 법에 의해 보장되었고, 정부의 통제가 심한 경제이기는 하지만 경제활동의 자유는 보장되었기 때문이다. 또한 민주화 투사들의 실수도 있었던 것이 군부 권위주의 통치의 전복에만 관심을 가졌었지 '자유'의 확보와 자유의 중요성은 강조하지 않았다. 그 이유는 앞에서도 언급하였지만 6·25전쟁 이후 권위주의 정권들이 공산세력으로부터 자유를 지키기 위해서라고 하면서 반공을 앞세워 민주주의를 억압하였기 때문이다. 그래서 민주화 세력에게 자유주의는 권위주의 세력의 논리였다. 따라서 지금도 일부 좌파/진보 세력은 한국의 민주주의를 '자유민주주의'라고 지칭하기를 싫어하고 그냥 '민주주의'라고 불러지기를 원하는 것이다. 그 동안 '자유민주주의'는 보수세력, 군부세력, 대기업들이 주도하는 정치제도였으므로 그들에게 진정한 민주주의란 '사회민주주의'나 '대중민주주의'이고 그것을 바라는 마음에서 '자유민주주의'라는 용어의 사용과 정착을 거부하는 것이다. 지극히 한국적 상황에서 벌어진 자유주의의 왜곡이었다.

이러한 측면에서 한국의 민주주의에 필요한 것은 '자유주의'(liberalism)의 도입과 정착이다. 그것도 사회적 자유주의 또는 그린(T. H. Green)이나 홉하우스(L. T. Hobhouse)의 '신자유주의'(New Liberalism)가 아니라 고전적 자유주의(Classical liberalism)가 필요하다. 강력한 정부의 전통으로 '고전적 자유'도 확보한 적이 없는 역사에서 군부 통치 밀어내려고 '민주화'만 강조했기 때문이다. 이러한 상황을 자카리아(Fareed Zakaria)는 '비자유주의적 민주주의'(illiberal democracy)라고 규정하였다. 자카리아는 "The Rise of Illiberal Democracy"(*Foreign Affairs*, Nov/Dec 1997)와 『자유의 미래』(*The Future of Freedom: Illiberal Democracy at Home and Abroad*, 2003)에서 자유주의의 기반 없이 선거라는 절차적 과정을 통해 집권한 독일 히틀러의 나치(Nazi) 정권이나 중남미 정권, 인도네시아, 싱가포르, 말레이시아의 사례들은 절차적 '민주주의'는 이루어 가고 있으나 '자유주의'가 뒤따르지 않아 자유민주주의 국가로 가는데 실패해서 "자유화 독재국가"(liberalizing autocracies)의 상태임을 지적하고 있다. 즉, 민주화되었으나 종교, 언론의 자유 확보와 같은 시민적 자유가 보장되지 않는 나라들을 '비자유주의적 민주주의' 국가라는 큰 틀로 지칭하고 있다.

자카리아는 한국의 경우 1997년 글에서는 대만, 태국 등과 같이 "자유주의적 반쪽 민주주의 국가"(liberal semi-democracy)로 분류하였다. 민주화 수준보다 자유화의 수준이 높다는 의미였다.[14] 즉, 경제적 측면에서 자유화 되어 있기 때문에 그렇게 지칭한 것으로 보인다. 하지만 한국은 이제 상황이 바뀌었다. 최근 경제민주화의 추진으로 평등은 이루고 있으나 대신 규제의 강화로 경제활동의 자유는 위축되어 있기 때문에 다른 국가와 달리 시민적 자유에 경제적 자유 보장이 관심의 대상이 된 것이다. 따라서 한국의 자유민주주의의 발전을 위해서는 경제적 자유를 보장하는 자유시장(free-market)에 근거한 견고한 경제체제와 견제와 균형에 근거한 건전한 정치제도의 건설이 필요하다. 특히 소유권과 기업 활동의 자유를 확실히 보장하는 경제자유화와 시민적 덕성, 즉 관용과 자제의 확보가 절대적으로 필요하다. 하지만 자카리아의 말처럼 역사적으로 자유주의는 민주주의를 탄생시켰으나, 민주주의는 자유주의를 탄생시킨 것으로 보이지 않는다는 점에서 한국의 경제민주화를 적극 수용하는 민주주의에서 경제 자유화를 포함한 자유주의의 발흥을 보기는 쉬울 것 같지 않다.[15] 과거 박정희 권위주의 하에서 경제적 자유를 보장함으로써 궁극적으로 현재의 민주주의의 성취가 가능했으나, 현재의 경제부분조차도 민주화의 필요성을 강조하는 강화된 민주주의를 가지고서는 경제적 자유를 포함한 전반적인 자유주의 이념이 우리 사회에 뿌리내리기는 쉽지 않을 것이라는 예측이다.[16]

나아가 민주주의에 근거하였으나 절제되지 않은 대중의 참여 요구로 만들어지는 정치의 과잉과 무분별한 대중의 요구에 표를 의식하여 타협하여 만들어진 재정 지출 등이 만들어낸 대중주의는 모두 정치실패에 해당한다. 남부 유럽 그리스와 스페인, 남미 대륙의 아르헨티나와 베네수엘라 등이 보여준 포퓰리즘(대중주의, populism)이 만들어낸 경제적 실패는 복지 성공 사례인 스웨덴만 모델로 삼는 우리에게 정치 실패의 귀중한 사례가 될 것이다. OECD 국가 가운데 가장 오랜 시간을 걸려 20,000달러 소득에 도달한 우리가 진심으로 남부 유럽이나 남미의 정치 실패의 국가에 속하는지 아니면 평균적으로 40,000달러 이상인 북구의 정치 선진국에 속하는지 고민해야 한다.

2) 포퓰리즘은 대중주의, 대중영합주의이다

포퓰리즘은 대중주의다

다수정(민주주의)의 문제는 지도자들이 대중적 인기와 다수의 여론에 부응할 것을 요구한다는 문제가 있다. 따라서 다수정은 언제나 다수 대중이 원하는 것을 만족시켜주고 대중의 지지를 얻어내는 포퓰리즘(populism)으로 변질되기 쉽다.[17] 문제는 다수 대중이 원하는 것을 확인하는 방식이다. 그 확인 방식이 투표라면 정치지도자들은 인민(people)의 표를 매입(買入, purchase)하기 위해 다양한 무리한 약속(공약)을 제시할 것이다. 다수정(민주주의)에서는 그 무리한 약속이 공동체에 가져올 영향이 나쁘다 할지라도 다수가 결정하거나 자유의 구속이라도 정당성을 가지게 된다.

이것이 우리 사회에서 유행하는 포퓰리즘이다. 포퓰리즘이란 무엇인가? 포퓰리즘은 시간과 장소에 따라 다양하게 사용되고 있어 한 마디로 정의하기는 어렵지만, '포퓰리즘'(populism)이라는 어의에 충실 한다면 'people'(대중)이 중심적 의미를 가지게 된다. 따라서 포퓰리즘은 "대중의 의사가 중심이 되는, 대중(people)에 영합하는 정치노선"이라고 할 수 있다. 때에 따라서 법(法)에 의한 통치가 아니라 대중(大衆)이 결정하는 것일 수 있고, 그것이 정당화되는 정치, 그리고 야심적인 정치지도자가 대중의 의사를 조작하여 대중의 정치적 지지와 후원을 얻어내는 정치질서를 의미하기도 한다.

따라서 포퓰리즘은 민중주의(民衆主義)나 대중주의라는 한글 번역으로 사용될 수 있겠지만, 정치인이 대중에 영합하고 선동하는 내용이 포함되지 않았기 때문에 "대중 영합주의"라는 번역이나 '포퓰리즘'이라는 원어 그 자체를 사용하는 것도 의미 있다. 그러면 포퓰리즘과 포퓰리즘 아닌 것을 어떻게 구분할 수 있는가? 구분을 위한 중요한 판단 기준은 정치인의 말이나 공약에서 선거에서의 승리를 확보하기 위하여 대중들에게 복지 혜택을 남발하느냐 여부, 또는 대중의 지지 확보를 위한 선동적인 구호나 공약이 있느냐 없느냐 여부이다.

사실 민주주의 정치에서 대중의 지지를 얻는 것은 필수적인 정치적 행위이기 때문에 포퓰리즘은 '민주주의적' 대중영합이다. 하지만, 다른 한편으로 정치엘리트가 대중의 지지를 조작한다는 측면에서 엘리트 독재라는 측면이 강조되어야 할 것이다. 즉, 포퓰리즘은 엘리트가 대중의 심리에 영합한다는 측면과 대중이 엘리트의 선동을 추종한다는 두 측면이 함께 한다. 엘리트와 대중이 영합한다는 측면이 강하기 때문에 대중의 지지로 포장된 독재에의 영합으로 귀결된다.

최근 '좌파 포퓰리즘'에 대항하는 의미로서의 '우파 포퓰리즘'이라는 용어가 등장하는 등 개념의 확대로 포퓰리즘 원래의 의미를 상실하고 있다.[18] 포퓰리즘은 '민중주의'로 사용하는 것이 개념의 혼란을 적게 할 것이다. 물론 '대중영합주의'로 번역하고 사용할 수도 있으나 이러한 명칭은 대중을 동원하고 대중을 기반으로 권력을 장악하는 정치인의 행위와 같은 현상은 포함하지 못하게 된다. 그리고 러시아의 '브 나로드(V Narod)'운동처럼 '인민 속으로' 또는 '대중과 함께'와 같은 과거의 인민(people) 계몽운동으로서의 포퓰리즘 현상을 설명할 수 없게 된다. 따라서 앞서 설명한 것처럼 포퓰리즘은 '민중주의'로 번역하여 사용하는 것이 옳을 것이나 최근 증가하고 있는 선거를 목적으로 무분별한 재정 지출 확대 정책이나 복지 정책을 설명할 때는 '포퓰리즘' 또는 '대중주의', '대중 영합주의'로 번역하는 것이 적절하다.

포퓰리즘 정책의 폐해

포퓰리즘을 표방한 정부에서는 다수 대중의 요구에 따라 정치적 결정이 좌우되기 때문에 대중 독재(mass dictatorship)로 되기도 하고 결과적으로 소수의 정치적 소외(political alienation)를 초래하게 된다. 나아가 포퓰리즘 정부에서는 정부의 정책결정이 대중의 요구에 좌우되기 때문에 정치적 다양성(political diversity)은 허용되지 않으며, 대의민주주의(representative democracy)가 왜곡되고, 경제적 자유(economic freedom)가 억압된다.

포퓰리즘은 사회 통합보다는 사회 분열로 이끈다. 포퓰리즘은 보통 집권과 권력 유지를 위해 사용되기 때문에 그 과정에서 대기업과 부유층을 비난의 표적으로 희생양으로 삼게 되고, 그 때문에 원래 목표로 하는 사회 통합과는 거리가 먼 사회 불안과 균열을 결과하게 되는 모순에 처하게 되는 것이다.

구체적으로 보면 포퓰리즘은 대부분 이분법적인 시각에서 대기업(재벌)과 중소기업, 부자와 서민, 엘리트와 대중, 무상급식 반대자와 찬성자, 학교 체벌 찬성자와 반대자 등을 구분하고 전자는 강자(強者), 후자는 약자(弱者)로 구분하고 약자의 정서에 호소하는 선동성을 가진다. 강자는 악(惡)이고 약자는 선(善)이라는 단순 논리를 사용하는 특징이 있다. 단순 논리의 이분법이기 때문에 설득력은 갖게 되지만 사회는 분열의 늪으로 빠지게 된다.

한국의 포퓰리즘 정책들

포퓰리즘 정책은 거의 대개 '인민의 주권 회복'이나 사회적 약자 보호를 명분으로 한 복지정책과 부유층이나 대기업을 비난의 표적으로 삼는 정치적 선동으로 나타난다. 이명박 정부가 추진했던 중소기업-대기업의 동반성장 정책과 동반성장위원회, 동반성장의 변형으로 중소기업보호하지만 대기업의 경영에 개입하는 정책인 '초과이익공유제'와 중소기업 적합업종 지정제, 대규모 점포와 기업형 슈퍼마켓(SSM)의 입점 제한 등은 최근 시행되고 있는 포퓰리즘 경제정책이다. '무상급식'과 '반값등록금'도 사회적 약자를 보호한다는 명분의 포퓰리즘 정책이다. 무상급식 대신 저소득층 학생에게만 무료급식을 제공하던가, 소득에 따라 급식비용 지불에 차등을 두는 방식이 적절함에도 정치인들이 정치적 지지를 목적으로 보편적 무료급식을 실시하는 것이다. 대학 '반값등록금' 역시 대학 교육보다 더욱 중요한 초·중·고의 완전한 무상교육은 제쳐두고 대학등록금을 정부에서 보조한다는 것은 표를 의식한 포퓰리즘 정책이다. 과거 노무현 정부에서 만든 '부동산 종부세'는 부유층을 비난의 대상으로 하는 전형적인 포퓰리즘 정책이었다.

2012년 12월 대선에서의 승리를 위해 여야가 합의한 경제민주화 역시 포퓰리즘 정책이다. 문제는 경제민주화로 만들어진 정책들이 시장의 자유를 위축시키고 규제를 양산하여 우리 경제를 죽이고 그 속에 경제적 평등을 달성하는 것이 아닌가 하는 의심이 든다. 대중을 위한 민주주의의 확충이 도리어 '자유민주주의'의 자유를 심각히 제약하는 현실이다.

경제민주화 정책의 양산은 경제가 민주화의 대상이 될 수 있느냐는 의문과 함께 현재 경제가 권위주의 독재적인 상태라는 인식, 즉 한국 경제가 왜곡되어 있다는 전제는 수긍하기 어렵다. 특히 경제민주화 관련 입법들이 경제적 자유를 제한하고 있음에도 국회에서 규제의 대상이 되는 대기업과 중견기업의 의견을 수렴하는 제대로 된 절차도 거치지 않고 여야합의에 의한 처리라는 수사적 명분으로 통과시키고 잇다. 입법부를 견제할 어떠한 장치나 세력 또는 메커니즘이 존재하지 않기 때문에 경제민주화 권위주의적 입법 내지는 입법 독재에 해당한다고 하겠다.

포퓰리즘의 결과

아르헨티나의 페론주의(Peronism)와 그리스의 국가재정 위기 등 세계 정치사의 많은 예에서 보듯이 포퓰리즘의 결과는 국가 재정의 파탄과 극심한 정치 분열, 그리고 계층 간 대립의 악화이다. 더 나아가 기업의 투자 감소, 궁극적으로는 무분별한 복지혜택 부담증가로 국가부도로 이어진다. 포퓰리즘 정책은 최근 그리스 등 남부 유럽 국가들의 경제위기를 초래한 재정지출의 확대를 결과한 근본적인 원인이었음을 명심해야 한다. 문제는 포퓰리즘 정치인들이 실현 불가능한 공약을 내세우고 복지혜택의 증가가 재정적으로 가능하다고 선동하지만, 대중은 곧 이어 초래될 정부 부채의 증가와 재정 악화의 부정적 결과를 인식하지 못하는데 있다.

이렇게 포퓰리즘은 진정한 민주주의로 포장되어 대중을 선동하고, 정치적 반대를 억압하고, 기업 규제와 과도한 분배정책으로 자유 시장(free market) 경제 질서를 해치게 된다. 정리하자면 포퓰리즘 정치는 '서민'이라는 약자를 위하여 아주 힘센 강자(정부나 국가)가 다른 중간 강자(대기업)를 '대중(서민)의 이름으로'(in the name of the people) 내지는 '민주주의의 이름으로'(in the name of democracy) 벌하는 정치가 되어 버리는 것이다. 결국 포퓰리즘은 민주주의의 이름으로 대중 권위주의(authoritarianism)와 권위주의 대중독재(popular dictatorship)를 실행하는 모순을 낳는 것이다.

포퓰리즘의 대안으로서 자유주의 정책

포퓰리즘은 다수 대중의 집단 의사를 강조하고 또 이용하기 때문에 개인의 사상의 자유나 자유로운 시장질서의 확립에는 관심이 없다. 문제는 다수 대중 집단의 강제가 가져올 사회의 정치적 분열과 대중 독재의 가능성, 그리고 국가 재정의 고갈이다. 그렇다면 대안은 결국 자유를 가장 중요한 가치로 생각하는 자유주의, 특히 고전적 자유주의(classical liberalism)의 확립이 주요한 대안이 될 것이다. 자유주의에 기반한 정책과 절차적 민주주의의 확립이 중요하다.

자유(自由, liberty)만큼 중요한 가치로 평등(平等, equality)을 생각할 수 있지만 자유 없는 평등은 숨 막히는 공산사회였다. 정의(正義, justice) 역시 평등만큼 중요한 가치이지만 자유 없이 정의로워 질 수 있을지는 의문이다. 정의의 실천을 위해 자유가 선행되어야 한다는 의미이다. 물론 자유가 지나치게 강조되면 경제적 정의가 침해당할 가능성이 있겠으나, 불평등이 곧 정의롭지 못함은 아니다. 불평등을 치유하기 위해 정부가 나선다면 바로 또 다른 불평등을 초래할 것이고 기회의 평등은 자유가 보장될 때 가능하기 때문이다. 가장 자유로울 때, 가장 정의로우며, 가장 평등적이라는 사실이다.

민주주의도 그 목적은 고전적 자유주의에서와 같이 자유가 되어야 한다. 왜 민주인가? 자유를 위해서인 것이다. 시장도 중요한 것은 계획 시장이 아니라 자유 시장이다. 자유로워야 시장은 그 의미를 가지기 때문이다.

보수와 진보는 시대에 맞게 새로워져야 한다

보수-진보 개념의 무정형성(無定型性)

한국에서 보수-진보의 이념대립은 해방 이후 지금까지 사회갈등의 중요한 축이 되어왔다. 세계화의 거센 물결 속에서도 그리고 IT혁명의 시대에도 보수와 진보, 진보와 보수라는 갈등과 대결 프레임(frame)은 여전히 한국사회를 지배하고 있다. 진보진영에게 보수는 '완고하고 부패한 집단'이며, 보수진영에 진보란 '대안 없는 무능한 집단'이라는 고정화된 이미지 만들기와 상대에 대한 비판과 부정은 계속되고 있다. 그러나 21세기적 관점에서 본다면 보수-진보 모두 19세기 내지는 20세기적 문제의식과 해결방식에서 벗어나지 못한 '시대의 지진아'일 뿐이다.[19]

즉, 한국에서 보수-진보라는 명칭은 우파-좌파의 이념적 명칭 대신 잘못 붙여져 시작되었으며, 따라서 정명(正名)이 아니기에 개념의 불명확성과 자기모순적 오류를 내재하게 되었다. 좌파는 해방 이후 좌파 이데올로기를 탈색하여 대중의 지지를 이끌어내겠다는 정치적 목적에 더하여, 6·25 전쟁 이후에는 '반공(反共)'을 국시로 삼은 권위주의 정권 아래에서 자신의 이념적 정체성을 명확히 드러내지 못하는 상황에서 좌파-우파 대신 진보-보수라는 명칭을 사용하여 대중의 지지를 확보하려한 것이 관행적(慣行的)으로 정착된 것이었다. 여기에는 한국사회 언론과 정치권이 극우를 보수로, 극좌를 진보로 표기한 일본식 용어를 분별하게 도입하여 사용하여 고착시킨 데에도 커다란 원인이 있다. 따라서 보수-진보의 명칭보다는 우파-좌파라는 원래(原來) 개념이 맞는 용어이겠지만 그 동안 보수-진보가 우파-좌파를 대신하여 사용되어온 사회적 관례와 탈냉전·탈이데올로기 시대에 더 이상 좌파-우파의 이념으로 명확히 정의하기 힘든 무수한 사안들이 발생하는데 이들을 '사회적 변화에 대한 보수적 태도'와 '진보적 태도'라는 구분법으로 설명이 가능하기 때문에 이러한 편이성에 근거하여 '보수-진보'라는 용어를 인간의 태도를 설명하는 용어로 사용하는 것도 가능할 것이다. 즉 현재와 같이 보수-진보라는 용어를 사용하되 이념적인 진영을 표시하는 용어로 써가 아니라 개인의 태도나 성향을 설명하는 용어로 사용이 가능하다는 의미이다. 왜냐하면 언어란 살아있는 생물체와 같아 한 순간에 죽이거나 살릴 수 없는 것으로 일반적인 사용을 강제할 수 없고 언어 사용의 잘못을 지적하면서 원래의 의미로 사용하는 것을 유도할 수는 있기 때문이다.

그렇다면 한국사회 보수와 진보, 좌파와 우파는 왜 서로 상극인가? 많은 학자와 평론가들이 지적하듯이 대화 부재와 토론의 부재 탓인가? 본인은 대화와 토론의 부재를 떠나 보수-진보, 우파와 좌파의 이분법적 프레이밍(framing) 자체가 역사와 현실태(現實態)에 대한 이해를 지나치게 단순화했기 때문에 바람직하지도 설명력도 떨어진다는 입장이다. 아울러 보수-진보의 갈등과 대결이 자신의 분석과 해결 방법만이 옳다는 독선주의(獨善主義)적 주장이고, 둘 가운데 하나를 없애고 자신만 존재케 하고 싶다는 유아독존(唯我獨尊的)적 태도라면 그것은 극단주의(極端主義)이며 전체주의(全體主義)적 방식이다. 종합하면 보수-진보는 단순화된 이분법(二分法)적 사고이자 태도이지만 다원적이며 통합적이며 평화적인 사회를 만들기 위하여 서로 경쟁하며 공존하는 관계, 즉 '경쟁적 동반자'의 관계 설정이 바람직하다는 생각이다. 자유민주주의이건 사회민주주의인건 보수와 진보 모두 다 받아들이는 '민주주의' 체제에서 상호 공존적인 태도는 필요하며, 집단 간의 절제된 경쟁은 사회 발전에 기여하게 될 것이기 때문이다.

해방 이후 보수–진보의 독선적 태도는 그 동안 한국사회에 바람직하지 않은 영향을 미쳐왔다. 대표적인 예로 보수 또는 우파는 6·25 한국전쟁의 상황에서 자신을 지키기 위하여 '반공'을 표방하였으나 '반공'으로 민주주의와 인권, 평등 등 많은 진보적 가치를 파괴하고 훼손하였다. 문제는 탈냉전의 탈이데올로기의 시대에 지금도 '보수'='반공'으로 인식되는 보수성을 지켜왔다는 점이다. 이데올로기적 보수가 아니라 생활의 '보수꼴통'이 되어 버린 태도의 경직성이 문제인 것이다. 사실 '보수'는 기본적으로 '진보'보다 수세적 입장에 있어왔다. 누가 '보수'를 '진보'보다 좋아할 수 있겠는가. '보수'에 대해 도덕적·윤리적 프리미엄을 가지고 출발한 진보는 '말 진보', '입 진보'라는 일반 대중의 비아냥과 비판에서 보듯이 '대안 없는 비판'과, '대한민국에 대한 정체성 부정', 그리고 역사적 퇴행 집단이라고 할 수 있는 북한 정치체제를 옹호하기에 이르렀다. 행동은 없고 말 뿐이고, 대안은 없고 비판뿐이고, 일부 진보 집단의 경우 '친북'(親北)을 넘어 '종북'(從北)으로, 진보가 진보성을 잃어버리는 상황에서 벗어나지 못하고 정체하고 있는 병리적 현상은 치료가 필요한 우리 사회의 심각한 질병(疾病)내지는 암(癌)으로 진단할 수 있다.

한국의 보수–진보 개념은 과거부터 내려온 우리의 고유한 개념이 아니라 서양 역사 속에서 만들어진 개념을 일본과 중국을 통하여 수입하여 내재화 하는 과정에서 본래의 의미와는 다른 모습으로 만들어지고 구성되었다. 해방 이후 미군정과 이승만 정부가 북한과 대결하며 국가를 건설하는 과정과 동서 냉전의 상황에서 좌파 이데올로기를 탈색하여 대중의 지지를 이끌어내겠다는 정치적 목적이 작용했고, '반공'을 국시(國是)로 삼은 이승만과 박정희 권위주의 정권 아래에서 이념을 명확히 드러내지 못한 정치적 상황에서 좌파 대신 진보라는 명칭으로 변환하여 사용하게 된 것으로 보인다. 여기에서 극우를 보수로, 우익을 중도보수로, 극좌를 진보로 표기한 일본식 호칭과 용어 사용법이 당시 일본에서 교육 받은 인사들과 언론에 의하여 무분별하게 도입되어 정착하게 된 데에도 원인이 있다.[20]

해방 직후 좌파는 무슨 이유에서인지 – 서구의 매력적인 개념을 도입한다는 의도가 있었던 것으로 보임 – 의도적으로 '진보'와 '민주주의'를 선점하여 사용하며 자신들의 이념적 정체성을 명확히 드러내지 않았다. 초기에는 대중에게 긍정적이고 쉽게 받아들여지는 서양식 용어를 차용한 듯하고, 이후 국제적 냉전이 심화되자 '빨갱이' 색깔공세를 피하려 했던 의도가 있었다고 보인다. 보수라는 명칭도 보수가 스스로 사용했다라기 보다는 좌파가 우파의 이념을 폄하하고 도덕적 우위를 점유하기 위하여 부정적인 의미로 명명하여 사용하였다.

언어 사용에서 진보는 '앞으로 나아감'을 의미하고 보수는 '정체됨'을 의미하기 때문에 출발부터 보수는 수세적 위치에 처해있었다. 그리고 '진보'는 용어에 내재하고 있는 긍정적 가치와 '발전'내지는 '나아짐'을 원하는 인간 본성의 요구에 맞추는 특성 때문에 보수보다는 우위에 있다. 하지만 더 주목할 것은 언론과 학계가 진보의 대립 개념으로 '퇴보'가 아니라 '보수'라는 명칭을 사용했다는데 있다. 이러한 잘못된 명칭 사용이 보수–진보의 개념을 명확히 정의하기 어렵게 만들었다.

즉, 진보의 경우 진보가 개념적으로 도대체 무엇을 의미하는가? 역사에서의 진보란 시대와 장소와 상황에 따라서 그 내용이 달라진다. 왜냐하면 무엇이 진보인가, 도대체 무엇이 나아진다는 것인가에 대한 개인마다 생각하는 바가 달라 합의가 어렵다는 근본적이고 철학적인 문제가 있다. 예를 들어 진보 환경론자들은 기후변화에 대응하여 신재생에너지 확충에 전념할 것을 주문한다. 하지만 원자력 발전이 위험하지만 신중하게 잘 관리하여 가난한 계층에게 값싸고 질 좋은 전기를 제공하는 것이 세상을 나아지게 하는 것이 아님을 진보는 증명할 수 있을 것인가? '보다 더 나은 상태로 나아가는 것'이 어떤 상태로 가는 것이냐는 개인의 생각에 따라 다를 수밖에 없다는 비판은 '진보' 개념의 근원적 모호성 내지 모순성을 의미한다.[21]

'보수'와 '진보'가 어떤 상태를 의미하느냐는 모호함을 뒤로 하고, 보수–진보가 추구하는 내용으로만 본다면 한국사회 진보는 민주, 개혁, 노동, 인권, 환경을, 보수는 권위주의, 자유주의를 들 수 있다. 하지만 자세히 들여다보면 진보는 정체가 불분명하고, 보수의 권위주의와 자유주의는 납득하기 어려운 짝이다. 즉, 이념적 내용이나 가치에 대한 분명한 정의 없이 정치적 필요에 따라 사용되었음을 알 수 있다.[22] 결국 무엇을 보전하고 유지할 것인가, 무엇을 발전해 더 나은 상태로 나아가게 할 것인가 하는 대상과 내용, 방식이 문제가 될 것이다.

따라서 이렇게 뒤엉키고 상호 모순된 보수-진보 개념을 폐기하고 좌(左)-우(右) 개념이나, 우파(右派)-좌파(左派) 개념으로 돌아갈 필요성도 제기될 수 있다. 하지만, 즉, 보수-진보라는 명칭보다는 우파-좌파라는 원래 명칭이 맞겠지만 그 동안 보수-진보로 사용되어 온 사회적 관례와 탈 이데올로기 시대에 이념과 연계되기 힘든 사안들이 등장했음을 고려하여 그대로 사용하는 것 역시 현재 한국사회의 보수-진보 갈등을 그대로 드러낼 수 있으므로 보수-진보 개념의 사용을 인정할 필요 역시 존재한다. 이제 한국사회에서는 좌-우 이데올로기와 진보-보수는 서로 다른 동그라미를 그리며 상당한 교집합을 교차하고 있지만 완전히 동일하다고 할 수 없는 개념이 되었다. 그럼에도 불구하고 이념적 좌-우 스펙트럼으로 본다면 "진보는 좌파를 보수는 우파에 속한다."고 보아야 할 것이다.[23]

시대에 따라 변화하는 보수와 진보

『동아일보』에 따르면 리서치앤리서치가 2012년 12월 29일 실시한 여론조사에서 보수는 33.2%, 진보는 28.7%, 중도는 31.8&, 모름/무응답은 6.3%로 조사되었다.[24] 비슷한 시기에 현대 리서치연구소가 실시한 여론조사에 따르면 보수는 37.5%, 진보는 21.2%, 중도는 36.0%, 잘 모름은 5.3%로 조사되었다. 1년 전보다 보수는 8.7% 늘고, 진보는 6.8% 줄어들었다고 한다. 우리 사회에서 진보가 줄어드는 중요한 이유는 사회의 고령화 현상으로 20~40대의 '진보이탈' 현상이 확연히 드러나고 있다. 특이한 것은 서민층 응답자 가운데 진보가 22.2%로 보수라고 응답한 34%에 비해 12%나 적다. 빈민층 응답자의 경우 보수가 45.8%, 진보가 20.3%로 서민층-빈민층의 경제적 상황과 이념적 성향이 일치하지 않는 현상을 보여주고 있다.[25] 강남좌파, 강남진보가 출현하고 정치적으로 의미 있는 투표 현상을 보이는 것 역시 한국사회에서 경제적 상황과 이념적 성향이 일치하지 않는 이유를 설명한다.

하지만 여론조사의 문제점은 표본 집단이 작기 때문인지 동일한 시기의 여론조사임에도 불구하고 결과가 균일하지 않고 들쭉날쭉하다는 것, 그리고 과거와 비교하는 시계열 분석이 잘 이루어지지 않고 있다는 점이 문제점으로 지적될 수 있다. 이와 관련하여 동아시아연구원은 의미 있는 보수-진보 시계열 분석을 내놓은 바 있다. 2003년 6월과 2013년 4월의 여론 조사 결과 비교분석에 따르면 진보성향 응답자 중 "한미 동맹 강화하자"는 여론이 10년 사이 29%에서 62%로, 보수성향 응답자 중 "대북지원을 확대해야 한다"는 응답이 10년 전 33.9%에서 47.6%로 늘었다. 즉, 우리 사회에서 지난 10년간 반미, 반북 논란을 거치면서 시민들의 정치정향 또는 의견이 일정한 균형점으로 수렴하는 것으로 보인다는 의미이다. 비슷하게 "탈미 자주 외교를 해야 한다"고 답한 비율은 진보성향 응답자 중에서는 31.7%에서 24.0%로, 중도 성향에서는 15.4%에서 12.8%로, 보수성향 응답자 중에서는 11.9%에서 11.0%로 각각 줄었다. 2003년의 정치적 상황 즉 여중생 미군 장갑차 사고와 이어진 대선에서 친미-자주 대결의 구도로 형성되었던 정치상황이 변화하고 지난 10년 동안 미국에 대한 국민의 의식이 새로이 정립되었기 때문이다. 달리 말하면 시대와 정치적 상황에 따라 보수–진보층은 변화하며, 최근에는 남북관계나 한미관계와 관련한 한국사회의 논쟁이 잠잠해지면서 중간층, 즉 친북진보(좌파), 반북진보(좌파), 반북보수(우파), 친북보수(우파)로 나뉘어 이념집단이 형성되고 있다고 하겠다.

더욱 주목할 사안은 최근까지 진보와 보수를 구분하는 기준으로 대북정책과 한–미동맹 이슈였는데[26] 이제는 그것도 흐려져 중도내지는 중간/모순층이 상당한 정도 생겨났다는 것이다. 아울러 보수와 진보의 구분의 하나로 과거에는 복지지원의 이슈였는데 최근 대선에서 여야가 복지에 합의하면서 복지예산 증가 필요에 대하여는 모두 증가로 더 이상 논쟁의 거리가 없어지고 복지예산의 증가 속도와 대상의 폭만이 문제가 되고 있다. 다시 말하면 한국사회에서 보수–진보를 구분하는 잣대가 더욱더 모호해지고 있다는 것이다.

더 이상 명확한 보수–진보의 기준을 제시하기 힘들다면 보수–진보의 이분법적 접근 역시 시대를 반영하지 못하는 적절하지 못한 구분법이 될 것이고 불분명한 보수–진보 구분을 근거하여 갈등하고 싸우는 것, 역시 소모적이며 의미 없는 일이 될 것이다. 이는 18세기에서 19세기 사적 재산권을 강조했던 자유주의 사상은 당시에는 진보적이고 혁명적인 사고(思考)였지만, 이제 20세기와 21세기에 자유주의는 보수적인 사고이자 태도가 되었다. 다시 말하여 19세기와 20세기의 보수–진보는 21세기의 보수–진보와 동일할 수 없게 되었고, 그 시대가 원하는 보수–진보의 의미로 재정립되어야 함을 의미한다.

미미하고, 불명확하고, 정치적 입장의 차이

그 동안 행해진 여러 가지 여론조사 결과 등을 통해서 볼 때 한국 사회에서 보수와 진보는 대북정책이나 한미동맹과 같은 이슈를 제외하고는 거의 모든 사안에서 차이가 미미했다.[27] 이렇게 한국사회에서 보수-진보는 이념과 정책에 대한 차이가 작고 사소함에도 불구하고 정치적 대결은 극단적이고 치열했다. 이념적 차이나 정책적 차이 때문이 아니라 정치적 목적 때문에 상대를 비난하고, 비하하다 보니 보수-진보의 갈등이 격화된 양상으로 나타는 것이다. 최장집은 한국 정치 현실에서 보수와 진보, 좌와 우의 구분이 전혀 무의미한 것은 아니지만 그러한 구분을 가능하게 하는 사회경제적 이념과 정책의 차이를 들여다본다면 "없는 차이에 근거한 허구이거나 이데올로기적 규정"뿐이라고 분석한다.[28]

이는 민주화 이후 민주정부들의 정체성 혼란에서도 그대로 드러난다. 김대중 정부는 노동권 보장을 강조하면서도 노사정위원회를 통해 구조조정과 정부 통제의 의도를 드러내었고, IMF의 관리통제를 적극 수용하면서 '빅딜 정책'과 '규제 강화'로 재벌 통제를 시도하였다. 때문에 노동계로부터는 신자유주의 정부로 비난의 대상이 되었고, 재계로부터는 규제 강화와 강제 빅딜에 전념하는 '규제국가(regulatory state)'로 외면당했다.

노무현 정부 역시 겉으로는 대기업과 거리를 두는 모양을 갖추었지만 삼성이 참여정부의 두뇌 역할을 했다는 지적은 널리 알려진 사실이다. 삼성경제연구소가 노무현 정부 출범과 함께 만들어 제출한 〈국정과제와 국가운영에 관한 어젠다〉는 노무현 정부 인수위원회 11개 분과별, 5년 국정과제와 동일하게 준비된 것이었다. 노무현 정부는 삼성전자의 진대제를 정보통신부 장관으로 임명하며 인재를 공유했다. 중앙일보 홍석현 회장을 주미대사로 임명한 것은 인재 교류의 정점에 해당한다. 노무현 정부는 삼성경제연구소가 제안한 것으로 알려져 있는 한-미 FTA를 한-칠레 FTA에 이어 추진하게 된다. 나아가 비정규직을 통한 노동유연성 강화는 노동계와 갈등을 증폭시켰다. 때문에 "좌회전 깜빡이 켜고 우회전 하는" 정부라는 비판을 감수해야만 했다. 노무현 대통령 자신이 자신의 정부를 '좌파 신자유주의' 정부로 (농담처럼) 규정한 것은 한국사회 진보-좌파의 대표적 정부의 모순된 모습이었다.

이명박 정부 또한 초기의 친기업적인 정책과 민영화 추진의 신자유주의 정책은 광우병 촛불 시위로 위기를 겪은 직후 바로 뒤로 물리고 '동반성장' 정책과 물가관리, '자본의 책임과 공생발전'을 통한 공정사회 건설에 이르기까지 권위주의 개입정부의 모습을 보이며 보수 신자유주의에서 멀어졌다.[29] 즉 민주화 이후 민주정부들이 신자유주의적 세계화에 몰두하며, 친재벌·친기업적이고 노동억압에 노동 배제 정책을 서슴없이 행하고, 보수정부라 할 수 있는 이명박 정부는 공정사회와 동반성장 정책으로 친 서민·친 중소기업을 천명하는 모순과 혼란을 보여줌으로서 한국사회 보수-진보의 경계가 모호해지는 원인을 제공하였다.

보수-진보의 갈등을 증폭시키고 정치적으로 이용하고 있는 정치권은 특히 보수-진보 구분이 불분명하다. 새누리당(과거 한나라당)이 재벌의 이익을 대표하고, 민주당(과거 열린우리당)이 중소기업과 노동자를 대표한다고 말할 수 없으며 때문에 이들 정당을 보수적 또는 진보적이라고 말할 수 없음은 쉽게 이해할 수 있다. 이러한 정당의 정체성 불문명은 한국 정치의 특징일 것이다.[30] 즉, 정당이 선거에서 득표를 의식하여 중간으로 수렴하는 것은 당연한 일이지만, 문제는 학계와 시민사회 역시 정치화되어 아직도 보수-진보의 이분법적 갈등 프레임에서 벗어나고 있지 못하다는 점일 것이다.

보수-진보의 몰역사성(沒歷史性)

한국사회 보수와 진보의 전반적인 문제점으로 보수-진보 모두 시대와 환경의 변화에 따라 새로운 접근방식이나 정책 등을 제시하는 시대 현실 적응에 실패하고 있음을 들 수 있다. 많은 학자들, 특히 강정인은 보수-진보가 정치적·역사적 맥락에 따라 다르게 자리매김하면서 정체성을 유지했음을 지적하고 있다. 유럽 역사에서 '보수주의'는 계몽주의, 자유주의, 프랑스 혁명, 산업화, 중앙집권적 국민국가에 대한 반발로 출현하였지만 시대마다 전통과 기존질서가 달라짐에 따라 그 보수(保守)하고자 하는 내용이 변화하였고, 영국이냐 프랑스냐 독일이냐 미국이냐 라는 장소적 상이함이 보수주의의 편차를 가져왔다고 지적한다.[31] 한국사회의 보수와 진보 모두가 새로운 시대 환경에 적응하지 못하고 공동체의 미래 지향점을 제시하거나 사회적 이슈에 대한 참신한 정책을 제시하는 등의 변화를 가져오지 못했기 때문에 정체적이며 반동성을 가지는 모순을 만들어 낸 것이다.

예를 들면 진보진영의 일부이겠지만 아직도 한국을 미국 제국주의 하에서 신음하는 종속국가로 보고 싶어 하는 '제3세계'(the Third World) 신드롬(syndrome)에 빠져 있다. FTA 체결 이야기만 나오면 국가적 이해득실 관계는 제쳐두고 한국을 제3세계의 한 국가로 규정하고 '경제 종속'을 들먹인다. 나아가 항미(抗美)와 반미(反美) 전선의 주요 논리가 되어 버린다. 한마디로, 아직도 '종속'인가? 아직도 한국을 제3세계로 보고 싶어 하는 진보의 '제3세계적 세계관' 고착만 문제가 아니다. 최근의 이석기 사건에서 보여주고 있는 것처럼 좌파가 보여주고 있는 전체주의적 극좌에 대해 아직도 온정적이라는 사실은 진보의 정체성 혼란과 몰역사성을 보여줄 뿐이다. 반면에 보수진영은 진보진영의 촛불시위에 대해 반공 단체들의 반대 시위에 의존하고, 북한의 도발적 태도에 대하여 '반공' 이외의 반대 논리는 제시하지 못하고 있다. 1950년대의 반공이 이제 탈냉전을 지나 탈 이데올로기를 언급하는 시대에도 논리의 중심에 반공을 두는 것은 지나치게 현상 유지적이며 반동(反動)에 가깝다. 한마디로, 아직도 '반공'인가?

보수와 진보의 정체성과 몰역사성, 반동성(反動性)과 관련하여 최장집은 보수의 '지적(知的) 빈곤(貧困),' 내지는 '이념적 빈곤'을 지적한다. 보수세력이 세계화 시대도 지나 포스트 글로벌라이제이션(post-globalization) 시대에도 냉전적 가치관에 묶여 새로운 세대의 가치와 이념을 제시하고 있지 못함을 안타까워한다. 반면 박세일은 "우리 사회에 정서적인 진보는 많은데 정책적 진보는 약하다." 진보세력의 선동적 구호가 결국 좌파 포퓰리즘이 되어 한국사회를 나락(那落)으로 떨어뜨리고 있음을 비판한다.[32]

그런데 자세히 들여다보면 진보 정권에 보수 정책, 보수 정권에 진보 정책을 추진하는 모순된 모습이 김대중 정부와 노무현 정부, 그리고 동일하게 이명박 정부까지 동일하게 연속적으로 나타났음을 알 수 있다. 즉, 보수-진보가 20세기 세계화와 정보화에 새로운 내용으로 변화하지 못하고 새로운 세상에 맞는 정책을 만들어 내지 못했기 때문이다. 이는 한국사회에서 보수-진보의 구분을 불명확하게 하여 결국 보수-진보의 정체성 혼동을 결과하였다. 미국의 경우 보수세력은 낙태문제에 대하여 친 생명(Pro-Life)으로 대응하고, 복지 강화를 주장하는 진보세력에 대하여 '티파티'(Tea Party)라는 조직으로 감세와 정부와 개인의 책임성을 강조하며 새롭게 진화하였다. 물론 한국사회 민주화 이후 정권들이 보이는 진보-보수적 성격의 복합 정체성(mixed identity)이 보수-진보를 뛰어넘으려는 시도로 긍정적으로 이해할 수도 있지만 그 기반이 되는 이데올로기는 변화하지 않은 채 정책만 상대의 것을 선택하는 경우 국민의 지지는 낮게 되고 결국 정책의 실패를 가져오게 됨을 경험하였던 것이다.

'오직 반공(反共)'으로와 변함없는 '친일파 대 빨갱이', '독재 대 민주'의 이분법

역사적으로 본다면 한국사회에서 1940년대 후반에서 1950년대에는 진보는 거의 사회주의내지는 좌파적 이념주의자를 의미했다. 반면에 당시 보수는 반공을 이념으로 한 체제 수호세력이었다. 하지만 1960~80년대에 와서는 한국의 보수-진보의 구분은 반공이냐 좌파적 이념보다는 근대화 세력이냐 민주화 세력이냐로 구분이 가능했다. 권위주의를 인정하고 완고하고 부패한 보수와 민주주의와 민주화를 지지하는 젊은 비판 세력으로서의 '진보' 개념은 이 시기에 만들어졌다고 하겠다.

문제는 1987년 민주화의 성공과 1989년 동구 공산권과 소련 공산주의의 몰락, 그리고 전 세계적인 사회주의의 쇠락이었다. 민주화의 성공으로 인하여 더 이상 한국사회 민주-반민주의 대결이 무의미해지고, 냉전의 종식과 사회주의권의 몰락으로 인하여 반공이냐 좌파적 이념이냐의 대결이 존재하지 않음에도 불구하고 한국의 보수-진보는 자기반성이나 쇄신 없이 지금 21세기까지 '그대로' 유지하여 왔다는 점이다.

다시 설명하자면 보수는 반공을, 진보는 민주화를 극복하지 못하고 아직도 전가의 보도처럼 모든 사안을 진단하는 도구로 자리 잡고 있다는 것이다. 보수는 한국사회의 모든 문제가 결국 북한 때문이며, 친북·공산주의자의 문제로 귀착시키고 있다. 즉, 우리의 보수(保守)는 무엇을 보수할 것인지 '반공'이라는 부정(否定) 의식과 반대(反對)

행위 이외에는 분명하지 못한 한계를 지속하고 있다. 보수가 보수해야 할 가치가 '반공'과 보안법이라면 21세기 세계화 시대에 너무 초라하고 빈약한 보수다. 때문에 최근 '뉴 라이트'(New Right) 세력이 '자유주의'를 받아들여 이념화 하려 하였지만 한국에는 자유주의의 기반이 빈약하고 과거 자유민주주의가 '반공'과 동일시된 전력 때문에 세력화에 실패하고 말았다.

우리 사회에서는 6·25 전쟁의 영향으로 체제 수호를 위하여 '반공'이 국시(國是)라고 인정되던 시절이 있었던 것처럼 반공이 강화되었다. 이러한 반공의 강조에 보수집단이 앞장을 섰었고 이를 원인으로 보수와 반공으로 일치되는 결과를 가져왔다. 그러면 보수가 반동인가? 이 문제는 역사적으로 한국사회에 국한된 현상일 것이다. 문제는 남북한 군사적 대결 속에서 이러한 의식이 자리 잡았고 계속되었다는 것이다. 나아가 소련이 붕괴하고 냉전의 종식으로 탈냉전의 시대가 20년 넘게 지속되었음에도 보수는 여전히 '반공'을 강조하고 있다. '반공(反共)'이 '반동(反動)'이 되어버린 시절이 되었음에도 보수는 반공을 아직도 금과옥조(金科玉條)로 강조하고 미래로 나아가지 못하고 과거에만 머물러 있다. 보수집단의 집회라고 하는 모임에는 퇴역 군인들과 해병대 전우회, 월남전파병 동호회 등 많은 반공과 관련된 전쟁에 참여했던 군인들이 대다수를 이루고 있다. 보수집단 구성원의 문제는 진보가 아니라 일반인으로부터도 심각한 조롱거리가 되었다.

진보는 한국사회 보수에 대한 모든 비판을 민주주의와 민주화로

답하고 있다. 진보는 민주주의를 확장하여 사회 정의의 문제나 복지 문제를 사회 민주화와 경제 민주화로 환치하여 주장하고 있는데 그것 역시 진보가 아직도 '민주' 프레임에서 벗어나지 못하는 증거이다. 사회민주화는 사회정의의 실현 문제이고, 경제민주화는 경제 정의나 경제적 평등의 확보의 문제일 뿐이다. 진보가 굳이 '민주화', '민주주의'를 이용하여 사회의 정의를 논해야 하는 상황은 진보가 과거 정의롭지 못했음 때문이다.

진보가 정의(正義)롭지 못했던 또 다른 예는 북한의 3대 권력 승계, 북한 인권, 북한 핵에 관한 이슈에서이다. 진보는 북한에 대하여는 민주화는커녕 어떠한 변화도 요구하고 있지 않다. 북한의 인권 문제나 민주화 문제에서 진보와 진보 시민단체는 지극히 보수적으로 대응하며, 세계사적 변화에도 응하지 않고 있다. 이렇게 북한의 3대 세습을 미국으로부터 북한 체제를 보전하기 위한 부득이한 조치로 용인하고 이해하는 태도 때문에 진보에 대한 국민들의 지지가 나아지지 않는 이유가 되고 있다.

문제는 2030 세대의 경우 과거 보수-진보의 대립구도 프레임에서 만들어진 '친일파 대 빨갱이', '독재 대 민주'의 이분법은 더 이상 존재하지도 않는 허상을 근거로 하고 있는 시대적 의미도 갖지 못하는 이분법으로 알고 있다는 것이다. 보수-진보 모두 '친일파', '빨갱이', '독재정권', '민주화'를 넘어서는 새로운 개념과 아젠다를 제시해야 2030 신세대는 납득할 수 있을 것이다. 그 답은 가깝게는 정치적 자유주의와 경제적 자유주의에서 찾을 수 있을 것이다.

한국정치의 정치실패와 극복을 위한 모색

1) 대선불복 현상

최근 한국 정치의 문제는 1차적으로 정당의 문제로 귀결된다. 사실 국회에서의 여야의 정쟁 또는 몸싸움도 사실은 국회의원을 뒤에서 조종하는 당론과 정당 지도부가 문제이기에 그렇다. 최근 드러나고 있는 정당 행태의 가장 큰 문제는 선거에 의해 당선된 대통령에 대해 임기 첫해에 집중적으로 대선 불복의 정치투쟁을 벌이고 그것을 반복하고 있는 것이다. 개인의 차원이 아니라 헌법에 보장된 결사의 자유로 만들어진 공적 기관인 정당이 이를 주도하는 측면에서 본다면 반복되는 대선불복의 정치는 대한민국의 민주주의를 위기로 몰고 가고 있다고 할 수 있다. 민주주의가 누구에게 주권이 있느냐는 주권의 원천과 정치적 결정에 이르는 절차를 다루며, 크게 민주주의 정치의 범위에 포함되는 공화제적인 논의인 구성원의 합의한 법치, 정치의 공공성, 선거의 정당성, 민주적 정치과정에 대한 동의에 관한 것을 포함한다면 선거의 정당성에 대한 문제 제기는 심각한 민주주의에 대한 위기를 의미한다.

한국 정치에서 대선 불복의 역사를 보면 첫 번째 그리고 가장 큰 희생자는 노무현 대통령이었다. 첫 번째 대선 불복은 야당 한나라당과 민주당 세력에 의한 대통령의 탄핵으로 끝났지만, 국민들은 대선불복 세력을 17대 총선에서 철저히 심판했다. 두 번째 대선 불복은 이명박 정부가 들어서고 나서 바로 터진 광우병 촛불시위였다. 광우병 공포와 대미 굴욕외교로 국민의 자존심을 건드린 것도 중요하지만, 본질은 야당과 진보 세력의 이명박 대통령 당선에 대한 불만 표출이었다. 그래서 시위가 시작되자 바로 등장한 구호가 '광우병 괴담' 구호와 'MB OUT!' 구호였다. 전자가 과학적으로 근거가 부족했다면, 후자는 정치적으로 근거가 부족했다. 대통령 전쟁도 개시도 아니고 외교협상에서의 잘못으로 퇴임한 경우는 없기 때문이다. 결국 국민은 대선 불복 주도세력을 철저히 외면함으로써 응징했다. 친노세력 몰락과 진보시민단체의 괴멸을 결과 했다.

자신들이 주군(主君)으로 모셨던 노무현 대통령의 탄핵으로 철저히 정치적으로 당했던 세력이 이번에는 역으로 박근혜 대통령을 탄핵으로 몰고 가고 싶어 하고 있다. 역사의 아이러니다. 민주당 김한길 대표가 부인(否認)은 했지만, 민주당 정치인들의 막말이 지난 대선 투표 결과를 인정할 수 없다는 속내를 가진 것임은 상식에 속한다. 박근혜 정부 초기 대통령의 지지도가 60%를 넘어 상승곡선에 있는 것 때문이 아니라, 문재인 후보를 포함하여 정치인들이 대선 직후에는 인정했던 선거 결과를 이제 와서 부정하는 것은 신사답지 못하다는 것이다. 이렇게 한국정치가 풀어야할 숙제는 선거결과 불복의 관례화가 가져올 공화제의 위기다.

대선불복의 정치는 이제 국정권의 선거개입과 개혁으로 이어지고 있다. 정치인들은 정권 초기 정치적 주도권 잡기를 위한 대선 불복과 관련된 말과 행동을 멈춰야 한다. 엘 고어의 대선 결과 승복은 교훈을 준다. 엘 고어는 2000년 대통령 선거 투표에서는 이겼으나 플로리다주 개표 중단을 명령한 연방대법원의 판결로 선거인단 승부에서 조지 부시에게 패배했다. 하지만 엘 고어는 패배를 깨끗이 인정했다. 법에 대한 승복을 통한 공화제의 유지였다. 이후 엘 고어는 지구온난화의 위험을 전 세계에 알린 공적을 인정받아 노벨평화상을 수상했다. 지구촌이 그의 신사다운 행동에 경의를 표시했던 것이다. 대선 불복이 한국정치의 고질적인 현상으로 고착되는 것은 한국정치의 발전과 민주주의의 공고화를 위해 바람직하지 않다. 특히 대선불복 시위가 1년 가까이 진행되는 것은 정치적 소모이고 낭비이기 때문이다. 야당은 다음 대선에서 자기 당 출신의 당선자가 동일하게 정치적으로 보복 당할 수 있음을 고려해야 한다.

2) 국회의 입법독재

의회(議會)의 기원, 발전, 그리고 입법

의회는 정치제도 가운데 가장 오래된 역사를 가지고 있다. 정부조직, 정당, 이익집단, 시민단체 모두 근대국가가 출현한 이후 등장한 제도인 반면 의회는 중세시대에도 존재했다. 중세의 왕권은 지리적으로 멀리 떨어져 있던 지방의 영주들과 정기적이고 지속적인 교류가 필요했고 이를 위해 회의(모임)을 만들었다. 중세 유럽의 왕들은 지방 영주와 지도급 인사들을 왕궁으로 초대하여 자문을 구하고, 지지와 협조를 요청했다.

이렇게 중세시대의 정치에 그 직접적 기원을 찾을 수 있는 의회는 왕의 자문기구로 시작했었다. 중세 왕정의 자문회의로 출발한 의회가 점차 현대로 오면서 국민의 대표기구가 되었던 것이다. 중세 의회의 대의원들은 자신이 대표하는 대표권이 종국적으로는 법률과 규정의 제정으로 귀착되었기에 스스로를 '입법의원'(legislators)이라고 지칭하였다.

의회 민주주의가 가장 먼저 꽃핀 영국, 미국, 프랑스에서 조차도 의회 의원들은 토지귀족과 신흥 상공업자라는 특권 계층을 대변하였다. 유럽, 특히 영국의회의 경우 왕권으로부터 토지귀족과 신흥 부르주아의 재산권을 보호하는 목적을 가졌다면, 초기 미국의회는 다수 대중으로부터 소수 상층계층의 이익, 또는 재산권을 보호하려는 목적을 가졌었다. 이러한 일부 계층의 이익을 위한 기관이었던 의회는 참정권의 확대로 점차 보다 많은 계층의 국민이 참여하는 정치 기구로 변화되고 발전하였다.

의회의 기본 기능은 입법과 예산의 확정이다. 이 역시 영국의 의회가 국왕의 자의적인 지출, 독단적인 입법으로 시민의 자유와 재산권을 침해하는 것을 막고, 시민들의 대표 기구인 의회가 대신 담당해온 전통에서 만들어진 기능들이다.

입법의 중요성과 무거움

20세기에 들어오면서 의회는 명실상부한 국민 전체의 기관으로 되었다. 특히 입법권은 의회의 독점적인 고유한 권한이 되었다. 하지만 '독점적인'이 '독재적'이라는 의미는 아니었다. 의회에 독점적인 입법권을 부여한 이유는 국왕이나 대통령의 행정권에 대한 견제가 필요한 때문이었다. 이러한 의회의 입법권을 견제하기 위하여 정부에 법안제출권을 인정 하던가 행정부 수장에게 법률안 거부권을 인정한다던가, 아니면 법원이 위헌심사권을 가지게 되었다.

영국의 의회(하원)가 법 제정의 입법 활동과 더불어 국정의 심의와 토의를 중시하는 의회로 발전했다. 반면 미국의 의회는 삼권분립의 원칙에 따라 강력하고 독점적인 입법권을 행사하는 기관으로 발전하였다. 의회는 이제 민주적인 정치과정의 핵심으로 자리 잡게 되었다. 그 정치과정의 핵심은 법 만들기, 즉 입법 행위였다. 물론 의회 정치에서 정부 조직의 유지와 정책 수행을 위한 예산 책정과 그에 따른 조세 수단의 강구가 중요하지 않은 것은 아니나, 입법은 정책 집행을 위해서 필요한 정당성을 제고해주고 소요 예산을 확보해주는 장치로서 정치의 핵심이 되었다.

의회의 입법 행위가 중요하게 되면서 입법 절차를 규정하는 전반적인 의회의 회의 절차가 필요했다. 법안의 상정과 검토, 토론, 표결에 이르는 절차가 신중해지고, 입법에 적지 않은 시간이 소요되었다. 입법의 과정은 더욱 복잡해지고 입법이 성공하기까지 많은 정성과 열정이 필요로 되었다. 사회가 복잡해지고 산업이 발전함에 따라 법안은 전문성을 띠게 되었다. 즉 복잡다기한 법안을 만들고 심사하기 위해 의원들은 전문성이 요구되었고, 의원직은 지속적인 직업이 되었다. 이것이 '의원직의 전문직업화'이다. 법안의 전문성 증가로 의회 내에 분야별 위원회가 만들어지고 의회와 행정부에 입법을 지원하는 기관이 생겨나고 의원들의 입법을 지원하는 보조 인력이 증가하게 되었다. 입법을 통해 행정과 국가 운영 전반을 규정하기 때문이다.

이렇게 현대 정치에서 의회는 국민의 삶의 질을 향상시키는 복지관련 법률을 만들어야 하고, 성장을 촉진하는 경제관련 법률을 제정해야 하고, 기타 정부의 정책 수행을 보장하는 법률을 제정해야 한다. 입법 행위가 국민 생활 전부를 책임지게 된 시대가 된 때문이다.

입법 행위는 이제 정치의 핵심이 된 시대에 와 있다. 하다못해 정부의 정책 수행도 입법의 근거가 없이는 표류하게 된다. 그만큼 입법을 담당하는 의회 의원들의 임무는 막중하고 입법 행위는 무겁다. 그래서 우리는 국회의원 1인 1인을 국민을 대표하는 '헌법 기관'으로서 그 권위를 인정하고 있다. 국회의원들에게 진중(prudent)하고, 현명하며, 미래지향적인 입법 행위를 기대하는 것이다.

국회의 졸속 입법과 헌정 훼손을 경계 한다

하지만 과거부터 현재까지 국회의 입법 행위는 성실하지도, 진중하지도, 미래지향적이지도 못하다. 성실하지 못한 일례로 국익은 외면한 채 정쟁(政爭)으로 날을 새우느라 18대 국회에서 처리 못한 미처리 법안이 6,000여건이나 되었다. 2012년 2월 19일을 기준으로 본다면 국회에 계류 중인 안건은 법안 6,826개를 포함하여 7,000여개에 달했다. 18대 국회 4년 동안 제출된 안건 1만 4,627개 가운데 절반 정도가 처리되지 않은 것이니 숙제를 반 밖에 하지 않은 게으른 학생과 비슷하다.

또한 최근 국회의 입법 행위와 관련하여 문제는 의원 입법 제안이 신중하지 않고 가볍다는 것이다. 정부 재정은 고려하지 않은 셀 수 없이 많은 복지 포퓰리즘 입법이 난무하고 있다. 국가 재정 적자를 키워 다음 세대에 부담을 떠넘기는 무책임하고 파렴치하기까지 한 입법 행위에 여야와 정부가 따로 없이 경쟁했다. 최근 박근혜 정부는 65세 이상 소득하위 70% 노인에게 최대 20만원을 차등 지급하겠다는 '기초연금법'을 입법 예고하였는데 이 법안이 통과될 경우 지방재정이 파탄 날 정도의 부담이라는 문제가 남을 것이라는 지적이다. 기초연금의 경우 중앙정부가 40~90%를, 나머지는 광역단체와 기초단체가 부담하는데 현행 기초연금 안이 시행되면 지자체의 부담은 2014~2017년 기간 3조 2,385억 원이 늘어난다. 그러나 이미 취득세 영구인하, 영유아 무상보육 인상 때문에 지방재원도 중앙재원도 부족하면 결국은 국채발행으로 귀결될 것이다.[33] 기성세대가 자신들의 앞가림도 못하고 노후 보장 비용을 젊은 세대에 떠넘기는 비굴한 연금법을 제출한 것이다.

규제를 통한 시장 개입도 근시안적이며 지나쳤다. 18대 국회의 경우 2010년 11월 10일에는 SSM 규제법으로 「유통산업발전법 개정안」을 통과시켰고, 11월 25일에는 「대·중소기업 상생협력 촉진에 관한 법률」을 통과시켰다. 2012년 2월 27일에는 「여신전문금융업법 개정안」을 국회 본회의에서 통과시켰다. 중소신용카드 가맹점에 대해서는 시장 자율이 아니라 정부(금융위원회)가 신용카드사의 수수료율을 정하라는 내용이었다. 헌법이 정한 재산권의 침해 논란에 더하여 정부가 시장보다 신용카드 수수료율을 더 잘 안다는 '치명적 자만'에 문제가 위치한다.

18대 국회는 민의(民意)의 전당이라고 하는 국회 본회의장에서 의원과 보좌관이 뒤엉켜 몸싸움을 벌여 '난장판' 국회로 국제적인 망신과 조롱거리가 되었다. 그에 더하여 마지막에는 한-미 FTA 비준안을 처리하면서 '최루탄 국회'라는 전무후무한 오명을 남겼다. 국회의원의 폭력 행사는 '몸싸움'에서 '해머'로 그리고 결국 '최루탄'으로 발전했다.

결론적으로 18대 국회는 여야의 대화와 타협이 실종되고, 몸싸움이 만연했으며, 마지막까지 상대를 증오하고 굴복시키려했던 국회였다. 여야의 양보와 타협이 없었기 때문이겠지만, 국회의장 직권상정으로 97건의 법률안을 처리한 "민주화 이후 최악의 직권상정을 보인 국회"였다. 3김 정치 시절의 주고 받기식 정치적 타협마저도 사라진 국회 의사당은 잔챙이 정치인들의 동네 싸움판이 되어 버렸다. 정치가 사라진 국회였다. 그래서 14·16대 국회의장을 지낸 이만섭 전 의장은 "18대 국회는 제헌국회 이래 가장 비생산적이고, 가장 비민주적인 국회였다"고 평가했다. 역대 최악이라고 평가받을 만한 국회였다. 거기에 역사상 처음으로 전당대회 돈봉투 살포 사건에 연루돼 현직 국회의장이 사퇴한 전대미문의 사건이 발생한 국회였다.

그러나 하지만 국민의 기대가 철저히 외면당한 것은 18대 국회뿐만 아니라 19대 국회도 대동소이했다. 19대 국회는 2013년 4월 30일 근로자의 정년을 2016~2017년부터 60세로 의무화하는 법안을 통과시켰다. 이러한 내용의 '정년 연장법'은 경제계의 의견을 듣는 변변한 공청회도 없이 환경노동위원회 법안소위원회에서 55분 만에 통과시켰다.[34] 사회 전반에 정착되어 있는 정년이라는 문제를 공식적인 노–사 의견 청취도 없이 국회가 결정해 버린 경우다. 2013년 5월 7일 국회 본회의를 통과한 '유해화학물질 관리법'은 최초 제안은 기업 매출액의 최대 50%를 과징금으로 부과하는 것이었는데 국회 환경노동위원회 전체 회의에서 '매출액의 10%'로 조정되었다. 하지만 법제사법위원회 논의에서 5%로 조정되었다. 문제는 과징금이 낮아졌다는 점이 아니라 과징금이 기업 매출의 50%, 10%, 5%가 되어야 하는 근거 제시도 없이 국회의원 자의적(恣意的)으로 결정된다는 것이다. 거의 국회의원의 독단적 결정, 입법부의 자의적 결정이자 횡포에 해당한다.

나아가 졸속입법 문제에 더하여 권력구조상의 '견제와 균형'을 해치는 정도의 정부와 법원의 재량권을 인정하지 않는 세세한 입법을 하고 있는 점도 지적되어야 한다. 국회(입법부)가 행정부의 집행 재량권이나 사법부의 현실 참작 재량권을 인정하지 않고 침해하는 수준이라서 입법–행정–사법의 독립과 견제와 균형이라는 삼권분립의 민주주의 원칙을 훼손하는 문제의 소지가 있는 입법권을 행사하고 있다는 것이다. 경제민주화 관련 입법은 국회와 국회의원이 우리 사회에서 행정부에 대하여도, 사법부에 대하여도, 기업에 대하여도 비난받는 갑(甲)의 행세를 하고 있다. 따라서 이러한 경제민주화 관련 입법이 민주주의의 3권 분립의 '견제와 균형'이 사라진 국회의 '입법 독재'(dictatorship of the legislature)에 해당한다는 비판은 지극히 적합하다.

국회의 무리한 입법권 남용을 견제할 정치적 장치를 우리 정치에서 찾기 힘들다는 문제는 현재 한국 정치가 직면한 심각한 사안이다. 국회의 과도한 입법권에 대한 견제도 필요하지만 나아가 행정부의 장관 등 행정부 고위 관료를 국회에 참고 증인으로 불러 소위 '길들이기'를 하는 것이다. 또한 재계의 경영자를 불러 놓고 정치적으로 편향된 경영에 대한 감사를 하는 것이다. 국회의 국정 감사나 국정 조사는 정부의 행정에 대한 것이지 경제계를 대상으로 하는 것임에도 국회의 월권을 견제할 장치가 마련되어 있지 않다는 것이다.

소위 '택시법'의 예와 같이 국회의 입법 독재적 법안에 대하여 헌법상으로 대통령의 법률안 거부권이 존재하지만 수많은 법률에 대하여 매번 거부권을 행사하기 어려운 정치적 문제가 있다. 나아가 박근혜 대통령은 대선에서 경제민주화 입법을 공약하였기 때문에 거부권 행사는 모순되는 행동이 될 것이다. 결국 해결책은 국회의 졸속 입법과 입법독재에 대하여 정치권과 행정부 그리고 사법부의 견제와 균형 시스템이 자리 잡기 전에는 시민의 관심과 견제, 그리고 시민단체의 언론을 통한 견제 밖에 없을 듯하다.

더 커다란 국회의 문제는 입법 기관으로서의 헌정의 훼손이다. 예산과 관련하여 헌법 54조는 다음과 같이 규정하고 있다.

第54條 ① 國會는 國家의 豫算案을 審議·확정한다.

②政府는 會計年度마다 豫算案을 編成하여 會計年度 開始 90日

전까지 國會에 제출하고, 國會는 會計年度 開始 30日 전까지 이를 議決하여야 한다.

③새로운 會計年度가 開始될 때까지 豫算案이 議決되지 못한 때에는 政府는 國會에서 豫算案이 議決될 때까지 다음의 目的을 위한 經費는 前年度 豫算에 準하여 執行할 수 있다.

1. 憲法이나 法律에 의하여 設置된 機關 또는 施設의 유지·운영

2. 法律上 支出義務의 이행

3. 이미 豫算으로 승인된 事業의 계속

〈표 3-2〉 국회 새해예산처리 헌법 위반 사례

국회 임기	예산안 연도	국회의결 일	위반/준수
15대	1997년	직전연도 12월 13일	위반
	1998년	직전연도 11월 18일	준수(15대 대선)
	1999년	직전연도 12월 9일	위반
	2000년	직전연도 12월 18일	위반
16대	2001년	직전연도 12월 27일	위반
	2002년	직전연도 12월 27일	위반
	2003년	직전연도 11월 8일	준수(16대 대선)
	2004년	직전연도 12월 30일	위반
17대	2005년	직전연도 12월 31일	위반
	2006년	직전연도 12월 30일	위반
	2007년	직전연도 12월 27일	위반
	2008년	직전연도 12월 28일	위반
18대	2009년	직전연도 12월 13일	위반
	2010년	직전연도 12월 31일	위반
	2011년	직전연도 12월 8일	위반
	2012년	직전연도 12월 30일	위반
19대	2013년	2013년 1월 1일	위반
	2014년	2014년 12월 2일	준수(국회법 예산안 자동부의 조항)

출처: 『한국경제신문』, "독주하는 국회권력", 2013년 10월 11일, A4.

즉, 국회는 새 회계연도의 30일 전인 12월 2일까지 예산안을 의결해야 한다. 하지만 2004년부터 2007년까지 17대 국회 모두, 2008년부터 2011년까지 18대 국회 전 기간 모두 다음 연도의 새해 예산안 처리에 관하여 헌법을 위반하였다. 15대 국회(1996년부터 1999년)와 16대 국회(2000년부터 2003년)의 경우는 대선이 있었던 1997년과 2002년에만 다음 연도 새해예산안 처리 기한을 준수하였다. 19대 국회에의 첫 연도인 2012년에는 대선이 있었음에도 다음 연도 새해 예산안 처리가 제대로 기일 내에 이루어지지 않았다. 2002년 이후로는 10년간 한 번도 제대로 헌법이 정한 기일 이내에 이루어진 적이 없다.(〈표 3-2〉 참조) 그리고 갈수록 위반 후 새해예산안 처리 국회 의결일은 늦어지고 있다. 12월 초중순 의결에서 이제는 12월 말이나 새해 1월 1일 의결 등으로 헌법 위반 기일이 길어지고 위반에 대한 죄의식이 무뎌지고 있음을 보여준다.

이렇듯 국회(입법부)가 헌법을 수시로 위반하는 것은 헌정 질서를 확립해야 할 헌법기관의 중대한 범죄적 행위이다. 입법부가 헌법을 위반하는데 정부나 사법부도, 일반 시민도 헌법을 준수할 이유나 목적은 없게 된다. 야당이 여당이나 정부에 요청할 사안들을 관철시키기 위해 예산안의 통과와 연계시키고 우리 사회의 대표적인 정치 실패의 사례이다. 예산안 심사와 토론은 제쳐두고 대통령과 여당으로부터 정치적 사안에 대한 양보를 얻어내기 위하여 헌법이 정한 예산안 심의 통과 기간을 지키지 않는 행위에 대하여 다음 해 정당 보조금을 10~30% 감축하는 제재 방안 또는 프랑스와 같이 '법률명령'으로 그대로 발효시키는 대체 방안 등으로 헌법 준수의 방법을 고민해야 하겠다.[35] 영국, 독일, 프랑스 등 선진 민주주의 국가들에서 예산안 처리 법정 기한을 넘기는 것은 찾기 힘들다. 선진 민주 국회가 되려면 국회는 자신들이 만든 법을 준수하는 것부터 배워야 한다.

주

1 본 글의 1-나는 김인영, "한국에서 보수-진보의 개념과 한계, 그리고 미래" (한림과학원 제5회 일송학술대회, 2013년 10월 11일)에 기초하며, 2장은 김인영, "경제민주화로는 국민통합 이룰 수 없다", 김인영, "19대 국회에 바란다 – 국회 입법의 무거움과 과제"의 일부를 발췌하고, 새로운 내용을 추가하였다.

2 왕사오광(王紹光), 김갑수 역, 『민주사강』, 서울: 에버리치홀딩스, 2010, p.18에서 재인용.

3 노르베르토 보비오, 황주홍 역, 『자유주의와 민주주의』, 서울: 문학과지성사, 1992, p.131.

4 이환, "역자서문", 플라톤, 『국가(The Republic)』, pp.148–49. 결과적 형태로만 본다면 북한 김일성-김정일-김정은으로 이어지는 3대 가족 통치이자 개인통치의 결과로 만들어지는 끊임없는 남북한 갈등 조성과 전쟁, 그리고 대외적 위기 강조의 정치와 일치한다.

5 플라톤, 이환 편역, 『국가(The Republic)』, pp.237–38.

6 강정인, 『민주주의의 이해』, 서울: 문학과지성사, 1997, pp.49–50.

7 아리스토텔레스, 『정치학』, 제3권 제7장.

8 아리스토텔레스, 『정치학』, 제4권 제4장.

9 서병훈, "'국민에 대한 거역' – 존 스튜어트 밀의 '민주적 플라톤주의'", 『정치사상연구』, 제15집 1호, 2009.

10 Noberto Bobbio, Liberalism and Democracy, New York: Verso, 1990, p.129.

11 윤형식, "토의 민주주의와 시민사회 – 참여민주주의의 논의이론적 정초", 『사회와 철학』, 제4호, 2002, p.201.

12 송복, "통합의 본질은 적불균형(適不均衡)", 송복 편저, 『통합: 누구와 어떻게 할 것인가』, 서울: 북오션, 2013.

13 파리드 자카리아, 나상원 외 역, 『자유의 미래』, 서울: 민음사, 2004, p.399.

14 Fareed Zakaria, "The Rise of Illiberal Democracy", *Foreign Affairs*, Nov/Dec 1997, p.27.

15 자카리아(Zakaria)는 다음과 같이 표현했다. "Constitutional liberalism has led to democracy, but democracy does not seem to bring constitutional liberalism". Fareed Zakaria, "The Rise of Illiberal Democracy", *Foreign Affairs*, Nov/Dec 1997, p.28.

16 본 논문에서 언급하고 있는 자유주의는 유럽식 고전적 자유주의(classical liberalism)을 의미한다. 고전적 자유주의 이후 등장한 그린이나 홉하우스의 신자유주의(New Liberalism)는 포함하지 않는다.

17 최정욱, "Democracy는 민주주의가 아니라 다수정이다: 공화주의와의 차이를 논하며", 『비교민주주의 연구』, 제5권 1호, 2009, p.68.

18 '우파 포퓰리즘'은 홍준표 전 한나라당 대표가 『조선일보』와의 인터뷰에서 "내년(2012) 총선과 대선에서 우파 포퓰리즘 정책을 추진하겠다"고 말한 것이 용어를 대중화시킨 시작이다. 인터뷰에서 홍준표 대표는 "국가재정을 파탄시키지 않는 친서민적인 인기영합 정책은 필요하며 그것이 바로 정치"라고 강조하면서, 구체적으로 전·월세 상한제, 대부

업 이자율 30% 제한 재추진, 비정규직 문제 대안 마련 등을 제시했다. 그는 앞의 정책
들이 '좋은 우파 포퓰리즘'이라고 평가하며, 민주당의 '무상 시리즈'처럼 국가재정을 파
탄시키는 정책은 나쁜 '좌파 포퓰리즘'이라고 평가했다. 배성규, "우파 포퓰리즘 추진…
재정 파탄 없으면 인기영합 하는 게 정치", 『조선일보』, 2011년 7월 6일, http://news.
chosun.com/site/data/html_dir /2011/07/06/2011070600304.html.

19 김일영, "한국 보수에게 미래는 있는가?", 한반도선진화재단·한국미래학회·좋은정책포
럼 공편, 『보수와 진보의 대화와 상생』, 서울: 나남, 2010, p.212.

20 양동안, 『사상과 언어』, 서울: 북앤피플, 2011, pp.38-39.

21 신중섭, "사회통합을 위한 바른 용어 연구: 사상적 측면", 현진권 편, 『사회통합을 위한
바른 용어』, 한국경제연구원, 2013, p.44.

22 김경미, "진보와 보수, 좌파와 우파에 대한 이론적 좌표 설정 모색", 『정치·정보연구』, 제
12권 1호, 2009, p.46.

23 김호기, "한국 대표적 지식인의 사상적 원류", 『신동아』, 2001년 10월호, p.326.

24 『동아일보』, 2013년 1월 1일.

25 인홍욱, "1년전 보다 보수 8.7%p 늘고 진보 6.8% 줄어…이념 지형 우클릭", 『경향신문』,
2013년 1월 1일.

26 최근까지 북한에 관하여 진보는 유연한 태도, 보수는 강경한 태도를 통일에 관하여 진보
는 남북한 공존 및 교육 후 통일을, 보수는 흡수통일과 비핵화를 주장하는 세력으로 인
식되었다. 김일영, "한국에서 보수와 진보의 의미 변화와 현위상: '뉴라이트', '뉴레프트',
그리고 자유주의", 『철학연구』, 제100집, 2006, p.36.

27 장덕진, "한국의 보수, 그들은 누구인가", 한반도선진화재단·한국미래학회·좋은정책포
럼 공편, 『보수와 진보의 대화와 상생』, 서울: 나남, 2010.

28 최장집, "왜 정당이 중심이 되는 민주주의를 말하는가", 최장집·박찬표·박상훈, 『어떤 민
주주의인가』, 서울: 후마니타스, 2013(개정판), p.47.

29 김인영, "한국의 발전국가론 재고: 1997년 외환위기 이후 발전국가의 변화와 특질", 『한
국동북아논총』, 제13권 2호, 2008; 김인영, "이명박 정부의 본질에 관한 고찰: 신자유
주의 국가인가, 발전국가의 변환인가?" 『비교민주주의연구』, 제7집, 2호, 2011; 김인영,
"발전국가에서 포스트 발전국가로: 이명박 정부 '저탄소 녹색성장'을 중심으로", 『세계지
역연구논총』, 제31집 1호, 2013.

30 최장집, "왜 정당이 중심이 되는 민주주의를 말하는가", p.47.

31 강정인, "한국보수의 비교사적 특징: 서구와 비교", 한반도선진화재단·한국미래학회·좋
은정책포럼 공편, 『보수와 진보의 대화와 상생』, 서울: 나남, 2010, p.39.

32 최장집·박세일, "진보에게는 보수의 현실을, 보수에게는 진보의 시각을", 이창곤 편, 『진
보와 보수 미래를 논하다』, 서울: 밈, 2010, pp.263-4.

33 이민우, "'후퇴' 기초연금…'대충돌 예고'", 『조선일보』, 2013년 10월 9일.

34 특별취재팀, "근로환경 뒤흔들 '정년 연장법' 공청회 없이 55분만에 '뚝딱'", 『한국경제신
문』, 2013년 5월 28일.

35 『한국경제신문』, "독주하는 국회권력", 2013년 10월 11일, A5.

참고문헌

[국내문헌]

강정인, "한국보수의 비교사적 특징: 서구와 비교", 한반도선진화재단·한국미래학회·좋은
  정책포럼 공편, 『보수와 진보의 대화와 상생』, 서울: 나남, 2010.

강정인, 『민주주의의 이해』, 서울: 문학과지성사, 1997

김경미, "진보와 보수, 좌파와 우파에 대한 이론적 좌표 설정 모색", 『정치·정보연구』, 제12
  권 1호, 2009.

김경희, 『공화주의』, 서울: 책세상, 2009.

김원식, "한국 사회의 진보와 민주주의의 발전", 사회철학연구회, 『진보와 보수』, 서울: 이
  학사, 2002.

김인영, "발전국가에서 포스트 발전국가로: 이명박 정부 '저탄소 녹색성장'을 중심으로",
  『세계지역연구논총』, 제31집 1호, 2013.

김인영, "이명박 정부의 본질에 관한 고찰: 신자유주의 국가인가, 발전국가의 변환인가?",
  『비교민주주의연구』, 제7집, 2호, 2011.

김인영, "한국의 발전국가론 재고: 1997년 외환위기 이후 발전국가의 변화와 특질", 『한국
  동북아논총』, 제13권 2호, 2008.

김인영. "한국사회와 신뢰: 후쿠야마와 퍼트넘 논의의 재검토." 『세계지역연구논총』. 제26
  집 1호. 2008.

김인영, "통합은 좋고 분열은 나쁜가?", 송복 편저, 『통합: 누구와 어떻게 할 것인가』, 서
  울: 북오션, 2013.

김일영, "한국 보수에게 미래는 있는가: 네오콘(뉴라이트)의 종언과 프로콘의 등장을 기대
  하며", 한반도선진화재단『한국미래학회』좋은정책포럼 공편, 『보수와 진보의 대화
  와 상생』, 서울: 나남, 2010.

김일영, "한국에서 보수와 진보의 의미 변화와 현위상: '뉴라이트', '뉴레프트', 그리고 자유
  주의", 『철학연구』, 제100집, 2006.

김호기, "한국 대표적 지식인의 사상적 원류", 『신동아』, 2001년 10월.

노석조, "한국민주주의 지수, 처음으로 미국 추월", 『조선일보』, 2013년 3월 22일.

박지향, "진정한 민주공화국으로의 길", 송복 편저, 『통합: 누구와 어떻게 할 것인가』, 서
  울: 북오션, 2013.

박지향, "국민통합 토론문", 한국경제연구원 사회통합센터, 『정책토론회: 역대정부의 '통합정책' 평가와 국민통합의 새로운 패러다임』 자료집, 2013.

백낙청·안병직, "진보가 보수에게, 보수가 진보에게", 이창곤 편, 『진보와 보수 미래를 논하다』, 서울: 밈, 2010.

서병훈, "'국민에 대한 거역'? - 존 스튜어트 밀의 '민주적 플라톤주의'", 『정치사상연구』, 제15집 1호, 2009.

송복 편저, 『통합: 누구와 어떻게 할 것인가』, 서울: 북오션, 2013.

송복, "통합의 본질은 적불균형(適不均衡)", 송복 편저, 『통합: 누구와 어떻게 할 것인가』, 서울: 북오션, 2013.

송호근, "유럽 사회통합 이끈 '교양 시민(공동체 배려·사회윤리 갖춘 중산층)'…한국도 적극 키워야", 『조선일보』, 2010년 11월 30일.

송호근, 『이분법 사회를 넘어서: 좌우 진영 논리를 넘어』, 파주: 다산북스, 2012.

신중섭, "사회통합과 자유주의: 철학적 관점에서, 국가주도의 사회통합을 넘어서", 한국경제연구원 사회통합센터, 『국민통합 제2차 정책토론회: 국민통합 어떻게 이룰 것인가』 자료집, 2013a.

신중섭, "외칠수록 멀어지는 '사회통합'", 송복 편저, 『통합: 누구와 어떻게 할 것인가』, 서울: 북오션, 2013b.

신중섭, "이제 사회통합 지표의 개발이 필요한 시점", 송복 편저, 『통합: 누구와 어떻게 할 것인가』, 서울: 북오션, 2013c.

신중섭, "사회통합을 위한 바른 용어 연구: 사상적 측면", 현진권 편, 『사회통합을 위한 바른 용어』, 한국경제연구원, 2013d.

양동안, 『사상과 언어』, 서울: 북앤피플, 2011.

윤평중, "'정의란 무엇인가' 신드롬의 담론분석과 공정한 사회", 사회통합위원회 『경제인문사회연구회 공편, 『한국에서 공정이란 무엇인가』, 서울: 동아일보사, 2012.

이영조, "사회통합 담론의 등장과 함의", 한국경제연구원 사회통합센터, 『국민통합 제2차 정책토론회: 국민통합 어떻게 이룰 것인가』 자료집, 2013.

이창곤 편, 『진보와 보수 미래를 논하다』, 서울: 밈, 2010.

인홍욱, "1년전 보다 보수 8.7%p 늘고 진보 6.8% 줄어…이념 지형 우클릭", 『경향신문』 2013년 1월 1일.

장덕진, "한국의 보수, 그들은 누구인가", 한반도선진화재단 『한국미래학회』좋은정책포럼 공편, 『보수와 진보의 대화와 상생』, 서울: 나남, 2010.

조희연, "'정치지체'와 낙천·낙선운동", -『창작과 비평』107호(2000년 3월).

주대환, "한국 진보에게 미래는 있는가?" 한반도선진화재단 『한국미래학회』좋은정책포럼 공편, 『보수와 진보의 대화와 상생』, 서울: 나남, 2010.

최장집, "왜 정당이 중심이 되는 민주주의를 말하는가", 최장집·박찬표·박상훈, 『어떤 민주 주의인가: 한국 민주주의를 보는 하나의 시각』(개정판), 서울: 후마니타스, 2013.

최장집·박세일, "진보에게는 보수의 현실을, 보수에게는 진보의 시각을", 이창곤 편, 『진보 와 보수 미래를 논하다』, 서울: 밈, 2010.

최정욱, "Democracy는 민주주의가 아니라 다수정이다: 공화주의와의 차이를 논하며", 『비 교민주주의 연구』, 제5권 1호, 2009.

한반도선진화재단·한국미래학회·좋은정책포럼 공편, 『보수와 진보의 대화와 상생』, 서울: 나남, 2010.

현진권, "왜, 사회통합인가?" 한국경제연구원 사회통합센터, 『출범기념 정책토론회: 왜, 사회통합인가』, 2012년 7월 5일.

홍윤기, "민주적 공론장에서의 담론적 실천으로서 '진보-보수-관계'의 작동과 그 한국적 상황", 사회철학연구회, 『진보와 보수』, 서울: 이학사, 2002.

[해외문헌]

Bobbio, Norberto. *Liberalism and Democracy,* Verso, 1990, (노르베르토 보비오, 황주홍 역, 『자유주의와 민주주의』, 서울: 문학과시성, 1992.)

Giddens, Anthony and Christopher Pierson, *Conversation with Anthony Giddens.* London: Polity Press, 1998. (앤소니 기든스·크리스토퍼 피어슨, 김형식 역, 『기든스와의 대화』, 서울: 21세기북스, 1998.)

Rifkin, Jeremy. *The European Dream: How Europe's Vision of the Future is Quietly Eclipsing the American Dream,* New York: Tarcher. 2004. (제레미 리프킨, 이원기 역, 『유러피언 드림』, 서울: 민음사, 2005.)

Zakaria, Fareed, 2003, *The Future of Freedom: Illiberal Democracy at Home and Abroad,* New York: W. W. Norton & Company (자카리아, 나상원 외 역, 『자유의 미래』, 서울: 민음사, 2004.)

'교육' 정명

전희경(前 자유경제원 사무총장)

교육문제에 대한 우리의 관심은 지대하다고들 한다. 세계 제일의 교육열을 가진 나라, 크고 작은 선거에서 결국 부동산과 교육문제로 승패가 갈린다는 나라. 90%에 육박하는 대학진학률, 40조에 이르는 사교육 시장 규모 통계들이 과열에 가까운 교육에 대한 열의를 뒷받침한다. 그런데 우리는 정말 교육에 관심이 있는가. 입시에 대한 관심과 교육에 대한 관심을 혼동하고 있지는 않은가. 주자학만을 학문으로 떠받들던 조선을 뒤로 하고 근대 교육이 실시된 이후 교육의 지향점과 구체적 내용, 이를 뒷받침할 정책들에 대해 본격적인 논의가 있었는가. 이제 그동안 등한시한 대한민국 교육의 진짜 문제들에 대해 관심을 기울여야 한다. 우리 교육이 갖고 있는 근본적인 문제를 살피는데 작년 봄 출간된 《교육과 개인》(브렌다 코헨 지음, 김정래 옮김)이 큰 도움이 되었다. 교육의 중심을 평등이 아닌 자유에 두고 기술한 이 책은 우리 교육이 빠져 있는 근본적 함정이 무엇인지 일깨워 준다. 그리고 이 함정을 교묘하게 가리는 용어들의 실체를 뚜렷하게 볼 수 있도록 돕는다. 발제문은 이 책의 논의를 중심으로 삼았다.

교육 – 본질적인 문제들

교육의 중심: 평등인가 자유인가

현재 우리 교육의 목표는 단연코 '평등'에 맞춰져 있다. 평등한 것이 곧 정의롭고 성공한 교육이 된다. 그렇다면 '자유'는 어떤가. 서울대 경제학부 이영훈 교수는 우리 교과서를 분석한 끝에 '자유'라는 개념이 아예 실종되어 있다고 평가한다. '자유'가 강조되지 않으니 이와 닿아 있는 '개인'의 권리와 책임도 중시되지 않는다. '공동체'의 유지와 이를 위한 의무만 되풀이 된다. 따지고 보면 애초에 '자유'라는 개념은 우리의 사고체계에 들어있지도 않은 것이었다. 불과 100여 년 전만해도 '자유'는 서양만의 것이었다. 머릿속에 없으니 표현할 까닭도 없었던 말이 일본을 통해 한자 조어를 거쳐 들어온 것이 바로 '자유'다. 교육에 있어 평등이 강조되면 당연한 결과로 다양성이 상실된다. 획일적인 기준을 관료의 힘, 정부의 통제가 교육을 지배하게 된다. 개인의 선택권은 말살되고 '보다 나은 것'을 추구하려는 시도는 평등을 해치는 것으로 오히려 규제의 대상이 된다. '자유'보다 '평등'에 중점을 둔 교육이 초래하는 위험에 대해 부산교대 김정래 교수는 사회가 자유민주주의가 아닌 전체주의로 흘러가게 되는 것이라고 경고한다. 김 교수는 이는 단순히 정치적 좌, 우의 문제보다 훨씬 심각한 것이라고 진단한다. 이는 매우 탁월한 지적이다.

우리가 교과서의 좌편향, 전교조 교육의 좌편향에 대해 이야기할 때 그것이 종국에는 전체주의로 우리 학생들을 끌어들이게 될 것이라고 강조했다면? 진영논리라는 매도로부터 훨씬 자유로웠을 것이며 교육운동에 도 보다 힘이 실렸을 것이다.

교육: 기회의 평등인가, 결과의 평등인가

평등을 강조하는 사람들도 위 물음에 대해서는 기회의 평등이 중요하다고 역설한다. 그러나 현실은 그렇지 못하다. 기회의 평등은 선택의 다양성과 결부되어 있다. 천부적으로 다른 재능과 조건을 갖고 있는 개인들을 동일한 출발선에 두는 것은 불가능하다. 여러 개의 출발선이 존재하도록 해야 하고, 출발선에 설 여력이 없는 사람들을 도와야 한다. 선택지가 다양해야 보다 많은 사람들이 기회를 얻는다. 그런데 현실은 다양성을 인정하지 않는다. 학교 형태, 학생 선발, 교과과정 모두가 획일적이다. 이는 결국 자신에게 가장 유리한 것을 택할 기회를 앗아간다. 자사고 폐지 논쟁을 보면 우리교육이 사실상 얼마나 결과의 평등에 메여 있는지를 알 수 있다. 왜 해당 학생과 학부모 모두가 만족하는 자사고를 없애려고 하는가. 결국 문제는 '배고픔'이 아닌 '배 아픔' 달래기에 집중하는 정책에 있다. 이렇게 결과의 평등에 집착하게 되면 결국 앞서 가는 것에 발목잡기를 할 수 밖에 없다. 이런 상황에서는 교육은 영원히 퇴보한다.

평준화: 무엇을 위함인가

모든 발전의 요체는 경쟁이다. 보다 나은 학교에 들어가 더 좋은 교육을 받고 싶은 것은 학생, 학부모의 자연스런 욕구다. 학교 입장에서도 더 좋은 학생들을 받아들여 학교가 발전하고 더 많은 학생들이 입학하고 싶은 학교를 만들고 싶다. 이를 위해서 는 학교선택권과 학생선발권이 주어져야 한다. 그러나 우리의 현실은 어떤가. 삼불제도는 여전히 유효하다. 정부지원을 전혀 받지 않고도 잘 운영되는 자사고를 없애겠다는 친전교조 교육감들의 공세는 성과를 올리고 있다. 평준화 정책은 평등지상 논리에 기반한다. 그러나 《교육과 개인》에서는 평준화 정책은 평등의 실현과 무관하며, 오히려 불평등을 조장하는 정책이라고 단언한다. 책에서는 구체적으로 평준화를 위해 획일적인 공교육을 확대하고 사립학교를 축소하면 사적 영역이 축소되고 공적 영역이 비대해지며 담세증가로 이어진다고 지적한다. 이어 평준화에 따른 명문학교의 폐지는 교육 브랜드를 창출해도 모자란 마당에 있는 브랜드도 없애 버린다고 설명한다. 경쟁의 실종으로 결국 교육이 국가독점으로 가게 되고, 마지막으로 민주적 가치가 오용될 수 있다고 강조한다. 민주적 가치는 절대적 가치가 아닌 절차적 가치에 불과한데도 민주적=평등의 도식을 끌어다가 '모든 아이들이 똑같은 내용을 가지고 똑같은 수준의 교육을 받아야 한다'고 결론 내린다는 것이다.

교육문제와 결부된 개념들의 바른 이해

교육문제를 이해하기 위해 중요한 개념들로 부산교대 김정래 교수는 민주주의, 상대주의, 평등사상, 이타주의, 공동체주의를 들고 이에 대해 설명한다. 이 개념들이 잘못 서게 되면 교육의 현안들에 들어가 혼란을 겪고 전교조의 논리에 휘둘리게 된다. 먼저 민주주의의 여러 얼굴을 뚜렷이 인식해야 한다. 민주주의는 그 자체로 절대 가치가 아니다. 포퓰리즘도 민주주의의 한 맥락이다. 북한도 인민민주주의를 표방한다. 개인의 가치를 존중하는 자유민주주의와 이들은 본질적으로 다르다. 둘째, 상대주의다. 상대주의는 상호존중에 기반해 개인의 가치를 존중하는 것 같으나 개인의 가치를 교묘히 말살시킬 수 있다. 셋째는 평등사상이다. 평등사상을 모두를 동질하게 만드는 것으로 이해하면 '개인'은 사라지게 된다. 넷째, 이타주의다. 이기주의가 이타주의의 반대로 이해되는 한 이기주의는 나쁜 것이 된다. 사익추구가 공익에 비해 부도덕한 것으로 치부되고, 기업의 역할도 사회 환원에 있다고 보는 것이 대표적으로 이타주의를 잘못 이해한 경우다. 개인의 삶에 스스로 책임을 지고 사회에 기대지 않는 개인이야 말로 가장 이타적이지 않은가. 마지막으로 공동체주의다. 김 교수는 개인의 가치를 존중하면 그것이 공동체 가치를 훼손한다는 생각은 개인주의와 자유주의를 궁지로 몰아넣는 선동이라고 일갈한다. 국가나 사회 혹은 어떤 공동체든 그 목적은 개인의 가치에 두어야 하며 이를 무시한 공동체주의는 곧 전체주의라고 평가한다.

바른 용어(正名), 왜 중요한가

사람들은 언어를 통해 자신의 생각을 표현하고 사람들과 교감한다. 하이데거는 "언어는 존재의 집"이라고 말했다. 토론회의 취지에서도 언급된 바와 같이 사회를 이해하고 설명하는데 있어 언어는 매우 중요한 출발점이다. 때문에 좋은 용어는 선점하고 반대하는 상대편에 부정적 낙인을 찍을 수 있는 용어를 개발하여 적극적으로 퍼뜨린다. 우리 사회에서 벌어지는 많은 논쟁들은 처음부터 잘못된 용어를 사용하는데서 시작되는 경우가 많다. 이런 논쟁은 사용하는 언어체계가 다른 사람들이 오랜 시간 이야기해도 서로를 이해하지 못하는 것과 마찬가지로 접점을 찾기 어렵다. 대중의 뇌리에 한 번 박힌 부정적인 용어는 수많은 논리로도 바로잡기 어렵다.

이를 일찍부터 간파하고 활용한 것이 공산주의 혁명가들이었다. 이들은 용어혼란전술을 구사했다. 《사회통합을 위한 분야별 바른 용어》(현진권 편)에는 용어혼란전술에 대한 소개가 자세히 나와 있다. 이에 따르면 용어혼란전술이란 공산주의자들이 혁명과정에서 대중들의 지지와 협조를 획득하기 위해 특정 용어를 실제 용도와는 달리 대중들의 호감이 가도록 포장하여 구사하는 전술을 말한다. 전체주의에 대한 극도의 혐오를 드러낸 조지오웰의 1984에서도 용어혼란전술이 효과적으로 등장한다. 이 글에 등장하는 오세아니아에서는 전쟁을 관장하는 부처는 '평화부'(Ministry of Peace), 사상 범죄를 포함한 모든 범죄를 관리하는 부처에는 '애정부'(Ministry of Love), 매일 같이 배급량 감소만을 발표하는 부처는 '풍요부'(Ministry of Plenty), 모든 정보를 통제, 조작하는 부처에는 진리부(Ministry of truth)라는 명칭이 붙는다. 이 세계를 지배하는 슬로건은 '전쟁은 평화, 자유는 예속, 무지는 힘'이다.

북한도 이 전술에 매우 적극적이다. 북한내에서의 선전과 선동은 수령과 당의 정책노선을 주민들에게 무장시켜 동원키 위함이다. 북한이 공을 들이는 대남선전선동은 대한민국 국민을 대상으로 북한의 대남혁명노선을 사상교양하고 이른바 남조선혁명 과업을 수행토록 유도하는 행위이다(사회통합을 위한 분야별 바른 용어, 현진권 편에서 재인용).

국내에서 이 문제에 일찍 눈 뜬 것은 좌파였다. 이들은 용어의 사용이 얼마나 막강한 영향력을 발휘하는지 주목하고 서둘러 움직였다. 시장경제를 설명하는 용어들에 부정적 이미지를 덧씌우고 정책을 바라보는 시각을 계층간 대립으로 몰고 갔다. 단순한 격차도 "양극화"와 같은 극단적인 용어를 써 갈등을 더욱 조장했다. 이에 대한 문제의식 하에 이를 바로잡기 위한 자유주의 진영의 정명(正名)운동이 일어났다. 그들의 전술을 간파당한 좌파의 충격이 어떠했는지는 당시 좌성향 언론의 보도행태를 보면 알 수 있다. 대표적으로 한겨레 반응을 소개한다.

경제 경제일반	승자독식이 소비자선택? 한국경제연의 황당 '레알 사전'

"정글자본주의를 상생경제로" 대기업 편향 용어로 빈축

'정글자본주의'를 '상생경제'로 바꾸자?

전국경제인연합(전경련)의 싱크탱크로 대기업들의 이해를 대변하는데 힘써온 한국경제연구소(한경연)가 25일 서울 대한상의 지하2층 소회의실에서 '바른 용어를 통한 사회통합의 모색'을 주제로 토론회를 열고 현재 통용되고 있는 자본주의 경제 용어를 바꿀 것을 제안했다. 하지만 그들이 대체할 것을 제안한 용어가 너무 현실과 동떨어져 있거나 대기업의 입장을 옹호하는데 지나치게 치우쳐 있어 〈개그콘서트〉의 코너인 '현대레알사전'처럼 한경연의 입장에서 단어의 뜻을 바꿔주는 '한경연레알사전' 아니냐는 빈축이 나오고 있다. (…이하생략)

지금도 용어전쟁은 치열하게 진행 중이다. 부자감세, 삽질경제, 귀족학교, 재벌빵집 등과 같은 말에 정책이 표류한다. 아예 전면 백지화되거나 반대방향으로 정책이 수립되기도 한다. 교육 분야도 예외가 아니다. 게다가 교육 분야는 아직 배우는 단계의 학생들이 결부되어 있어 잘못된 용어사용의 폐해는 더욱 심각하다. 이들이 사회를 보는 눈을 처음부터 비뚤어지게 할 수 있기 때문이다. 교육 분야 용어의 정명에 들어가 보자. 좌파개념을 미화하는 용어와 우파개념에 오명을 씌운 용어로 구분하였다.

교육분야 바른 용어

좌파개념을 미화한 용어
참교육

본질을 감추고 미화한 용어의 대표적인 것이 '참교육'이다. '참교육'은 전교조 창설 당시 들고 나온 대표적 슬로건이다. 참교육의 본질이 무엇인가. 조전혁 전 의원은 전교조를 급진좌파의 교육계 장악을 위한 전초기지로 정치투쟁을 위한 진지라고 규정한다. 그 결과 전교조가 말하는 참교육은 '민중교육'이다. 이들은 민중이 될 학생들에게 민중을 억압·착취하는 자본주의 체제에 적응하도록 지도하는 교육은 허위라 인식한다. 진정한 민중이 주인이 되는 세상을 위해 사회를 변혁시키는 민중혁명교육이 필요하고 이것이 그들이 의미하는 '참교육'이다. 따라서 전교조의 참교육은 '민중혁명교육'으로 불리는 것이 의미에 더 정확하다.

혁신학교

혁신학교는 2009년 경기도 김상곤 교육감에 의해 도입된 것으로 표방하는 바는 입시 위주의 획일적 교육 탈피, 학생중심의 교육활동 강화다. 그러나 이런 추상적인 지향점만 가지고는 혁신학교가 무엇을 하겠다는 것인지 구체적으로 알기 어렵다. 한마디로 혁신학교는 '모호한 학교'다. 지난 해 지방선거에서 승리한 친전교조 성향 교육감들은 자율형사립고는 폐지하면서 혁신학교를 늘리겠다고 공언했다. 혁신학교에는 일반학교에 비해 매년 1억원 가량의 예산이 더 지급되고 학급당 학생수도 7~8명가량 적다. 평등을 강조하는 좌파 교육감들이 세금을 들여 만든 '특권학교'가 바로 혁신학교다. 자사고를 특권학교라 매도한다면 혁신학교는 왕실학교다. 혁신의 사전적 의미는 묵은 풍속, 관습, 조직, 방법 따위를 완전히 바꾸어서 새롭게 함이다. 경쟁을 지향하고 다양성을 추구하는 새로운 흐름에 역행해 관이 주도의 학교를 신설하고 여기에 혈세까지 쏟아 붓는 혁신학교는 '수구학교'다.

학생인권조례

2010년 경기도에서 처음 시행한 학생인권조례는 서울, 광주, 전북 등 다른 지역으로 확대되어 시행중이다. 서울 학생인권조례를 분석한 결과 학생의 권리조항이 51개, 의무조항이 2개 인데 반해, 교장과 교직원의 의무조항은 74개였고 권리조항은 2개에 불과했다. 일선학교에서 교권추락과 학생지도의 어려움을 토로할 만하다. 이런 학생인권조례로는 학생들이 권리와 책임의 조화를 제대로 체득할 수가 없다. 한마디로 비교육적이다. 이미 헌법과 법률에 의해 보장되는 인권을 조례로 규정하는 것도 문제다. 학생들과 학부모, 학교와 교사는 교육 방식을 제시하고 선택할 수 있어야 한다. 개인의 선택이 말살된 곳에 인권은 존재하지 않는다. 학생인권조례는 차라리 '학교갈등조례'로 부르는 것이 현실에 부합한다.

평준화, 평준화 정책

앞서 언급한 바와 같이 평준화는 평등을 지향한다고 하지만 사실 불평등을 양산한다. 학교간 다양성을 말살하여 학생, 학부모의 선택권을 제약한다. 평준화의 기준을 정부, 관료가 정하게 되니 교육의 주도권을 나라에서 쥐게 된다. 평준화의 맹점중의 하나는 질낮은 교육을 보편적으로 공급하여 하향평준화를 이끈다는 것이다. 수준별 학급편성, 학교선택이 불가능해 잘하는 학생은 잘하는 학생대로 못하는 학생은 못하는 학생대로 괴롭다. 더 잘하려고 하거나 부족한 부분을 보충하려면 사교육의 힘을 빌어야 한다. 처한 경제적 현실이 다르니 격차는 더욱 벌어진다. 평준화, 평준화 정책은 다양성을 말살하고 하나의 틀에 교육주체들을 가두는 것이다. '평준화'는 획일화로, '평준화 정책'은 '획일화 정책'으로 불러야 바른 의미를 전달할 수 있다.

우파개념에 오명을 씌운 용어

특권학교, 귀족학교, 부자학교

자사고에 대해 좌파들이 낙인찍는 용어가 특권학교, 귀족학교, 부자학교다. 일반고에 비해 수업료가 비싸다는 게 이유다. 자사고의 가장 큰 특징은 정부의 지원 없이 수요자가 비용의 전부를 부담한다는 것이다. 정부의 보조를 받지 않으니 학비가 비싸지만 학업성취도가 높아 서로 들어가고 싶어 하는 학교다. 말은 사립이라고 하면서도 교직원 인건비, 재정결함지원금을 받는 무늬만 사립, 이름만 사립이 아니라 진정한 의미에서의 사립이다. 장려해도 부족한 마당에 평준화 논리를 앞세우며 폐지를 종용하고 그 반대에서 세금을 쏟아부어 혁신학교를 하겠다는 것은 결국 학교를 종속시키려는 것이다. 종속된 학교에 그들의 사상과 이념을 심겠다는 말이다. 자율형사립고는 가장 모범적인 형태의 학교이자 국가 재정부담을 덜어주는 '세금절약학교'다.

비평준화, 비평준화 정책

'비평준화', '비평준화 정책'은 평준화와 평준화 정책을 정상적 상태, 올바른 상태로 규정하고 이에 대비시키는 용어다. 평준화에 대한 거부는 획일성에 대한 부정이다. 획일성에 대한 부정은 다양성이다. 교육의 중심을 개인과 자유에 둘 때 전체주의와의 결별이 가능하다. 이를 뒷받침하는 것이 비평준화 정책이다. 다름은 차이를 수반하지만 이를 극복하기 위한 경쟁이 개인과 사회를 발전시켜 왔다. 우리나라 교육이 오랜 시간 평준화를 지향했지만 그렇다고 학교간, 지역간 우열이 사라졌는가. 오히려 드러나는 격차를 인위적으로 없애기 위한 발목잡기 정책들만 성행했을 뿐이고, 이는 우리 의 교육 경쟁력을 떨어뜨렸다. 우수한 인재를 길러내야 나라의 미래가 있는데, 이들이 외국으로만, 그것도 점점 더 빠른 나이에 나가게 해서 되겠는가. 비평준화, 비평준화 정책은 '다양화', '다양화 정책'이라고 불러야 의미를 잘 전달할 수 있을 것이다.

위에서 논의된 바를 토대로 교육분야의 바른 용어를 정리하면 다음과 같다.

	혼란 용어	변경 제안
좌파 개념의 미화	참교육	민중혁명교육
	혁신학교	세금투입특권학교, 수구학교
	학생인권조례	학교갈등조례
	평준화, 평준화 정책	획일화, 획일화 정책

	기존 용어	폄하 용어	변경 제안
우파 개념의 폄하	자사고	특권학교, 귀족학교, 부자학교	세금절약학교
		비평준화,비평준화 정책	다양화, 다양화 정책

'문화' 정명

– 국내외 문화적 좌파들이 즐겨 사용하는 용어 다섯 개 비판

조우석(문화평론가)

　　재확인하는 바이지만 한국사회의 갈등은 이념, 지역, 세대 등 각 부문에서 심각한 수준이다. 헌법적 가치인 자유민주주의 그리고 시장경제는 그래서 항구적 위기 국면인데, 올바른 용어를 사용하지 않는데서 오는 혼란이 구조적 요인의 하나로 지적돼왔다. 문화예술 영역이라고 예외일 수 없다. 문제는 이 부문에서만은 상황 자체가 은폐–엄폐돼온 점이다. 믿기 어렵게도 이에 대한 문제제기란 드물거나, 아니면 없었다.

　　이 영역에 좌파 내지 유사(類似) 좌파가 유독 많은데다가, 문화예술이란 본래 제도권 질서에 비판적이라는 고정관념이 과도하게 컸던 탓이다. 이른바 전복적 성찰 내지 전면적 반성을 이유로 문화예술 그리고 이웃 인문학은 좌파 성향의 가치관을 서슴없이 받아들여왔으며, 그쪽의 용어나 관용적 표현을 사용해왔다. 게다가 좌파는 문화를 나름 잘 안다.

　　그에 비해 우파는 문화를 정치–경제–사회영역의 옆 부문의 하나

로 보는 산술적 접근에서 벗지 못했다. 그건 탈코트 파슨즈 식의 이른바 구조기능주의적 접근이며, 시효만기가 된 지 오래다. 그럼 문화는 마르크스 식의 하부구조 혹은 물적 토대를 단순히 반영할 뿐일까? 그런 시각도 낡았다. 요즘엔 문화가 정치 경제 부문과 융합하여 제3의 효과를 내거나, 외려 정치 경제를 주도하는 경향도 있다. 요즘에 각광받는 문화산업이 그 징후다.

정부 대 정부의 전통외교와 또 달리 외국민과의 직접 소통을 겨냥한 공공외교 분야에서 매력국가 혹은 소프트파워 등의 용어가 대세로 등장한 것도 그 맥락이다. 문화야말로 사회 모든 부문을 감싸 안는 전략적 요충지로 등장했는데, 이런 변화 기미를 선점해온 게 좌파다. 이는 국내외를 막론하고 동일한 현상인데, 현재 문화권력-지식권력을 구축한 것도 저들이다. 문화의 옷을 걸친 사실상의 정치투쟁이 벌어지는 것인데, 현실적으로 한국사회 문화예술계에서 좌파 힘은 크다.

시기별로 구분해봐도 그렇다. 해방 이후 1980년대 중후반 이전까지가 보수반공주의 혹은 자유주의 문화의 패러다임이 주도하던 시기이고, 87년 체제 이후 지금까지는 좌파 문화 패러다임이 지배적이다. 자유주의 문화 35년, 좌파문화 35년인데, 현재 압도적인 건 좌파문화의 영향이다. 이게 문학 영화 미술을 포함한 문화 각 부문에 스며들었으며, 자연연령 50대 이하의 머리와 가슴을 지배하는 지식 정보 혹은 정서다.

그래서 이 발제문에서는 사회혼란을 부르거나 문화예술 전체를 황폐화시키는 핵심 키워드 몇 몇 개를 추려 그게 과연 올바른 것인가, 좌파 패러다임 속에서 어떻게 오염됐나를 점검해볼 것이다. 왜 그 중의 대부분이 한국사회 전체를 폄하하거나 깎아내리는 악마의 용어인지도 규명하려 했다. 단 이 글은 시론(試論)의 성격을 벗어나지 못하는데, 선행(先行)작업이 거의 없었기 때문이다. 이 글에서 크게 참조됐던 영화평론가 조희문 교수의 작업이 있었지만, 유감스럽게도 그것도 정곡을 찔렀다고 보긴 힘들다.

이런 상황에서 이 글은 다섯 개의 용어를 골랐다. '대안문화', '문화연구', '인간소외', '물신주의' 혹은 '물질만능주의' 그리고 '문화융성'이 그것인데, 주로 철학적 배경을 가진 큰 용어들이다. 상대적으로 작고, 테크니컬한 용어이지만 중요성이 덜하지 않은 몇 몇 용어에 대한 비판적 고찰은 후속작업을 기약할 수밖에 없었다. 1980년대 이후 크게 세력을 얻어온, 그러나 매우 수상쩍은 언어인 '민중', '민중문화운동', '리얼리즘', '창작의 자유', '보헤미아니즘(Bohemianism, 낭만주의)', '작가주의', '생태주의' 등이 그것인데, 이에 대한 정리는 훗날을 기약한다.

대안문화(alternative culture) → 반(反)자본주의 문화투쟁

지난 세기 중후반 이후 국내외 문화적 좌파를 사로잡았던 가장 대표적인 용어는 대안문화(alternative culture) 혹은 대항문화(counter culture)가 아닐까? 대항문화는 반문화(contra culture)와 동일한 개념이다. 후기 산업사회가 파괴한 인간성의 회복을 주안점으로 하는 제 3의 문화라는 게 저들의 설명이다. 대안문화는 환경운동, 인권운동, 평화운동 혹은 여성운동 등으로 빠르게 가지를 치는 특징이 있다.

대안문화-대항문화는 문학의 비트(Beat)세대, 록 음악, 히피문화 등에서 보듯 사회 주류에 편입되는 걸 거부하는 가치체계와 라이프 스타일을 통칭하기도 한다. 이런 변화된 상황에서 우파는 저들의 복선(伏線)을 채 파악 못하는 경우가 왕왕 있다. 일테면 반(反)도시 혹은 도시파괴의 철학을 바탕에 깐 서울시장 박원순의 성미산 마을공동체운동 같은 것도 대안문화의 하나다. 서울복판에서 공동육아-공동생활에서 대안학교 운영에 이르는 자치를 표방하는 게 박원순 표 공동체 지원정책인데, 대안문화를 표방한 움직임은 그만큼 핫한 현실적 문제다.

그런가 하면 현대사에서 대안문화는 뿌리가 깊다. 1970년대 통기타에 청바지를 상징으로 했던 청년문화도 박정희의 개발연대에 대한 심정적 저항을 전제로 한 대항문화 혹은 하위문화의 하나였다. 그게 문화계로 번지면서 훗날 민중문화운동으로 발전했다. 1980년대 중반 역사학-정치학-철학-사회학을 포함한 거의 모든 인문사회과학이 '학술운동'이란 이름 아래 좌파 패러다임을 도입했던 것도 기존의 지식정보 구조를 바꾸려는 대안문화의 하나다.

그런 구조는 지금도 좌편향 문학판과 영화판에서도 은밀하게, 노골적으로 작동 중이다. 영화판의 경우 꼭 10년 전 개봉돼 흥행에 성공했던 '웰컴투 동막골'에서 드러난다. 전쟁이 터진 것도 몰랐던 순박한 한민족이 평화를 구가하며 사는 이상향으로 설정된 동막골, 국군과 인민군이 어깨동무한 채 미군 전투기를 공격하는 해방구 동막골의 개념 설정 자체가 대안문화적 발상이다.

대한민국은 태어나서는 안 될 국가이며, 미완(未完)의 근대국가인 분단체제는 민족통일로 극복되어야 한다는 눈먼 논리가 만들어낸 '상상력의 해방구' 즉 대안문화에 대한 강박증이 급기야 동막골로 표출된 셈이다. 대안문화 혹은 대항문화는 기성체제에 저항하는 반문명의 놀음인데, 한국에서는 유독 현실정치 세력과 손을 잡고 움직인다. 그래서 심각한 사회적 위협이기도 하다. 반면 할리우드영화의 경우 순치된 형태의 반자본주의 문화 충동으로 나타난다. '매트릭스' 1편에서 주인공 모피어스가 네오에게 했던 말이 의미심장하다.

"매트릭스는 다름 아닌 시스템이라고. 네오, 알겠어? 그 시스템은 우리의 적이지. 주위를 둘러보면 뭐가 보이지? 사업가, 교사, 변호사, 목수 등 수많은 사람들이지. 우리가 구원하려는 게 이들의 정신이야. 그러기 위해서는 이들이 시스템의 일부이기 때문에 우리의 적이라는 것부터 알아야 해. 대부분은 시스템과의 접속을 끊어낼 준비가 되어있지 않거든."

모피어스는 비참하게 사는 인류를 구출하겠다는 사명감을 가진 해커그룹의 우두머리인데, 네오에게 매트릭스 탈출을 권하면서 전사로 거듭날 것을 권유한다. 인간은 컴퓨터가 심어준 매트릭스 프로그램에 따라 살고 있는 가련한 존재로 설정된다. 지금이야말로 매트릭스 밖으로 뛰쳐나가야 한다는 설정에는 대안문화─대항문화를 만들어 잘못된 시스템인 기성체제를 해체하자는 논리가 맹렬하게 작동한다.

그게 한국의 좌파운동권의 체제변혁 구호와, 이른바 의식화 논리와 붕어빵이란 것은 우연일 리 없다. 이렇듯 대안문화란 용어는 얼핏 중립적인 듯 보이며, 문화적 순수함을 가장하고 있기 때문에 더 위험하다. 문화의 이름 아래 모든 무책임한 논의와 운동이 용인될 수 있다는 느낌, 그리고 기성체제가 허깨비에 불과하다는 고정관념을 심어주는, 대단히 무차별적이고 폭력적 언어라는 판단 때문이다. 그 심저에는 반(反)자본주의, 반 기업주의 충동도 아주 강력하다.

이미 세력을 형성한 이 말을 어떻게 바꿔 쓸까? 손쉬운 대체용어가 없는 게 현실이다. 일단 "반(反)자본주의 문화투쟁"이라고 설명하는 게 어떨까? 상황에 따라 "반기업 성향의 대안문화", "반도시 성향의 대안문화"라고 쓸 것도 제안한다. 이런 대체용어는 임시방편이다. 그에 앞서 상투적으로 매트릭스를 거부하며, 대안문화를 들먹이는 인식구조 자체에 대한 비판이 축적되어야 하며, 그런 시도 속에서 진정한 대체용어가 등장할 것이다.

냉정하게 말해 우리들은 거대한 헛것이라는 뜻의 매트릭스에 살고 있지 않다. 만일 누군가가 그걸 진지하게 믿고 있다면, 불교나 '나비의 꿈'의 노장사상 같은 종교적 성찰과, 구체적인 사회 처방 사이에서 심하게 헷갈리고 있을 뿐이다. 수십 억 지구촌 인간은 자신이 생각하는 선의 개념을 추구하며, 서로 협력하고 경쟁하며 애를 쓴다. 인간 이기심의 작동이기도 한 그건 성공하기도 하고 실패할 수도 있다. 다양한 사회적 제도가 있고, 그 안에서 우리는 진지하게 모색할 뿐이다.

그걸 매트릭스라며 한 칼에 부정하는 것은 멋진 레토릭 혹은 운동권다운 과격함일지 모르나, 현실의 삶 그리고 인류의 오랜 지혜를 외면한 이상주의적 행동이다. 이런 몰입은 혼란을 유포시키거나 비생산적이기도 하다. 개혁을 제도화하는 점진적이고 차분한 노력을 가로막는 부작용이 크기 때문이다. 자유주의 철학의 사촌 격인 에드먼드 버크 식의 보수주의 이념이 갖는 미덕은 여기에서도 빛난다.

문화연구(Cultural Studies) → 문화적 정치투쟁

이 용어는 국내에서는 영문학자를 중심으로 광범위하게 확산됐다. 당초 문화연구(Cultural Studies)는 1960년대 초 영국 신좌파인 레이몬드 윌리엄스가 문화를 보는 마르크스주의의 한계를 넘어서자는 뜻으로 제창했다. 즉 문화를 하부구조를 반영하는 상부구조로 간주하지 않고 일상을 포함한 총체적 삶의 방식을 문화로 보자는 제안이었다.(한국에서 레이몬드 윌리엄스를 소개한 것은 1950년대 후반에서 1960년대 초반까지 미국에 유학했던 영문학자 백낙청이었다는 걸 기억해두자.)

'일상적인 것이 정치적인 것이다'는 명제는 이런 맥락에서 탄생한 것이다. 이걸 계기로 문화가 고상한 예술이나 지식만을 의미하는 것이 아니라는 판단 아래 훨씬 현실적이고 일상적인 영역인 광고산업 분석, 문화산업론, 대중사회론으로 뻗어갔다. 일테면 강내희(중앙대

교수)는 '리틀 백낙청'의 한 명인데, 그는 20년 넘게 좌파 문화잡지인 계간 〈문화/과학〉을 만들어오고 있으며, 문화연대 공동대표, 맑스 코뮤날레 공동대표로 활동 중이다.

그가 대중에게 알려진 것은 지하철에 대한 분석이다. 레이먼드 윌리엄스 류의 문화연구를 하는 그의 눈에 지하철이라는 공공의 시설이 자본과 결탁한 나쁜 공간이 롯데월드였다. 대중이 편리하다고 느끼고 있지만, 음험한 대자본의 논리가 우리네 일상 속에서 무시로 관철되고 있다는 식의 반자본, 반도시의 좌파철학이 이 글에서 신랄하게 펼쳐졌다. 지금 그런 논리를 따르는 무리는 상당수다.

문화연구는 대학의 영문학 혹은 언론학 등에서 커리큘럼으로 자리 잡았고, 시민강좌로도 인기다. 그런 과정을 이수한 사람들은 "국가의 기관이 노골적으로 자본의 편을 들다니"하는 심리를 갖게 된다. 자본 대 비자본, 국가 대 개인 등의 상투적인 이분법도 저들의 기본적인 논리구조다. 즉 음험한 좌파적 기획인 문화연구는 조금 전 언급했던 대안문화란 용어처럼 문화적 좌파가 창궐하는 또 하나의 영역이다.

반(反)자본주의, 반 기업주의 충동도 그 때문이다. 그건 프랑스혁명 이후 펼쳐진 근대세계 이후 등장했던 지식인, 문화인들의 상투적 반란이기도 하다. 상식이지만 "소유권이야말로 악의 시작"이라고 했던 루소가 그러했다. 그것의 좀 졸렬한 버전이 프랑스 초현실주의 시인 루이 아라공의 입에서 나왔다. "아, 은행원, 학생, 근로자, 정부관리, 하인 그대들은 아첨꾼이군. 난 절대로 일을 하지 않을 걸세.

내 두 손은 더 없이 순수하다네."

돈과 상업에 오염된 나쁜 체제인 자본주의에 자신은 순응하지 않을 것이라는, 냉소를 바탕에 깐 선언이다. 중산층의 라이프스타일을 불결한 그 무엇으로 취급하려는 보헤미안 기질인데, 바로 그런 게 20세기 중반 이후 이른바 작가주의의 멘탈리티를 구성한다.(실은 잔뜩 겉멋 든 보헤미아니즘(Bohemianism) 즉, 얼치기 낭만주의가 어떻게 좌파성향으로 뒤바뀔 수 있고, 수두룩한 케비어좌파 혹은 강남좌파 무리를 낳는 비옥한 토양인가는 의외로 흥미로운 주제다.)

그럼 문화연구란 용어를 어떻게 바꿔야 할까? 그 용어는 학문 분과의 하나로 고착됐고, 일상의 용어로도 쓰인다. 이미 언어세계에서 시민권을 얻은 상태라서 지금 그걸 없었던 일로 치부할 순 없다. 즉 너무 늦은 문제제기인 셈인데, 이런 상황에서 상황과 문맥에 따라 '문화적 정치투쟁'이라는 말을 병기할 것을 필자는 제안하는 바이다.

소외 → 소외라는 가짜 신화

"한국문학이 수 십년째 천착하고 있는 주제는 '소외'다. '가까운 거리에 있지만 서로를 이해할 수 없는 우리, 섬처럼 떨어져있는 우리들의 모습, 난 오늘도 이 사회가 요구하는 가면을 쓰고서 거짓말을 한다…'는 식의, 아무래도 좋은 이야기들이 자못 심각한 어조로 논의되는데 독자들은 아무도 관심이 없다."

이원우 기자가 자유주의예술포럼에서 발표했던 글 '문화와 예술,

그리고 시장에 관한 여섯 가지의 단상들'에서 적절하게 지적한 대목이다. 그건 실은 자의식 과잉 속에 "아프다 아파"를 반복하는 치기어린 몸살에 다름 아니다. 이미 너무도 일상용어가 됐지만, 결코 중립적 용어는 아니다. 문제의 인간 소외란 용어를 둘러싼 반복적 사용은 뿌리가 아주 깊은데, 다분히 서양지성사에 뿌리를 두고 있다. 고대 그리스의 철학자 플라톤이야말로 돈에 대한 혐오의 감정을 인간 이해에 결부시켰던 사람이다.

그는 《국가론》에서 신이 인간을 창조할 때 사람의 그릇 크기에 따라 서로 다른 금속으로 만들었다고 말했다. 덕이 가장 높은 사람은 금과 은으로, 낮은 영혼을 타고 난 사람은 철과 황동으로 만들었다. 때문에 철과 황동으로 만들어진 사람들은 결핍의 느낌 때문에 금과 은에 대한 소유욕이 크다. 그 생각을 보편화한 것이 기독교인데, 성경은 과연 부자에 대한 경고로 가득하다.

"하나님과 맘몬(재물)을 함께 섬길 수 없다"는 것이다. "이번에는 부자에게도 한 마디 하겠습니다. 당신들에게 닥쳐올 비참한 일들을 생각하고 통곡하십시오. 당신들의 재물을 썩었고 그 많은 옷가지들은 좀먹어 버렸습니다. 당신들의 금와 은은 녹이 슬었고 그 녹은 장차 (남들이) 당신들을 고발할 증거가 되며 불과 같이 당신들의 삶을 삼켜 버릴 것입니다."(야고보서 5장)

그걸 이어받아 돈(자본주의)과의 전쟁을 선포한 19, 20세기 지식인 그룹은 세상을 풍미했던 소외론을 만들어냈다. 마르크시즘도 물신주의와 소외론을 무기로 해서 계급투쟁론을 향해 달려갔다. 그 바탕에는 맘몬을 섬기느라 여념이 없는 대중은 본래의 자족적 존재에서 벗어난 채 외롭고 쓸쓸한 삶을 산다는 엘리트주의가 깔려있다. 그런 식의 지적을 비판이론의 철학자 마르쿠제나 에리히 프롬이 번갈아가며 했다.

대중을 소외의 늪으로 내몬 것은 자본주의의 악덕 때문이라는 추상 같은 언명이었다. 그들에 따르면 소외된 대중은 자신의 진정한 욕구를 만족시키지 못해 무기력하다. 타자와의 진정한 연대를 이루지 못해 불행하며 의미있는 정치적 변화를 이끌어내지 못한다. 여기서 물어보자. 소외, 그게 과연 검증 가능한 주장일까? 전혀 안 그렇다. 단 매우 모호하다는 특성 때문에 소외란 용어는 외려 더 유행을 탔다.

귀족 티를 내는 지식엘리트가 대중에게 경멸의 시선을 보내기에 딱 좋은 아이템이자, 마르크스 이후 등장했던 전면적인 비관주의의 주문(呪文)이기도 했다. 대중들은 지식인들의 진단 앞에 잔뜩 주눅 들었지만, 소외론이 수상쩍은 반자본주의 아류 이론이자, 종교와 현실 사이를 착각했다는 비판을 지금껏 받는다.

"(소외론에 따르면) 이 세상은 선해질 수 있다. 단 우리가 태어나는 소외(악)를 극복할 수 있을 때만 그렇다. 소외는 인간의 조상 애덤과 이브의 잘못이 아니었다. 그것은 자본주의의 결함 때문이다. 그렇게 소외의 신화는 악의 근원을 자본주의로 돌리고, 모든 개인에게서 그 악을 찾아냈다. 우리 모두는 정도의 차이만 있을 뿐 소외당하고 있다.…소외의 신화는 준 성직자들(인 지식인들)이 들려주는 일종의 종교

적 이야기이다."(앨런 케이헌, 《지식인과 자본주의》 38쪽)

그러면 소외란 용어를 어떻게 대체할까? 너무도 일상 속에 자리 잡고, 문학을 포함한 미술, 영화 등에서 빈번하게 쓰이는 용어라서 대체용어를 제시하긴 거의 불가능하다. 임시방편으로 '이른바 소외'라는 식으로 접두사를 붙이는 것도 방법이다. 아니면 '소외라는 가짜 신화'라고 풀어서 써주는 것도 함께 제안한다.

물신(物神)주의 혹은 물질만능 → 정당한 재산증식 노력

'대안문화', '문화연구', '인간소외' 등의 용어에서 보이는 반문화의 충동은 서구 못지 않게 한국사회에서 널리 퍼져있다. 압축성장 과정을 거쳤던 한국사회이기 때문에 서구 못지않게 반자본주의 심리가 존재한다. 전형적인 사례가 작고한 개신교 지도자인 고(故) 강원용 목사의 다음 발언이다. 그의 자서전인 《빈 들에서:나의 삶, 한국현대사의 소용돌이》(1993년) 서문에 내비치는 말이다.

"내가 살아온 한국의 80년은 계속 '빈 들'이었다. 이 빈 들은 성서에도 나오듯 '돌로 떡을 만들라'는 물질만능과 경제제일주의, 악마에 절하고라도 권력만 잡으면 된다는 권력숭배 사조, 성전 꼭대기에서 뛰어내리는 비합리적이고 광신적인 기복종교에 의해 지배되는 공간이었다."

강원용은 개신교 목사 중 현대사의 복판에서 움직였던 사람, 재야운동의 구심점 역할을 했던 인사였다. 그런 그의 반시장경제 인식이

의아한데, 뿌리도 마르크시즘이다. 정신이 아니라 물질을 신격화하는 정신적인 태도를 말하는 물신주의(物神主義, fetishism)를 비판한 게 마르크스였다. 요즘 좌파도 그와 다르지 않다. 그들은 '모든 것은 경제적 가치의 실현에 있다'는 논리가 오늘날 우리 사회를 지배하고 있다며 즐겨 개탄한다.

마르크시즘에서 멀지 않는 강원용 목사 류의 발언이 메아리를 만들고 있는 셈이다. 이토록 한국사회를 악마의 집단으로 모는 극단의 언어들이 수두룩해서 젊은이들을 유혹한다. 귀화 러시아인 박노자도 그 한 축을 맡고 있다. 박노자가 보기에 한국사회는 "서로를 잡아먹기를 탐하는 자본주의 지옥"에 다름 아니다. 재벌도 마찬가지다. 그들은 "죽은 폭군(박정희 대통령을 지칭함)의 어용 시전(市廛)"에 불과하다. (박노자 지음《당신들의 대한민국》)

한국사회의 발전을 백안시하거나 사시의 눈으로 보는 태도 역시 현실과 어긋난다. 하지만 지금도 대학가 논술고사에 물신주의 비판 어쩌구가 단골로 출제되는 게 우리네 현실이다. 대안은 무엇일까? 쉽지 않다. 임시방편으로 필자는 물신(物神)주의 혹은 물질만능이란 용어를 '정당한 재산증식 노력'으로 바꿔 쓸 것을 일단 제안한다.

문화융성 → 문화정상화

앞에서 따져본 네 개의 용어가 다분히 철학적인데 비해 마지막으로 다루는 문화융성이야말로 관변(官邊)에서 즐겨 쓰는 말이다. 이 말이 수상쩍은 이유는 좌파 문화권력에 대한 경계를 전혀 하지 않기 때문이다. 박근혜 정부의 핵심 국정과제 3개의 하나인 문화융성이 그 대표적인데, 문화예술 영역에서 두드러지는 좌편향 현상에 대한 문제의식을 읽어낼 수 없다. 2013년 출범한 대통령 직속 문화융성위원회(위원장 김동호)가 존재감이 없는 것도 그런 맥락이다.

박근혜 정부가 문화융성을 구현하기 위한 이른바 3대 전략, 8대 정책과제를 꼽은 것도 그렇다. 3대 과제는 문화참여 확대, 문화·예술 진흥, 문화와 산업의 융합을 제시했다. 8대 정책과제는 ▲인문(人文)정신의 가치 정립과 확산 ▲전통문화의 생활화와 현대적 접목 ▲생활 속 문화 확산 ▲지역문화의 자생력 강화 ▲예술 진흥 생태계 형성 ▲창의 문화산업의 방향성 제시 ▲국내외 문화적 가치 확산 ▲국민통합 구심점으로서의 '아리랑' 활용 등이다. 8대 과제를 '자율, 상생, 융합'의 키워드 아래 상향식 생활밀착형 문화정책을 펴겠다는 게 관료적인, 지극히 관료적인 설명이다. 못내 공허하다.

그걸 알리려는 시도로 대통령이 '문화가 있는 날'(매월 마지막 수요일)에 문화·체육 현장을 찾는 행보를 해오고 있지만, 막상 국민들 사이에 체감되는 것은 별로 없다. 주무부처인 문화체육관광부도 마찬가지다. 문화예술 스포츠 관광 등 소프트파워 전체를 관장하는 전략부처라서 이 정부 성공의 열쇠를 쥐고 있으면서도 지난 2년 동안 고식적인 상황 관리에 그치고 있다. 아니 문화예술 분야 그리고 인문학 분야의 좌편향 현상이 너무도 방대하고 보편적이기 때문에 현 정부도 어떻게 손을 쓰지 못한 채 무력감에 사로 잡혀있다고 해야 할까?

어쨌거나 문화융성이라는 용어에는 현 상황을 타개해야 할 의무가 있는 우파 정부가 제도권으로 자리 잡은 좌파 문화권력과 엉거주춤하게 타협 혹은 굴종을 하겠다는 태도가 어렵지 않게 읽힌다. 기존 좌파 문화권력의 기득권을 양해해주겠다는 패배주의적 뉘앙스도 묻어난다. 문화융성은 좋은 게 좋다는 식으로 무신경하게 갖다붙인 캐치프레이즈일 수도 있는데, 만일 그랬다면, 그 역시 이 정부의 수준을 여지없이 반영한다. 캐치프레이즈란 게 공감대를 넓히고 포용력을 끌어올리기 위한 것 아니냐고 할 수 있지만, 지금은 그런 한가한 상황이 아니지 않은가.

　이에 필자는 '문화 융성' 대신 '문화 정상화'로 바꿔 쓸 것을 제안한다. 이렇게 바꿀 경우 지금 문화권력과 지식권력에 무언가 문제가 있으며, 예산과 인적 자원을 가진 정부가 손을 대겠다는 의지를 확인시켜주는 효과가 있다. 궁금한 건 이 대목이다. 이명박 정부가 이렇다 할 힘을 쓰지 못했듯이 박근혜 정부도 매일반으로 그칠지 않을까 하는 의구심이다. 두 정부 모두 취임 전 충분한 준비와 큰 그림이 필요했는데, 결과적으로 역부족일까? 유감스럽게도 그게 사실로 확인될 경우 이 정부의 우파 철학에 대한 빈곤 그리고 실력 탓이다.

4부

법률의 정명이
정도(正道)를 만든다

헌법의 정명(正名), 왜 중요한가

김상겸(동국대학교 법과대학 교수)

우리나라는 1948년 건국 이후 국가의 최고규범인 헌법을 제정하고, 이 헌법에 따라 입법권을 가진 국회가 법률을 제정하면서 국가법체계를 구축하였다. 헌법이 국가의 최고법이라고 하지만 국가공동체의 운영을 헌법만으로 할 수 없기 때문에 실질적으로 국가작용을 가능하게 하는 법률을 제정하고 이를 기반으로 또 다시 하위의 법규명령이나 자치법규를 제정하여 시행한다. 이렇게 국가의 실정법체계가 헌법을 정점으로 갖춰져 있는데, 우리 사회에는 떼법이니 국민정서법이니 하면서 실정법의 효력을 무시하는 현상이 너무 빈번하게 벌어지고 있다. 이는 국민이 스스로 약속한 헌법질서를 부정하는 것으로 불법이며 준법을 부정하는 것이다. 그러나 다른 한편에서 볼 때 헌법이 시대정신을 수용하지 못하거나, 헌법의 내용이 명확하지 못하여 혼란을 야기하는 문제도 있다.

헌법은 국가의 최고규범이지만 불변의 진리가 아니기 때문에, 헌법으로 인하여 사회적 갈등이나 혼란이 초래되면 개정되어야 한다.

그런데 우리나라의 헌법은 다른 국가들에 비하여 개정절차가 까다로워 상당히 어렵다. 이는 헌정사적 경험에 기인한다. 우리 헌법 개정의 역사를 보면 헌법개정은 집권세력에 의하여 주도된 것이 대부분이었다. 1948년 건국이후 제1공화국 시대의 발췌개헌이나 사사오입개헌은 헌법이 정한 개정절차를 위반하여 위헌이었지만 그대로 통과되어 효력을 발생하였다. 헌법개정절차를 위반한 경우는 그 후에도 발생하였고, 1987년에 가서야 정상화되었다. 굴곡의 헌법사에서 국가공권력에 대한 국민의 불신이 차곡차곡 쌓이면서 이에 비례하여 야기된 사회적 갈등은 여전히 해소되지 않고 있다. 물론 법만으로 국가공동체의 모든 문제를 해결할 수는 없지만, 법이 제대로 그 기능을 다하지 못하는 데는 공권력이 국민으로부터 지지와 신뢰를 제대로 받지 못하는 것에도 원인이 있다.

근대 이후 국민주권원리에 기초한 시민사회가 형성되면서 등장한 성문헌법주의는 국가작용과 국가운영에 있어서 가장 중요한 근거가 헌법이라는 것을 확인하였다. 헌법은 국민의 의사가 정치적 과정을 통하여 결집된 문서로 국가공권력의 정당성 근거이면서 국민의 생활규범이다. 헌법은 인간의 권리투쟁 역사 속에서 만들어진 문서이기 때문에, 그 내용은 인간의 기본적 권리보장, 이를 위한 수단과 방법으로 국가권력과 국가의 기본조직 및 그 권한을 기본으로 하고 있다. 우리나라 헌법도 국가권력의 정당성에 관한 내용과 함께 국민의 권리와 의무, 권력분립원칙에 기초한 국가의 기본조직과 권한 등을 규정하고 있다.

현행 헌법은 헌법전문과 본문 130조 및 부칙으로 이루어져 있는데, 헌법의 전문과 부칙, 그리고 본문의 각 조는 헌법등가원칙에 따라 동일한 효력을 갖는다. 그래서 헌법은 어떤 조항도 우월적 효력을 가지지 못하며, 헌법의 해석은 각 조의 유기적 관계를 고려하여 조화롭게 통일적으로 해야 한다. 헌법의 각 조의 문언은 그 자체가 헌법 전체에 영향을 미치는 중요한 내용으로 그 표현이 헌법이 추구하는 목적이나 목표에 부합되어야 한다. 이는 헌법이 국가에 있어서 최고규범으로 최고의 효력을 갖기 때문이다. 그런데 현행 헌법에는 상충되거나 사로 다른 내용을 가진 조항들이 있어서 헌법의 이념이 훼손되거나 효력이 제대로 발생하지 못하는 경우가 있다.

　헌법이 표현에 통일을 이루지 못하여 발생하는 문제 중에 대표적인 것이 제4조의 '자유민주적 기본질서'와 제8조 제4항의 '민주적 기본질서'이다. 그리고 헌법이 다른 조항과 유기적인 관계를 고려하지 않아 문제가 되는 경우도 있다. 예를 들면 헌법 제49조에서 '헌법 또는 법률에 특별한 규정이 없는 한 재적의원 과반수의 출석과 출석의원 과반수의 찬성으로 의결'한다고 하는 것이나, 제119조 제1항에서 '개인과 기업의 경제상의 자유와 창의'를 언급하면서 제2항에서는 '경제주체간의 조화를 통한 경제의 민주화를 위하여 경제에 관한 규제와 조화'를 언급하고 있는 것 등이다. 그런가 하면 헌법 제111조 제1항 제1호는 헌법재판소에게 법률의 위헌여부 심판을 부여하고 있으면서, 제107조 제2항은 명령·규칙 또는 처분이 헌법이나 법률에 위반되는 여부에 대하여 대법원에게 최종심판권을 부여하고 함으로서 해석의 문제를 일으키기도 한다.

헌법은 국가의 최고규범으로 효력을 갖고 있기 때문에, 그 표현이나 내용이 조화를 이루지 못하여 충돌하게 된다면 국가작용과 국민생활에 혼란을 야기하고 갈등을 유발하며 법질서를 무너뜨리게 된다. 헌법 제119조 제2항의 '경제민주화'란 표현은 경제민주주의를 의미하고 있음에도 정치적 의미로 인식되면서 정계와 경제계뿐만 아니라 학계에서도 지속적으로 논란이 야기되고 있다. 이렇게 헌법상 표현이 혼란을 초래하게 된다면, 국가의 최고규범으로서 제 기능을 수행하지 못하게 된다. 헌법이 추상적 규범이라고 하여도 명확하지 못한 표현은 법치국가를 추구하는 우리 헌법질서에서 국가작용의 혼란과 국민의 불신을 야기하여 법치질서를 확립하지 못하게 하는 원인이 된다.

현행 헌법의 기본원리와 내용

1) 헌법의 이념과 기본원리

헌법은 개별 규정이 다양한 내용을 담고 있으나 하나의 통일체를 위한 상호 유기적인 체계를 구축하면서, 국가와 헌법 그 자체의 성격을 규정하는 기본원리를 갖고 있다. 헌법의 기본원리는 국가의 본질과 구조 및 정체성을 구성하는 원리로 헌법의 개정으로도 바꿀 수 없는 핵심적인 부분이다. 즉 헌법의 기본원리는 국가공동체의 정당성을 확보하기 위한 헌법에 명문화되지 않은 기본원리로서 헌법질서의 형성에 기초가 되는 원리이며, 헌법의 이념과 국가의 목표를 실현하기 위하여 국가의 기본적 가치질서와 정치적 존재형태에 관한 국민적 합의를 헌법제정권자가 법규범을 통하여 확인한 것을 말한다.

헌법의 기본원리는 헌법규정과 모든 법령의 해석기준으로서, 국민과 국가기관이 존중하고 준수하여야 할 최고의 가치규범이라고 할 수 있다. 또한 헌법의 기본원리는 국가정책의 방향을 제시하고 입법권 행사의 범위와 한계를 정하며 헌법 개정의 한계가 된다. 이미 헌법재판소는 초기의 결정에서부터 헌법의 기본원리에 대하여 입헌민주헌법의 기본원리로부터 기타 헌법상의 제 원칙이 나오며, 기본원리는 헌법전을 비롯한 모든 법령해석의 기준이 되고, 입법형성권 행사의 한계와 정책결정의 방향을 제시한다고 하였다.[1]

2) 헌법의 기본원리와 그 내용

현행 헌법은 1987년 여야의 합의와 국민의 동의를 얻어서 9차 개정헌법이다. 현행 헌법은 우리 헌법사에서 국민의 요구에 의하여 국회에서 정치적으로 합의를 이루고 절차를 거친 최초의 헌법이라 할 수 있다. 현행 헌법이 합의를 이루어 개정된 헌법이라고 하지만 당시 정치적 상황에서 충분한 논의가 이루어질 수 없었고, 이렇게 오랫동안 개정 없이 시행될 것인지 누구도 예측하지 못하였다. 그랬기 때문에 헌법조항간의 유기적·체계적 관계에 대한 고려가 부족하였고, 문언의 구성이나 표현의 불명확성및 충돌문제가 발생하였다.

우리 헌법은 그 성격을 결정하는 기본원리로 민주주의원리와 법치국가원리 및 사회국가원리를 담고 있다.[2] 또한 헌법이 추구하는 목표를 위하여 문화국가원리와 평화국가원리, 환경국가원리와 정보국가원리 등을 기본원리로 하고 있다. 그런데 전자는 헌법을 특정하는 기본 결정이기 때문에 헌법개정으로 이를 부정한다면 헌법의 정체성이나 기본 성격이 훼손된다. 우리 헌법을 지배하는 기본원리로서 민주주의원리는 국가공동체에서 정치적 지배를 어떤 방법으로 해야 하는 것을 표상하는 것이며, 법치국가원리는 인간에 의한 자의적 지배를 배제하고 국가권력을 법의 지배에 두어야 하는 것을 말하며, 사회국가원리는 국가가 어떤 목표를 가지고 운영되어야 하는 것을 말한다.

민주적 기본질서와 자유민주적 기본질서

1) 헌법상 민주주의

현행 헌법에는 민주주의를 정의하는 규정은 없으나 헌법의 기본원리로 민주주의를 의미하는 규정들은 있다. 예를 들면 민주주의에서 민주라는 표현을 사용하고 있는 헌법 제1조 제1항의 민주공화국이나, 제4조의 자유민주적 기본질서, 제8조 제4항의 민주적 기본질서, 또는 제119조 제2항의 경제민주화 등을 들 수 있다. 또한 민주주의를 실현하기 위한 방법으로 국민주권원리를 표현하고 있는 헌법 제1조 제2항이나, 국회의원과 대통령을 선출하기 위한 선거제도, 직접민주주의의 실현수단인 국민투표를 규정한 제72조와 제130조 등도 있다.

 민주주의는 일반적으로 자유와 평등을 기본이념으로 하여 정당성에 기초한 국민에 의한 지배, 또는 국가권력의 대국민적 기속성을 특징으로 하는 원리를 말한다. 민주주의는 국가공동체에서 자유와 평등을 이념으로 하여 국민이 자신의 운명을 스스로 결정을 함으로써 자기지배를 실현하고자 하는 원리이다. 그래서 민주주의는 국가의 인적 요소인 국민이 자유로운 자기결정의 주체로서 누구든지 평등하게 공동체의 형성에 참여하여 통치하는 형태를 말한다. 또한 민주주의는 자유와 평등을 바탕으로 하여 국민의 자기지배를 조직을 통하여 구체화하는 조직 원리이기도 하다.[3]

 현행 헌법은 민주, 민주화, 민주적 등 다양한 표현으로 민주주의를 표방하고 있다. 민주주의는 정치적 의미로 사용되지만, 헌법에 규정되어 규범적 의미를 갖게 되었다. 헌법은 민주주의원리를 구체적으로 실현하기 위하여 대의제를 운영하고 있다. 대의제는 국가권력을 모든 국민이 직접 참여하여 하여 행사할 수 없는 현실적인 문제로 인한 민주주의 실현의 방법이다. 즉 대의제는 국민의 선거를 통하여 선출된 대표자가 국가권력을 행사하도록 함으로써, 국민이 간접적으로 국가권력을 행사하게 되는 것이다. 그리고 민주주의가 자유와 평등을 기본 이념으로 한다는 점에서 국민의 기본권인 자유권이나 평등권은 민주주의를 실현하기 위한 권리이고, 국민의 기본권을 실질적으로 보장하기 위하여 국가권력이 존재한다는 점에서 우리 헌법의 모든 조항들은 민주주의원리를 실현하기 위한 규정들이라 할 수 있다.

2) 민주주의와 자유민주적 기본질서

민주주의는 자유와 평등이란 두 가지 가치를 이념적 기반으로 하고 있지만, 평등이란 자유를 보장하기 위한 수단이기 때문에 자유가 핵심이다. 그런데 민주주의에 자유란 수식어가 붙게 된 것은 근대 이후 민주주의란 용어가 남용되면서 민주주의가 훼손되었기 때문이다. 자유민주주의(liberal democracy)는 자유주의와 민주주의가 결합한 것으로 사회주의를 추구하는 인민민주주의(popular democracy)에 대응하는 용어이다.[4] 자유민주주의는 인권보장을 목적으로 하여 자유롭고 공정한 선거제도를 통하여 정치체제를 구성하고 국민이 국가운영에 평등하게 참여하는 민주주의라고 할 수 있다. 자유민주주의는 법치국가원리에 기초하여 기본권의 보장, 권력분립, 사법부의 독립 등을 요소로 공화국이란 국가형태로 운영된다.

자유민주주의에 있어서 문제가 되는 것이 사회민주주의와의 관계이다. 사회민주주의는 19세기 후반에 등장한 사조로 과격·급진적인 사회주의를 거부하고 현실 정치에 참여하여 점진적으로 사회주의를 실현하고자 하였다. 사회민주주의는 20세기에 들어오면서 대의제에 의한 의회정치를 통하여 민주적 방법으로 사회주의를 실현하려고 하였다 사회민주주의는 사회주의에 자본주의를 수용하여 사회적 경제질서를 구축하여 사회복지를 추구하고, 국가의 규제와 조정을 통하여 자본주의를 민주적으로 개혁하려고 하였다.[5] 사회민주주의의 역사적 전개과정은 사회민주주의가 자유민주주의에 포섭되는 결과로 나타났다.

민주주의가 하나의 기본원리로 헌법질서의 틀을 이루고 있지만, 이를 실현하기 위해서는 선거제도와 정당제도 등 다양한 제도가 필요하고 이를 규범화하는 것이 요구된다. 현행 헌법이 민주주의와 관련하여 다양한 표현을 쓰면서 '자유민주적 기본질서'를 언급하는 것은 그 실현에는 법치주의가 적용된다는 것을 의미하는 것이라 생각한다.[131] 즉 자유민주적 기본질서는 법치에 따른 민주주의를 말하는 것으로 '민주적 법치국가의 기본질서'를 말하는 것에 다름 아니다.[6]

현행 헌법은 제8조 제4항에서 정당해산과 관련하여 민주적 기본질서를 언급하고 있으며, 헌법전문과 제4조에서는 '자유민주적 기본질서'라는 표현을 쓰고 있다. 양자의 차이에 대하여 헌법학계는 다양한 견해를 전개하고 있지만, '자유'를 기본 이념으로 하는 민주주의에서 자유민주적 기본질서나 민주적 기본질서는 내용상 큰 차이가 있다고 보기는 어렵다.[7] 왜냐하면 민주주의는 자유와 평등이란 두 가지 이념을 전제로 하지 않는 한, 그 의미가 없기 때문이다. 그런 관점에서 볼 때 "민주적 기본질서를 국민이 주권자로서 공동체의 기본질서를 결단하고 기본권주체로서 공동체의사를 평등하게 다수결로 결정하는 규범질서"라고 하는 것이나,[8] 자유민주적 기본질서를 "모든 폭력적·자의적 지배를 배제하고 그때그때의 다수의 의사와 자유 및 평등에 입각한 국민의 자기결정에 따른 자유를 실현하는 법치국가적 통치질서"라는 것은,[9] 표현만 다를 뿐 민주주의를 법치국가적 질서에 따라 실현해야 한다는 것에 차이는 없다. 그렇지만 헌법의 양 규정에 표현이 다름으로 인한 논란이 계속되고 있다는 점에서 표현을 통일하거나 그 내용을 명확하게 하는 것이 필요하다.

헌법상 경제질서와 경제의 민주화

1) 헌법에 있어서 경제질서의 의미

우리나라 헌법은 경제에 관하여 독립된 장을 가지고 있는데, 이는 1948년 헌법부터 현행 헌법까지 변함이 없다. 경제가 헌법이란 규범에 들어온 것은 사회의 발전과 함께 경제가 국민생활에 미치는 영향이 컸기 때문이다. 경제에 관한 규범적 의미는 경제가 국가에 미치는 영향과 이로 인하여 국민의 권리와 의무에 미치는 영향이 어떤 이해관계를 형성하는지 여부이다. 경제가 국민의 생활에 미치는 영향에 정도에 따라 국가는 규범을 통하여 개입 내지 간섭을 하게 된다. 그런데 경제에 대한 국가의 개입은 법적 근거가 있어야만 정당화될 수 있고 그 법적 책임도 명확하게 된다.[10]

현행 헌법은 제9장에 경제에 관하여 규정하고 있으며 직업선택의 자유나 재산권 등 경제적 기본권에 해당하는 조항을 가지고 있다. 그런데 국가경제 전체를 포괄하는 경제질서(Wirtschaftsordnung)를 정의하는 규정은 없다. 경제질서는 오이켄(Walter Eucken)을 비롯한 독일 프라이부르크학파(Freiburger Schule)가 신자유주의적 경제체제 모델을 설명하기 위한 용어이나, 헌법에서는 국민의 경제생활과 국가 경제정책의 방향과 운영에 관한 헌법질서를 말한다.[11] 헌법은 국민의 정치적 의사를 결집하여 내린 결단을 일정한 절차를 거쳐서 제정한 규범으로 국가의 기본형태와 기본가치, 국민의 기본권을 주 내용으로 하고 있기 때문에, 경제질서가 헌법의 필수적인 내용이 될 수 있는지 여부에 대하여 논란이 있다.[12] 그렇지만 경제질서가 국민의 경제생활과 국가의 경제정책을 대상으로 한다면 당연히 헌법의 한 부분으로서 헌법질서를 구성한다.

2) 현행 헌법상 경제질서조항

헌법은 국가의 기본적인 사항을 규정하고 있는 규범으로서 국민경제의 기본질서를 규정하고 있으며, 한국헌법은 경제와 관련하여 전반에 걸쳐서 직·간접적으로 경제질서에 대하여 규정하고 있다.[13] 현행헌법은 우선 전문에서 "정치·경제·사회·문화의 모든 영역에 있어서 각인의 기회를 균등히 하고"라고 규정하여 경제분야에서 기회균등을 통한 평등원칙이 적용되어야 할 것을 선언하고 있다.

그 다음 헌법은 기본권조항을 통하여 경제에 관하여 규율하고 있다. 헌법 제23조 제1항은 "모든 국민의 재산권은 보장된다"라고 하여 사유재산제를 근간으로 하는 자본주의를 채택하고 있다. 또한 헌법은 제15조에서 직업선택의 자유를 규정하여 국민의 경제생활에 있어서 기초가 되는 직업의 자유를 보장하고 있다. 이 조항은 직업선택과 직업활동의 자유를 포함하고 있기 때문에, 이로부터 영업의 자유가 도출된다. 경제적 자유와 관련하여 헌법 제14조는 거주이전의 자유를 보장한다. 이 조항을 통하여 사람들은 주거를 이동하면서 경제적 활동의 자유를 보장받는다. 이 외에도 헌법 제22조 제2항은 지적재산권을 보장받을 수 있는 근거가 되고 있으며, 동법 제18조의 통신비밀의 자유를 통하여 경제활동의 비밀이안 영업상의 비밀을 보장받을 수 있다.

이와 함께 한국헌법은 일반적으로 다른 국가와 달리 제119조에서부터 제127조까지 9개의 조항을 제9장에 경제라는 항목으로 독립된 장을 갖는 독특한 구조를 갖고 있다. 특히 제119조는 경제질서에 있어서 기본원칙을 선언하고 있는 조항으로 제1항은 한국의 경제질서가 개인과 기업의 경제상의 자유와 창의의 존중을 기본으로 한다는 것을 언급하고 있다. 이는 한국의 경제질서가 기본적으로 사유재산제, 자유경쟁과 시장경제를 기초로 하는 자본주의적 시장경제를 채택하고 있다는 것을 말한다.[14] 그러나 한국헌법은 경제질서에 대하여 국가의 개입을 허용하지 않는 순수한 의미의 자유시장경제만 추구하는 것은 아니기 때문에, 헌법 제119조 제2항은 균형있는 국민경제의 성장과 안정, 적정한 소득의 분배, 시장의 지배와 경제력남용의 방지, 경제주체간의 조화를 통한 경제의 민주화를 위하여 경제에 관한 규제와 조정을 할 수 있는 수정된 자본주의적 시장경제에 대하여 규정하고 있다.[15]

3) 경제질서의 성격과 내용

한국 현행헌법이 규정하고 있는 경제질서가 어떤 성격을 갖고 있는지 또 어떤 유형에 속하는지 여부에 대하여 학계의 견해는 대립하고 있다. 학계의 일반적인 견해는 헌법 제119조 제1항에서 자유시장경제질서와 함께 제2항에서 자유시장경제의 모순을 제거하고 사회정의와 경제민주화를 실현하기 위하여 국가의 규제와 조정을 수용함으로써 소위 사회적 시장경제질서를 채택하고 있다고 본다.[16] 그러나 이런 주장을 비판하는 다른 견해에 의하면 독일의 경제헌법에서 언급되어 온 사회적 경제질서라는 용어를 아무런 고려나 비판없이 한국의 법질서에서 사용하고 있기 때문에 문제가 있다고 보고 사회적 경제질서가 아니라 혼합경제질서라고 보아야 한다는 것이다.[17] 또한 한국 헌법상의 경제조항은 사회적 시장경제질서에서 수용하기 어려운 규제와 조정적인 요소들을 포함하고 있기 때문에 헌법상의 경제질서를 사회적 시장경제질서라고 할 수 없다는 것이다.

이런 양쪽의 주장에 대하여 구체성을 가지지 못한 추상적인 이론에 불과할 뿐이라고 논박하는 견해가 있는 가하면,[18] 경제재의 생산과 분배가 원칙적으로 자유경쟁원칙 아래에서 사회정의의 실현과 건강한 사회질서와 사회적 약자의 보호를 위한 범위 내에서 경제에 대한 국가의 통제가 정당한 권리이며 국가의 의무이기 때문에 시장경제의 원칙 하에서 사회정의의 실현을 위한 국가의 개입을 인정하여 우리 식의 사회적 시장경제질서를 언급하기도 한다.[19] 나아가 헌법 제119조는 제1항의 시장경제질서와 제2항의 사회적 정의가 적절하게 조화를 이루면서 개인의 경제적 자유를 보장하고 사회적 정의를 실현하는 경제질서를 규정하고 있다. 그런 점에서 동 조항은 경제헌법상의 근본적인 목표를 설정하는 규정으로 이해하는 견해도 있다.[20]

헌법재판소 역시 우리나라 경제질서에 관하여 자신의 결정에서 통일된 견해를 제시하지 않고 있다. 즉 헌법재판소는 현재까지 우리 헌법상의 경제질서를 어떻게 보고 있는지 확실한 태도를 취하고 있지 않다. 헌법재판소는 다수설의 입장에서 사회국가의 원리를 수용하는 자유시장경제질서라고 하는가 하면,[21] 사유재산과 시장경제를 근간으로 하는 경제질서라고 하기도 하였다.[22] 아무튼 어떤 경제질서를 추종하든 우리 헌법상 경제질서는 사유재산제와 시장경제를 주축으로 국민경제의 발전과 경제민주화의 실현 등을 위하여 법치국가의 틀에서 국가가 경제를 규제·조정할 수 있는 경제질서라는 것은 분명하다.

한국헌법의 경제질서를 구성하는 요소는 우선 사유재산제의 보장을 들 수 있다. 헌법은 1948년 이래 국민의 재산권을 보장하여 헌법상 경제질서가 전통적인 사유재산제에 입각하여 구축되어 있다는 것을 선언하고 있다. 헌법에 의한 재산권의 보장은 근대 시민사회가 구성된 이후 개인의 경제적 자유와 독립을 보장하는 것이 인간다운 삶의 전제라는 것을 인식하면서 등장한 것이다. 헌법상의 재산권 보장은 단순한 재산의 법적 보장만이 아니라 자유시장경제의 근간을 이루는 가치결단이다.[23] 사유재산제는 경제적 자유의 기초로서 영업의 자유와 함께 경제질서에 있어서 핵심적인 기능을 담당한다. 오늘날의 재산권은 재산권자에게 사회적 책임을 요구한다. 그런 점에서 헌법은 제23조 제1항 후단에서 재산권의 내용과 한계에 대한 법률주의를 규정하고 있고, 제2항에서 재산권행사의 공공복리적합성을 규정하고 있으며, 제3항에서는 보상에 의한 공용수용을 규정하여 재산권의 상대화를 인정하고 있다.

사유재산제와 함께 우리 헌법상의 경제질서의 요소는 시장경제이다.[24] 헌법은 제119조 제1항에서 개인과 기업의 경제상의 자유와 창의를 존중함을 기본으로 하면서 개별적인 경제주체 상호간의 활동은 시장자율에 의하여 조정되도록 하고 있다. 또한 헌법은 공정한 자유경쟁을 근간으로 하여 개인과 기업의 경제적 활동의 자유를 인정하기 때문에 활동에 따르는 의무와 책임을 간과하지 않는다. 헌법은 시장의 자율적 조정능력을 인정하여 시장경제를 존중하나, 과도한 자유경쟁을 통한 시장경제질서의 파괴나 역작용을 좌시하지 않는다. 그런 점에서 경제에 대한 국가에 의한 규제와 조정을 수용한다. 이는 헌법 제119조 제2항에 의하여 시장의 지배와 경제력의 남용을 방지하기 위하여 채택하고 있다.

4) 경제민주화와 경제에 대한 국가의 개입과 그 한계

헌법 제119조 제2항의 경제민주화에 대한 논란은 이 표현이 헌법에 들어온 이래 지금까지 그 의미와 관련하여 계속되고 있다. 경제의 민주화란 표현이 무엇을 의미하는지 헌법학적으로도 완전히 규명되지 않았고, 현 정부에서 경제민주화를 거론하고 있지만 내부적으로 그 구체적 의미를 정밀하게 규정해놓지 못한 상황으로 보인다. 헌법재판소도 그 사상적 기초로서 민주적 복지국가의 이상을 추구하기 위한 국가의 입법 형성의무 정도로 인식하고 표현하고 있지만 명확하게 정의하지는 못하고 있다.[25]

1987년 9차 개정헌법에서 들어온 경제민주화는 그동안 많은 연구가 있었지만 여전히 실체를 파악하는 것이 쉽지 않다. 또한 헌법 제119조 제2항에 표현되어 있는 균형, 성장, 적정한 분배, 시장의 지배, 경제력의 남용 방지, 경제주체간의 조화, 경제에 관한 규제와 조정의 해석을 위해서 어떻게 해석해야 할지 그 방법론이 쉽지 않다. 그리고 헌법의 전체적 체계를 고려할 때 헌법 제119조 제2항만 가지고 해석할 수도 없다. 헌법의 구조상 각 조항이 서로 유기적인 체계를 이루고 있기 때문에 국가에 의한 경제 개입의 정당성, 경제질서의 구현을 위한 체계의 논리성, 경제주체 상호간의 조화를 위한 규제의 적정성, 시장경제의 경쟁을 위한 공평성 등을 종합적으로 고려해야 한다. 아울러 경제민주화의 이해를 위해서는 기본적으로 경제질서에 대한 이해가 선행되어야 한다.

경제민주화와 관련하여 우리 헌법상의 경제질서에서 항상 문제가 되는 것은 국가의 경제에 대한 과도한 개입이다. 경제에 대한 국가의 개입의 근거는 헌법 제119조로부터 도출되는데, 특히 동조 제2항은 균형 있는 국민경제의 성장과 안정, 적정한 소득의 분배를 유지 및 경제의 민주화를 위하여 경제에 관한 규제와 조정의 권한을 국가에 부여하고 있다. 경제질서의 근간이 되는 헌법 제119조는 경제에 대한 국가의 개입과 관련하여 그 해석에 대한 논란이 있다.

헌법 제119조가 경제질서의 근거조항이라고 하였을 때 어떤 내용을 가지고 있으며, 이를 어떻게 해석하여야 하는지에 대하여 여러 가지 견해가 있다. 다수의 견해에 의하면 헌법 제119조 제1항과 제2항의 관계를 규정하여 국가개입의 범위와 한계가 정해질 수 있다고 본다. 이 견해는 경제질서에 관하여 헌법상 기본적 조항인 제119조를 대상으로 제1항과 제2항을 원칙과 예외로 나눈다.[26] 헌법 제119조 제1항은 개인과 기업의 자유를 명시적으로 보장하고, 제2항은 균형 있는 국민경제의 성장 및 안정과 적정한 소득의 분배를 유지하고, 시장의 지배와 경제력의 남용을 방지하며, 경제주체간의 조화를 통한 경제의 민주화를 위하여 개인과 기업의 자유를 제한할 수 있게 하고 있다.

헌법 제119조 제1항과 제2항을 원칙과 예외의 규율형식을 취하고 있다는 견해는 원칙적으로 개인과 기업의 자유는 보장되고 예외적으로 필요한 경우에 국가의 경제에 관한 규제와 조정이 허용된다고 보고 있다. 또한 헌법 제119조 제2항은 예외를 엄격하게 제한하는 방향에서 국가가 개입하는 경우 정당성의 근거이나 예외의 한계를 정하기에는 불확정적이고 개방된 개념으로 규정되어 있다고 한다.[27] 그러나 이런 논의는 경제적 자유가 원칙이고 국가의 간섭이 예외라는 해석은 개인의 자유가 국가로부터의 자유로만 이해하고 국가와 자유 또는 국가와 경제를 대립관계로만 본다.[28]

정신적 자유와 달리 경제영역에서 자유는 역사적으로 볼 때 타인의 자유를 침해하는 경우가 많았다. 이미 현실에서 강력한 경제력을 갖는 기업에 의한 독과점의 폐해는 관련 법률을 통하여 규제해야 할 정도로 경제에 있어서 부정적인 영향을 미쳤다. 시장에 참가하는 경제주체는 한정된 재화를 둘러싸고 상이한 이해관계에 의하여 서로 얽혀있어서, 특정인의 자유를 보장하는 것이 타인의 자유를 제한하는 결과를 초래한다. 경제영역에서 사회공동체 구성원 전체의 자유를 실현하기 위해서는 국가가 이를 조정하고 규제하여야 할 필요성은 있다. 그런 점에서 국가의 개입은 전체 경제주체의 자유실현에 기여한다는 점에서 경제영역에서의 특정주체의 기본권을 제한하는 법률은 기본권을 보장하는 기능을 가진다. 따라서 헌법 제119조 제1항과 제2항은 원칙과 예외 또는 상호 대립적인 관계가 아니라 국가의 개입에 의한 모든 경제주체의 자유보장이라는 내용을 가지고 있다고 보아야 한다.

경제영역에서의 개인과 기업의 자유는 자유방임적인 무제한의 자유를 의미하는 것이 아니고 국가목표규정, 국가수권규정 및 국가개입의 한계규정이라는 체계 속에서 일정하게 제한된 자유를 말한다. 국가는 이에 따라 법률에 의하여 구체적으로 경제에 개입하게 된다. 그렇다면 헌법상의 경제조항에 따른 법률들이 기본권의 일반적 법률유보에서 도출되는 기본권제한의 한계에 구속되는지 여부가 문제된다. 왜냐하면 이에 따라 경제에 대한 국가개입에 있어서 그 한계가 설정되기 때문이다. 이에 관해서는 일반적 법률유보와 다르게 해석해야 한다는 견해가 있었지만,[29] 어떤 내용의 법률이든 국민의 기본권을 제한하는 한 헌법 제37조 제2항의 적용대상이 된다고 보아야 한다.[30] 이는 헌법의 어느 규정에 근거한 법률이든 상관없이 국민의 기본권을 제한하는 내용을 갖는다면 헌법의 통일적 해석의 문제를 떠나서 헌법 제37조 제2항이 적용되어야 하기 때문이다.

헌법은 각 조항이 동일한 효력을 갖고 있는 등가원칙이 적용되는 규범이다. 그런 점에서 헌법은 통일성과 조화성에 기하여 해석되어야 한다. 그런 점에서 헌법상의 경제질서를 근거로 제정된 법률에도 헌법에 의한 제한은 적용된다. 그렇기 때문에 행정부가 헌법의 수권을 통하여 직접 행사하는 규제나 대외무역의 규제에도 본질적 내용을 침해해서는 안 되는 원칙이 적용된다.[31] 경제에 대한 국가개입의 한계는 헌법에 의하여 형성된 원칙을 통하여 정해진다.

국가의 기본조직과 권한

1) 국회의 의사·의결정족수와 국회선진화법 위헌성

우리나라 국회는 오랫동안 여야 간에 몸싸움으로 유명하였고 급기야 최루탄이 터지는 등 시위현장 같은 모습을 보이자, 여야 간에 우격다짐으로 만든 것이 2012년 개정된 국회법, 소위 국회선진화법이다. 이 법에는 다수당의 전횡을 방지하기 위하여 소수당의 합의가 없으면 의안을 처리하지 못하거나, 소수당이 회의장을 점거하거나 폭력행사를 통하여 회의진행을 방해하거나 저지하지 못하도록 하는 장치를 마련되었다. 개정된 국회법은 입법지연을 방지하기 위하여 의안자동상정제도와 의안신속처리제도를 도입하였고, 소수당의 보호를 위하여 안전조정절차와 본회의에서 의사진행방해제도를 규정하였다.

국회법 제85조의2에 규정된 의안신속처리제도는 위원회에 회부된 안건에 대하여 재적의원 과반수 또는 소관 위원회 재적의원 과반수가 서명한 신속처리안건의 지정동의를 의장 또는 소관 위원회 위원장에게 제출하여 재적의원 5분의 3 이상 또는 소관 위원회 재적의원 5분의 3 이상이 찬성하였을 때에는 신속처리안건으로 지정하여 처리하는 제도이다. 국회법 제106조의2에 신설된 무제한토론제도는 합법적 의사진행방해제도로 국회의원 재적 3분의 1 이상의 요구가 있으면 본회의의 심의 안건에 대하여 시간의 제한 없이 무제한 토론하도록 하고, 본회의는 '1일 1차 회의원칙'에도 불구하고 무제한 토론 종결선포 전까지 산회할 수 없도록 하였고, 더 이상 토론할 의원이 없거나 재적의원 3분의 1 이상이 제출한 토론 종결동의를 재적의원 5분의 3 이상의 찬성 의결한 경우나 무제한토론 중 회기가 종결된 경우에 무제한토론이 종결되도록 하고 있다.

개정된 국회법의 가중 다수결규정은 헌법의 의사·의결정족수를 반하는 위헌의 문제가 있다. 현행 헌법은 국회의 의결정종수와 관련하여 제49조에서 "국회는 헌법 또는 법률에 특별한 규정이 없는 한 재적의원 과반수 출석과 출석의원 과반수의 찬성으로 의결한다. 가부동수인 때에는 부결된다"라고 규정하여 의사·의결정족수의 원칙을 명문화하고 있다. 헌법상 국회의 가중 다수결은 헌법 제130조 제1항에 의한 헌법개정안, 제64조 제3항의 국회의원의 제명 및 제65조 제2항의 대통령 탄핵소추 등 재적의원 3분의 2와 제53조 제4항의 법률안재의결에서 재적의원 과반수 출석과 출석의원 3분의 2 이상의 찬성이다. 이러한 헌법의 규정을 보면 헌법 제49조가 비록 '헌법과 법률에 특별한 규정이 없는 한'이란 표현을 사용하고 있지만, 가중 다수결에 대하여 이미 헌법규정을 통한 예외 외에는 특별한 예외를 인정해서는 안 된다는 것을 명시한 것이다.

헌법은 국회의 입법과 관련하여 제49조의 규정을 적용할 것으로 요구하면서 제53조 제4항에 재의요구의 경우 재적 과반수 출석과 출석 3분의 2 찬성을 요구하고 있다. 즉 헌법은 국회에서 법률안 통과의 의결정족수를 국회 재적의원 과반수이하로 하고 있다. 그런데 현행 국회법은 헌법이 요구하는 범위를 넘어서 과도하게 의사·의결 정족수를 규정하여 국회의 기능을 스스로 마비시키고 있다는 것을 의미한다. 다시 말하면 국회법은 헌법이 요구하는 바에 따라 특별한 경우라 하여도 헌법이 규정하고 있는 가중 다수결을 제외하고는 법률안에 관한 의사·의결정족수와 관련해서는 재적의원 과반수와 출석의원 3분의 2를 넘어서는 의사·의결정족수를 규정해서는 안 된다는 것을 의미한다. 이렇게 국회법이 헌법을 넘어서 의사·의결정족수를 규정하고 있는 것은 헌법 제49조가 명확하게 헌법의 기준을 정하지 못하였기 있기 때문이다. 즉 헌법 제49조가 '헌법 또는 법률에 특별한 규정이 없는 한'이라고 하여 마치 법률로 특별하게 국회의 의사·의결정족수를 규정하면 얼마든지 가능하다고 해석할 수 있도록 했기 때문이다.

2) 권력분립원칙과 행정입법권

현행 헌법은 제75조와 제95조에 행정입법권을 규정하고 있는데, 이는 원래 의회입법주의에 반하는 것이다. 그렇지만 20세기에 들어오면서 사회의 발전으로 세부적·전문적 사항의 입법이 필요하게 되었고, 이를 위하여 구체적 입법의 경우 전문지식을 구비한 집행부에 위임해야 할 필요성이 등장함으로써 오늘날 행정입법은 보편적인 현상이 되었다. 헌법재판소는 판결을 통하여 행정입법 중 법규명령의 필요성에 대하여 설시하였는데, 이에 따르면 행정입법은 현대 사회복지국가의 다양성과 전문성 및 기술성으로 행정기능의 요구 증대, 신속 대응을 위한 국회의 한계, 국민의 권리·의무에 관한 모든 사항을 법률만으로 규정하는 것은 불가능하기 때문에 일정 사항을 위하여 필요하다고 하였다.[32]

헌법이 특별하게 행정입법에 관한 근거를 두고 있는 것은 행정입법의 헌법적 필요성 때문이기도 하지만, 국회의 입법권에 관한 균형의 원리가 적용되기 때문이기도 하다. 이는 헌법 제108조에 규정된 대법원의 규칙제정권에서도 볼 수 있다. 헌법이 국가권력의 권한을 규정하고 있는 경우, 이를 법률로 규율하거나 통제하기 위해서는 헌법상 근거가 있어야 한다. 헌법에 근거하지 않고 다른 국가권력의 권한을 제한하거나 스스로 행사하는 경우에는 권력분립원칙을 위배하는 문제가 발생한다.

헌법은 제75조에서 "대통령은 법률에서 구체적으로 범위를 정하여 위임받은 사항과 법률을 집행하기 위하여 필요한 사항에 관하여 대통령령을 발할 수 있다"라고 하고 있으며, 제95조에서는 "국무총리 또는 행정각부의 장은 소관사무에 관하여 법률이나 대통령령의 위임 또는 직권으로 총리령 또는 부령을 발할 수 있다"라고 하여 행정입법권을 명시하고 있다. 이 헌법규정들을 보면 법률이 구체적으로 범위를 정하여 대통령령에 위임하는 경우에 한하여 대통령이 행정입법권을 행사할 수 있다고 하고 있다. 또한 이 규정을 그대로 보면 대통령령을 발할 수 있다는 표현을 사용하고 있기 때문에, 행정입법을 해야 할 의무가 있는지 여부가 문제될 수 있다. 즉 대통령이 법문대로 한다면 행정입법을 할 것인지 여부는 대통령의 재량이기 때문에 하지 않는다고 하여도 문제 삼기 어려운 것처럼 보인다. 대통령의 행정입법권 행사와 관련하여 작위의무의 문제가 있으나, 헌법이 행정입법권을 규정하고 있는 목적을 본다면, 법률에서 구체적 범위를 정하여 위임하고 있는 한 대통령령을 제정해야 할 것이다.

헌법은 행정입법권의 행사와 관련하여 구체적 범위를 위임하고 있기 때문에, 이 범위를 벗어나거나 범위를 확대하여 법규명령을 제정하는 것은 포괄위임입법금지원칙을 위반하는 것이다. 또한 헌법 제107조 제2항에 따라 명령·규칙 또는 처분이 헌법이나 법률에 위반되는 여부가 재판의 전제가 된 경우에 대법원에게 최종심사권을 부여함으로써 행정입법이 사법심사의 대상임을 밝히고 있다. 즉 행정입법권의 위헌·위법에 관해서는 대법원에게 최종심사권을 헌법이 부여하여 헌법과 법률에 위배되는 행정입법을 통제하고 있다.

헌법에 규정된 행정입법권은 대통령과 행정부의 헌법적 권한으로 국회가 이를 견제하기 위해서는 헌법상 명문의 규정이 필요하다. 이미 헌법은 이를 위하여 여러 조항에서 행정입법권에 대하여 견제하고 있다. 지금 국회가 주장하는 것처럼 법률의 취지나 목적에 부합하지 않는 행정입법권이 행사되어 시행령이 법률에 부합되지 않는다고 한다면, 법률로 이를 통제해서는 안 된다. 헌법은 이미 위헌·위법적인 행정입법권의 행사가 있으면, 이를 견제하도록 여러 조항을 두고 있다.

가령 행정입법권의 행사로 대통령령이 법률의 취지나 목적에 부합되지 않는 내용으로 제정되었다면, 관계 국무총리나 국무위원 및 정부위원에게 헌법 제62조에 따라 국회에 출석·답변하게 할 수 있다. 즉 국회는 행정부에 대하여 잘못을 지적할 수 있는 권한이 있고, 이에 대한 책임으로 헌법 제63조에 따라 대통령에게 국무총리나 국무위원의 해임을 건의할 수 있다. 또한 대통령과 행정부가 주어진 행정입법권을 부당하게 행사하거나 위헌·위법적으로 행사한다면 헌법 제65조에 따라 탄핵 소추를 의결할 수도 있다. 나아가 국회는 헌법 제61조에 근거하여 국정감사권이나 국정조사권을 행사할 수도 있다. 이렇게 헌법은 행정입법권의 잘못된 행사를 견제할 여러 조항을 두고 있으며, 잘못된 대통령령 등에 대하여 사법심사를 할 수 있도록 하고 있다.

국회가 국회법 제98조의2 제3항은 헌법이 규정하고 있지 않은 행정입법 수·개정요구권을 규정하는 것은 헌법이 규정하고 있는 대통령과 행정부의 행정입법권을 침해하고 권력분립원칙에도 위배된다. 이런 문제가 야기되는 것은 국회의 문제도 있지만, 헌법에서 보다 명확하게 이를 규정하지 않음으로서 발생하는 원인도 있다.

3) 사법권 체계의 부조화

헌법 제111조 제1항 제1호는 헌법재판소의 위헌법률심판권을 규정하고 있다. 이 규정에 의하여 국민의 대표기관인 국회가 법률을 제정하였다고 해도 헌법재판소가 위헌 결정을 하면 그 법률은 폐지될 수밖에 없다. 소위 규범통제라 불리는 위헌법률심판제도는 현대 헌법국가의 백미라고 할 수 있다. 즉 이 제도를 통하여 헌법의 최고규범성, 헌법의 우위원칙이 확립되고 있기 때문이다. 헌법은 국가의 실정법체계에서 정점에 있는 규범으로, 국가의 실정법은 헌법에 합치되지 않으면 효력을 상실하는 것이다.

그런데 현행 헌법 제107조 제2항을 보면 "명령·규칙 또는 처분이 헌법이나 법률에 위반되는 여부가 재판의 전제가 된 경우에는 대법원은 이를 최종적으로 심사할 권한을 가진다"라고 하여 대법원도 법규명령에 대하여 헌법심사의 최종결정권을 행사할 수 있도록 하고 있다. 이로 인하여 헌법재판소와 사법부의 최고기관인 대법원 간 헌법해석에 있어서 최종해석기관으로서 다툼이 발생하고 있다. 이는 대법원이 얼마 전 유신헌법 하에서 발동된 긴급조치의 위헌여부에 관하여 재판을 통하여 결정함으로써, 헌법재판소의 위헌법률시 재판권을 침해한 것은 아닌지 여부에 대한 논란에서 알 수 있다. 이러한 논란이 벌어지는 이유도 헌법의 규정이 표현에 있어서 혼란을 초래할 수 있도록 불명확하게 규정되어 있기 때문이다.

정리하며

우리 헌법은 오욕으로 점철된 헌법의 역사에서 굳건하게 그 정체성을 가지고 오늘날까지 실질적인 효력을 확대하고 있다. 1987년 제9차 개정헌법은 그 이전의 헌법과 달리 국민의 의사를 상당부분 수용하여 개정된 헌법이다. 물론 앞에서 언급한 것처럼 여러 조항에서 표현이나 내용에 있어서 문제를 드러내어 논란을 일으키고 있기도 하다. 특히 경제와 관련된 헌법조항은 근대 이후 헌법의 대상이 된 경제의 중요성에도 불구하고, 헌법에 담겨야 하는지 여부에 대하여 회의적인 시각도 있다. 그렇지만 이미 경제가 국가에 있어서 필수적인 영역이 된 이상 국가의 최고규범인 헌법에 어떤 형태로든 규정될 수밖에 없음은 당연하다.

헌법은 국가의 최고규범이기 때문에 국가의 법질서의 정점에서 하위규범을 통제할 뿐만 아니라 국민생활을 규율한다. 그렇기 때문에 헌법이 정확한 표현을 사용하지 않으면 헌정생활에서 혼란이 초래되고, 이로 인하여 사회적 갈등이 증폭되고 헌법이 추구하는 사회정의의 실현이 어려워지고 사회적 평화가 실현되지 못하는 문제가 발생한다. 그런 예는 지난 통합진보당 해산사건에서도 드러난다. 비록 헌법재판소가 해산을 결정하였지만, 헌법 제8조 제4조가 제4조와 같이 민주적 기본질서 내지 자유민주적 기본질서라는 표현을 사용하였더라면, 통합진보당의 강령이나 당헌, 당규가 보다 더 헌법에 위배된다는 것이 명확해졌을지도 모른다.

또한 헌법 제119조 제2항의 경제의 민주화의 경우도 경제적 불평등을 시정하여 경제민주주의를 실현하려는 의도로 도입된 표현이라고는 하나, 현실에서는 대기업에 쏠린 부의 편중현상을 법으로 완화해야 한다는 의미로 받아들여지고 있다. 원래 민주주의는 정치영역에서 적용되는 이념이었지만, 경제영역이 헌법의 규율을 받게 되면서 자본주의가 초래한 여러 폐단을 없애고 모든 국민의 최저 생활을 보장하려는 것을 경제민주주의라고 하여 경제영역에서도 민주주의가 적용되었다. 이미 우리 헌법은 재산권행사의 공공복리성을 통한 재산권의 제한, 사회적 기본권 등을 규정하여 경제적 민주주의를 수용하고 있다. 그렇다면 현실에서 불필요한 혼란을 이나 갈등을 야기할 수 있는 헌법 제119조 제2항은 삭제해도 무방할 것이다.

나아가 헌법 제49조는 헌법 또는 법률에 특별한 규정이 없는 한 재적의원 과반수의 출석과 출석의원 과반수의 찬성으로 의결한다는 의사·의결정종수를 규정하여 혼란을 초래하고 있다. 이는 헌법 제53조 제4항이 법률안 재의정족수를 재적의원과반수의 출석과 출석의원 3분의2 이상의 찬성으로 의결한다고 규정하고 있기 때문에, 법률에 특별 정족수가 규정되어 있다고 하여도 재적의원과반수의 출석이 법률안 재의에 있어서 의사정족수이다. 소위 국회선진화법이 이를 넘어서는 규정을 두고 있는 것은 바로 헌법 제49조에서 법률에 특별한 규정이 있는 경우를 상정하고 있기 때문이다. 이로 인하여 법률에 특별한 규정이 있는 경우, 헌법 제49조를 근거로 헌법이 정한 의사·의결정족수를 얼마든지 넘어설 수 있어서 헌법을 무력하게 만드는 결과를 초래할 수 있다.

그 외에도 헌법은 제11조 제1항 제1호에서 위헌법률심판권을 헌법재판소의 권한으로 하면서도, 제107조 제2항을 통하여 명령·규칙·처분의 최종심판권을 대법원에 부여하고 있다. 이 경우 위헌여부에 관한 판단은 헌법재판소로 통일하는 것이 사법절차의 체계를 정립하는 것이 될 수 있다. 그리고 헌법 제110조 제4항이 형벌로서 사형을 언급하고 있어서 사형이 형벌의 하나라는 것을 알 수 있지만 사형제 폐지법률안은 지속적으로 국회에 올라가고 있다. 헌법 제110조 제4항이 비상계엄의 경우에 사형을 언급하는 것이라고 하지만, 헌법이 사형을 인정하고 있는 것은 분명하고, 그럼에도 헌법의 하위규범인 법률로 사형을 폐지한다면 헌법의 효력은 언제든지 법률로 변경할 수 있다는 결론이 나온다. 이는 헌법의 최고효력을 부인하는 것으로 우리나라 법체계를 무너뜨리는 것이다.

더한 문제는 헌법 제75조가 규정하고 있는 대통령의 행정입법권을 헌법에 근거 없이 법률로 통제하겠다고 소리치는 국회를 보면, 헌법의 존재를 부정하는 무소불위의 국가권력을 보는 것 같아서 헌법의 미래를 어둡게 하고 있다. 더구나 이 문제에서 우리와 다른 내용을 갖고 있는 외국헌법의 경우를 대입하겠다고 건강부회식의 주장을 보면 헌법해석에 있어서 기본권규정은 보다 넓게, 국가권력은 보다 축소하여 엄격하게 해석해야 한다는 헌법해석원칙이 떠오르게 된다. 헌법의 정명이 왜 중요한지 다시 한 번 생각해야 할 시점이다.

주

1 헌재 1989. 9. 8. 88헌가6(국회의원선거법 제33조, 제34조의 위헌심판).
2 한수웅, 헌법학, 2013, 103면 참조.
3 한수웅, 전게서, 107면 참조.
4 자유주의는 집단에 의한 통제가 아닌 개인의 자발성이나 자율성을 요소로 한다. 자유주의에서 국가와 사회제도는 개인의 자유를 보장하고 개성과 행복을 추구하기 위해 존재한다고 본다. 자유주의는 개인주의, 종교개혁, 계몽주의, 자연권사상, 사회계약론의 영향을 받아 형성되었다. 자유주의는 그 출발점에서 종교의 자유, 경제활동의 자유, 인신의 자유, 참정권, 표현의 자유로 나타났으며, 인간의 불완전성을 전제하지만 인간 이성을 중시하면서 관용의 정신에 기반하고 있다.
5 자유민주주의와 사회민주주의는 자본주의를 보는 시각에 있어서 차이가 있는데, 양자는 민주주의에 근거하여 전자는 자유를 우선하고 후자는 평등을 우선하며 복지정책을 우선적으로 추구한다.
6 독일 기본법의 자유민주적 기본질서는 모든 폭력적 지배와 자의적 지배 즉 일인독재 내지 일당독재를 배제하고 다수의 의사에 의한 국민의 자치, 자유·평등의 기본원칙에 의한 법치주의적 통치질서를 유지하고, 구체적으로 기본적 인권의 존중, 권력분립, 의회제도, 복수정당제도, 선거제도, 사유재산과 시장경제를 골간으로 한 경제질서 및 사법권의 독립을 뜻한다.
7 물론 헌법상 기본질서는 민주주의와 같은 헌법질서의 근간을 이루는 기본적 가치를 의미하는 것을 볼 수 있다(헌재 1990. 4. 2. 89헌가113 참조).
8 한수웅, 전게서, 1496면 이하 참조.
9 강경근, 전게서, 97면.
10 헌재 1990. 4. 2. 89헌가113.
11 본 논문의 경제질서에 관한 내용은 김상겸, "금융감독체계에 관한 법적 고찰 – 헌법상의 경제질서의 관점에서 –", 공법연구 제31집 제3호 (2003. 3), 103면 이하를 참조하여 정리.
12 김성수, "경제질서와 재산권보장에 관한 헌재결정의 평가와 전망", 공법연구 제33집 제4호 (2005. 6), 142면 참조.
13 헌법의 경제조항에 대한 부정적 시각으로는 김정호, "헌법 경제조항과 사회적 기본권에 관한 법경제학적 분석", 헌법학연구 제10권 제1호 (2004. 3), 113면 이하 참조.
14 한국은 1948년 헌법이래 경제에 관한 조항을 두고 있다. 경제조항의 변천사에 대해서는 강경근, 헌법, 2002, 267면 이하 참조.
15 김영추, 새 시대의 경제학, 1999, 136면 이하 참조.
16 권오승, 경제법, 2002, 46면 참조.
17 대표적으로 권영성, 헌법학원론, 2009, 167면 이하.

18 권영설, "국가와 경제 -경제질서의 헌법적 기초", 공법연구 제16집 (1988), 21면 이하.

19 주로 경제법학자의 주장이다. 권오승, 경제법, 49면 이하.

20 자세한 것은 길준규, "경제행정법의 전제로서의 경제질서", 공법연구 제28집 제2호 (2000), 469면 이하 참조. 또한 이를 사회조화적 시장경제라고 견해를 밝히는 학자도 있다. 권오승, 경제법, 56면 이하.

21 한수웅, "한국헌법상의 경제질서, 공법학의 현대적 지평", 계희열박사 화갑기념논문집, 1995, 190면; 이덕연, "한국헌법의 경제적 좌표 - 시장(기업)규제의 범위와 한계 -", 공법연구 제33집 제2호 (2005. 2), 11면 이하.

22 헌재 1989. 12. 22. 88헌가13.

23 헌재 1990. 4. 2. 89헌가113.

24 한태연, 헌법학, 1985, 1035면.

25 헌재 1989. 12. 22. 88헌가13.

26 헌재 1989. 12. 22. 88헌가13.

27 이덕연, "한국의 경제헌법상 기업의 자유", 공법연구 제29집 제1호 (2000. 11), 165면.

28 이덕연, "한국헌법의 경제적 좌표", 공법연구 제33집 제2호 (2005. 2), 14면. 헌재 1989. 12. 22. 88헌가13.

29 강태수, "한국 헌법상 경제질서와 재산권보장의 특징", 경희대학교 법학연구소, 국제학술대회 발표논문집 2005, 12, 5면.

30 장석권, "우리 헌법상 경제질서의 기본원칙과 그 법적 성격", 월간고시, 1984. 9, 91면.

31 김형성, "헌법상의 경제질서와 독점규제", 헌법학연구 제3집 (1997. 10), 63면.

32 이부하, 전게논문, 4면.

32 헌재 2003. 7. 24. 2002헌바51.

공정거래법 용어가 불공정하다
– 공정거래법 용어의 정명(正名)

전삼현(숭실대학교 법학과 교수)

정부는 1980년 12월 31일 법률 제3320호로 제정하여 1981년 4월 1일 시행한 "독점규제및공정거래에관한법률(이하 '공정거래법'이라 함)"은 그 입법취지에서 "경제운용의 기본방향을 정부주도에서 민간주도로 점차 전환하되, 민간기업의 공정하고 자유로운 경쟁체제를 통하여 창의적 활동을 조장하고, 소비자 권익도 보호하는 건전한 경제질서의 확립을 위하여 "독과점의 폐단은 적절히 규제"한다는 헌법 정신에 따라 이 법을 제정하려는 것"이라고 언급한 바 있다.

즉, 경제운용을 민간주도로 전환하기 위하여 공정거래법을 제정하고, 독과점의 폐단을 적절히 규제하기 위하여 자유로운 경쟁체제를 확립하고 소비자 권익도 보호하는 건전한 경제질서를 확립하는 것을 목적으로 한다고 천명한 것이다. 그러나 최근 경제민주화 입법 이후 공정거래법이 이러한 입법취지에 부합하고 있지 못하다는 지적들이 많다. 더욱이 경쟁법에 속하는 공정거래법을 격차해소의 수단으로 활용하고자 하는 정치권의 의도에 따라 여론몰이용 자극적인 용어들이 언론을 통하여 분출되면서 공정거래법상의 법률용어들이 본래의 의미를 잃어가고 있다.

따라서 공정거래법의 제정취지와 입법목적을 고려하여 현행 공정거래법에서 사용하고 있는 용어들이 적정한지 검토해 보는 것은 자유시장경제질서를 유지하는데 매우 필요하다고 본다. 다만, 고려해야할 것은 우리나라의 공정거래법은 다른 나라국가들과는 달리 하도급 불공정거래행위를 직접 규율하지 않고 "하도급거래 공정화에 관한 법률(이하 '하도급법'이라 함)"를 별도로 제정하여 운용하고 있다. 따라서 공정거래법을 검토함에 있어서는 하도급법 역시 같이 검토해 볼 필요가 있다. 이와 관련하여 현진권 자유경제원 원장이 지난 2015년 1월 28일(수) 오후 2시 30분 프레스센터 매화홀에서 〈정명(正名)토론회 – 바른 정책은 바른 용어로부터(기업, 교육, 재정분야의 바른 용어)〉에서 "공자의 정명(正名)사상"을 언급하면서 공자의 "반드시 이름을 바로 해야 한다. 이름이 바르지 못하면 언어가 순리로 통하지 않고, 언어가 순리대로 통하지 못하면, 그 어떤 일도 성사되지 않는다. 일이 성사되지 못하면 문화도덕이 일어나지 못하고, 문화 도덕이 일어나지 못하면 어떤 형벌도 맞지 않는다. 형벌이 맞지 않으면, 백성은 어떻게 행동해야 할지 모른다. 이 모두 이름을 바르게 하지 않는데서 오는 것이다" 라는 말을 언급한 바 있다.

이러한 관점에서 본다면 행정규제법인 공정거래법의 언어가 순리대로 통하지 않으면 행정벌 등과 같은 공정위의 조치가 국민들에게 불확실성을 제고하는 악법이 될 수 있다는 것을 의미한다. 다만,

공정거래법상의 용어들은 대부분이 국제적으로 널리 통용되는 용어라는 점에서 그 순리를 따지기란 쉽지 않다. 더욱이, 이러한 공정거래법상의 법률용어들을 새로이 변경하기란 사실상 불가능하다고 할 수 있다. 그럼에도 시대의 변화로 인해 법률적 용어임에도 불구하고 그 변화가 필요한 용어들이 있으며, 법률상 용어는 타당하지만, 이를 설명하기 위하여 사용되는 언어, 즉 언론이나 정치권 등에서 표현하는 용어들에 대한 정명이 필요한 경우가 있다. 따라서 이하에서는 법률상 용어이지만 수정이 필요한 경우와 언론이나 정치권 등에서 공정거래법 및 하도급법상의 용어를 국민들이 이해하기 쉽게 표현하기 위해 사용한 용어들로서 수정이 필요한 용어들을 구분하여 그 타당성을 검토해 보고 이에 대한 대안을 제시해 보고자 한다.

법률적 용어 "독점"의 정명

앞에서 언급한 바와 같이 현행 공정거래법에서 사용하는 용어의 정명은 용이치 않고 현실적으로 어려움이 큰 것은 분명하다. 그러나 독점(monopoly)이라는 용어에 대하여는 새로운 각도에서 재조명할 필요가 있다.

지난 2015년 2월 17일 자유경제원 주체 토론회에서 "사적 독점이 아니라 정부가 생산한 독점이 문제"라는 주제로 신중섭 교수가 발표한 원고에 따르면 신 교수는 독점을 세가지로 구분하였다. 규제가 없는 사적 독점, 정부가 규제하는 사적 독점, 정부 운영이나 정부가

관계된 독점이 그 것이다. 그 중에서 신 교수는 정부 규제 또는 정부에 의한 독점의 해악이 크고, '규제 없는 사적 독점'의 피해가 가장 적다고 보았다. 특히. 규제 없는 사적 독점의 경우 역동적인 변화가 그 독점을 붕괴시킬 가능성이 높다고 보았다. 그리고 그 논거로 애덤 스미스가 "같은 업종의 사람들은 비록 오락이나 기분 전환을 위해서라도 좀처럼 같이 만나지 않는다. 그러나 그들이 일단 만나면, 그 대화는 항상 일반 대중에게 피해를 주는 공모나 가격을 올리려는 계략으로 끝을 맺는다. 정부의 비호를 받는 사적 담합은 폐해가 크지만, 정부의 비호가 없는 사적 담합의 폐해는 크지 않다. 정부의 지원을 받지 않은 사적 담합은 오래 지속될 수도 없다. 카르텔을 유지하는데 정부의 도움이 없다면, 카르텔은 아주 일시적으로밖에 성공할 수 없다"고 한 내용을 인용한 바 있다.[1]

즉, 애덤 스미스는 정경유착이 사적 독점을 유발할 가능성이 크다는 지적을 하였으며, 정경유착이 없는 한 사적 독점의 폐해는 크지 않으며, 이를 법률적으로 규제할 필요가 적다는 것을 표현한 것이라고 해석된다. 더욱이, WTO체제 출범 이후 각국의 무역장벽이 무너지면서 글로벌 경쟁이 격화되면서 사실상 사적 독점 영역은 점차 그 자취가 사라지고 있으며, MS사의 웹브라우저인 엑스플로러 끼워팔기 판결에서도 알 수 있듯이 독점 그 자체가 소비자 권익을 침해하거나 경쟁을 제한하는 것은 아닐 수 있다는 문제제기도 나타나고 있다.

그럼에도 공정거래법은 사적 독점만을 규제대상으로 하고 있으며, 시장지배적 사업자의 판단여부, 기업결합이나 담합, 경제력 집중 등으로 인한 경쟁제한성 여부도 사적 독점만을 그 대상으로 하고 있다. 이는 공정거래법이 가장 폐해가 적은 독점만을 규율대상으로 한다는 비판으로부터 자유롭지 못한 이유이기도 하다.

이와 관련하여 독점규제및공정거래법도 1980년 제정 당시부터 법명에만 독점이라는 단어가 존재할 뿐 법률 본문 어디에도 독점이라는 용어를 사용하지 않고 있다. 미국의 경우도 "Antitrust Law"라고 부르며, 독일의 경우 경쟁제한방지법(Gesetz gegen Wettbewerbsbeschrankungen; GWB)이라고 명명하고 있으며, 단지 일본만 독점금지법이라는 이름으로 '독점'이라는 용어를 법률명으로 사용하고 있는 것이다.따라서 우리 공정거래법상 법률명 '독점규제 및 공정거래에 관한 법률'에서 '독점'이라는 용어를 삭제하는 방안을 모색해 볼 필요가 있다.

비법률적 용어의 정명

2015년 1월 28일(수) 오후 2시30분 프레스 센터에서 자유경제원 주최로 열린 세미나에서 조동근 교수가 "기업분야 정명: 바른 용어 제언"라는 주제로 발표한 바 있다. 이 발표문에서 조동근은 공정거래법 및 하도급법 분야에서 '일감몰아주기 규제', '골목상권', '대기업 독식' 등과 같은 용어를 사용하는 것은 바람직하지 않다고 지적한 바 있다. 또한 '납품단가 후려치기', '갑의 횡포', '납품단가 부당인하' '죽어나가는 하청업체', '재벌의 탐욕', '재벌의 권력화' 등과 같은 용어 역시 바람직하지 않으므로 정명이 필요하다는 지적을 했다. 이와 관련하여 왜 이처럼 자극적인 용어를 사용하면서까지 공정거래법 개정의 당위성을 정치권을 비롯한 언론에서 주장했는지 그 원인을 분석해 볼 필요가 있다.

1) 자극적 용어사용 현상 분석

우리 헌법은 물론이고 각국의 헌법들이 천명하고 있는 민주주의란 민주주의적 이성에 기초한 시민민주주의를 전제로 하고 있다. 그러나 우리 현실은 이와는 정반대의 방향으로 나가고 있다. 대표적인 예가 소수의 가진 자와 다수 못가진 자, 소수의 갑과 다수의 을, 소수의 대기업과 다수의 중소기업, 소수의 원사업자와 다수의 수급사업자, 소수의 대주주와 다수의 소액주주 등을 이분법적으로 분리한 후 소수그룹에 속한 자를 희생양으로 하여 격차를 해소시키고자 법적 규제를 강화하는 것을 주된 내용으로 하는 입법노력을 들 수 있다. 그리고 정치권은 이러한 격차해소를 위한 입법의 정당성을 확보하기 위하여 여론몰이용 자극적 용어를 사용한 것으로 이해되며, 이런 경향은 공정거래법과 하도급법 분야에서 두드러지게 나타났다.

이처럼 자극적이고 왜곡된 용어를 사용하면서 공정거래법 등을 개정하여 격차해소를 추구했던 이유는 그 입법내용이 글로벌스탠다드에 부합하지 않을 뿐만 아니라 기존의 법원칙에 위배되는 방향으로 입법이 되었기 때문이라고 할 수 있다. 예를 들어 2013년 경제민주화라는 이름으로 격차해소를 위한 공정거래법 개정을 통해 새로이 규정된 전속고발권 폐지, 일감 몰아주기 규제, 순환출자금지 규정 등을 들 수 있다. 공정위 전속고발권 폐지로 인해 공정거래법 위반 행위에 대한 고발권이 감사원·조달청 등으로 확대되면서 다툼의 소지가 있는 공정거래법 위반 행위도 검찰 고발로 이어질 가능성이 높아졌다는 점에서 전 세계적으로 유례가 없는 입법례가 되었다.

또한 이번 개정을 통하여 '경쟁 제한성' 입증 없이도 계열사간 부당지원행위 처벌하도록 공정거래법을 개정함으로써 향후 계열사 간 부당지원여부가 전적으로 공정위의 판단에 맡겨지게 되었다. 그리고 계열사 간 부당지원행위의 판단 요건도 '현저히 유리한 조건'에서 '상당히 유리한 조건'으로 완화됨으로써 공정위의 재량적 판단의 범위가 확대되는 유례가 없는 법이 되었다. 일감몰아주기규제 법안 역시 2014년 2월 14일부터 발효되는데, 이 규제는 자산 5조원 이상인 대규모 기업집단 소속 계열사 중 총수 일가 지분이 20%(비상장사)나 30%(상장사)를 넘는 계열회사에 일감을 몰아주는 것을 공정거래법상의 부당행위로 간주하는 것을 내용으로 하고 있다. 이는 경쟁제한성이 없는 거래도 일괄적으로 규제한다는 점에서 전 세계적으로 유례가 없는 한국만의 경쟁법이 되었다.

하도급법도 개정되었는데, 이에 따르면 원사업자의 납품단가 부당감액, 부당반품, 부당발주취소 행위에 대해 3배 징벌적 손해배상제를 적용하기로 하였으며, 중소기업협동조합에 납품단가 협상권이 부여되었다. 결국, 전 세계적으로 징벌배상제를 성문법으로 명문화한 국가, 특히 경쟁법에 징벌배상제를 도입한 최초의 국가가 되었다. 결국, 어느 나라에도 존재하지 않는 격차해소형 경쟁법을 만드는 과정에서 그 명분을 확보하고자 자극적인 용어를 통하여 공정거래법의 용어들을 가공했던 것으로 이해된다.

그러나 대기업과 중소기업 간의 격차해소, 원사업자와 수급사업자간의 격차해소를 위해 일괄적으로 시장배분적 규제를 심화시키도록 호도하는 것은 헌법 제37조 제2항에서 규정하는 기본권제한의 입법적 한계를 벗어 난 것으로 볼 수 있다. 특히, 이는 헌법에 의하여 국민에게 보장되는 사적자치의 원칙과 재산권 보장원칙 등을 희생시킨 대표적인 반 헌법적 입법이며, 이를 정당화시키기 위하여 자극적인 용어를 사용하는 것은 반 헌법적 행위라고 할 수 있다. 그리고 격차해소 차원에서 시장배분적 규제를 강화하는 것을 주된 내용으로 하는 입법추진은 헌법 제37조 제2항에서 규정하고 있는 과잉금지의 원칙에 정면 위배되는 반 헌법적 행위라고 할 수 있다.

이를 구체적으로 보면 첫째, 공공복리에 반하는 입법을 마치 공공복리에 기여할 수 있는 것처럼 호도하는 것은 입법 방법의 적정성에 위배되는 반 헌법적 행위라고 할 수 있다. 둘째, 보다 덜 기본권 침해적 방법으로 공공복리를 달성할 수 있음에도 불구하고 계층간 의 자극적인 용어를 사용하여 일명 갑들을 엄격히 통제하는 입법안을 호도하는 것은 피해의 최소성원칙에 반하는 반 헌법적 용어사용이라고 할 수 있다. 셋째, 자유시장경제질서와, 사적자치의 원칙과 같은 헌법상의 기본적 가치들에 대한 희생을 무릅쓰면서까지 사적 자치를 제한해야 할 공공의 필요성이 감소하였음에도 불구하고 사회양분을 조장하는 용어를 사용하면서까지 입법의 당위성을 호도하는 것은 법익의 균형성을 침해하는 반 헌법적 행위라고 할 수 있다.

2) 격차해소 해소의 정당성 검토

우리 사회의 빈부격차가 점차 심화되면서 이를 해소하기 위해서는 평등사회가 답이라는 주장들이 대세를 이루고 있는 듯하다. 그러나 이러한 격차해소가 결과의 평등을 목적으로 하는 것인지, 아니면 기회의 평등을 목적으로 하는 것인지 불분명하다. 그러나 위에서 언급한 경제민주화 입법의 취지를 보면 결과의 평등을 목적으로 하고 있다고 해석된다. 그러나 결과의 평등이란 사회주의 체제에서나 용인되는 이념적 용어라는 점에서 격차해소를 목적으로 공정거래법 등의 개정을 주장하면서 격차해소를 호도하는 것은 사회주의적 발상이라고 생각된다. 그러면 격차해소가 법률로 가능한지 여부를 검토해 볼 필요가 있다. 일반적 평가에 따르면 우리나라에서 나타나고 있는 소득격차는 경제성장이 둔화하는 과정에서 발생된 불가피한 현상이기 때문에 정부가 인위적으로 빈부격차를 제도적으로 개선하기 보다는 투자와 경제성장을 촉진하는 방향으로 정책을 수립하고 실행해야 이를 해결할 수 있다고 보고 있다.

이러한 관점에서 본다면 DJ정부 이후 지속적으로 추진되었던 시장배분적 규제를 통한 격차해소 정책은 반드시 시정되어야 할 내용이다. 특히, 공정거래법을 기업격차해소의 수단으로 활용하고자 하는 경제민주화 찬성론자들의 주장은 허구일 수 있다. 즉, 자본주의 사회에서는 기업격차가 당연한 결과로서 정부가 이를 부정하고 대중소기업간 이분법적 규제를 가하는 경우 오히려 기업격차를 심화시키는 결과를 초래할 수 있다.

우리 헌법 제11조 제1항에서 「모든 국민은 법 앞에 평등하다. 누구든지 성별·종교 또는 사회적 신분에 의하여 정치적·경제적·사회적·문화적 생활의 모든 영역에 있어서 차별을 받지 아니한다(헌법 제11조 1항)」고 규정하고 있다. 그러나 이러한 평등권은 "법 앞의 평등"을 의미하는 것이지 격차 해소를 헌법적으로 보장한 것을 아니라는 점을 상기할 필요가 있다. 즉, 헌법 제11조 제1항의 법 앞의 평등과 제31조의 교육평등, 양성평등 모두 기회의 균등을 의미하는 것이지 결과의 평등을 의미하는 것은 아닌 것이다.

이러한 관점에서 본다면 DJ 정부 이후 지속적으로 추진해온 우리 정부의 시장배분적 규제는 헌법상의 평등을 "결과의 평등"으로 잘못 해석한 오류를 범한 위헌적 해석이라고 할 수 있다. 결론적으로 보면, 격차해소를 위한 "결과의 평등정책", "경제성장을 도외시한 격차해소 정책", "대기업과 중소기업 간의 2분법적 격차해소정책" 모두는 대한민국의 경쟁력을 점차 약화시키는 정부 주도의 정책들이었다. 그리고 우리 경제는 점차 동력을 잃어가고 있으며, 최근 현저히 나타난 청년층 일자리 축소, 국내투자 감소 및 해외투자 증가, 성장률 둔화 등과 같은 빈곤의 악순환 구조에 진입하고 있다.

이러한 문제를 해결하기 위해서는 무엇보다도 정부가 격차해소를 주도하기보다는 시장이 주도할 수 있도록 정책을 전환하는 것이 필요하며, 구체적으로는 시장배분적 규제를 완화하는 방향으로 전환하는 것이 필요하다고 본다. 결국, 우리나라는 '일감몰아주기', '납품단가 후려치기', '갑의 횡포', '납품단가 부당인하' '죽어나가는 하청업체', '재벌의 탐욕', '재벌의 권력화' 등의 용어를 사용하면서 하도급법을 통한 시장배분적 규제를 심화시키기 위해 공정거래법 등의 개정을 유인하는 자극적인 비법률적 용어들의 정명이 필요하다.

3) 비법률적 용어에 대한 정명 방안

조동근 교수가 지적한 대로 우리나라는 '일감몰아주기', '납품단가 후려치기', '갑의 횡포', '납품단가 부당인하' '죽어나가는 하청업체', '재벌의 탐욕', '재벌의 권력화' 등의 용어를 사용하면서 공정거래법과 하도급법을 통한 시장배분적 규제를 심화시키고 있다. 그러나 공정거래법은 선진국가 중 어느 나라도 택하고 있는 않는 소유집중과 일반집중 억제정책을 펴고 있으며, 하도급법은 우리나라에서만 존재하는 원사업자 일방적 규제법이라고 할 수 있다. 특히, 하도급법 제1조를 보면 그 입법목적을 2가지로 요약할 수 있는데, 첫째는 원사업자와 수급사업자가 대등한 지위에서 상호보완"하는데 목적을 두고 있으며, 둘째는 국민경제의 건전한 발전에 이바지하는 것이다. 그러나 우리나라 하도급법의 모델인 일본의 하청대금지불지연등방지법(1956년 제정)의 경우에는 수급사업자가 원사업자가 대응한 지위를 서야 한다는 전제하에서 하도급법을 제정한 것이 아니라 수급사업자가 사업자로서 최소한 보장받아야 할 사항들에 대하여서만 법이 강제하는 입장을 취하는 것이다. 그리고 하도급법은 이를 위반한 경우에는 원사업자에게 세계적으로 유례를 찾아볼 수 없는 엄격한 제재를 가하고 있다. 즉, 우리나라는 법위반 행위에 대하여 하도급 대금의 2배 벌금, 2배 과징금, 시정명령 등을 받게 됨은 물론이고, 추가로 기술탈취 및 이용의 경우에는 수급사업자에게 발생한 손해의 3배를 넘지 아니하는 범위에서 징벌배상책임을 요구할 수 있도록 되어 있다. 반면에 일본은 단지 권고와 50만 엔 이하의 범칙금만 부과하고 있도록 되어 있다. 독일도 부당하도급행위에 대하여는 부당이득만 환수할 수 있도록 규정하고 있다. 미국도 부당이득환수만을 명하며, 과징금 등의 제재를 가하고 있지는 않다.

이러한 점을 고려해 볼 때 우리 공정거래법 및 하도급법상의 대기업과 원사업자에 대한 제재는 다른 국가들에 비하여 지나치게 엄격하다고 할 수 있다. 이러한 관점에서 '일감몰아주기', '납품단가 후려치기', '갑의 횡포', '납품단가 부당인하' '죽어나가는 하청업체', '재벌의 탐욕', '재벌의 권력화' 등의 용어를 사용하면서 공정거래법과 하도급법을 통한 시장배분적 규제를 더욱 심화시키고 것은 우리나라에서 더 많은 글로벌기업을 탄생시키는 커녕 그나마 존재하는 글로벌 기업의 수를 축소시키는 결과를 초래할 수 있다.

따라서 더 이상 시장배분적 규제를 촉진하는 용어 대신 최소한으로나마 공정거래법과 하도급법에 명문화되어 있는 용어를 사용하는 것이 타당하다. 구체적으로는 '일감몰아주기'는 '내부거래', '납품단

가 후려치기'는 법률에서 사용하는 바와 같이 '부당한 하도급대금의
결정'으로, '갑의 횡포' '원사업자의 지위남용', '납품단가 부당인하'는
'하도급대금 감액'으로 바꿔 사용하는 것이 바람직하다. 그리고 '죽
어나가는 하청업체', '재벌의 탐욕', '재벌의 권력화' 등은 부적절한
용어로 사용하지 않는 것이 바람직하다.

또한 조동근이 지적한 대로 '일감몰아주기'는 계열사간 또는 특수
관계인간 거래를 의미하므로 그의 제안대로 '내부거래'로 바꾸어 사
용하는 것이 바람직하다고 본다. 그리고 골목상권이라는 용어는 상
법 제9조에서 언급하고 있는 소상인으로 바꾸는 것이 바람직하며
'대기업독식'은 '대기업의 독과점'으로 변경하여 사용하는 것이 바람
직하다고 본다.

결어

우리나라는 1979년 박정희 대통령 서거 후 전두환 전대통령으로
대표되는 신군부가 12·12군사정변을 일으킨 후 1980년 독점규제 및
공정거래법을 제정하여 시장배분적 규제를 시작하였다. 그러나 이
러한 대기업규제가 위헌논란이 제기되자 1987.10.29 헌법 개정을
통해 경제민주화 조항 신설 한 후 헌법적 정당성을 확보하였으며,
그 이후부터 기업경영에 대한 법률적 시각에서 큰 변화를 가져왔다.
즉, 헌법 제119조 제2항이 신설된 이후부터 기업정책관련 법제도는
물론이고, 사회전반에 걸쳐 시장배분적 규제가 정당화되는 사회적

분위기가 조성되었다.

그러나 세계경제가 글로벌시장에서의 극심한 경쟁으로 치닫고 있는 상황에서 국가경제의 경쟁력을 제고하는데 기여할 수 있는 기업들의 발을 묶고, 오히려 경쟁력제고보다는 국가에 의존하여 생명을 연장하고자 하는 기업들의 경쟁력 제고에 총력을 기울이는 경제정책은 오히려 국가경쟁력을 약화시키고 기업간 격차를 심화시키는 주범이 된다고 본다. 따라서 기업간 격차를 해소하기 위하여 정부가 시장에 개입하기 보다는 오히려 시장에 맡기는 것이 장기적으로 볼 때 기업간 격차를 해소할 수 있는 길이라고 본다.

이러한 관점에서 본 다면 기업간격차 해소를 위하여 시장배분적 규제를 정당화하기 위한 반시장적 공정거래법 및 하도급법의 용어들에 대한 대안마련이 시급하다고 할 수 있다.

주

1 http://www.cfe.org/20150217_136633. 신중섭, '사적 독점이 아니라 정부가 생산한 독점이 문제', 자유경제원 세미나 자료집 (2015.2.17.), 5면.

용어전쟁

초판 1쇄 인쇄 2016년 1월 1일
초판 1쇄 발행 2016년 4월 5일

편저자 | 현진권

펴낸곳 | 북앤피플
대　표 | 김진술
펴낸이 | 김혜숙
디자인 | 박원섭

등　록 | 제2016-000006호(2012. 4. 13)
주　소 | 서울시 송파구 삼학사로14길 21
전　화 | 02-2277-0220
팩　스 | 02-2277-0280
이메일 | jujucc@naver.com

©2016, 현진권 외

ISBN 978-89-97871-23-3 03340